中南财经政法大学会计·财务系列教材

会 计 学

汤湘希 主编

中国财经出版传媒集团
中国财政经济出版社

图书在版编目（CIP）数据

会计学/汤湘希主编．—北京：中国财政经济出版社，2018.10
中南财经政法大学会计·财务系列教材
ISBN 978-7-5095-8543-6

Ⅰ.①会… Ⅱ.①汤… Ⅲ.①会计学-高等学校-教材 Ⅳ.①F230

中国版本图书馆 CIP 数据核字（2018）第 216674 号

责任编辑：孙　琛　　　　　责任校对：徐艳丽
封面设计：陈宇琰

中国财政经济出版社 出版

URL：http://ckfz.cfeph.cn
E-mail：cfeph@cfeph.cn

（版权所有　翻印必究）

社址：北京市海淀区阜成路甲28号　邮政编码：100142
营销中心电话：010-88191537
天猫网店：中国财政经济出版社旗舰店
网址：https://zgczjjcbs.tmall.com
北京密兴印刷有限公司印刷　各地新华书店经销
710×1000毫米　16开　24印张　473 000字
2018年10月第1版　2020年1月北京第2次印刷
定价：69.00元
ISBN 978-7-5095-8543-6
（图书出现印装问题，本社负责调换）
本社质量投诉电话：010-88190744
打击盗版举报热线：010-88191661　QQ：2242791300

推 荐 说 明

本系列教材为财政部教材编审委员会推荐教材。

财政部教材编审委员会
2006 年 1 月

中南财经政法大学会计·财务系列教材编审委员会(2018)

主　任：郭道扬

副主任：张敦力　王雄元　王　华

委　员：(按姓氏笔画排序)

　　　　王　华　　王昌锐　　王清刚　　王雄元　　汤湘希　　杨汉明
　　　　何威风　　沈　烈　　张　琦　　张龙平　　张志宏　　张敦力
　　　　陈　辉　　罗　飞　　袁天荣　　郭　飞　　郭道扬　　唐国平
　　　　黄洁莉　　詹　雷

会 计 学
编 写 组

主　　编：汤湘希
副 主 编：季　华　刘东晓
参编人员：（按姓氏笔画排序）
　　　　　　王昌锐　石中美　刘东晓　严　静　季　华
　　　　　　晏　超　谭艳艳

总　序

"教材建设是事关未来的战略工程、基础工程，教材体现国家意志"。新时代对会计、审计和财务管理的人才要求越来越高，因此，进一步深化会计、审计、财务管理教育改革，培养满足新时代需求的高素质会计、审计、财务管理的人才，是我国高校教育当前的紧迫任务。我们一直努力探索会计学专业和财务管理专业的教育改革，尤其是教材改革问题。早在1982年，我们便对会计学专业主干课程教材进行了改革，提出了一套系统改革方案，经财政部批准后作为财政部部属院校的两套会计学专业教改方案之一实施，并进行了中南财经政法大学（时名湖北财经学院）系列教材建设。

课程改革是关键，教材改革是基础。1993年为了适应《企业会计准则》、《企业财务通则》和行业会计制度与行业财务制度改革，我们改革了会计学专业主干课程体系，启动并出版了第一轮"中南财经大学会计系列教材"。该系列教材在1994年第六届全国书市上被评为最佳畅销套书。各教材也分别获得第二届财政部优秀教材奖，受到广大读者、使用单位和出版界的好评与欢迎。此后，我们于1996年至1997年修订出版了第二版，在社会上产生了广泛和良好的影响。

2000年启动了第二轮"中南财经政法大学会计·财务系列教材"的建设工作，确定出版了十一门课程的教材，其中增加了为非会计学专业和非财务管理专业的本科生组织编写的《会计学概论》、《公司财务管理概论》等两种教材，从2001年起陆续由中国财政经济出版社出版发行。

从2005年起，我们启动了第三轮"中南财经政法大学会计·财务系列教材"的建设工作。教材编审委员会审定通过并确定了十八门核心课程的教材，从2006年起陆续由中国财政经济出版社出版发行。

从 2018 年起，我们启动了第四轮"中南财经政法大学会计·财务系列教材"的建设工作。教材编审委员会审定通过并确定了课程体系由主干课程、特色课程、实践实验课程、外专业课程四个模块构成。主干课程的教材包括《会计学原理》、《中级财务会计》、《高级财务会计》、《财务管理》、《高级财务管理》、《成本会计》、《审计学》、《财务分析》八种；特色课程的教材包括《会计史》、《管理会计》、《会计理论》、《会计制度设计》、《政府会计》五种；实践实验课程的教材包括《会计案例》、《财务管理案例》、《审计案例》、《会计信息系统》四种；外专业课程的教材包括《会计学概论》、《公司财务管理概论》两种。这套系列教材从 2018 年起陆续由中国财政经济出版社出版发行。

在本轮教材建设中，我们继续坚持多年教材建设"理论与实务并重、兼容并蓄、立足我国、放眼世界、务实创新"的原则，该系列教材具有"科学性、先进性、实用性和易教易学性"等四个特点：（1）系统论述会计学科、审计学科和财务管理学科的基本知识、基本理论和基本技能，全面反映我国经济改革和会计、审计、财务管理改革及研究的最新成果，体现教材的科学性；（2）立足现实，面向未来，体现教材的先进性；（3）既同国际趋同，又与中国实际相结合，体现教材的实用性；（4）充分尊重教学规律的要求，体现教材的易教易学性。

需要特别说明的是，2018 年起新出版的"中南财经政法大学会计·财务系列教材"，继续得到了中国财政经济出版社以及许多兄弟院校和广大读者的热情支持与帮助，在此一并表示衷心的感谢！同时，我们也真诚地希望会计界、审计界、财务界的专家、学者和广大读者，以及实务界的朋友，提出宝贵的意见和建议，以便再版时修订、完善。

中南财经政法大学会计·财务系列教材编审委员会
2018 年 6 月

前　言

人类进入 21 世纪以来，经济全球化已成为不可阻挡的世界潮流。从世界范围看，在各国经济活动日趋国际化的环境下，会计信息已成为一种国际通用的"商业语言"，它对于促进国际交流与合作，促进全球资源流动和全球竞争，起着无法替代的重要作用。世界各国经济发展的历史进程、我国社会主义市场经济建设的伟大实践都雄辩地证明了"经济越发展，会计越重要"，会计信息对经济管理决策和控制的作用日益显著。正因为如此，所有准备从事经济、管理工作乃至所有准备参与市场经济竞争的学生都应该掌握会计的基本理论、基本方法和基本技能。高等学校中即使是非会计专业的经济、管理、人文以至理工类学生，了解和掌握会计学的必要知识，对于他们在市场经济环境中充分利用会计信息资源，发挥自身优势，增强工作中的竞争力将会产生至关重要的促进作用。

本教材内容既包含会计必要的基本理论知识，又紧密结合企业会计准则（2006～2017），根据非会计专业学生的需求特点，主要介绍了企业会计的基本理论、基本方法、基本技能和主要经济业务的会计处理。

我们在编写中特别重视会计与企业实务的紧密联系，强调会计信息与企业管理的关系和会计基本原理的应用，而不追求各种具体会计核算技术、技巧细节的介绍，也未涉及当今有争议的和前沿的会计理论问题，改变传统会计学教材偏重程序和规则的做法，简化大量与非会计专业没有密切关联的内容；同时还十分重视会计知识与相关法律知识的相互贯通，而不是单纯用会计理论去解释会计实务问题，以求提高本书的学习效果。为了有助于学生了解会计信息在管理和决策中的重要作用，本书特别增加了财务报表分析内容的分量。

本教材的目的就是为了让非会计专业学生通过对这门课程的学习，概括地了解和掌握会计信息生成的基本过程，认识会计在企业经营管理中的重要作用，并逐渐对会计形成清晰而完整的认识，以帮助他们在今后的各项工作中成为主动的会计信息使用者。本教材力求突出以下特色：

（1）立意新颖，视野宽广，注重学生解决实际问题能力的培养。本书突破了大多数会计学教材将大量篇幅用于讲述会计核算的局限，而是淡化会计核算，强调学生对财务报表内容及财务报表分析的掌握，使非会计专业的学生掌握分析和运用会计信息进行相关决策与评价的方法，从而提高非会计专业学生解决经济生活中实际问题的综合能力。

（2）夯实基础，注重实用，实现教材内容上的创新。鉴于会计学是面向非会计专业学生开设的课程，本书在内容的编排上不追求深度与难度，不追求理论的高深，而将重点放在会计基础知识与基本理论的介绍上。

（3）主线清晰，体系完整，在知识结构上具有整体性。本书以非会计人员如何使用会计信息为主线，以财务报表的解读和分析为主要内容，介绍了会计信息的生成方法。

（4）结合实际，讲求实效，重视学生实际操作技能的培养。本书在编写的过程中坚持将实际会计实务中的有关内容体现在教材中，引导学生关注会计实务，参与会计实践。

本书以财政部发布的《企业会计准则》（2006~2017）为基本依据，并参考《国际财务报告准则》的最新成果作为基本规范介绍财务会计（不包括管理会计）中可能遇到的基本交易或事项进行会计处理。全书共分十章，第一章总论，主要阐述会计的基本目标是向企业利害关系人提供决策有用的信息；第二章会计核算系统，主要阐述会计核算的对象、会计要素、会计核算的基本前提和基础、会计核算方法、会计循环与账务处理程序等会计核算的基本理论、基本方法和基本技能；第三章至第八章，主要阐述企业资金运动引起的财务会计要素变动的基本经济业务的会计处理方法；第九章财务报表列报，主要阐述财务报表的构成及其编制方法；第十章财务报表分析，主要论述对财务报表信息的分析利用，以满足不同会计信息使用者决策所需。

本书是在《会计学（第二版）》（2013年由中国财政经济出版社出版）的基础上重新编写的，汤湘希任主编，季华和刘东晓任副主编。结合我国会计改革和会计准则建设的新成就，汤湘希、季华、刘东晓除修订原全书外，还对第四章对外投资、第八章经营成果的形成与分配、第九章财务报表列报等章节进行了改写或重写。原书第二版各章编写人员及分工如下：第一章由汤湘希和谭艳艳执笔；第二章由季华执笔；第三章由王芳执笔；第四章由王昌锐执笔；第五章由刘继红执笔；第六章由彭艳执笔；第七章由王芳执笔；第八章由陈丽红执笔；第九章由谭艳艳执笔；第十章由赵玉芳执笔。其他编者以及博士生游宇同学参与了本书大纲的讨论及部分书稿的审阅等工作，在此表示感谢！在编写本书时，主要参考了中国注册会计师协会组织编写的2018年注册会计师全国统一考试辅导教材《会计》（中国财政经济出版社2018年版）和其他相关文献，本书尽量予以注释或说明，但可能还有遗漏之处，敬请原作者谅解，并致以诚挚的谢意！本书在编写过程中，还得到了中南财经政法大学会计·财务系列教材编审委员会和中国财政经济出版社的大力支持和帮助，谨此一并深表感谢！

由于编者水平有限，书中难免有疏误之处，恳请广大读者批评指正，以便再版时予以修订。

编者

2018年7月于湖北·武汉

目 录

第一章 总论 ……………………………………………………………（ 1 ）
 第一节 经济发展与会计演进 …………………………………………（ 1 ）
 第二节 会计目标 ………………………………………………………（ 20 ）
 第三节 财务会计的系统结构方法 ……………………………………（ 27 ）
 第四节 会计信息的供给与质量特征 …………………………………（ 33 ）
 第五节 会计规范与会计准则 …………………………………………（ 41 ）

第二章 会计核算系统 …………………………………………………（ 47 ）
 第一节 会计对象与会计要素 …………………………………………（ 47 ）
 第二节 会计核算的基本前提与基础 …………………………………（ 58 ）
 第三节 会计核算方法 …………………………………………………（ 64 ）
 第四节 会计循环与账务处理程序 ……………………………………（ 89 ）

第三章 流动资产 ………………………………………………………（ 99 ）
 第一节 货币资金 ………………………………………………………（ 99 ）
 第二节 应收及预付款项 ………………………………………………（115）
 第三节 存货 ……………………………………………………………（124）

第四章 对外投资 ………………………………………………………（144）
 第一节 交易性金融资产 ………………………………………………（144）
 第二节 债权投资——以摊余成本计量的金融资产 …………………（148）
 第三节 其他债权投资——以公允价值计量的金融资产 ……………（154）
 第四节 长期股权投资 …………………………………………………（156）

第五章 固定资产和无形资产 …………………………………………（168）
 第一节 固定资产 ………………………………………………………（168）

第二节　无形资产 …………………………………………………… (184)

第六章　负债 …………………………………………………………… (195)
　　第一节　流动负债 …………………………………………………… (195)
　　第二节　非流动负债 ………………………………………………… (219)

第七章　所有者权益 …………………………………………………… (227)
　　第一节　概述 ………………………………………………………… (227)
　　第二节　实收资本 …………………………………………………… (230)
　　第三节　其他权益工具 ……………………………………………… (236)
　　第四节　资本公积和其他综合收益 ………………………………… (237)
　　第五节　留存收益 …………………………………………………… (242)

第八章　经营成果的形成与分配 ……………………………………… (247)
　　第一节　收入 ………………………………………………………… (247)
　　第二节　费用 ………………………………………………………… (259)
　　第三节　利润 ………………………………………………………… (262)

第九章　财务报表列报 ………………………………………………… (273)
　　第一节　概述 ………………………………………………………… (273)
　　第二节　资产负债表 ………………………………………………… (284)
　　第三节　利润表 ……………………………………………………… (292)
　　第四节　现金流量表 ………………………………………………… (299)
　　第五节　所有者权益变动表 ………………………………………… (328)
　　第六节　财务报表附注 ……………………………………………… (330)

第十章　财务报表分析 ………………………………………………… (332)
　　第一节　概述 ………………………………………………………… (332)
　　第二节　基本财务比率分析 ………………………………………… (336)
　　第三节　财务分析体系 ……………………………………………… (352)

主要参考文献 …………………………………………………………… (363)

第一章

总　论

会计自产生以来，其基本目标是为信息使用者提供决策有用的信息①。当然，其间也能评价和解除受托责任。会计具有明显的技术性、社会性、政治性和国家利益性。会计在一定程度上关系到国家的经济安全、资本市场的正常运作、公司的治理结构以及公司的正常经营。

学习和运用会计至少应回答四大问题：一是为什么需要会计，仅仅是企业管理需要会计吗？二是什么是会计，会计是否就是人们常言道的记账、算账、报账和"管钱"吗？三是如何做会计，是否就是审核原始凭证、编制记账凭证、登记账簿、编制财务报表吗？四是如何用会计（信息），是否就是税务、银行等机构利用财务报表提供的信息进行贷款、征税等决策？

第一节　经济发展与会计演进

会计发展的直接动力是会计实践，而会计实践是人类社会经济活动的一个有机组成部分②。因此，会计发展的最终动力是人类的社会经济活动，会计学则是有关会计实践的理论升华和总结。伴随社会经济的发展，会计环境发生了深刻的变化，会计在这种变化中不断创新，以适应变化了的社会经济环境，而会计创新又反过来进一步推动经济的不断发展，会计演进与经济发展两者之间相互促进，从而形成一种互动循环效应。杨时展教授（1998）曾从会计发展与国家兴衰的关联角度指出：经济的发展，推动了会计的发展；而会计的发展，又反过来促进经济的发展。世界

---

① 在会计学术界，对会计的目标主要有两大学派：一是"决策有用观"；二是"受托责任观"。本书主要以"决策有用观"为理论基础。至于这两派观点有何区别和联系，请参阅刘凯："论'受托责任观'和'决策有用观'的变迁——1930年以后经济环境变化对会计目标演进的影响"，《经济视角》（下），2011年第2期。我国《企业会计准则——基本准则》（2006）则是将决策有用观和受托责任观两种观点予以结合。即：财务会计报告的目标是向财务会计报告使用者提供与企业财务状况、经营成果和现金流量等有关的会计信息，反映企业管理层受托责任履行情况，有助于财务会计报告使用者作出经济决策。

② 本节第一、二两大问题主要参阅了赵凌云："经济史视野中的会计演进"，《会计论坛》，2004年第1期，特此致谢。

各国的发展，莫不如此。没有一个经济发达的国家，而会计不发达的；也没有一个会计不发达的国家，而经济能发达的①，并得出了"天下未乱计先乱，天下已治计乃治"的著名论断。郭道扬教授（1999）则从会计实践空间拓展的角度论证了会计发展与经济发展的这种关联关系，并认为"一部会计发展史表明，自有天下之经济，便必有天下之会计，世界经济有多大，会计世界也便会有多大"②。

一、经济发展与会计演进的互动关系

从整个人类历史上经济发展与会计演进的关联角度观察，可以发现，经济发展与会计演进互动过程呈现出三个层面。

（一）人类社会经济发展与会计演进从整体上看呈互动关系

从整体上考察，可以发现，人类社会经济活动的发展，不仅推动了会计实践的发展，而且推动了会计理论的发展；反过来，会计实践与理论的发展也推动了人类社会经济的发展。

人类的社会生产活动是会计产生和发展的根本前提。如果将原始的图形记事作为会计雏形的话，会计的产生可以追溯到旧石器时代。那时，生产的发展使得"物满足直接需要的效用和物用于交换的效用的分离固定下来"③。伴随着剩余物品的出现，对剩余物品的储存、分配等问题也随之而来。于是，在旧石器时代，人们就通过在洞壁上绘出简单的动物图形，在骨片上或鹿角上雕刻条纹等"简单刻记"和"图画符号"，来记载劳动成果和反映劳动耗费。当人类进入新石器时代后，人们有了数的概念，于是就产生了结绳记事。而当人们创造了文字之后，一种更为先进的记录经济事项的方法便应运而生，这就是"书契"记录。不过，那时人们所采用的会计记录方法，还不是真正意义上独立的会计，而是一种综合性的经济记录行为，它集原始的会计、计算、统计以及其他行为于一身。原始社会的记录虽然经历了图形记事、结绳记事和书契记事三个阶段，但都是简单的记事行为，人类经济生活的简单性决定了原始社会人类会计行为的简单性。

随着原始经济的解体，农业经济时代的来临，会计方法中出现了为自然经济服务的单式簿记④。随着经济的发展，产生了货币经济、商业和信贷。由于社会经济生活中占据主导地位的是自给自足的自然经济，经济结构以自给自足的小农业为主，工业处于手工业阶段，而商业处于简单的物资贩运阶段，这种社会经济结构制约了当时的经济管理水平和会计发展水平，使单式簿记成为这一历史阶段会计发展的主要形式。伴随自然经济的发展，单式簿记不断向前发展，由简单到复杂，由低级形

---

① 杨时展：《1949~1992年中国会计制度的演进》，中国财政经济出版社1998年版，第4页。
② 郭道扬：《会计史教程》（第1卷），中国财政经济出版社1999年版，第21页。
③ 马克思、恩格斯：《马克思恩格斯全集》（第23卷），人民出版社1974年版，第106页。
④ 从现有的文献资料可知，我国的会计称谓和单式簿记等会计基本问题，产生于西周。西周《周礼·天官》"司会掌邦之六典、八法、八则……而听其会计"。

态到成熟形态，以致形成一个固定的、完善的会计方法体系。但单式簿记的整个方法体系仅适应于反映自然经济，其自身缺乏科学的内在联系，而且当时的簿记缺乏理论指导，簿记知识的传授仅处在自然教育阶段。

正是由于单式簿记所存在的上述局限性，"当商品货币经济的发展逐渐在封建社会内部取得优势的时候，当资本主义作为一种政治力量显露头角的时候，'资本'来到人间，资本主义经济关系便成为催促复式簿记①产生的一个最为关键、最为积极的要素"②。由自然经济向资本主义经济转变时，随着资本主义早期市场经济的迅速滋长与发展，会计必然要发生一场深刻的变革。在此情况下，既出现了复式簿记实践，又同时产生了相应的会计理论，推动了会计科学的发展，并提高了会计在社会经济中的地位和作用。

随着工业经济时代的到来，工业生产从手工作坊时代进入机器大生产时代，技术的不断涌现以及生产规模和生产效率大大提高，市场竞争加剧，股份公司等新的企业组织形式迅速发展。所有这些，对会计实践的发展提出了新的要求，特别是在固定资产折旧、成本计算、资本运作等方面提出了越来越多的急需解决的问题，这些问题已突破了簿记工作与簿记学的研究范围，原有的复式簿记已无法满足资本主义发达市场经济发展所提出的新要求，会计实践相应地迅速发展。由于会计内部分工迅速发展，于是导致成本会计、管理会计等新会计门类开始出现，从而使会计发展进入现代会计时代。与此相适应，会计理论也得到迅速发展。在信息经济方兴未艾的今天，三式簿记、三维会计③等新的会计理念与方法开始出现，预示着会计理论与实践将面临一次新的变革。

（二）我国会计发展与西方的差距源于经济发展的差距

"从原始计量记录时代，到封建社会中叶，中国的会计发展一直位于世界先进行列，其悠久历史及其地位为会计史学家所肯定。④" "事实上，早在封建社会初期，中国的工商业和信用都已相当发达，城市兴起、家资巨万的商人、千人以上的手工工场、合股经营的工商业、庞大的船队、前期形态的商业资本和高利贷资本的发展，都为复式簿记的产生奠定了经济基础。⑤" 在 15 世纪以前，中国就形成了以"四柱结算法"⑥为核心，且具有中国特色和风格的中式会计方法，与巴比伦、印度、罗

---

① 复式簿记，在西方是以卢卡·帕乔利 1494 年出版的《数学大全》为标志，我国在唐、宋时期，以"三柱结算法"和"四柱结算法"的产生为标志。

② 郭道扬：《会计发展史纲》，中央广播电视大学出版社 1984 年版，第 384 页。

③ 三式簿记、三维会计等内容，请参阅[日]井尻雄士著《三式簿记和收益动量》（上海人民出版社 1993 年版）和徐国君著《三维会计研究》（中国财政经济出版社 2003 年版）等著作的论述，此处不再赘述。

④ 李孝林等：《会计基本理论比较》，立信会计出版社 2002 年版，第 32 页。

⑤ 李孝林等：《会计基本理论比较》，立信会计出版社 2002 年版，第 21 页。

⑥ 四柱结算法，是我国宋代创立的，以"旧管"、"新收"、"开除"和"实在"为标志的结算方法。即现在的"期初余额"、"本期增加发生额"、"本期减少发生额"和"期末余额"，是我国会计为世界会计所做出的重大贡献之一。

马等同领单式簿记世界之先。总体来说,在单式簿记阶段,中国会计特别是中国的会计报告制度,在唐、宋、元、明之际已居世界前列,这与当时的经济发展水平有着直接的联系。

但在15世纪后,以意大利为代表的西方国家,其簿记工作者根据经济发展的需要首先在记账方法上进行了革新,最终以复式簿记取代单式簿记,以适应商品经济发展的要求。在意大利北部沿岸的佛罗伦萨、热那亚和威尼斯等城市,复式簿记方法从简单到复杂、从局部运用到全面展开,逐步在经济管理中得以推广。1494年,意大利人卢卡·帕乔利在其名著《算术、几何、比与比例概要》(或《数学大全》)中,系统地总结了意大利复式簿记的账簿体系与记账方法,并上升到簿记理论的高度加以总结[①],标志着现代会计从此诞生。而在明中叶(15世纪后期)后,由于我国经济发展水平的落后,中国会计的记账方法仍为单式簿记,虽然出现了有复式簿记萌芽的"龙门账",但并不完善,中国会计开始落后于西方。到了17世纪,由于西方各国已进入资本主义经济发展阶段,出现工业会计、银行会计、商业会计、审计等门类,而中国仍停留在自给自足的自然经济发展阶段,虽然出现"四脚账",但也不完善。因此,中国会计与西方会计之间的差距越拉越大。1840年鸦片战争后,西方资本主义经济飞速发展,西方会计得以迅速发展。而在中国,资本主义经济成分发展缓慢,中国的会计改良艰难。19世纪末期,随着资本主义经济侵入中国,客观上也给中国会计发展带来了新动力,复式簿记开始传入中国[②],在此促进下,中国掀起了将近半个世纪的中式会计改良运动。20世纪30年代以前,中国立足于保留中式簿记中的科学部分,希望最终产生一种改良的中式簿记。20世纪30年代以后,中国簿记的革新进入改革阶段,对中式簿记进行彻底改革,全面体现复式簿记革新成就,吸收欧美国家在近代会计发展方面的最新成果,主张由西式簿记取代中式簿记,以促进中国工商业和政府会计的革新和经济的发展。但由于中式簿记改革在某些方面脱离了中国经济发展的实际,在实践中也被证明是不成功的[③]。

中国会计之所以在20世纪之前会落后于西方会计,必须联系中国历史上的整体发展过程来分析。15世纪是中国和西方之间开始出现"大分流"的一个关键时期[④]。在15世纪之前,中国在社会、经济、政治、文化各个主要方面都领先于或者

---

① 卢卡·帕乔利,被誉为现代会计之父。其描述的借贷复式记账法,被德国著名诗人歌德颂扬为"人类智慧的绝妙创造之一,以至于每一个精明的商人在他的经济事业中都必须应用它"。参见吴水澎主编:《会计学原理》,辽宁人民出版社1994年版,第13页。

② 我国的借贷复式簿记是1904年从日本引入,当年大清银行(现中国银行)的会计师谢霖在其著作《银行簿记学》中予以介绍,后经蔡锡勇父子以《连环帐谱》(湖北官书局1905年出版)一书予以系统阐述。从此,中国会计开始接触和使用借贷复式簿记。

③ 在20世纪30年代的上海,以代表中式会计的徐永祚会计师和代表西方会计的潘序伦教授等之间进行的论争,旨在改良中式簿记。但复式记账方法的改革,可谓命运多舛,直到我国在1993年中国农业银行全面采用借贷复式记账法后,才宣告各种复式记账方法论争的结束。

④ 彭慕兰:《大分流:欧洲、中国及现代世界经济的发展》,普林斯顿大学出版社2000年版。

至少平行于西方,但15世纪之后,却开始落后于西方。许多学者将这一现象归结为"谜思",并试图予以解释。例如,"李约瑟之谜"即是描述中国在15世纪以前已经具备发生工业革命的基本条件而最终与工业革命失之交臂的过程;赵凌云(1996)研究了15世纪以前中国已经具有比较发达的市场,而15世纪以后市场走向衰落的过程,并将这一过程归结为中国"市场发育之谜"①;根据邹进文(2004)的研究,15世纪以前,中国的财政制度是先进于西方的,而15世纪以后,则落后于西方,这可以归结为"财政制度之谜"。此外,还有学者在科学技术、思想文化、政治制度、文官制度等诸多方面发现了类似的"谜思"。这么多的"谜思"发生在同一个时段,绝不是偶然的历史巧合,这不能不引起人们对这些"谜思"关联性的深思。其中,中国"会计发展之谜"可能是这类"谜思"中的一个层面。

要解开这些"谜思",需要整体的努力,但是,从历史逻辑关系上看,中国"会计发展之谜"似乎是经济发展、市场发育等方面出现转折所直接决定的。具体来说,中国15世纪以后会计发展的滞后可以归结为以下几个方面的原因:

(1) 15世纪是西方从自然经济走向市场经济的"拐点",而中国的自然经济始终占据主导地位。在自然经济领域,重要的是产量、品种等实物概念,价值、价格、利润、成本等不重要;人们之间的经济交往很少,经济主体之间的往来有限;更重要的是,由于经济主体之间缺乏竞争性压力,人们缺乏足够促使人们精于计算的成本意识。所有这些,使得自然经济领域中的会计实践是简单的。15世纪以前,中国经济相对于西方的发达,不过是自然经济条件下的发达。相应的,中国会计的发达不过是自然经济条件下会计实践的发达。一旦西方从15世纪开始告别自然经济,走向市场经济,必然在会计实践与理论上将中国抛在后面。

(2) 15世纪是西方商业革命的时代,而中国的商业始终受到严重的抑制,"重农抑商"是经济发展的基调和主流。商业的发展是会计发展的重要条件,正如美国著名会计史学家迈克尔·查特菲尔德所指出的那样:会计主要是适应一定时期的商业需要而发展的,并与经济的发展密切相关②。只有随着交换活动的不断扩大和发展,才会强烈地刺激人们的成本意识与核算意识,培育人们的会计思想和会计精神,促进人们的会计实践。在欧洲,特别是在威尼斯等地中海沿岸地区,从11世纪开始,商业开始发达,从维护商业发展的角度出发,政府推行的是促进商业发展的政策,促使工商业长足发展,生产与流通紧密相连,农业、手工业和商业相互依存。这种状态对会计的发展产生实质性影响。而在中国,重农抑商政策使工商业长期处于一种依从和附属地位,物资交换为主的商业活动被局限于狭小的范围内。这种状态也制约了会计实践与理论的发展。

(3) 17世纪开始,西方出现了活跃的资本运动,而中国的货币运动依然保持在

---

① 赵凌云:《市场力论》,湖南出版社1996年版。
② 迈克尔·查特菲尔德:《会计思想史》,中国商业出版社1990年版。

自然经济条件下的状态。创业性资本运动是促进会计实践与会计理论发展的动力。在南欧国家，伴随贸易特别是航海贸易和工商业的发展，出现了通过合伙、股份制等企业组织形式来组织创业性投资的资本运动形式，出现了专门从事资金融通的金融机构，形成了资本筹集、投资和利润分配等较为复杂的经济活动，由此形成了较为复杂的经济关系，这对会计理论与实践的发展提出了新的要求，推动了会计的发展，特别是单式簿记向复式簿记的发展。而在中国，由于"重农抑商"政策的制约，社会资金不能充分转化为资本，资本无法自由地向商业或手工业扩张，利润转化为经营资本的道路不畅。货币经济发展处于停滞状态，金融机构的商业信用功能始终难以发挥，其货币经营仅停留在提供商业服务的结算业务方面。这样导致资金运动的单向性和简单化，单式簿记向复式簿记发展的动力不足，会计理论与实践的发展动力也就不足。

（三）新中国会计演进与经济发展和经济体制变迁的互动关系

1. 经济体制变迁的模式与路径决定了会计演进的模式与路径

1949年10月1日，中华人民共和国成立后，伴随着计划经济体制建立到逐步转向市场经济体制，会计发展也经历了一个曲折的过程。在国民经济恢复时期，在统一全国财经管理体制的过程中，统一了会计制度。1953～1957年间，在借鉴前苏联模式建立计划经济体制的过程中，借鉴了前苏联的会计制度和会计理论，一方面，批判和改造旧中国流传下来的所谓资产阶级的经济思想和会计方法；另一方面，则引进和照搬前苏联的会计理论和会计方法。1958～1978年间，经济体制趋向僵化、经济运行出现频繁波动，相应的，会计理论与实践都遭受严重破坏。这种破坏，在"大跃进"时期表现为"会计虚无"的泛滥，会计制度遭受破坏，会计职能遭到否定，甚至出现了"无账会计"等荒唐做法。在"文化大革命"时期，政治运动和"左"的思潮对会计实践与会计理论的破坏达到极端。一方面，强调政治挂帅，强调算政治账而否定算经济账，就从根本上否定了社会主义条件下会计的作用；另一方面，政治运动直接冲击会计实践，例如，在"派性"的影响下，一些单位的会计也相应分属于不同的派别。1978～1991年间，随着建设有中国特色社会主义经济体制的理论探索与逐步实施，中国会计的发展也进入了一个振兴与发展的新时期，在这一过程中，逐步建立了具有中国特色的会计理论与方法体系。1992年以来，伴随经济体制向社会主义市场经济体制的转变和经济体系与国际经济体系的接轨，中国会计业务处理规范也开始向国际通行的会计惯例靠拢。这一时期，在中国会计规范体系的建设与发展过程中，会计准则的规范程度越来越高，与之相适应的规范效应也越来越大，一些基本的概念和准则条款直接来源于国际会计准则。相应的，会计在我国经济管理、公司治理、经济主体行为规范乃至宏观经济运行调控等方面的作用日渐显现出来。2006年2月15日，《企业会计准则》（2006）正式发布，我国实现了会计准则的国际趋同，从而使中国会计拿到了通向世界的"通行证"。

2. 会计实践对经济发展具有直接影响，会计制度的健全与否直接决定着国民经

济的发展状态

新中国成立初期,会计制度的统一推进了整个财经管理制度的统一,推进了国民经济宏观管理的统一和整个国民经济的恢复。"一五"时期采用前苏联式会计制度无疑为计划经济体制的确立和运行奠定了微观制度基础,而"大跃进"时期会计"虚无主义"的泛滥则助长了国民经济的混乱,"文革"时期受到政治动荡冲击的会计反过来加剧了微观经济运行中的无政府主义。

改革开放以来,中国会计开始走上健康发展的轨道,并与国际准则逐步协调与趋同,无疑也是这一时期经济快速健康发展的微观基础和技术保证。近年来,随着中国特色社会主义市场经济体制的不断完善,会计对社会、经济的促进作用表现得更加明显。我们可以从我国资本市场20余年的发展历程中,总市值由1991年的31亿元到2017年末突破55万亿元中窥豹,充分说明了会计对社会、经济的促进作用。

二、经济发展与会计演进互动的基本规律

从上述分析可见,古今中外的经济发展与会计演进总是有关联的。在会计演进与经济发展互动的历史分析中,可以抽象出两者关联的一些基本规律。

(一)社会经济发展阶段决定着会计发展的水平

社会经济发展的阶段,直接决定着会计发展的水平。同任何事物一样,会计演进呈现出明显的阶段性。从方法上看,由原始记事、单式簿记到复式簿记;从门类上看,自单一行业的会计向多个部门会计分化;从功能上看,从纯粹核算与反映功能发展到参与管理与决策等。这种阶段性特征从根本上说是由社会经济发展的阶段性所决定的。

1. 生产力发展水平决定会计发展阶段

人类社会生产力的发展经历了原始生产、手工生产为主的农业经济、机器大生产为主的工业经济和现代科技为主的知识经济的发展,与之相适应,会计也同样经历了原始记事、单式簿记到复式簿记这样一个循序渐进的发展过程。人类社会生产力的发展阶段,也决定了会计技术手段演变的历史过程,它促使会计计量的方法从原始社会的简单刻记与结绳记事,发展到近代的手工簿记系统、机器穿孔卡片系统以及现代社会的电子数据处理系统(EDP)和企业资源计划系统(ERP)等。

从功能上看,伴随着生产力水平和社会的发展,会计从提供经济活动记录,发展到进行财务活动分析,再发展到成为整个社会的控制中心、决策中心和信息中心的一个基本环节。

2. 专业化与社会分工决定会计行业的分化

在传统的社会分工下,统治阶级为实现经济集权的要求,需要会计建设朝着逐级控制、分工明确及各司其职的方向发展,从而产生了官厅会计和政府会计。而民间会计则局限于逐本求利的范围,会计建设即朝着着眼于计量、记录企业与家庭的私有财产增减,以及应得红利的多少等方向发展。随着工业化的发展,出现了大量的股份公司这种现代企业组织形式,所有权与经营权的分离,迫切要求独立的第三者对企业的财务状况和经营成果进行审查和监督,而相关经济立法又将注册会计师的地位法定化,于是产生了现代意义上的审计,从而导致会计执业服务的职业化以及现代审计技术的发展。随着社会分工的进一步发展,作为经济管理重要组成部分的会计将越来越重要,亦愈益受到人们的尊重,其社会地位日益提高,并将在社会经济管理和公共管理中发挥越来越大的作用。

(二)会计制度演进受到社会经济和政治文化等因素的综合影响

会计演进决定于经济发展的阶段,这是一般规律。对于一个国家和地区来说,会计演进则会出现差异性。之所以如此,除了社会经济发展的差异性以外,还有政治、经济、科技、文化和教育等方面的因素。这一点,我们可以从西方近代会计发展简要历程的分析中得到诠释。

1. 经济发展直接决定了会计演进的速度

对复式簿记的理论总结最早产生在意大利,而非别国,最早在意大利北部,而非南部,这是由其当时在经济发展中的地位所决定的。迈克尔·查特菲尔德在《会计思想史》一书中指出:复式簿记是伴随着十字军东征(1096~1291年)和后来地中海贸易的繁荣而诞生的[①]。意大利优越的地理位置,使得意大利北方城市如威尼斯、佛罗伦萨等地成为东西方商品流通的中介地,以及资本主义的萌芽地。这里的商品交换和货币兑换频繁,在商业经营活动、手工业生产与银行业三者之间产生了一种相互依赖的关系。为了盈利,他们不得不加强管理,并不断改进会计记录与分析方法。总的来讲,意大利工商业、银行业的迅猛发展,为复式簿记的产生与发展奠定了经济基础,也为复式簿记在意大利北部的产生创造了先决条件。同时,企业家在会计演进中的作用也是应该予以重视的。企业家在资本主义经济增长中扮演了关键角色,他们引入了一些新的商业办法以及其他各种新的意识,他们在企业融资中引入"把所有者权益作为负债的补充方法,以及复式记账法"[②]。这些都发生在工业革命前的几个世纪,中世纪晚期的工业革命以及相伴而生的商业革命是被诸如借贷记账法和汇票的发明而点燃的(Raymond,1953)。

会计的长足发展最先发生在西方工业化国家,这也是工业革命的结果。第一次工业革命发生于18世纪60年代的英国,完成于19世纪中期。工业革命"不仅意味着资本主义手工业向资本主义的大工业的过渡,而且也引起广泛而深刻的社会变革"[③]。产业革命使分散的手工业生产转变为集中的机器生产,工厂制在工业中逐渐占据统治地位。这样,以市场需求为动力、以机器大生产为特征、以工业化为中心的资本主义生产方式建立并发展起来。这种生产方式的变迁势必引起会计活动也发生变化。簿记工作的重心开始向工业生产转移,企业的生产、销售和分配等经济活

[①] 迈克尔·查特菲尔德著,文硕、董晓柏等译:《会计思想史》,中国商业出版社1990年版,第43页。
[②] 威廉·鲍莫尔著,彭敬等译:《资本主义的增长奇迹》(中译本),中信出版社2004年版,第77页。
[③] 刘祚昌等:《世界通史》(近代卷上),人民出版社1997年版,第2页。

动开始进入会计核算的范围，明晰产权和利润计算等难题成为会计需要迫切解决的问题，使会计在发展中实现了其功能上向管理职能的扩充，故在资本主义生产方式下较早产生了工业会计、商业会计、银行会计等会计部门的分野，较早产生了财务会计、管理会计等会计功能上的分野。

2. 政治制度特别是民主与法治对会计演进具有深刻影响

中国古代的帝王专制决定了会计制度建设的基点是为王权效忠，这也是我国古代官厅会计的发展水平为何远远高于民间会计的原因之一。

而中世纪在威尼斯等意大利北部发达的城市中，出现了资产阶级，建立了资产阶级领导的城市共和国，它们支持反封建、反教会的斗争，同时也支持文艺复兴运动，为意大利北部城市成为复式簿记的发源地创造了得天独厚的条件。现代西方资本主义国家中，资产阶级所推崇的民主与法治思想决定了会计制度的平等与公正。

雅典的审计监督制度最能说明民主与法治对会计演进的重大影响。在 2000 多年前的雅典，公民在政治上是平等的，官吏通过选举制度产生，并轮流执政掌管政权。官吏在上任前应接受资格审查，在任职期间，公民通过公民大会随时可以检查其是否称职，官吏卸任后，应接受经济责任审查。如果官吏利用职权，肆意践踏平等原则，人民可以通过法律将他流放。例如，伯理克利是希腊著名的将军，曾为雅典城邦的建立屡建功勋。但这位英雄后来却因为大权在握而利用职权贪赃枉法，甚至出卖国家的利益，最后被雅典人民利用流放法于公元前 461 年罢免并流放。正因为如此，会计史学界曾有人认为复式簿记诞生于雅典。苏联会计史学家索科洛夫在其《会计发展史》中指出：两位法兰西作者涅罗和吉利亚在研究了古埃及的海关账并看见了账中商品支出和现金收入的记录后得出结论，现代核算的故乡是雅典[①]。

3. 科学文化对会计制度演进也具有深远的影响

科学文化对会计制度的演进影响主要体现在如下三个方面。

(1) 数学精神对会计制度演进具有深远的影响。会计与数学有着千丝万缕的联系，数学知识是会计学的基础知识之一，同时也是会计最起码的运算工具之一。在卢卡·帕乔利对簿记进行系统研究之前，数学家们一直把簿记包容于数学之内，将其作为数学的一个分支学科。卢卡·帕乔利在对簿记进行系统研究之后，使其系统化和理论化，并将其作为 1494 年出版的《算术、几何、比与比例概要》一书的重要篇章，它是会计摆脱实务进入理论的标志，是单式簿记向复式簿记转变的标志。该书同时又是一部数学著作，它体现了数学精神（包括精确精神和推导精神）和经济实践的结合，反映出数学精神与会计制度的历史渊源关系。此后，数学精神与会计制度的发展始终是相互影响的。1605 年，荷兰人斯蒂文出版的《数学惯例》，也是集数学与簿记于一体的，它与帕乔利的著作并驾齐驱，成为数学和簿记学结合的典范。威廉·配第发现，正是精于计算的精神构成了荷兰经济发展并超过意大利的

---

① R.B. 索科洛夫著，刘尚希译：《会计发展史》，中国商业出版社 1990 年版，第 29 页。

精神支撑。他曾明确指出：这一民族必须进行艰苦的劳动，尽全力从事工作，不论贫、富、老、少都必须学会有关数量、重量以及长度的技艺。晚期重商主义者托马斯·孟在1664年出版的《英国得自对外贸易的财富》一书中，根据自己毕生从商的经验，概括出"一个全才的对外贸易商人所必须具备的各种品质"共有12种，其中排第一的就是要擅长算术和会计。

（2）工程精神对会计制度演进具有深远的影响。任何技术工作都存在经济问题，都有经济性要求。无论是作为工程界的工程师还是作为经济界的会计师，都必须具备一定的工程技术和经济知识。

1911年，美国工程师泰罗出版了《科学管理》一书，提出了计件工资和标准化原理，用来控制生产工人的工作效率。之后，工程师埃默森提出标准人工成本，甘特又把标准成本推广到材料和制造费用，制定标准材料成本和标准制造费用。此后，工程师哈里逊第一次提出标准成本概念。1919年，美国全国成本会计师协会成立，该协会由工程师和会计师共同组成。成立之后，准备推广标准成本，但这时的标准成本并没有与会计结合。直到1930年以后，工程师和会计师才获得一致看法，将标准成本计算与复式簿记结合起来，从而使标准成本法的运用纳入会计核算体系。20世纪以来，会计学与工程师结缘促进了管理会计理论的发展，如联合创立了标准成本会计理论、发展了预算控制、创立了价值工程、发明了作业成本制度（ABC成本法）等。

（3）经济人的理性精神在会计演进中发挥了重要作用。经济人的理性精神，即在特定条件下追求利益最大化的精神，由此派生出追求成本最小化的成本精神、追求精确计算的核算精神、追求尽可能规避风险的风险精神。这些精神正是会计实践与会计理论发展的精神动力，有些甚至直接内化为会计精神，诸如成本精神、核算精神、预算与决策精神等。

反观中国，古代中国虽然已经达到了当时世界经济发展的最高峰，但只是自然经济的辉煌；虽然政治文明达到了当时世界的顶峰，但只是封建专制的辉煌；科学文化虽然达到了当时世界的顶峰，但只是农业文明的辉煌。15世纪以后，中国在上述三个方面都开始停滞，而西方的发展则进入了新的纪元。中国因此缺乏会计发展的动力，中国的会计必然落后于西方国家。

（三）会计发展是社会全面进步的有机组成部分

对会计演进和经济发展互动过程的历史分析，带给我们许多深刻的启示，其中重要的是：会计的发展本身就是社会全面进步的有机组成部分；会计文明是社会文明的有机组成部分；只有会计和社会进步协调发展，才能切实提高整个国家整体的经济实力和社会文明水平；在现代市场经济的建设中，会计发展和社会全面进步两者相辅相成，必须协调发展，不可偏废。

因此，会计发展不仅是会计领域的事情，而是取决于整个社会经济的发展是否形成了有利于会计发展的经济环境，是否形成了有利于会计发展的文化氛围，以及是否形成了有利于会计发展的精神环境。会计的发展过程,实际上是整个社会发展和文明程度提高的过程。

就我国而言,要真正实现会计的全面发展,应该做到:首先,要全面形成会计核算的体制条件,即形成完善的市场经济体制,将市场机制引入所有社会资源的配置过程;其次,要形成接受会计与审计监督的社会环境,即民主与法制以及有效制约公权的环境;最后,要充分形成全民族的会计精神与会计文化,特别是要弘扬诸如核算精神和成本精神等会计精神。

三、会计的社会性及其分配功能

前已述及,会计演进与社会经济发展具有明显的互动关系。会计学作为一门既古老又年轻的学科,过去,人们一直将其定位于微观领域,主要是研究企业、事业单位经济活动的运行规律,并将其予以确认、计量、记录和报告,且将所产生的会计信息传递和解释给会计信息使用者。但人类进入20世纪中后期后,随着全球经济一体化、资本市场国际化、资本流动全球化后,会计不仅仅是一个企业管理问题,而是一个涉及面非常广的社会问题、政治问题和国家利益问题。会计是按"游戏规则"所进行的"数字游戏",数字的背后是会计规则,会计规则的背后是各利益集团博弈的结果。

(一)会计的社会性及其表现[①]

1. 会计的社会性表现为会计的社会需要性和社会约束性,从而形成会计的同质性

会计的社会需要性表现为在会计主体之外的社会范围内,要求会计承担为社会服务的义务,即会计行为应按照社会的要求将会计主体的经济活动和财务活动所形成的所有信息,向会计主体以外的外部领域披露,并按规范释疑。即社会需要会计主体的真实、可靠且连续的会计信息。

为了保证社会需要不受会计主体的控制和影响,任何经济组织的会计行为都必须按照社会确定的会计信息处理和释疑的规则、程序、方法进行会计系统活动,任何单位管理者当局或利益相关者都不能以自己的偏好而改变会计行为的规则、程序和方法,否则将承担会计法律责任,即会计的社会约束性。

社会确定的会计信息处理和释疑的规则、程序、方法,以法律约束和社会道德约束[②]的双重机制作保证,在不同的会计主体中实施,从而形成了会计的同质性。一个国家的会计行为规则、程序、方法的确定,有的国家是政府主导,有的国家是

[①] 本部分参阅郑在柏:"论会计的社会性及其分配功能",中国论文下载中心网(http://www.studa.net/kuaiji/070210/11211074.html),2008年7月20日。

[②] 我国目前的会计准则采用的是"原则导向",在原则导向下,赋予企业管理当局和会计人员较多的职业判断领域,如何科学而合理地进行职业判断,除相关人员的职业判断能力外,其良好的职业道德和正确的会计价值观具有重要作用。

行业协会主导,不论哪种模式,都具有广泛的社会代表性和法律的保障性。在我国目前的时期内,是以政府为主导的,即由政府代表社会制定会计法规、会计准则、会计工作规范、会计从业资格规定等会计行为的规则、程序和方法等。

社会经济越发展,会计的社会性越突出,社会需要对质和量的要求程度就越高,社会约束性也就越强、越细化、越规范。我国改革开放以来的会计改革和发展历程充分证实了这一结论。

2. 会计社会性的本质是社会产品价值分配的有序性

之所以存在会计的社会需要性和社会约束性,其根本原因是会计主体的经营成果利益价值存在社会性分配的需要,即社会产品价值分配的有序性需要。企业作为社会的经济细胞,客观上为社会创造社会产品价值,社会产品价值要在不同的利益主体中进行分配和再分配。

在与企业利益直接相关的不同利益主体之间的价值分配,通常是在初次分配阶段中进行,如经营成果利益在企业职工、投资者、债权人、政府等之间的分配。

在与企业利益无直接相关的利益主体之间的分配,通常是在全社会范围内的再分配阶段进行,如财政支出等。只有社会产品的分配按照有序的规则进行时,才是全社会的公允。

从企业外部看,会计的本质是再生产过程中分配环节中的利益分配的重要机制和手段,企业提供会计信息实质上是反映企业创造利益价值总量及利益价值初次分配的状态,以使社会各利益主体在参与分配和再分配过程中判断企业初次分配中的规范性、再分配的地位、长期再分配的可持续性,以期作出必要的决策。会计提供的会计信息合法、真实、完整是保证成果利益社会性分配有序、效率、公平、公正的前提条件。

各会计信息使用者之所以对会计信息的合法、真实、完整有规范的严格要求,关键在于会计信息对各利益相关者在追逐利益分配行为决策过程中不可代替的作用。但在经营成果利益的价值分配中,管理当局与其他相关利益分配主体各方总是存在利益冲突的矛盾,在矛盾解决的过程中,管理者当局有着操纵会计系统的便捷条件,利用对会计信息的操纵而获得更多的利益价值或在利益分配中处于有利的地位和会计寻租。另外,管理当局除了为自己的利益,还可能在某个利益相关者的诱导下,与其联合起来对会计信息进行操纵。如经营者与大股东联合对会计信息操纵,侵占小股东和债权人的利益等。因此,为避免操纵会计信息的可能性,社会各利益集团对会计信息需求的最大公约就是会计信息的合法、真实、完整。

企业必须向社会提供合法、真实、完整的会计信息,以满足社会经济利益分配主体对会计信息使用的需求。虽然会计信息因企业的性质、规模、管理政策以及信息使用者偏好不同而有需求差异,但经济利益社会性分配矛盾的协调结果无不要求提供的会计信息真实、完整、合法。为便于判断会计信息的真实、完整、合法,由此社会确定了属于"强制性的"或是"必需的"统一的会计信息生成体系和释疑的规范语言，即会计的社会约束性。

3. 会计社会性功能的基本特征

（1）社会产品价值有序分配性。社会产品价值有序分配性是会计社会性的基础。任何经济利益主体所创造的产品如果不形成社会产品或不存在社会性分配的话，也就不存在会计的社会性。如家庭的经营成果、自给自足经济条件下的利益主体，就不存在会计社会性的问题。

（2）会计社会性具有动态性。从全社会角度看，社会性产品范围越广，社会产品价值分配越复杂，会计的社会性就越强。如市场经济条件下的会计社会性比计划经济条件下的会计社会性要强得多；如在我国工商业领域或城市区域的会计社会性要比农业领域或农村区域的会计社会性要强得多。从经济微观主体角度看，成果利益分配范围越宽广、利益分配主体越多越复杂，会计的社会性也就越强。如上市公司的会计社会性比非上市公司的会计社会性要强得多，大企业比小企业的会计社会性强。

（二）会计社会性功能的行使机制

会计社会性产生的根本原因是会计主体的经营成果利益价值存在社会性分配的需要，会计的本质是再生产过程的分配环节中利益分配的重要机制和手段，会计的核算过程，就是经营成果利益价值的初次分配过程。通过会计，可以实现三个方面的分配活动：一是将会计主体的个别产品向社会产品的价值转化（表现为将个性的经济活动和活动成果释义为社会性的同质语言），从而形成社会产品在社会范围内的分配总量；二是社会产品"C、V、M"划分（表现为成本计算、财务成果的计算等）；三是对经营成果在相关利益分配主体之间的分配（表现为税收、职工薪酬、利息费用和利润分配等）。因此，会计活动的过程，就是对会计主体的经营成果利益价值社会性分配的过程，会计的最终目标是对会计主体形成的经营成果利益在利益相关者之间的分配，从而实现会计的社会分配功能。

（三）会计社会性功能的直接表现

（1）会计是经营成果的分配平台系统，承载着其他各种分配手段和分配形式的组合和运作。经营成果的分配有多种手段和形式，无论是财政分配、职工薪酬分配、价格分配、财务分配等分配形式，还是劳动、知识、技术、资本、经营管理、土地房屋等要素分配手段，无不都是借助会计这个分配平台系统进行的。会计活动过程，就是各种分配手段和分配形式组合和运作的过程，经营成果利益分配的实现，贯穿于会计的确认、计量、记录、报告和解释的整个过程中。

（2）会计分配是经营成果利益价值形式上的分配。即将个性化的不同会计主体的经营成果转化为社会性的同质分配总体，并以货币为载体，实现社会范围内的有效分配和资源的优化配置，实现效率与公平的统一。

（3）会计分配的主要手段是确认和计量。会计通过确认和计量对经营成果利益在特定的时间和空间中在不同利益主体之间分配，确认和计量的过程就是分配的过程，最终形成经营成果利益归属谁、何时归属、归属多少的分配状态，最终体现为不同的产权归属。

（4）会计分配对社会产品分配格局的影响。在社会产品的价值分配中，由于分配政策或分配制度主要是在会计主体外部形成的，会计分配功能要受到社会的强力规范和约束，一般情况下会计分配功能是在被动的状态下运行的，不影响社会产品分配的整体格局。但当出现会计错弊状态和存在会计寻租时，必然会对社会产品分配格局产生重大不利影响，并有可能造成分配格局的混乱。

综上所述，自 1978 年斯蒂芬·A. 泽夫（Stephen A. Zeff）的《经济后果学说的兴起》(The Rise of Economic Consequences) 问世后，人们更加关注会计的社会性，会计的社会性更多地通过会计准则的制定予以体现。因为，社会经济各利益主体通过会计准则产生的会计信息进行财富的公平与非公平性分配和转移。因此可以说，会计准则的本质就是决定财富分配的"游戏规则"，它不仅是一个技术过程，更是一个政治过程。

四、资本市场有序运行与会计的关系

会计与资本市场具有天然的密切关系，1929~1933 年第一次全球经济危机爆发后，人们在反思其原因时发现，松散的会计实务是 1929 年市场崩溃和萧条的重要原因之一（查特菲尔德，1977）。尤其是威廉·夏普（William F. Sharpe）、约翰·林特纳（John Lintner）在 20 世纪 60 年代提出资本资产定价模型（简称 CAPM），以及依基尼·法玛（Eugene Fama, 1965、1970）有效市场假说的兴起，瓦茨和齐默尔曼（Ross Watts & Jerold Zimmerman, 1986）的《实证会计理论》，科司瑞（Kothari, 2001）的会计中的资本市场研究，斯蒂芬·A. 泽夫（Stephen A. Zeff, 1978）的经济后果学说的兴起等，更加密切了资本市场与会计的关系，并将会计的技术层面提升至政治层面。当今，随着经济全球化及资本国际化步伐的加快，会计与资本市场的关系将在更大、更广阔的范围内变得更加密不可分。其相互关系主要体现在以下几个方面[1]：

（一）资本市场所体现的关系是一种产权关系，它与会计有着天然的联系

资本市场本质上是一个产权交易的场所，无论其产品形式和交易方式如何变化，它所体现的产权关系不可能因时间、地点、环境和条件的改变而改变。这便是资本市场必然与具有产权确认、计量、记录、报告和控制功能的会计有着天然联系的根本原因。就会计自身而言，它对产权的维护与保障功能是由会计的目标所决定的，尽管不同历史时期有着不同的会计目标，并且同一会计目标也会具有不同的层次，但是，会计对产权的维护与保障功能始终不会改变。无论是为产权所有者提供经营

---

[1] 李国运："论资本市场与会计的演化关系"，《会计研究》，2007 年第 5 期。在某种意义上而言，财务会计上很多复杂的问题都与资本市场有关。

者的受托责任报告，还是为利益相关者提供决策有用的信息，都决定了会计与会计信息对产权主体与资本市场有着重要的影响和作用。会计不仅为资本市场提供会计信息，而且还提供会计管理与控制，而资本市场功能的发挥不仅需要会计的信息，也需要会计的控制与管理。

（二）资本市场与会计的关系是一种相互影响、相互依存、相互促进的关系

资本市场与会计的这种相互关系主要体现在两方面：其一，会计为资本市场的产生和发展提供了信息和管理保障；其二，资本市场复杂的产权关系又为会计提供了拓展领域和完善方法理论体系的环境与条件。没有会计，资本市场就难以产生和发展，同样，没有资本市场提供的广阔天空，会计的理论就难以发展到今天的高度，会计的地位和作用就难以被广泛认知。总之，资本市场使会计更为广博，会计使资本市场更为缜密。资本市场与会计在发展过程中相互影响，相互促进，并提升了各自的功能和品质。

（三）会计的发展必须适应资本市场发展的需要

从资本市场的历史发展来看，当会计的发展适应资本市场的发展要求时，会计就能促进资本市场的发展；当会计不能满足资本市场的发展要求时，资本市场的运行就会失常，危及金融市场乃至整个市场经济体系的安全。尽管资本市场与会计是相互依存、相互促进的关系，并且这种关系是由资本市场的本质与会计的目标所决定的，但是资本市场并非始终是市场经济天生的乖孩子，会计也并不总是资本市场尽职的守护神。由于会计理论与技术的落后、制度设计的缺陷、会计部门和会计人员的失职，以及受外界因素影响所产生的会计功能的异化，都会使会计偏离自身的目标，并形成与资本市场的矛盾运动，这种矛盾如不及时解决，常常会造成严重的经济后果。因此，会计只有始终明确自身的目标，保持自身理论与方法体系的先进性，才能更好地实现自身的目标。同时，会计也只有适应资本市场的发展要求，才能促进资本市场的发展，从而促进自身的发展。如果两者关系不协调，或迟或早，资本市场和会计都会通过自身的规律进行调节。当会计理论与实务严重落后于资本市场创新需求时，会计与资本市场的矛盾运动将会十分激烈，这种矛盾常常会给资本市场乃至整个市场经济体系造成巨大损害。

（四）在会计与资本市场关系中，会计信息与证券价格特别是股票价格之间的联动关系是最重要的关系之一

无论资本市场的盈利模式如何改变，会计信息与证券价格之间的联系都不会改变。如果忽视这一关系，资本市场的定价功能就会遭到扭曲，最终将会导致资本市场无效运行。在现代尤其在当代，由于证券衍生产品外在形式与其初始形态发生了较大的改变，其资产定价所受的干扰更多，证券定价与会计信息之间的联系往往变成一种间接的隐性联系。面对这种情况，我们必须清醒地认识到：资本市场产品无论外在形式和交易方式如何改变，它始终是一种产权关系的物化，它的定价与企业的经营成果有着必然的联系，因而也就与反映企业经营成果的会计信息有着必然联

系,忽视会计信息必将危及资本市场功能和效率的发挥。

(五)资本市场与会计关系的表现形式并非固定不变的,而是呈不断演化的动态关系

不同时期的资本市场有着不同的特点,不同国家或地区的资本市场有着不同的特点,相应的,资本市场与会计的关系也呈现出不同的特点。不同时期的资本市场与会计关系的表现形式有所差别,对会计及其会计信息的要求也不尽相同。在现代,资本市场对会计标准的先进性和会计监管的国际协调机制有更高的要求。因此,当资本市场在世界经济中发挥的作用越来越大,产生的影响越来越广泛,资本市场的盈利模式、产品形式和交易方式的变化也越来越多样化时,资本市场与会计的关系也必须随之变化。

当前,在经济全球化和资本国际化的过程中,资本市场出现了一些全新的特点,这既是会计界面临的新挑战,又是一个难得的发展机遇。会计界必须与时俱进,来适应资本市场的需要,特别要注意处理如下关系:

一是要注意衍生金融工具的计量、信息披露和风险监控问题,努力保持会计自身的先进性,防止因会计技术方法体系的缺憾而酿成重大灾难。

二是要正确处理安全与效率的关系问题。在经济全球化的今天,如果监管过严、市场人为分割、流动性不足以及综合创新能力缺乏,都将会降低资本市场的竞争力。如果我们不注重效率,就会成为经济全球化、资本国际化的障碍;如果我们不注意安全,那么,安然事件就可能重演。因此,我们必须探索出兼顾安全与效率的办法来。

三是要加强会计的国际合作。当代国际资金的供应与需求以及债权债务关系都具有明显的世界性或全球性特征,错综复杂的国际借贷活动需求主要也是通过世界信贷市场与世界证券市场来进行的。

为了适应日益国际化的资本市场发展的需要,会计界必须向建立全球统一会计信息标准这一目标努力。在目前的情况下,可先进行区域性统一,同时,会计界要积极参与国际资本市场的监管合作,加强与国际监管机构的协调,防范金融风险的产生。

五、公司治理结构与会计的关系

在影响会计信息质量的诸多因素中,公司治理结构的完善程度对会计信息质量具有至关重要的作用。公司治理源于现代企业制度中所有权与经营权的分离。奥利弗·哈特(Oliver Hart)在《公司治理理论与启示》一文中认为,在两权分离条件下,契约的不完备导致了代理风险和机会主义的存在,从而产生了对公司治理的现实需要。治理结构和治理机制是公司治理的两个基本组成部分,它们共同决定了治理效率的高低。从狭义上讲,公司治理是公司所有者为缓解与经营者的利益冲突而设计的一系列制度或机制。后来,菲利普·科克伦和司蒂文·沃特克(Philip

L. Cochran & Steven L. Wartick, 1988)在《公司治理：文献回顾》一文中发展了公司治理理论，提出了广义上的公司治理的概念，强调公司治理是通过设计一套正式或非正式、内部或外部的制度或机制来协调公司利益相关者之间的利益关系。由此可知，虽然会计与公司治理在产生年代与背景、演进路径与规律、性质与功能等诸多方面存在显著差异，但从两者相互作用机理视角考察，两者又存在着高度的关联性与双向互动关系。

公司治理结构和机制是会计系统运行的制度环境，公司治理模式在很大程度上决定着会计模式的选择；会计系统及其产生的高质量的会计信息是保障公司治理有效的基本条件和重要工具，公司治理健全与否直接影响着会计信息质量。公司治理结构、公司组织结构和公司治理结构中的会计定位如图1-1、图1-2和图1-3所示。

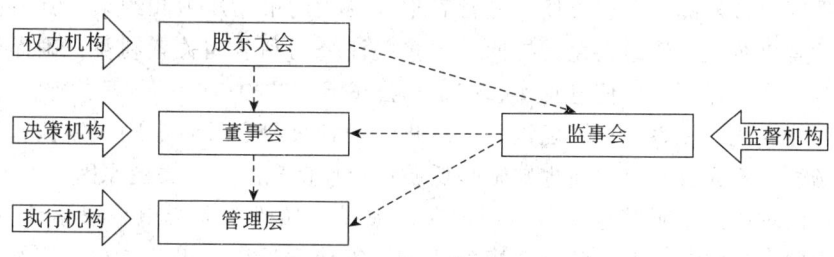

图1-1　公司治理与管理组织体系图：公司治理结构——权利和利益的制度安排

从图1-1、图1-2和图1-3可知，公司治理与会计具有密切的关系，主要体现在以下四个方面。

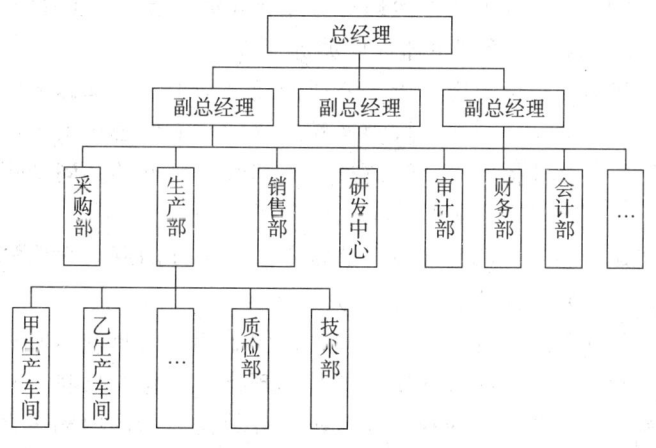

图1-2　公司管理组织体系图

（一）公司治理水平制约着会计信息质量

大量的理论研究和实践已经充分证明，影响会计信息质量的表象原因源于公司经理层，但根源却在公司治理水平。公司治理通过一整套制度安排来确保会计信息

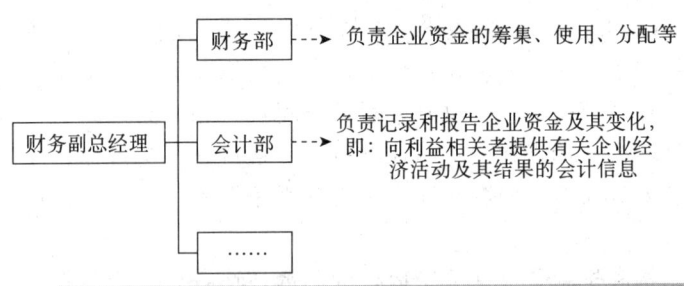

图 1-3 公司中会计的功能定位图

质量,公司内部治理主要通过权力制衡和激励约束机制来提升会计信息质量,公司外部治理则通过外部控制权市场对经营者形成强大的市场压力和约束,其目的都是促使经营者以企业价值最大化为导向,更多关注公司利益相关者利益,确保会计行为合规、合法,保证会计信息真实、完整。公司治理结构搭配不合理、所有者缺位、董事会职能弱化、监事会形同虚设、治理机制设计欠科学导致激励机制偏差、外部治理市场发育不完善等公司治理缺陷是低质量会计信息产生的关键原因。

公司治理中产生了其他一些重要的制度安排,如股东大会中采取累计投票制、董事会中引入独立董事及其独立董事的比例、审计委员会、职工参与决策等,以及这些机制能否顺利实施和运转也同样影响着会计信息质量的高低。实证研究也证明了公司治理结构对会计信息质量具有重要影响。会计信息质量高低可以作为判断公司治理是否完善的"试金石",正因为如此,《萨班斯—奥克斯利法案》在列出的会计信息治理方案中着重强调了公司治理对保障会计信息质量的责任[①]。

(二)会计系统为公司治理主体提供关键变量

从产权理论和契约理论角度分析,公司治理是基于契约基础上的产权安排与剩余产权配置的一项制度设计,在架构帕累托最优意义上的公司治理时,各契约当事人订立契约依据的是会计信息,会计信息作为契约当事人的共同知识可以降低谈判难度和契约不完备程度。

公司治理在安排除了契约明确规定的特定产权以外的剩余索取权和剩余控制权的对称性分配时,需要会计信息作为参考。

公司治理在监管契约执行的过程中,也依赖于会计信息的基础性支撑作用。会计信息的产生、发展与变革的根本使命就是体现产权结构、反映产权关系、维护产权意志。瓦茨和齐默尔曼从契约观角度赋予会计数据以新的内涵:会计数据经常用于各种契约的谈判、制定、履行及其监督,同时会计又是企业契约的重要组成

---

① 刘慧凤、盖地:"公司会计治理与公司治理:同构、嵌入还是交叉",《会计研究》,2006年第6期。

部分①。

（三）会计系统为公司治理主体提供决策依据

会计信息是决策者进行决策的重要依据之一。公司相关治理主体的战略决策、日常经营决策与管理决策离不开会计系统提供的信息。

经理层的科学决策建立在完备的会计信息系统基础之上。经理层的业绩目标包括一系列定性和定量的业绩要素，这些业绩要素往往需要用一定的会计指标予以反映，业绩实现情况也需要通过会计信息系统加以披露。根据代理理论，代理人与委托人目标函数不一致，经理层利用处于信息直接供给者的信息优势地位，易于发生逆向选择和道德风险，甚至可能损害公司利益相关者利益以实现自身效用最大化，真实完整的会计信息可以改善委托人和代理人之间的信息不对称状况。

董事会的战略决策和日常决策同样建立在完备的会计信息系统基础之上。董事会对管理人员人力资本的定价以及作出是否维持或解除与经理层的委托代理关系的决策依赖于真实可靠的会计信息。

同理，股东大会的最高决策职能与监事会的专职监督职能的履行也都是建立在会计信息系统基础之上。高质量的会计信息也有助于股东和潜在投资者对股票的真实价值进行评估，并作出是否投资的决策，由此可降低投资者的决策风险，有效保护投资者利益不受侵害。

实证研究还表明，会计数据和预期风险 β 及债券资信评级之间存在相关性，在无法对企业证券的市价或债券的资信评级加以观察的情况下，会计数据在获得企业证券的风险预测上十分关键。债权人作为公司利益相关者也是治理主体之一，他们依靠会计信息考察企业的经营业绩和财务状况，据此利用贷款决策模型作出是否贷款以及债务定价决策，并确定在订立债务契约时是否对债务人规定一些限制性条款，限制公司管理当局作出不利于债权人的投资决策。在债务存续期间，会计信息也能够向债权人提供企业偿债能力的判断依据，利用会计数据比简易模型（即破产的实际频率）能够更好地预测破产，这表明会计数据在无法对权益索取权的市价进行观察的情况下是十分有益的②。

值得注意的是，由于财务会计系统的信息承载量的有限性，往往出现公司治理主体在决策中所需要的决策信息供给量不足的问题，而管理会计利用其在信息收集和披露中的多样性和灵活性，使其提供的信息在确保公司治理高效运转中将发挥越来越重要的功能。

（四）会计控制与公司治理

会计作为一个控制系统，是公司治理结构中至关重要的一环。会计控制尤其是内部会计控制是由公司董事会、经理层和其他员工为了保护公司资产、确保会计数

---

① 罗斯·L. 瓦茨、杰罗尔德·L. 齐默尔曼著，陈少华、黄世忠等译：《实证会计理论》，东北财经大学出版社 2006 年版。

② 王建刚、胡文龙："公司治理与会计信息的互动影响分析"，《经济管理》，2006 年第 20 期。

据的准确性和可靠性而实施的一系列方法、措施和程序的总和。会计控制是保障会计信息系统正常运转的核心和关键。会计控制遵循在决策、执行、监督各环节对会计权力的分离和制衡,强调风险评估和管理,这将有利于职务不兼容、岗位相分离、定期强制轮岗等制度的实施,确保了会计行为规范,确保了会计资料真实、完整,这与公司治理目标具有高度的一致性。可以说,会计控制是董事会对经理层行使控制权的重要方式,也是各产权主体开展公平合理产权博弈的重要保证。

会计控制失效必然导致会计信息失真,会计信息失真必然引发公司治理失灵。内部会计控制应根据公司治理结构的需要和生产经营活动特征而设计,应针对不同的公司治理主体确立不同的会计控制权,会计控制的组织结构和运行机制的构建也应与公司治理结构相协调。为此,应建立所有者层次和经营者层次的会计控制,从人员、资金、信息三个关键要素入手(程新生,2003),构建全方位和全过程的动态会计监控体系。

在所有者层次,所有者通过制定绩效目标对经营者进行激励和监控,促使经营者努力经营并最大限度作出最优决策。

在经营者层次,经营者对公司经营活动和财务会计活动开展监控,以便实施有效管理并实现绩效目标。在外部治理为主的公司中,经营者层次的会计控制权极易成为作为内部人的经理层欺诈中小股东、债权人等弱势群体的工具,此时,强化所有者层次的会计控制显得尤为重要。无论是所有者层次的会计控制还是经营者层次的会计控制,它们要发挥作用,必先建立健全公司治理结构和机制,公司治理是会计控制发挥作用的制度基础和保障。公司治理结构存在缺陷,内部会计控制必将流于形式。

总之,只有规范的公司治理结构,一系列的制度安排才能实现零和博弈,方可产出真实、可靠、可用的高质量会计信息;反之,则必然带来会计信息的失真,侵害相关治理主体的经济利益。

综上所述,社会为什么需要会计?概括而言,是六大需要,即:是保证社会全面和谐发展、维护公众利益的需要;是维护国家经济安全、国民经济持续、健康平稳运行的需要;是保证中国特色社会主义市场经济体制顺利运行的需要;是资本市场健康有序运行的需要;是完善公司治理结构、提高公司治理效率的需要;是保证企业正常经营的需要。

第二节 会计目标

一、会计目标与信息供给

会计目标是指在一定历史环境下,人们通过会计实践活动所想要达到的境地或标准。会计目标取决于会计的本质及其所处的历史环境。会计的本质就是作为一个经济信息系统把各个会计主体生产经营活动的经济数据转化为以财务信息为主的经济信息、并将其提供给会计信息使用者。因此，会计的目标就是要解决应当向谁提供信息、为何提供信息、提供哪些信息等三个问题。只有明确了会计目标，才能进一步明确会计在其运行过程中应当收集哪些经济数据，采用何种方法和程序来加工、处理这些经济数据以使其转化为财务信息及其他经济信息，采用何种形式向会计信息使用者提供有用的信息。

随着社会经济关系的日趋复杂，特别是企业组织制度的发展变化，会计信息使用者的范围不断扩大，对会计信息的数量和质量要求不断提高。在会计发展初期，主要是向企业的业主提供财务报表，而且财务报表也主要是反映资产的保管和使用情况。股份公司出现以后，财务会计突破了仅仅为企业业主服务的界限，财务报表不仅要向股东提供，而且要向债权人和其他利益相关者提供。随着股份公司规模的扩大和股东人数的剧增，尤其是上市公司的出现，财务报表还必须向社会公众提供。即，财务会计不仅要向股东提供会计信息，满足股份公司的投资者了解企业的经营情况和投资决策的需要，而且还需要向债权人、客户和社会公众等企业利益相关者提供会计信息，以满足他们了解企业的经营情况和进行相关决策的需要。

此外，企业是一个国家国民经济的细胞，企业的生产经营情况和经营成果影响到国家的税收和国民经济的运行，政府有关部门为了运用宏观经济政策调控和干预经济运行过程，必须关注各个企业的生产经营活动，因此，也需要财务会计提供反映企业财务状况、经营成果和现金流量的会计信息。随着经济全球化，特别是国际资本市场的形成和发展，会计信息的服务对象突破了国界，它不仅要为本国的投资者和债权人服务，而且要为全球范围的投资者和债权人服务。

我国会计目标除了具有会计目标的一般属性外，还具有其自身的特征。也就是说，我国的财务会计目标还应与社会主义市场经济体制相适应，还应考虑我国财务会计环境的特殊性。我国会计目标与世界其他国家的会计目标一样，是对会计主体的经济活动进行核算与监督，提供反映会计主体经济活动的信息。但是，社会主义市场经济体制又对财务会计目标提出了新的要求，增添了新的内容。在我国，会计信息即要满足企业外部利益相关者了解企业财务状况、经营成果和现金流量的需要，又要满足国家宏观经济管理和调控的需要，因此，我国财务会计的目标可概括为下列三个方面：

（一）会计要向企业外部利益相关者提供反映企业财务状况、经营业绩和现金流量的会计信息，为其进行投资、信贷及其他有关经济决策服务

在市场经济条件下，企业处于错综复杂的经济关系之中，其生产经营活动与投资者、债权人、供应商、客户和社会公众等方面存在着密切的联系。企业的投资者（包括潜在的投资者）出于投资报酬和资本保全的考虑，需要了解企业资产的运用情况和经营成果，以便对企业的获利能力和资本保值增值程序作出正确的判断；企

业的债权人出于自身债权安全的考虑，需要了解企业的运行情况、财务状况和现金流量，以便对企业的偿债能力和财务风险作出正确的判断；企业的供应商和客户出于自身购销业务或营销战略的考虑，需要了解企业的生产经营情况，以便对企业的产品供应和支付能力作出正确的判断。由于上述企业外部利益相关者并不直接参与企业的生产经营活动，因此，只能通过企业对外提供的财务报告来满足其对企业会计信息的需求。

（二）会计要向政府有关部门提供国家进行宏观经济调控和管理所需要的会计信息

企业既是社会再生产的基本单位和市场经济的主体，同时也是国民经济的细胞和宏观经济的微观个体。正如细胞是否健康或具有活力直接影响着人的整个机体一样，企业生产经营情况的好坏、经济效益的高低、经济行为是否合法直接影响着整个国民经济的运行情况和市场经济的秩序。

在社会主义市场经济条件下，虽然市场对社会资源的配置发挥基础性作用，但国家通过一定的宏观经济调控和管理措施对国民经济运行情况进行干预和调节，不仅十分必要，而且实践证明是卓有成效的。政府有关部门（如国家财政税务部门、证券监管部门、审计部门等）通过对企业财务会计提供的会计信息进行汇总分析，可以了解各行业、各地区的经济乃至整个国民经济的运行情况和市场经济秩序，对国民经济运行状况和市场经济秩序作出正确的判断，并在此基础上，作出科学的宏观经济决策，制定行之有效的宏观经济调控和管理措施，以保证国家财政收入，维护社会主义经济秩序，规范企业经营行为，促进国民经济协调有序地发展。当然，国家进行宏观经济决策需要各个方面提供各种各样的信息，但在我国，宏观经济决策所需的大部分信息来源于财务会计所提供的会计信息。因此，为国家宏观经济调控和管理提供信息是财务会计的重要目标之一，而且这一特点在我国显得尤其突出。

（三）会计为企业管理当局提供管理所需要的信息

财务会计提供的会计信息对企业内部管理当局也是非常有用的，企业管理当局和企业内部各个管理部门需要会计信息以有助于他们进行日常经营决策、长期投资和进行全面预算管理。尤其是对评价企业运作的效率和效果，评价解除管理当局的受托责任，其会计信息具有至关重要的作用。其信息载体的功能如下：

（1）企业各项资产的构成是否合理、相关资金来源的取得及配置是否合法、合理与经济，财务状况是否优良、偿债能力的大小等信息由资产负债表提供；

（2）企业资产的使用效果和效率、收入的形成、盈利能力的大小、盈利状况的好坏及其经营风险的大小等信息由利润表提供；

（3）企业的筹资、投资、用资和分配是否恰当、理财能力的高低、财务风险的高低、现金流量的来龙去脉等现金流量状况信息由现金流量表提供；

（4）企业所有者权益为何发生变化、企业实现的利润为何分配和如何分配，企业未来的发展后劲等信息由所有者权益变动表提供；

(5) 企业实现多元化经营、分散风险,实现集团经营等相关信息由合并财务报表提供。

当然,除此之外,为企业管理当局提供的信息,除了财务会计外,还有更多的信息需要管理会计提供。此处不再赘述。

二、财务会计报告目标

前已述及,会计的目标就是为各利益相关者提供决策有用的信息,财务会计报告作为会计信息的载体,其目标必须体现会计的目标。美国财务会计准则委员会(Financial Accounting Standards Board,简称 FASB) 1978 年 11 月发布的第 1 号财务会计概念公告——企业财务报告的目标,将财务报告的目标及其层次图示见图 1-4。

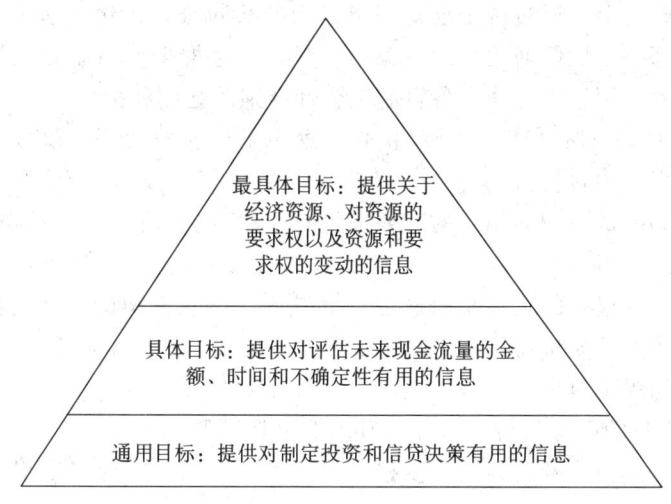

图 1-4 财务报告目标层次图

从图 1-4 可知,财务报告目标至少可以分为三个层次[①]。

第一层次:通用目标。就是提供在制定投资和信贷决策中有用的信息,即投资者和债权人是对外报告的重心。因此,可以说,能够满足投资者和债权人的信息需求,也在一定程度上提供了对其他财务报告使用者有用的信息。

第二层次:比第一层次目标更具体的目标。就是提供对评估未来现金流量的金额、时间和不确定性有用的信息。因为投资者和债权人关心他们未来的现金流量,因此,财务报告的一个重要目标是提供能进行这种分析的信息。

第三层次:最具体目标。对外财务报告最具体的目标是提供关于企业的资源、对资源的要求权以及这些资源和要求权如何随时间而变化的信息。

综上所述,会计环境决定会计目标,会计目标决定财务报告的目标。会计环境

---

① [美] 罗伯特 F. 迈格斯等著,冯正权译:《会计学——企业决策的基础》(第 11 版),机械工业出版社 2000 年版,第 8 页。

不仅包括经济环境,而且还包括政治环境、法律环境、社会环境、文化环境、科技环境与教育环境等方面。会计环境的变化,必然会直接或间接地影响会计信息的输出方式与质量,还将直接或间接地影响会计实务。因此,努力创造一个正常、宽松、和谐的会计环境,是推进会计实务变革、发展会计理论的需要①。总的说来,提供决策有用的信息,是会计的基本目标。

三、通用目的财务报告目标

2004年4月,召开的国际会计准则理事会(IASB)和美国财务会计准则委员会(FASB)联合会议上,首次提议开发一个通用概念框架的联合项目,并在同年10月的联合会议上正式将此项目添加到各自的日程表中。目标是在现有的 IASB 和 FASB 的概念框架基础之上,通过两个准则制定机构的共同努力,建立起一个单一的、完整的、具有内部一致性的通用概念框架——联合概念框架,该联合框架将同时被两个委员会遵守和使用,以此作为各自制定会计准则的基础和指导。

2010年9月28日,IASB 和 FASB 联合发布了概念框架第一阶段工作成果——通用目的财务报告的目标和有用财务信息的质量特征,分别编为第一章和第三章。本书将其中的第一章——通用目的财务报告的目标列示如下,供大家学习和参考②。

(一)序论

通用目的财务报告的目标是概念框架的基础,概念框架的其他组件——报告主体、有用财务信息的质量特征和约束、财务报表要素、确认、计量、列报以及披露,从逻辑上讲,均源于目标。

(二)通用目的财务报告的目标、有用性及其局限

通用目的财务报告的目标是提供报告主体的财务信息,而且所提供的财务信息应有助于现实的和潜在的投资者、贷款人和其他债权人作出是否向主体提供资源的决策。此类决策涉及购买、出售或者持有权益工具和债务工具、提供或者结清贷款或其他信用工具。

现实的和潜在的投资者作出购买、出售或者持有权益工具和债务工具的决策,取决于他们对投资这些工具的期望回报,例如股利、本利支付以及市价上升。类似地,现实的和潜在的贷款人和其他债权人作出提供或者结清贷款或其他信用工具的决策,取决于本金返还、利息支付以及他们期望的其他回报。投资者、贷款人和其他债权人的期望回报,取决于他们对主体未来现金净流入金额、时间和不确定性前景的评估。因此,现实的和潜在的投资者、贷款人和其他债权人,需要有助于他们评估主体未来现金净流入前景的信息。

为了评估主体的未来现金净流入前景,现实的和潜在的投资者、贷款人和其他债

---

① 许家林:《会计理论》,中国财政经济出版社2008年版,第79页。
② 美国 FASB 和 IASB 联合制定和发布的《财务会计概念框架》(第一章)——通用目的财务报告的目标,乔元芳译,载《新会计》(2010年第10期),笔者对其进行了必要的编辑,特此说明。

权人需要掌握关于主体所拥有资源方面的信息、对主体要求权方面的信息以及主体管理层和董事会为解除其运用主体资源的责任在效率和效果方面的信息。此类责任的例子包括保护主体资源免受诸如价格和技术变化等经济因素的不利影响，确保主体遵守相关法律、规章和合同条款。管理层解除其责任方面的信息，对于那些拥有投票权或者拥有管理层行动影响权的现实投资者、贷款人和其他债权人的决策，也同样有用。

大多数现实的和潜在的投资者、贷款人和其他债权人，无法要求报告主体直接向他们提供信息，他们所需要的大部分财务信息必须依赖通用目的财务报告。因此，他们是通用目的财务报告所针对的主要使用者。

但是，通用目的的财务报告既不提供，也不可能提供现实的和潜在的投资者、贷款人和其他债权人所需要的全部信息。使用者必须考虑其他来源的相关信息，例如，一般经济形势和展望、政治因素和政治趋势以及行业和公司前景。

通用目的的财务报告并不企图展示报告主体的价值。通用目的的财务报告仅提供信息，来帮助现实的和潜在的投资者、贷款人和其他债权人估计报告主体的价值。

主要使用者中的不同个体，其信息需求和期望并不相同，甚至还可能存在冲突。理事会在制定财务报告准则过程中，将致力提供能够满足最大多数主要使用者需求的信息集。但是，关注通用信息需求，并非禁止报告主体提供仅有助于主要使用者中特定子集的补充信息。

报告主体管理层也关心主体的财务信息。但是，管理层不必依赖通用目的的财务报告，因为管理层能够在内部获得所需要的财务信息。

其他当事人（如监管者以及投资者、贷款人和其他债权人之外的社会公众）也可能发现通用目的的财务报告有所裨益。但是，通用目的的财务报告并非主要针对此类群体。

在某种意义上，财务报告基于估计、判断和模型，而不是精确的刻画。概念框架就是要建立支撑估计、判断和模型的概念。这些概念是准则制定机构和财务报告编报者努力实现的目标。正像绝大多数其他目标一样，理想财务报告的概念框架愿景，不可能全部实现，至少在短期内不能实现，因为对它的理解、接受以及运用新方法来分析交易和其他事项，都需要时间。然而，要改进财务报告的有用性，财务报告就需要进化，从而确定一个努力目标就至为关键。

（三）关于报告主体经济资源、要求权以及资源和要求权变动方面的信息

通用目的的财务报告提供的报告主体有关财务状况方面的信息，是关于报告主体经济资源和对报告主体要求权方面的信息。财务报告还提供导致主体经济资源和要求权变动的交易和其他事项影响方面的信息。这两种类型的信息，对于作出是否向主体提供资源的决策，均提供了有益的参考。

1. 经济资源和要求权

有关报告主体经济资源和要求权的性质和金额方面的信息，能够帮助使用者识别报告主体的财务优势和劣势。此类信息有助于使用者评估报告主体的流动性和偿债能力、评估报告主体对额外融资的需求以及如何成功地获得了融资。关于报告主

体现有要求权的优先秩序和支付要求，有助于使用者预测未来现金流量将如何在这些不同的要求权之间进行分配。

不同类型的经济资源，对使用者评估报告主体未来现金流量前景的影响不同。某些未来现金流量直接源自现有的经济资源，例如应收账款。其他现金流量则源自多种不同资源联合运用所生产并向顾客销售的商品或提供的劳务。尽管这些现金流量无法与单项经济资源（或要求权）相挂钩，财务报告的使用者仍然需要掌握报告主体经营可动用资源的性质和金额。

2. 经济资源和要求权的变动

报告主体经济资源和要求权的变动，源于主体的财务业绩和其他事项或者交易，例如发行债务工具或者权益工具。为了准确地评估来自报告主体的未来现金流量前景，使用者必须能够区分这两种变动。

有关报告主体财务业绩方面的信息，有助于使用者理解主体经济资源所产出的回报。主体产出回报方面的信息，反映了管理层为解除其责任而运用报告主体资源的效率和效果。回报波动和结构方面的信息同样重要，尤其是在评估未来现金流量的不确定性方面。有关报告主体过去财务业绩的信息以及管理层解除其责任的信息，通常有助于预测主体经济资源的未来回报。

（四）关于权责发生制会计反映的财务业绩

权责发生制会计反映交易、事项和其他情况对主体经济资源和要求权的影响，是在交易、事项和其他情况发生影响的期间，即便由此导致的现金收支发生在不同期间也是如此。这一点具有重要意义，因为与单纯的期间现金收支信息相比，主体在一个期间内经济资源、要求权以及经济资源和要求权变动方面的信息，提供了评估主体过去和未来业绩的更好基础。

报告主体的期间财务业绩信息，由经济资源和要求权的变动来反映，而不是由直接从投资者和债权人那里获得的额外资源来反映，它有助于评估主体过去和未来获取现金净流入的能力，揭示了报告主体增加的可动用经济资源的金额，从而也揭示了除直接获得投资者和债权人额外资源以外通过其经营获取现金净流入的能力。

报告主体的期间财务业绩信息，也可能揭示诸如市价变动或者利率变动等事项所导致的主体经济资源和要求权的增减金额，从而影响主体获取现金净流入的能力。

（五）关于过去现金流量反映的财务业绩

报告主体的期间现金流量信息，也有助于使用者评估主体获取未来现金净流入的能力，它揭示了报告主体如何获得现金以及如何花费现金，包括债务借入和偿付方面的信息、现金股利或向投资者的其他现金分派方面的信息以及影响主体流动性或偿债能力的其他因素的信息。现金流量信息有助于使用者理解报告主体的经营，评价其融资和投资活动，评估其流动性和偿债能力，解释关于财务业绩的其他信息。

（六）关于非财务业绩导致的经济资源和要求权的变动

报告主体的经济资源和要求权，也可能因财务业绩以外的原因而变动，例如增发权益性股份。此类变动信息，必须让使用者完全理解报告主体经济资源和要求权变动的原因以及该变动对未来财务业绩的潜在影响。

第三节 财务会计的系统结构方法

前已述及，会计作为人类管理经济的一项活动，是随着社会生产的发展和经济管理的要求而产生、发展并不断完善起来的。会计按其管理的对象分为财务会计和管理会计两大分支学科。当然，会计根据其服务对象，除可以分为财务会计和管理会计两大分支外[①]，还可以根据其具体研究对象不同，分出多个会计分支，如：国际会计、社会责任会计、人力资源（股票期权）会计、物价变动会计、绿色会计（环境会计）、资源会计、行为会计、人本会计、法务会计、计算机会计、网络会计、无形资产会计、智力（智慧）资本会计、商誉会计、企业核心竞争力会计、资产减值会计、养老金会计、用益物权会计、进入型会计、反倾销会计、纳米会计、数理会计、质量会计等144个会计分支[②]。

一、会计的含义与特性

如前所述，会计的含义可表述为：会计是以提供会计信息和提高经济效益为目标，以货币作为主要计量单位，运用专门的程序和方法，对会计主体的经济活动和经济行为进行连续、系统、全面、综合地反映和控制的价值管理活动。其主要特性包括如下六个方面：

（一）以货币作为主要计量尺度

会计上对经济活动过程和结果的反映，可以采用货币量度、实物量度和劳动量度等三种量度。由于经济活动的复杂性，只有货币量度可以综合反映和比较不同类别的经济活动及其结果。因此，在会计核算中，将货币作为主要计量单位。

（二）会计记录要有真凭实据

为了会计资料的真实可靠，明确相关人员的经济责任，在会计核算过程中，一切会计记录都要有真凭实据，记录经济业务的发生过程及其结果。财务报表需要根据账簿记录编制，账簿记录需要根据记账凭证登记，记账凭证需要根据原始凭证填制。除结账、差错更正、账项调整等特殊情况外，记账凭证都要根据审核无误的原始凭证来填制，原始凭证则是真实交易的载体。

（三）会计反映应当连续、系统、全面和综合

会计对交易或事项的反映必须遵循连续、系统、全面和综合的要求。"连续"

---

① 就会计学的一般内容而言，应包括财务会计和管理会计两大部分，但考虑到目前我国高校教学的实际，会计学课程一般安排在1个学期，课时在48学时左右，故本书只介绍财务会计部分。特此说明。

② 参见许家林：《会计学原理》，科学出版社2000年版有关内容。

要求对交易或事项的记录应按发生的顺序依次进行，自始至终不能中断；"系统"要求会计记录应建立在科学分类的基础上，对各类交易与事项进行分门别类的整理与记录，以提供系统化的会计信息；"全面"要求会计记录应当充分完整，没有遗漏，只要是引起资金运动的交易或事项，不管金额大小，都要反映；"综合"要求提供会计信息时，应当对会计记录进行适当的整理、归纳和提炼，以便产生总括和有用的信息，满足不同信息使用者的需求。

（四）会计的基本职能是反映与控制

职能是事物本身所具有的功能，会计职能就是会计本身所具有的功能。至20世纪70年代末80年代初，对会计职能的研究成为会计理论研究的热门话题之一并逐渐形成高潮。从"一职能说"：提供信息，会计职能是统一的，也是唯一的；"二职能说"：反映和监督，反映和控制，反映和管理，核算和监督，核算和管理；"三职能说"：认为会计职能是计算过去，控制现在，预测未来；"四职能说"：计算经济效益，收集记录经济事项，传递财务、成本信息，分析预测，参与管理和决策；"六职能说"：除了传统的核算、监督职能，还有预测、决策、控制和分析职能到"七职能说"等多种不同认识。但"反映"与"控制"是会计的基本职能。

1. 反映职能

会计的反映职能是指通过确认、计量、记录、报告，从数量上反映会计主体已经发生或完成的经济活动，为信息使用者提供经济信息的功能。

2. 控制职能

会计的控制职能是指通过必要的控制手段，使企业的经济活动过程遵循经济活动规律及其经济活动规范运行，以适应市场竞争环境变化，强化企业内部管理，参与企业经营决策，增强企业竞争能力的职能。

（五）需要运用专门的程序和方法

为了完成反映与控制的会计职能，会计上设计并运用了许多专门的方法和程序，如填制和审核凭证、复式记账方法、设置和运用账户、成本计算等。这些方法和程序只有会计才使用，也是会计与统计等相关学科相区分的重要依据。

（六）会计的本质是一种价值管理活动

会计的本质是会计本身所固有的、决定其性质和发展的根本属性。中外会计界，人们对会计本质的认识主要有以下几种观点：

第一种观点是管理工具论。该观点认为会计是管理经济活动的一种工具。

第二种观点是艺术论。该观点认为会计是一种记录、分类和总结企业的交易并报告和解释的艺术。

第三种观点是信息系统论。该观点认为会计是一个以提供财务信息为主的经济信息系统。

第四种观点是控制系统论。该观点认为现代会计是以货币形式，按公认会计标准（准则）来认定和解除受托责任完成情况的经济控制系统。

第五种观点是管理活动论。该观点认为会计是一种经济管理活动,其本身具有管理的职能。会计是经营管理的核心,是反映和控制经济活动并使之达到一定目的的一种能动行为,是有组织、具有管理职能的一种管理活动。

二、财务会计的特点

前已述及,财务会计是在传统会计的基础上发展起来的一门独立的会计学科,它与管理会计一起共同构成现代企业会计。其主要特点表现在以下五个方面:

(一) 财务会计主要向利益相关者提供该企业整体的财务信息和其他经济信息

一般说来,财务会计信息的使用者,既包括企业外部信息使用者,又包括企业内部信息使用者。但企业的利益相关者,特别是企业的投资人、债权人和其他类似的信息使用者是财务会计信息的主要使用者。

(二) 财务会计主要以财务报表为核心的财务报告作为信息传递的手段

财务会计作为一个经济信息系统,输入的是经济数据,产出的是以财务信息为主的经济信息。财务会计生成的信息主要借助于通用的财务报告传递给企业外部信息使用者,财务报告由财务报表(包括表内项目和表外附注)和其他财务报告组成,财务报表是财务报告的核心,它主要提供企业特定时日的财务状况和一定期间的经营业绩和现金流动信息。

(三) 财务会计主要由确认、计量、记录和报告等程序所构成

财务会计作为一个经济信息系统,在进行数据的收集、分类、处理和加工过程中,一切经济数据都必须依次通过上述程序,然后才能进入财务报表和其他财务报告。确认、计量、记录和报告是构成财务会计系统的基本元素(或环节),每一个元素(或环节)都有其特定的标准和方法。

(四) 财务会计的处理程序和财务报表必须符合企业会计准则和相关制度的规定

会计是一门规则学科,在财务会计信息的提供者与使用者分离的情况下,为了保证财务会计信息的真实与公允、相关与可比,需要对财务会计的处理程序和财务报表进行规范。按照国际惯例,财务会计的规范形式是公认会计准则;在我国,财务会计的规范主要是企业会计准则。简言之,财务会计的处理程序和财务报表必须符合会计准则和相关制度的规定[①]。

(五) 财务会计提供的主要是以货币量化的历史信息

财务会计所处理的交易或事项,以及最后由财务报表反映的内容,都是企业经

[①] 2006年2月15日,财政部发布了标志着与国际趋同的《企业会计准则》(2006)体系,包括1项基本准则、38项具体准则和1份准则指南。同时,上市公司的信息披露等还需遵循证券监督管理机构的有关规定。2014年初,财政部又发布了《企业会计准则第39号——公允价值计量》《企业会计准则第40号——合营安排》《企业会计准则第41号——在其他主体中权益的披露》,2017年4月,财政部又发布了《企业会计准则第42号——持有待售的非流动资产、处置组和终止经营》等具体准则,共同构成目前我国的企业会计准则体系。

营过程中的价值运动,在商品经济条件下,货币具有价值尺度的职能,为了便于会计信息的可比和汇总,财务报表中的项目都是用货币金额来表示的。另外,财务报表中的数据主要来自过去已经发生的交易或事项,它反映的是企业过去的财务状况、经营业绩和现金流动,即主要是历史信息。应当指出,随着企业外部会计信息使用者对会计信息需求的进一步多样化和个性化,财务会计应着眼于会计信息用户,改进企业的财务报告,大力强化财务报表之外的其他信息的披露,尤其应增加定性的、非货币计量的,以及企业现在和未来的经济信息。

20世纪80年代末以来,美国、英国以及加拿大等国对现行企业报告模式提出了强烈的批评,为了回应国内外各方面的批评和建议,美国注册会计师协会(AICPA)下属的财务报告特别委员会完成并提交了《改进企业报告——着眼于用户》的综合报告,在这份报告中提出了关于如何改进财务报告模式的建议,主张财务报告应从原来着重于财务信息,扩展到非财务信息(如市场占有率、质量水平、客户满意程度、员工情况等),从原来着重于最终经营成果,扩展到企业的背景信息和前瞻性信息(如企业的经营目标和战略、产业结构对企业的影响、企业面临的各种机会和风险等),而且新增加的信息类型在企业财务报告中占有很大比重[1]。

三、财务会计的环节

前已述及,财务会计作为一个经济信息系统是由确认、计量、记录和报告等一系列元素(或环节)所构成的[2]。每一个元素(或环节)都有其特定的职能、标准和方法,系统中的各个元素(或环节)既各司其职又相互配合,形成一个有机的整体,共同履行财务会计的职能,实现财务会计的目标。

(一)确认

确认是指会计将交易或事项中的某一项目作为一项会计要素加以记录和列入财务报表的过程。财务会计上的确认包括三层含义:一是应否确认,即决定是否应该对交易、事项或情况中的某一项目进行记录;二是如何确认,即决定以什么会计要素予以记录;三是何时确认,即决定在什么时间予以记录。

---

[1] 美国注册会计师协会财务报告特别委员会综合报告:陈毓圭译,《论改进企业报告》,中国财政经济出版社1997年版。

[2] 确认、计量、记录和报告是财务会计工作的基本环节,其中,确认是关键、计量是核心、记录是过程、报告是目的。从运用会计信息的视角而言,解读财务报告是会计信息使用者的必备修炼。有兴趣的读者还可阅读刘顺仁:《财报就像一本故事书》(修订版),山西人民出版社2007年版。对于会计计量,其核心地位毋庸置疑。会计其实就是一个计量过程。美国著名会计学家查特菲尔德曾明确指出:会计理论的根本改善将始于资产计价程序的变革。日本会计学家井尻雄士(1979)也认为:会计计量是会计系统的核心职能。当然,还可参阅赵德武的《会计计量理论研究》(西南财经大学出版社1997年版)等著述。对上述四个概念的关系,可参阅吕均刚:"关于会计确认、计量、记录、报告与列报、披露的含义辨析",《商业经济》,2008年第13期。

确认包括初始确认和最终确认,前者是指在交易或项目发生时,决定将某一项目确定为资产、负债、所有者权益、收入、费用和利润等会计要素加以记录;后者是指将记录过程中已确认的项目计列为财务报表中的某一项要素。例如,对于一项资产或负债,不仅要记录该项目的取得或发生,还要记录其后所发生的变动,包括在财务报表中的出现、消除和转移等。

对每一项目的确认,需要由相关的会计准则加以规范。也就是说,按照相关会计准则规定的确认标准予以确认。

美国财务会计准则委员会(FASB)在《企业财务报表项目的确认和计量》中要求,确认一个项目和有关的信息,要符合四个基本的确认标准:一是符合某项要素的定义;二是可计量性;三是相关性;四是可靠性[1]。

国际会计准则理事会(IASB)在其发布的《编制和呈报财务报表的结构》中确定的确认标准是:其一,与该项目有关的任何未来利益可能会流入或流出企业;其二,该项目具有能够可靠计量的成本或价值[2]。

无论是美国财务会计准则委员会,还是国际会计准则理事会,它们所提出的确认标准有两个共同的特点:一是符合要素的定义和能够可靠地计量是确认标准中最基本或最重要的标准;二是目前所提出的确认标准给实务操作留有较大的选择余地。因此,确认程序需要会计人员的专业判断。

确认之所以重要,是因为它代表会计行为中的识别、判断即决策阶段,只有正确地进行确认,才能正确地记录和报告,也才能产生对会计信息用户决策有用的信息。正确的确认主要依靠会计人员的专业判断水平[3]。

(二)计量

计量是会计为了在账户记录和财务报表中确认、计列有关财务报表要素,而以货币或其他度量单位确定其货币金额或其他数量的过程。计量主要是解决如何对会计要素在记录时和在报表中进行数量描述的问题。

计量主要由计量单位和计量属性两个要素所构成,这两个要素之间的不同组合形成了不同的计量模式。

财务会计在计量过程中主要是以货币为基本计量单位,而在采用货币计量单位时又有两种选择:一是采用名义货币,即不考虑货币币值(购买力)的变动,一律按不同时期同种货币的面值作为计量单位;二是采用货币的不变购买力,即以某个时期货币的购买力为不变价格货币,以折算后的不变价格货币作为计量单位。按照国际惯例,计量单位通常采用各国法定的名义货币作为计量单位;而当一国发生恶性通货膨胀时(如三年累计的通货膨胀率接近或超过100%),也可采用不变购买力作为计量单位,以消除货币购买力的变化对企业财务信息产生的影响。

---

[1] 汤云为、钱逢胜著:《会计理论》,上海财经大学出版社1997年版。
[2] 汤云为、钱逢胜著:《会计理论》,上海财经大学出版社1997年版。
[3] 葛家澍:"会计确认、计量与收入确认",《会计论坛》,2002年第1期。

计量属性也称计量基础,是指会计要素可用货币计量的各种特性。根据《企业会计准则——基本准则》(2006),可用于计量的属性有历史成本、可变现净值、重置成本、现值(未来现金流量的贴现值)和公允价值。

由于历史成本在使用中具有可靠性、简便性和可验证性等优点,所以,长期以来财务会计一直把历史成本作为其基本的计量属性。然而,由于历史成本在相关性方面具有明显缺陷,近年来,越来越受到会计职业界的批评。会计界陆续提出了可变现净值、现值和公允价值等其他计量属性,并在实践中加以运用。

(三)记录

记录是指会计将经过确认与计量的项目在账户中正式予以记载的过程。记录作为一个过程,由若干个程序组成,一般包括:第一,根据对交易或事项确认与计量的结果编制会计分录;第二,将会计分录记载的内容登记有关账户;第三,期末按照权责发生制的要求编制调整分录,调整某些账户记录的内容;第四,期末编制结账分录,将损益类账户的余额减至为零。

(四)报告

报告是指以财务报表或其他财务报告的形式汇总日常确认、计量和记录的结果向会计信息使用者提供反映企业财务状况、经营业绩和现金流量信息的过程。报告作为一个过程,包括编制财务报告和对外报送或公告财务报告两项内容,前者是生成以财务信息为主的经济信息,后者是提供以财务信息为主的经济信息。

综上所述,财务会计的确认、计量、记录和报告四个环节共同构成财务会计的系统结构,其相互之间的关系可概括为:确认是关键、计量是核心、记录是过程、报告是目的。财务会计的系统结构如图1-5所示。

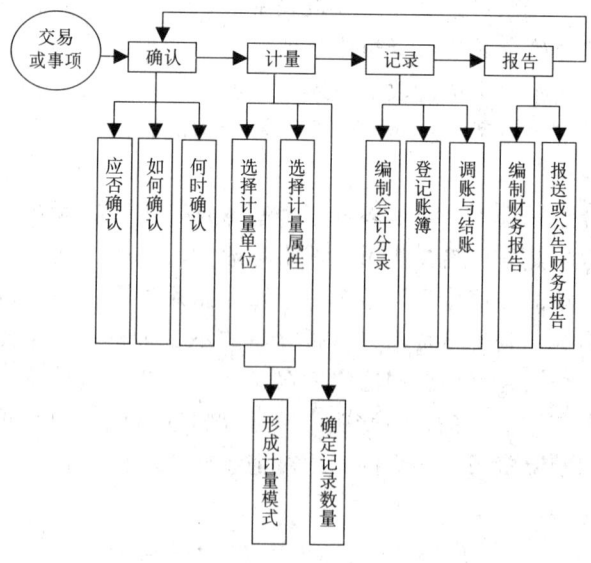

图1-5 财务会计的系统结构图

从图1-5可知，在产生关于企业财务状况及其运行结果信息的过程中，财务会计系统具有如下功能：第一，解释并记录企业经营业务的结果；第二，对相似业务的结果进行分类，从而确定对会计信息使用者有用的信息；第三，总结并向决策者传递系统所包含的信息。

第四节 会计信息的供给与质量特征

一、会计信息的使用者

会计信息的使用者，是指那些需要利用财务会计信息进行有关决策的组织和人士。任何一个决策者都希望自己所作的决策是正确的，而正确的决策，不但取决于决策者自身的决策技能，而且取决于是否占有充分且可靠的信息。从某种意义上说，几乎所有的经济决策都离不开会计所提供的信息。会计信息的使用者主要是通过企业对外提供的财务报告来获取其所需要的信息。企业财务报告的使用者，按其与企业的关系可分为外部使用者和内部使用者两大类，前者是企业财务报告的主要使用者，后者是企业财务报告的次要使用者。

（一）会计信息的外部使用者

会计信息的外部使用者是指企业外部的不直接参与企业的经营管理，但与企业有利益相关的组织和人士。财务报告的外部使用者按其与企业利益相关的程度，又可分为与企业有直接利益相关的外部使用者和与企业有间接利益相关的外部使用者。前者有企业的投资者、债权人等；后者有政府机构（如证券监管部门、税务部门等）、证券机构（如证券承销商、证券交易所等）、供应商、客户、行业协会以及社会公众等。

（二）会计信息的内部使用者

就会计信息的内部使用者而言，从基层员工到总经理，企业的每一位内部员工都可能使用会计信息。然而，对会计信息使用的多少，特别是对会计信息系统设计的参与程度，不同层次的内部员工则有较大区别。一般而言，会计信息的内部使用者包括：董事会、首席执行官、首席财务官、各部门或分部经理等。在现代市场经济中，企业面临着变幻多样的市场需求与日趋激烈的市场竞争，企业要在这样复杂多变、充满挑战的环境中求生存、求发展，就需要企业管理当局审时度势，作出正确的经营决策。同时，正确的经营决策必须以各种各样的对决策有用的信息为基础，而财务会计提供的会计信息正是企业管理当局进行经营决策必不可少的信息之一。企业管理当局需要财务会计提供反映企业经济活动及由其引起的企业财务状况、经营成果和现金流量等方面的信息，以便作出正确的经营决策和实施科学的经营管理，提高企业的经济效益，保证企业在市场竞争中立于不败之地。

二、会计信息的提供者

会计信息的提供者是企业。在市场经济中，决定企业应否以及如何对外提供会计信息的主要因素是市场的约束，即市场经济规律所决定的企业的投资者、债权人对会计信息的客观需要。目前，由于我国的市场经济尚处于建立和逐步完善阶段，某些市场（如资本市场）还不够活跃和规范。因此，决定我国企业应否以及如何对外提供会计信息的主要因素，并非来自于市场的约束，而是来自于法制的约束和政府监管等因素。

在我国，根据企业提供财务会计报告的主要目的可以将企业分为三类：

第一类：上市公司。其提供会计信息的主要目的是向股东报告公司的财务状况、经营成果和现金流量等情况。

第二类：国有大中型企业。其提供会计信息的主要目的是向国家报告企业国有资产的运营以及经济效益情况。

第三类：各类小型企业与外商投资企业。其提供会计信息的主要目的，是向投资者报告财务状况、经营成果和现金流量，以及向国家税务机关申报纳税等。

上述各类企业提供会计信息，除了应共同遵守《会计法》、《企业会计准则》和《小企业会计准则》[①] 等国家法律和行政法规外，还必须遵守其他相关法律和行政法规，如上市公司提供会计信息时，还需遵守《公司法》、《证券法》以及中国证监会的有关规定等。

三、财务会计信息质量特征

财务会计的目标在于为现在和潜在的投资者、债权人、政府部门以及其他用户提供有用的会计信息，以便他们作出合理的投资、信贷、宏观调控和其他相关的决策。因此，财务会计信息的质量是财务会计目标能否实现的决定性因素。财务报告是财务会计作为一个信息系统对外提供的"产品"，该"产品"的质量优劣取决于财务报告提供的会计信息对使用者的有用性及其程度。

财务会计信息的质量特征是指财务报告提供的会计信息对使用者有用的各种属性。财务会计信息究竟有哪些质量特征？这些质量特征的内涵是什么？它们相互之间有什么关系？由于各国会计信息使用者的组成不同和对会计信息内容的需求不同，因而各国关于上述问题的解释既有相同点，也存在一定的差别。下面仅将联合概念

---

① 目前，我国的会计准则根据适用对象分为《企业会计准则》和《小企业会计准则》两部分。其中，《企业会计准则》（2006）（2006年2月15日发布，2007年1月1日实施）具有广泛的适用性。2011年10月18日，由财政部以财会〔2011〕17号颁发的《小企业会计准则》规定：该准则适用于在中华人民共和国境内依法设立的、符合《中小企业划型标准规定》所规定的小型企业标准的企业。下列三类小企业除外：一是股票或债券在市场上公开交易的小企业；二是金融机构或其他具有金融性质的小企业；三是企业集团内的母公司和子公司。其中，企业集团、母公司和子公司的定义与《企业会计准则》的规定相同。

框架和我国企业会计准则中关于财务会计信息质量特征的主要观点归纳如下。

（一）联合概念框架关于会计信息质量的论述

FASB 与 IASB 在充分考虑各种不同意见的基础上，最终在联合概念框架中确定了有用财务信息质量特征的新层次结构，如表 1-1 所示。

表 1-1　　　　　　联合概念框架的有用财务信息质量特征层次结构表

通用财务报告目标	决策有用的财务信息	
基本约束条件	成本效益原则	
基本质量特征	相关性	如实反映（如实表述）
基本质量特征的构成成分	预测价值	完整性
	证实价值	中立性
	重要性	避免重大错误
增强质量特征	及时性、可比性、可验证性、可理解性	

基于质量特征被视为是有关确认和计量方法选择的指引，联合概念框架将质量特征依据其关键性及需要程度区分为基本质量特征和增强质量特征两类。前一类质量特征是十分关键的，后一类质量特征则是十分必要的。信息质量特征服从于通用财务报告目标，并受成本效益原则的约束。

1. 基本约束条件

任何商品的生产都必须符合效益大于成本的原则，会计信息也是一种商品，提供和使用会计信息需要花费成本，只有当会计信息所能带来的效益高于其成本时，才值得提供。因此，效益大于成本原则是会计信息提供过程中普遍应该遵循的制约条件。

2. 基本质量特征

基本质量特征包括相关性（Relevance）和如实反映（Faithful Representation）。

（1）相关性，是指财务会计信息与决策相关，能够影响或改变决策。一项具备相关性的信息应包含以下三个因素，即预测价值（Predictive Value）、证实价值（Confirmatory Value）和重要性（Materiality）。

预测价值指会计信息所具备的能够帮助决策者预测过去、现在和未来事项的可能结果的使用价值。预测价值是相关性的重要组成因素，具有影响或改变决策的能力。如果一项会计信息能够帮助决策者预测过去、现在和未来事项的可能结果，则该项信息就具有预测价值，决策者可根据预测的可能结果作出最佳决策。

证实价值是指会计信息所具有的能够使决策者证实或更正过去决策时的预期结果的使用价值。证实价值也是相关性的重要组成因素，具有帮助决策者进行再决策的作用。与过去决策所产生的结果相比较，以判断过去的预期是否有误，从而帮助决策者将来再作同样的决策。一般说来，证实价值与预测价值是同时并存或相互影响的。例如，一家公司所提供的上年度的财务报告，对上年度而言具有证实价值，而对本年度而言则具有预测价值。

重要性是指当一项会计信息被遗漏或错误地表达时，可能影响依赖该信息的使用者的判断。重要性是针对特定主体的特征。

（2）如实反映，亦称如实表述，是指财务会计信息能够真实地反映它所要反映的实际现象，而且其反映是没有错误和偏差的。一项信息是否如实反映，主要取决于三个因素——完整性（Complete）、中立性（Neutral）和避免重大错误（Free from Error）。

完整性是指会计信息应当完整地包括使用者在理解和判断该经济现象时所需的所有描述和解释。会计信息的完整性是实现如实反映的一个不可或缺的重要前提，局部信息永远也无法如实反映事物的全貌。

中立性是指在制定或实行各种会计准则时，应当主要关心所产生信息的相关性和可靠性，而不应偏重新规则对特定利益者的影响。中立性要求会计人员在各种可行的会计方法中进行抉择时，更不抱偏见，不追求预定的结果，以防止选用不适当的会计方法或将信息加以歪曲。

避免重大错误并非意味着"完全精确"（Perfectly Accuracy）。例如关于未来价格的估计精确与否就很难被认定，只要估计的金额清楚，对估计过程的性质和局限进行了解释，并且恰当地选择和运用了估计程序，就可以认为这项估计避免了重大错误，符合如实反映特征。

3. 增强质量特征

有用的财务信息必须具备"相关性"和"如实反映"这两个基本信息质量特征，如果该信息同时还是可比（Comparability）和可验证（Verifiability）的，具有及时性（Timeliness）与可理解性（Understandability），那么该信息的有用性将得到最大限度的加强。

（1）可比性，是指不同的企业对相同的经济事项应采用基本相同的会计处理程序和方法，提供口径一致、相互可比的会计信息。可比性应能够使信息使用者从不同企业的经济情况中区别它们的异同，当经济情况相同时，会计信息应能显示相同的情况；反之，当经济情况不同时，会计信息也应能反映其差异。可比性并不要求各个企业均采用相同的会计处理程序或方法，而应该在会计准则允许的范围内按各企业的实际情况选用适当的会计处理程序和方法。

（2）可验证性，是指不同的人分别采用相同的方法对同一会计事项进行计量，会得出高度一致的结果。可验证性要求计量方法是唯一的，并且不存在人为的偏差，也就是说，某一项会计信息的形成，只要采用了同一计量方法，而且不带个人的偏见，就不会因为不同的计量人员而得出不同的结果。

（3）及时性，是指会计信息在失去影响决策的能力之前就提供给决策者。及时性是对会计信息的时间要求，通常情况下，信息越陈旧，其有用性就越低。

（4）可理解性，要求所表述及披露的信息应当是清晰、简洁、易于理解的。会计信息能否被理解，取决于两个因素：一是信息使用者的理解能力；二是信息本身的质量。

（二）我国企业会计准则关于会计信息质量的论述

我国的会计准则体系由基本准则和具体准则两个层次组成。由财政部制定并于1993年实施的《企业会计准则》为基本准则，它规定了会计核算的基本前提、一般原则、会计要素以及会计报表的一般要求。2006年2月15日，财政部又发布了经过修订的基本准则，即《企业会计准则——基本准则》。修订后的基本准则在第二章明确提出了会计信息的质量要求，主要包括可靠性、相关性、可理解性、可比性、实质重于形式、重要性、谨慎性和及时性。它们分别从不同方面对会计信息的质量提出了原则要求，实质上构成了对财务报告使用者决策有用信息应具备的基本特征。

1. 可靠性

可靠性是指企业应当以实际发生的交易或者事项为依据进行会计确认、计量和报告，如实反映符合确认和计量要求的各项会计要素及其他相关信息，保证会计信息真实可靠，内容完整。

可靠性是对会计核算的基本要求，也是评价会计信息的首要标准。根据可靠性的要求，企业应当以实际发生的交易或者事项为依据，按照《企业会计准则》或《小企业会计准则》的规定，正确选择、运用会计原则和方法进行确认与计量，将符合会计要素定义及其确认条件的资产、负债、所有者权益、收入、费用、利润等如实反映在财务报表中，不得对虚构的或尚未发生的交易或事项进行确认、计量和报告，也不能随意地遗漏或者减少应予确认、计量和报告的信息，保证会计信息能够如实反映企业的财务状况、经营成果和现金流量，使之具有可验证性、中立性和完整性。

我国修订后的《会计法》规定：各单位必须根据实际发生的经济业务事项进行会计核算，填制会计凭证，登记会计账簿，编制财务会计报告。任何单位不得以虚假的经济业务事项或者资料进行会计核算。会计凭证、会计账簿、财务会计报告和其他会计资料，必须符合国家统一的会计制度的规定。任何单位和个人不得伪造、变造会计凭证、会计账簿及其他会计资料，不得提供虚假的财务会计报告。这些规定是《会计法》从法律角度对会计核算依据、会计核算资料和会计信息所作出的基本要求，也是保证会计信息可靠性的基本前提。

2. 相关性

相关性是指企业提供的会计信息应当与财务报告使用者的经济决策需要相关，有助于财务会计报告使用者对企业过去、现在或者未来的情况作出评价或者预测。

相关性是会计信息决策有用性的重要前提。相关的信息首先要有助于财务报告使用者判断企业未来的财务状况、经营成果和现金流量，即应当具有预测价值，有益于他们的正确决策。同时，相关的信息还应能够帮助财务报告使用者评价过去的决策，证实或者修正过去的有关预测，即应当具有反馈价值。

相关性要求，企业在生成和提供会计信息的过程中，应当充分考虑各种不同类型财务报告使用者的决策模式及其信息需求，提供对有关各方都具有有用性的会计信息。我国财政部 2006 年 2 月 15 日颁布的《企业会计准则——基本准则》要求，企业应当向投资者、债权人、政府及其有关部门和社会公众等财务会计报告使用者提供与企业财务状况、经营成果和现金流量等有关的会计信息，反映企业管理层受托责任履行情况，有助于财务会计报告使用者作出经济决策。

需要指出的是，可靠性和相关性是决策有用信息的主要质量特征，两者既对立又统一。会计信息的有用性是相关性与可靠性的函数，相关性与可靠性两者不可或缺，信息要有用，还必须可靠。当其没有重要差错或偏向，并能如实反映其所拟反映或理当反映的情况而能供使用者作依据时，信息就具备了可靠性。信息可能会具有相关性，而在性质或反映上却不可靠，致使确认这种信息有可能使人发生误解[①]。会计信息既要相关，又要可靠，这是会计的核心要求。

3. 可理解性

可理解性是指企业提供的会计信息应当清晰明了，便于财务会计报告使用者理解和使用。

对财务报告使用者决策有用的信息，除了应具备可靠性和相关性之外，还应当清晰明了，易于理解，便于使用者正确理解、准确把握它的内涵及其所要说明的内容，这是会计信息具有决策有用性的一项基本前提。为此，企业在进行会计记录时，应当做到账户对应关系正确、清楚，文字摘要简明、完整，金额数字准确、清晰；在编制财务报告时，报表项目填列完整，项目勾稽关系清楚，附注表述简单明了；对于较为复杂的交易或会计处理比较复杂的交易，企业更应当充分披露相关的信息，以利于使用者的理解。但需注意，会计信息毕竟是一种专业性较强的信息产品，因此，会计信息的可理解性是针对那些具有一定的企业经营活动和会计方面的专业知识，并且愿意付出努力研究这些信息的使用者而言的。

4. 可比性

可比性是指企业提供的会计信息应当口径一致，相互可比。它包括两层含义：（1）同一企业不同时期发生的相同或者相似的交易或者事项，应当采用一致的会计政策，不得随意变更。确需变更的，应当在附注中说明。（2）不同企业发生的相同或者相似的交易或者事项，应当采用规定的会计政策，确保会计信息口径一致、相互可比。

可比性的第一层含义实质上强调了同一企业提供的不同时点或期间的会计信息的可比性（即一贯性），它是保证同一企业前后各期会计信息可比的前提。因为只有保持前后各期所采用的会计政策和会计处理方法的一致性，才能对前后各期会计

[①] 国际会计准则委员会制定，财政部会计准则委员会译：《国际会计准则 2002》，中国财政经济出版社 2003 年版，第 3 页。

信息进行比较、分析和利用。可比性的这层含义要求企业不得随意变更会计政策和会计处理方法，但并不是说企业所采用的会计政策和会计处理方法不能作任何变更。一般说来，企业在下列两种情况下可以变更会计政策和会计处理方法：一是会计准则、制度等有关法规发生变化，要求企业改变会计政策和会计处理方法；二是改变会计政策和会计处理方法后能够更恰当地反映企业的财务状况、经营成果和现金流量。如果在上述两种情况下确有必要变更会计政策和会计处理方法的，应当按照《企业会计准则》或《小企业会计准则》的规定变更，并将变更的原因、情况及影响在财务会计报告中说明。

可比性的第二层含义主要强调不同企业提供会计信息的相互可比。这主要是基于财务报告使用者比较不同的投资机会等对企业提供会计信息质量的客观要求。也就是说，不同企业报告的财务状况、经营成果和现金流量只有具有共同的比较基础，才能满足会计信息使用者经济决策的需要。因此，对于不同行业、不同地区的各个企业，只要是同样的经济业务，就应当采用同样的会计政策和会计处理方法，使各企业对外提供的财务会计报告中的会计指标口径一致，相互可比。为了保证企业能够正确选择会计政策和会计处理方法：一是企业会计准则尽量减少企业选择会计政策和会计处理方法的余地，防止选择范围过于宽泛；二是企业应严格按照企业会计准则的规定选择会计政策和会计处理方法，防止选择行为的随意性。

5. 实质重于形式

实质重于形式是指企业应当按照交易或者事项的经济实质进行会计确认、计量和报告，不应仅以交易或者事项的法律形式为依据。

实质重于形式体现了对经济交易或事项的会计确认、计量和报告中的经济实质的尊重，是保证财务报告信息与其意欲反映的客观经济事实相符的基本要求。该原则要求，企业在会计核算过程中，应注重交易和事项的经济实质，而不完全拘泥于其外在形式，当经济交易或事项的经济实质与其法律形式不一致时，应按其经济实质进行确认、计量和报告。例如，融资租入的固定资产，在租期未满之前，从法律形式上讲，其所有权并没有转移给承租人，但是从经济实质上讲，与该项固定资产相关的收入和风险已经转移给承租人，因此，承租人应将其视为自有的固定资产，一并计提折旧和大修理费用。

6. 重要性

重要性是指企业提供的会计信息应当反映与企业财务状况、经营成果和现金流量等有关的所有重要交易或者事项。

一般来讲，如果某项交易或事项的会计信息的省略或者漏报会影响财务报告使用者据此作出决策的，该交易或事项就具有重要性。显然，一项交易或事项是否具有重要性，主要依赖于管理者的职业判断。企业应根据其所处的环境和实际情况，从性质和金额大小两个方面综合判断其重要性。

重要性原则要求，企业在会计核算中对经济交易或事项应区别其重要程度，采用不同的会计程序与会计处理方法：对于重要的交易或事项，应分别核算、分项反映，力求全面准确，并在会计报告中作重点说明；对于不重要的交易或事项，在不影响会计信息可靠性前提下，可适当简化核算，在账户和会计报告中合并反映。在会计核算中坚持重要性原则，就能够在处理会计事项和提供会计信息中分清主次，突出重点，简化核算，节约信息成本，提高会计核算的工作效率。

7. 谨慎性

谨慎性又称为稳健性，是指企业对交易或者事项进行会计确认、计量和报告应当保持应有的谨慎，不应高估资产或者收益、低估负债或者费用。

在市场经济条件下，企业的生产经营活动充满着风险和不确定性，例如，企业的固定资产由于技术进步而提前报废，应收账款由于债务人破产、死亡等原因而无法收回，已经售出的存货可能发生退货或返修等。因此，谨慎性原则要求，企业在面临风险或不确定性时，应当保持应有的谨慎，充分估计各种风险和损失，既不高估资产或收益，也不低估负债或费用，以避免企业在损失发生时正常经营受到严重影响，增强企业承担或抵御风险的能力。企业在会计核算中采用加速折旧法、计提各种资产减值准备等，都体现了稳健性原则的要求。

但需注意，稳健性原则的应用并不等同于允许企业计提秘密准备。企业故意低估资产或收益，或者故意高估负债或费用，都不符合会计信息可靠性和相关性的要求。诸如此类的损害会计信息质量以及扭曲企业实际财务状况和经营成果的行为，是会计准则所明令禁止的。

8. 及时性

及时性是指企业对于已经发生的交易或者事项，应当及时进行会计确认、计量和报告，不得提前或者延后。

会计信息具有一定的时效性，它必须尽可能早地提供给信息使用者。因此，及时性原则要求，企业的会计核算必须讲求时效，在信息使用者需要使用时，就能及时将会计信息提供给使用者。要达到及时性的要求，企业应当在会计信息的生成和提供过程中做到三个及时：一是应当及时收集会计数据，即在经济交易或者事项发生后，及时取得并整理有关的原始单据或凭证；二是应当及时加工处理会计信息，即在取得有关原始单据或凭证后，及时对经济交易或事项进行确认、计量和记录，并及时编制财务报告；三是应当及时传递会计信息，即在编制完成财务报告后，应当按规定的时限及时提供给有关方面。在市场瞬息万变、竞争日趋激烈的市场经济条件下，强调会计信息的及时性，显得尤为重要。

及时性是会计信息具有相关性的一个基本条件，它可能同会计信息的可靠性发生冲突。如为了及时提供会计信息，企业可能需要在有关交易或事项的信息全部获得之前进行会计处理，这可能影响会计信息的可靠性；但如果为了保证会计信息的可靠性，待获得相关的全部信息之后再进行会计处理，可能就会使提供的会计信息失去时效。因此，企业在进行经济交易或事项的确认、计量和报告时，还需注意会计信息及时性与可靠性的权衡,以更好地满足使用者的经济决策需要。

第五节　会计规范与会计准则

一、我国会计规范及其构成内容

时至今日,会计规范仍然是一个颇有争议的术语。一般认为,会计规范是指对会计业务处理与生成信息过程中的各种会计行为所作的限定和约束,或者说是会计业务处理与信息生成过程中应当遵循的各种规范的总称。其内容涵盖一切对会计运行具有影响的要求,这些要求不仅涉及会计运行本身,而且影响到会计人员、会计内部监管机构等。会计规范的形式包括会计原则、会计准则、会计法规、会计条例和道德守则等。[①] 在我国,会计规范受国家统一会计制度的制约。《会计法》第五十条规定:国家统一的会计制度,是指国务院财政部门根据本法制定的有关会计核算、会计机构和会计人员以及会计工作管理的制度。

二、我国会计规范的层次

从企业会计的实务来看,其会计规范是由专业法律、法规、规章等多个层次所构成。我国会计规范体系如图 1-6 所示。[②]

从图 1-6 可知,我国的会计规范包括三个层次[③]。

第一层次:经济法及会计法。从法律层面上看,除《会计法》是会计工作的根本大法外,其他的诸如《公司法》《证券法》《税法》《银行法》《票据法》《合同法》《担保法》《注册会计师法》等,都从不同的方面对企业财务会计作出了法律上的规定,也就形成了会计规范的第一层次。

第二层次:专业法规与规章,包括三套准则。即:企业会计准则、注册会计师执业准则、信息披露制度。

(1) 企业会计准则。对会计实务而言,企业会计准则是会计规范的核心,是会计实务的指南,是进行会计处理、编制财务报告的准绳和标准。我国的企业会计准则由财政部负责制定和发布,并由基本准则和具体准则两部分组成。基本准则规定了会计工作的前提条件,一般原则,会计要素及其确认、计量和报告原则,财务报告的内容等。具体准则是对各个会计要素和具体的、特殊经济业务或会计事项的会

---

① 刘燕:《会计法》,北京大学出版社 2001 年版,第 15 页。
② 中国注册会计师教育教材编审委员会编:《中级财务会计》,中国财政经济出版社 2002 年版,第 15 页。
③ 也有学者认为:会计法规体系由会计法、行政法规、会计规章和会计制度四个层次构成。此处,我们所讨论的是会计规范体系,其范围比会计法规体系要更广些。特此说明。

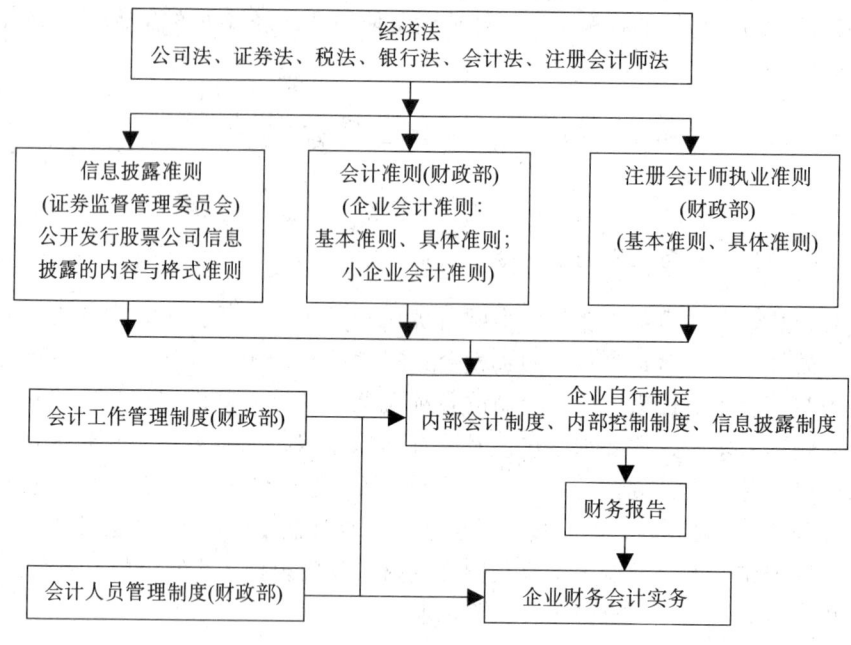

图 1-6 我国会计规范体系图

计处理所作的规范。

（2）注册会计师执业准则。注册会计师执业准则是由中国注册会计师协会制定、财政部发布，用来规范注册会计师的审计业务的规范，但它仍然对企业财务会计的实务产生间接影响。至于注册会计师执业准则的具体内容，请参见有关《审计学》教材，此处不赘述。

（3）信息披露准则。公开发行股票公司信息披露的内容与格式准则（简称信息披露准则）是中国证券监督管理委员会（简称证监会）制定和发布，用来规范公开发行股票公司信息披露业务的规范。虽然它不直接规范财务会计业务的具体处理，但仍然对公司财务会计实务产生一定的影响。因为在它对公司信息披露的规定和要求中，涉及财务报告等会计信息披露的内容、格式、时间和媒体等。信息披露准则主要涉及四个方面的问题：一是入市公告书准则（如招股说明书准则、上市公告书准则等）；二是定期报告准则（如年报准则、中报准则等）；三是临时或重大事项报告准则（如配股说明书准则、股份变动报告准则等）；四是有关文件处理报告准则（如法律意见书准则、验证笔录准则等）。

第三层次：企业内部会计制度。企业内部会计制度是各个企业根据第一层次和第二层次有关法律、法规、准则和制度的规定，结合本企业生产、经营和管理的实际情况的特殊要求，设计和制定本企业的会计制度，并成为整个会计规范体系的组成部分。

三、《企业会计准则》(2006~2017)

2006年2月15日,财政部以财会〔2006〕3号文件发布了1项基本会计准则和38项具体会计准则,随后,2014年、2017年又先后发布了四项具体会计准则。具体会计准则主要包括三类:一是会计要素处理准则;二是财务报告准则;三是特殊业务准则。具体会计准则的名称等简要信息如表1-2所示。

表1-2   《企业会计准则——具体准则》(2006~2017)一览表

准则编号	准则名称	准则编号	准则名称
1	存货	22	金融工具确认和计量
2	长期股权投资	23	金融资产转移
3	投资性房地产	24	套期会计
4	固定资产	25	原保险合同
5	生物资产	26	再保险合同
6	无形资产	27	石油天然气开采
7	非货币性资产交换	28	会计政策、会计估计变更和差错更正
8	资产减值	29	资产负债表日后事项
9	职工薪酬	30	财务报表列报
10	企业年金基金	31	现金流量表
11	股份支付	32	中期财务报告
12	债务重组	33	合并财务报表
13	或有事项	34	每股收益
14	收入	35	分部报告
15	建造合同①	36	关联方披露
16	政府补助	37	金融工具列报
17	借款费用	38	首次执行企业会计准则
18	所得税	39	公允价值计量
19	外币折算	40	合营安排
20	企业合并	41	在其他主体中权益的披露
21	租赁	42	持有待售的非流动资产、处置组和终止经营

四、国际财务报告准则(IFRS)

世界各国的政治、经济、法律、文化等环境的不同,使得各国之间的会计理论、

---

① 按照2017年修订的收入准则,建造合同准则已经与收入准则合并。但2017版收入准则2021年才全面实施。特此说明。

实务、规范体系和方式存在一定的差异,这为经济全球化、国际资本市场和国际贸易的发展、国际经济合作、跨国公司的经营带来了种种不利。为了改变这种局面,各国政府、会计职业团体和国际会计组织等,在协调各国会计准则差异方面作出了不懈的努力,取得了丰硕的成果。尤其是 1973 年创建的国际会计准则委员会(IASC)及其改组后的国际会计准则理事会(IASB)发布了一系列国际财务报告准则(IFRS)及其财务报表解释公告,在协调各国会计准则和会计实务、提高各国会计工作水准、促进世界各国的经济交流和国际资本流动等方面发挥了重要的积极作用。目前,全球已有 110 多个国家和地区采用或执行国际财务报告准则。截至 2018 年,IASB 已经颁布了 17 项国际财务报告准则(IFRS),除已发布的 IFRS 外,其他的 IAS 仍然有效或正在修订。国际财务报告准则的准则编号、中英文名称如表 1-3 所示。

表 1-3　　　　　　　　国际财务报告准则一览表（2018）

准则编号	准则名称（英文）	准则名称（中文）
第一部分	International Financial Reporting Standards	国际财务报告准则
IFRS 1	First-time Application of IFRS	首次采用国际财务报告准则
IFRS 2	Share-based Payment	以股份为基础的支付
IFRS 3	Business Combinations	企业合并
IFRS 4	Direct Insurance Contracts	保险合同
IFRS 5	Non-current Assets Held for Sale and Discontinued Operations	持有以备出售的非流动资产和终止经营
IFRS 6	Exploration for and Evaluation of Mineral Resources	矿产资源的勘探和评价
IFRS 7	Financial Instruments: Disclosure	金融工具：披露
IFRS 8	Operating Segments	经营分部
IFRS 9	Financial Instruments	金融工具
IFRS 10	Consolidated Financial Statements	合并财务报表
IFRS 11	Joint Arrangements	合营安排
IFRS 12	Disclosure of Interests in Other Entities	在其他主体中权益的披露
IFRS 13	Fair Value Measurement	公允价值计量
IFRS14	Regulatory Deferral Accounts	管制递延账户
IFRS 15	Revenue from Contracts with Customers	以合同为基础的收入确认
IFRS 16	Leases	租赁
IFRS 17	Insurance Contracts	保险合同
第二部分	International Accounting Standards	国际会计准则
IAS 1	Presentation of Financial Statements	财务报表列报

续表

准则编号	准则名称（英文）	准则名称（中文）
IAS 2	Inventories	存货
IAS 7	Cash Flow Statements	现金流量表
IAS 8	Net Profit or Loss for the Period, Fundamental Errors and Changes in Accounting Policies	本期净损益、会计政策的变更和会计差错
IAS 10	Events After the Balance Sheet Date	资产负债表日后事项
IAS 11	Construction Contracts	建造合同（不再适用）
IAS 12	Income Taxes	所得税
IAS 16	Property, Plant and Equipment	不动产、厂房和设备
IAS 17	Leases	租赁（已被 IFRS 16 代替）
IAS 18	Revenue	收入（已被 IFRS 15 代替）
IAS 19	Employee Benefits	雇员福利
IAS 20	Accounting for Government Grants and Disclosure of Government Assistance	政府补助及相关信息披露
IAS 21	The Effects of Changes in Foreign Exchange Rates	外汇汇率变动的影响
IAS 23	Borrowing Costs	借款费用
IAS 24	Related Party Disclosures	关联方披露
IAS 26	Accounting and Reporting by Retirement Benefit Plans	退休福利计划的会计和报告
IAS 27	Consolidated Financial Statements	合并财务报表
IAS 28	Investments in Associates	联营中的投资
IAS 29	Financial Reporting in Hyper inflationary Economies	恶性通货膨胀经济中的财务报告
IAS 31	Interests in Joint Ventures	合营中的权益
IAS 32	Financial Instruments: Disclosure and Presentation	金融工具列报
IAS 33	Earnings per Share	每股收益
IAS 34	Interim Financial Reporting	中期财务报告
IAS 36	Impairment of Assets	资产减值
IAS 37	Provisions, Contingent Liabilities and Contingent Assets	准备、或有负债与或有资产
IAS 38	Intangible Assets	无形资产
IAS 39	Financial Instruments: Recognition and Measurement	金融工具：确认与计量

续表

准则编号	准则名称（英文）	准则名称（中文）
IAS 40	Investment Property	投资性房地产
IAS 41	Agriculture	农业

综上所述，会计是一门技术性很强的规则学科，其确认、计量、记录与报告等会计处理必须按相应的规则进行。熟悉和掌握相应的会计规范，是进行会计处理的基础。当然，会计规范的背后是各种利益集团博弈的结果。在当今全球经济一体化的背景下，会计规范之争已经成为国家利益之争。

思考题

1. 为什么说人类社会的经济发展与会计演进呈互动关系？
2. 为什么说会计发展是人类社会全面进步的有机组成部分？
3. 为什么说会计具有技术性、社会性和国家利益性等特征？
4. 为什么说会计准则的制定不仅仅是一个技术过程，而且是一个政治过程？
5. 为什么说会计的目标抑或财务报告的目标是提供决策有用的信息？
6. 请说明"决策有用观"和"受托责任观"的异同。二者可否协调？
7. 请说明财务会计系统结构中确认、计量、记录和报告之间的逻辑关系。
8. 请举例说明"谨慎性"、"重要性"、"实质重于形式"等原则的具体运用。
9. 根据我国资本市场发展的历程，说明会计信息"相关性"与"可靠性"的关系。
10. 请说明《企业会计准则》（2006~2017）与《国际财务报告准则》（IFRS）的关系。

第二章

会计核算系统

前已述及,会计的目标是提供决策有用的信息,为了实现这一目标,企业必须对发生的各种经济活动进行连续、全面、系统的反映。为了向会计信息使用者提供决策有用的会计信息,合理、科学地组织会计核算工作,企业必须根据自身的具体情况,确定相应的会计核算程序,使会计凭证的填制、会计账簿的登记和财务报表的编制能够有机地结合起来,做到相互配合、相互衔接,从而形成一个严密的会计核算系统。会计核算系统是以账务处理功能为核心,包括多种功能的有机组合体。其中,填制会计凭证、登记会计账簿和编制财务报表是会计核算系统的核心。

第一节 会计对象与会计要素

一、会计对象

会计对象是指会计所核算和监督的内容。在会计核算中,明确会计的对象,对于确定会计的任务,特别是研究会计的方法具有重要意义。因为只有了解会计所核算和监督的内容,才可能做到有针对性地选择适当的方法进行核算和监督,进而发挥会计在经济管理中的重要作用。由于会计是以货币为主要计量单位来核算和监督各单位经济活动过程的,因而凡是特定单位能够以货币表现的经济活动,都是会计所核算和监督的内容。而以货币表现的经济活动通常又称为资金运动。因而研究会计对象必须首先考察企业的资金及其运动过程。

(一)资金及其运动过程

在社会主义市场经济条件下,企业为了独立地从事正常的生产经营活动,必须拥有一定数量的生产资料作为物质基础。由于商品货币关系的存在,这些生产资料的增减变动都需要以货币作为统一的价值尺度进行计量。在再生产过程中,这些垫支于生产经营过程,满足创造或实现新价值需要的财产物资的货币表现和货币本身,就是企业的资金。资金本身不创造价值,更不能自行增值,它必须进入社会再生产过程,在运动中才能发挥它的机能。企业资金的运动形式一般是从货币资金垫支开始，用于购买物质资料和支付工资费用等，经历生产经营过程的各个环节后又回到货币形态的资金循环。资金周而复始的循环称为周转。从这个意义上讲，资金是通过投入和产出来不断循环和周转运动的，具体表现为资金的筹集与投入、周转与耗费、收入与分配等三个阶段。

1. 资金的筹集与投入

资金的筹集与投入是企业资金运动的起点，也是企业进行生产经营活动的必要条件之一。

（1）资本金。设立企业必须有法定的资本金，资本金通常是由所有者投入的，投资人可以是国家，也可以是其他法人、个人或外商投资者。资本金的筹集方式也多种多样，既可以吸收货币资金投资，也可以吸收实物、无形资产等形式的投资，还可以通过发行股票等方式筹集资本金。企业对其筹集的资本金，依法享有经营权，在企业经营期内，投资者除依法转让外，不得以任何方式抽回投资。各投资者投入企业的资金，一部分构成流动资产，另一部分构成非流动资产。

（2）负债。负债是指企业过去的交易或者事项形成的、预期会导致经济利益流出企业的现时义务。负债是由债权人投入企业的资金，主要包括向金融机构和其他单位的借款，以及应付未付款项等。

会计应当对筹集的资金进行核算和监督，这不仅是企业进行生产经营活动的客观需要，也是发展社会主义市场经济的客观要求。

2. 资金的周转与耗费

社会再生产过程包括生产、交换、分配和消费四个环节，在社会经济系统中，这些环节是通过企业的经济活动来实现的，由于不同企业经济活动的内容和特点不同，因此决定了企业资金运动过程中周转与耗费形式上的不同内容和特性。

在生产型企业，资金投入企业后，主要按照供应、生产、销售三个阶段进行运动。在供应阶段，企业用货币资金购买材料，作为生产储备，资金就从货币形态转化为储备资金形态。在产品生产过程中，劳动者运用劳动资料作用于劳动对象，既转移了生产资料价值，也创造了新的价值。这个过程不仅是产品价值的形成过程，同时也是劳动耗费过程。在这个过程中，属于劳动对象性质的储备资金和发生的活劳动耗费、固定资产使用中的价值损耗以及车间生产管理性费用支出的货币资金，就在一个生产周期内被消耗掉，使资金从货币形态资金和实物形态资金先转化为在产品或自制半成品形态的生产资金，随着产品生产过程的结束，产品价值形成，生产资金再转化为产成品形态的成品资金。在产品销售过程中，通过产品销售，取得货币收入，使产品价值得以实现，企业的资金又从产成品形态转化为货币资金形态。

在流通型企业，经济活动的内容主要是商品的采购和销售，由此决定了流通型企业资金周转与耗费的自身特点。主要表现为周转过程简单，只有采购和销售两个阶段。通过采购，资金由货币资金形态转化为商品形态，通过销售再由商品形态转化为货币形态。其耗费主要表现为经营过程中所发生的货币资金耗费和固定资产折旧及非商品存货项目的摊销等,而直接劳动对象的转移价值所占的比重甚小。

3. 资金的收入与分配

资金的收入与分配是以价值形式反映企业财务成果及其分配的过程。资金的周转过程,不仅表现为各种形态的交替转化过程,而且表现为资金的收入过程,企业通过销售商品、产品或提供劳务而回收资金形成经营收入。按照经济核算制原则,企业的经营收入抵补经营支出后,应当获得利润;反之,经营支出大于经营收入,即反映企业经营亏损。因此,应将企业的经营收入划分为生产经营补偿资金与企业盈利两部分,前者是产品生产和价值实现中消耗的物化劳动与必要活劳动的总和,后者是劳动者创造的剩余产品价值,即企业纯收入。企业资金收入的分配,首先要补偿生产经营过程中发生的各项成本费用支出,其次要按规定将企业纯收入在国家、投资者和企业之间进行分配。分配的结果:一部分以上缴各种税金、向投资者分配利润等形式离开企业,退出企业的资金循环与周转;另一部分则以盈余公积和未分配利润等形式留了企业,形成企业自主支配的机动财力,并重新参加企业资金的循环与周转。

由此可见,在市场经济条件下,企业作为独立的商品生产者和经营者,其资金的运动过程,从形式上看不过是筹集与投入、周转与耗费、收入与分配的过程,但在本质上则体现着企业与国家、企业与投资者、企业与企业、企业与职工个人之间的经济关系。企业与国家之间的经济关系主要因为国家资金的投入、上缴税金及与国家银行之间的借贷信用关系而发生,体现了国家与企业之间宏观间接调控与独立自主经营的关系;企业与投资者之间的经济关系主要因为资金的投入和纯收入的分配而发生,体现了投资者与企业之间所有者与经营者的关系;企业与企业之间的经济关系主要因为商品产品、原材料的购销以及由此引起的货款结算业务而发生,体现了等价交换的原则和经济核算制的要求;企业与职工个人之间的经济关系主要因向劳动者支付劳动报酬而发生,体现了企业与职工之间的按劳分配关系。因此,要较好地完成会计的各项任务,必须认真研究企业资金的运动过程,只有这样,才能清晰、完整地反映企业的经济活动,控制资金运动过程,充分发挥会计的职能作用,促进企业提高经济效益。

(二) 企业资金的运动规律

企业资金的运动是客观存在的,其运动过程与资金形态变化在时间和空间上也存在着相互依存、相互制约的内在联系。这种资金运动过程与形态变化在时间和空间上所形成的相互依存、相互制约的内在必然联系,称为资金运动规律。在会计核算中,只有认识和掌握资金运动的规律,并按照资金运动规律的客观要求运用企业资金,才能充分发挥资金的使用效益。

前述企业资金的运动形式及过程揭示了资金运动的基本规律,主要表现在以下几个方面:

1. 资金运动具有继起性和并存性要求

资金循环的继起性是指资金在循环中由一种形态转化为另一种形态,由一个阶段过渡到另一个阶段在时间上应是连续不断地相继运动。在循环过程中，每一种资金形态都必须从各自的出发点开始运动，最后又回到原来的资金形态上。如果在经营过程的任何一个阶段或任何一种资金形态上停顿下来，就会造成资金运动的中断。

资金循环的并存性是指资金必须同时并存于生产经营过程的一切阶段和各种形态上，并保持相应的占用比例关系。对生产型企业来说，资金必须按一定比例以货币资金、储备资金、生产资金和成品资金几种职能形式存在并同时处于三个不同的循环阶段。只有这样，资金才能依次经过经营过程的各个环节，依次转化各种职能形式，如此循环往复，生产和流通过程才得以顺利进行。

资金循环的继起性和并存性是由企业再生产过程的连续性所决定的。企业再生产的连续进行，要求资金循环连续不断地运动。而要保持资金循环的连续性，必须使资金按比例并存于不同的职能形态上。因此，企业资金在空间上的并存和时间上的继起，是保证资金循环顺利进行的两个条件，两者互为前提，相互制约。没有各种形态资金的并存，就不可能有资金的继起运动。如果继起受到阻滞，并存也就无从实现。明确这一点，就是为了从循环阶段和形态变化上把握各种形态的资金占用量，通过合理地组织、协调、控制资金运动，取得更好的经济效果。

2. 资金运动具有价值运动的单向性和运动实体的复合性特征

企业资金的运动是单向的，即沿着货币资金→生产资金（包括储备资金）→成品资金→货币资金的单方向运动。这种单向运动规律是由再生产过程中物资的供→产→销顺序决定的。同时，资金运动又具有复合性，其运动过程的价值形态与实体的物质形态是紧密结合在一起的。如货币资金转化为生产资金，其实物形态则为原材料储备、在产品、半成品等；由生产资金转化为成品资金，其实物形态为待售库存商品等。资金运动实体的这种复合性体现了再生产过程中物资运动与资金运动的辩证统一关系；资金运动是物资运动的价值表现和客观反映，它依附于物资运动而产生。但在某些情况下，资金运动与物资运动在时间与空间上可能产生一定程度的背离，如预付、预收货款，货到未付款等，尽管随着债权债务关系的清算，这两种运动会归为一致，但在相互背离的一段时间内，仍会对企业资金的运动和财务状况产生一定的影响。这一规律启示我们不应孤立地研究企业资金的运动，而应紧密结合物资运动来研究资金运动。只有这样，才能更好地组织资金运动，保证再生产过程的顺利进行。

3. 资金运动体现了企业与相关方面的社会联系性

企业资金的运动不是孤立地进行的，一个企业资金的顺利循环要依赖与其相关企业的顺利循环。因此，各个企业资金的循环具有相互影响、相互制约的社会联系。明确这一规律，就是为了从社会会计环境的角度为企业资金的顺利循环和周转创造良好条件，不断提高企业资金运动的效益。

二、会计要素

前已述及，凡是特定单位能以货币表现的经济活动，即资金运动及其过程都是会计所核算和监督的内容。但由于企业经济活动的复杂多样性,使会计对象的内容也纷繁庞杂,这就给会计信息的提供带来了诸多不便。为了使会计核算工作能科学地反映会计对象的内容,并便于会计信息使用者的理解和阅读,需要对会计对象的具体内容进行适当的分类。这些对会计对象的具体内容进行适当分类而形成的基本项目,就构成会计要素。因此,会计要素是对会计对象的基本分类项目,是对会计核算对象的具体化,也是财务报表的基本构成要素。在现代经济社会中,企业的经营活动是多种多样的,而每天所发生的业务事项更是不胜枚举。为了便于将这些业务事项在会计上加以记录,同时增加会计资料的效用,必须将其按性质分别归纳为几个大类。我国《企业会计准则——基本准则》将企业会计要素分为资产、负债、所有者权益、收入、费用和利润等六项。

(一) 资产

资产是指企业过去的交易或事项形成的,由企业所拥有或者控制的,预期会给企业带来经济利益的资源[①]。资产具有以下特征:(1) 资产是企业过去的交易或者事项形成的,这里的交易或者事项包括购买、生产、建造等活动,但不能根据预计将要发生的交易或者事项来确认资产;(2) 资产是为企业所拥有的,即企业享有某项资源的所有权;或者企业虽然不享有某项资源的所有权,但该资源能够被企业所控制,即企业具有对某项资源的实际控制支配权;(3) 资产能够为企业带来经济利益,是指直接或者间接导致现金和现金等价物流入企业的潜力。比如,货币资金可以用来购买商品、房屋等,原料、机器设备可以用来制造产品,而商品、产品可以通过出售变现。

企业的一项经济资源必须同时具备下列条件,才能确认为资产:(1) 该资源符合资产的定义;(2) 与该资源有关的经济利益很可能流入企业;(3) 该资源的成本或者价值能够可靠地计量。

资产按照流动性,通常可分为流动资产和非流动资产。所谓资产的流动性,是指资产的变现能力。资产满足下列条件之一的,应当归类为流动资产:(1) 预计在一个正常营业周期中变现、出售或耗用;(2) 主要为交易目的而持有;(3) 预计在资产负债表日起一年内(含一年)变现;(4) 自资产负债表日起一年内,交换其他资产或清偿负债的能力不受限制的现金或现金等价物。所谓营业周期,是指企业自投入现金,购买原料,制成产品,销售产品,再收回现金的过程。大部分行业,年有几个营业周期,则其资产按年划分为流动资产和非流动资产;而某些特殊行业,如造船、重型机械等,其营业周期往往超过一年,则其资产按营业周期划分。流动资产通常包括库存现金、银行存款、应收票据、应收账款、预付账款、交易性金融资产、存货等。非流动资产包括固定资产、无形资产、债权投资、其他债权投资、

[①] IASB 2018 年版的《财务报告概念框架》对资产等会计要素有新的定义。可参见有关论文或著作,此处略。

长期股权投资、递延所得税资产等。

按流动性质分类并排列各项资产,可以充分揭示企业资产变现能力的信息,以便投资者作出正确的投资决策;可以全面反映企业的经济活动,及时提供企业财务成果的信息;可以预测企业现金流动的趋势,并有助于不同计量属性的应用。

企业资产的构成及分类情况如图2-1所示①。

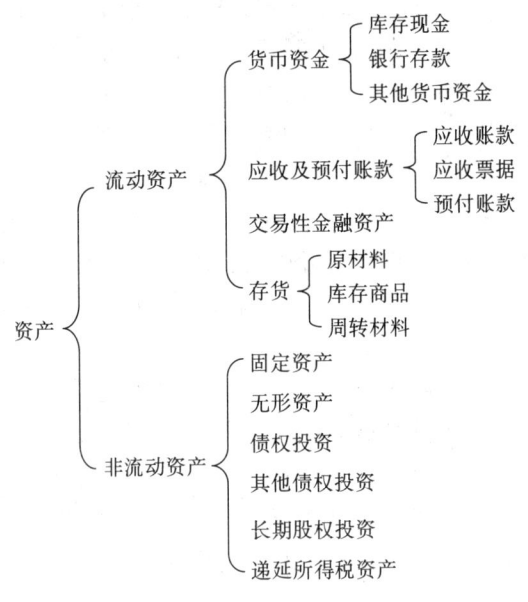

图2-1 企业资产构成及分类图

（二）负债

负债是指企业过去的交易或者事项形成的,预期会导致经济利益流出企业的现时义务。负债具有以下特征:(1) 负债是一种现时义务,它是由过去发生的交易或事项引起的、企业目前实际所承担的经济责任。企业预计将来会发生的交易或事项形成的义务,不属于现时义务,不应当确认为负债。比如,企业接受了银行的贷款后就形成了银行借款这项负债,反之,如果企业仅仅是计划向银行借款,实际上还没有付诸行动,则企业就不存在负债。(2) 负债的清偿会导致企业经济利益的流出,企业目前所承担的负债必须在将来某一个时日以转移资产或者提供劳务来偿付,也可以将债务转为所有者权益。

一项义务必须同时具备下列条件,才能确认为负债:(1) 该义务符合负债的定义;(2) 与该义务有关的经济利益很可能流出企业;(3) 未来流出的经济利益的金额能够可靠地计量。

---

① 根据财政部财会〔2018〕15号文的规定,企业流动资产、非流动资产的分类及其构成有重大变化,在介绍财务报表列报时再详细说明。此处简化处理,特此说明。

负债按其流动性划分，可以分为流动负债和长期负债。而负债的流动性是指负债偿还期。负债满足下列条件之一的，应当归类为流动负债：（1）预计在一个正常营业周期中清偿；（2）主要为交易目的而持有；（3）自资产负债表日起一年内到期应予以清偿；（4）企业无权自主地将清偿推迟至资产负债表日后一年以上。流动负债通常包括短期借款、应付票据、应付账款、预收账款、应付职工薪酬、应交税费、其他应付款等。非流动负债通常包括长期借款、应付债券等。对负债按照流动性进行详尽分类，可以分情况组织会计核算，以保证会计信息的准确、可靠。

企业负债的分类情况如图 2-2 所示。

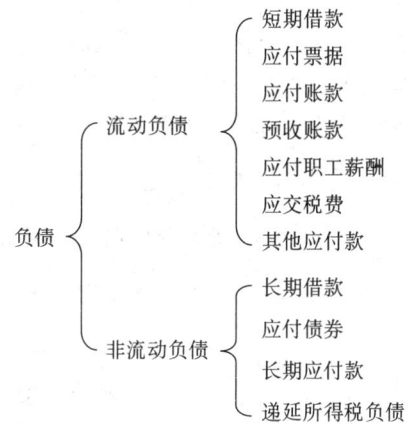

图 2-2 企业负债构成及分类图

（三）所有者权益

所有者权益是指企业资产扣除负债后由所有者享有的剩余权益。企业的资产扣除负债后的差额又称为净资产，因此，所有者权益也可以理解为是企业的所有者对企业净资产所享有的要求权。

由于企业组织形式不同，所有者权益有不同的名称。在我国，股份制企业的所有者权益称为股东权益，非股份制企业则将其统称为所有者权益。

所有者权益具有以下特点：（1）所有者权益是投资者参与企业决策以及获得利润分配的依据；（2）所有者权益是投资者享有的剩余权益，表现为在企业清算时，只有在清偿所有的负债后，所有者才能获偿。

就股份制企业而言，股东权益的来源通常包括投入资本、直接计入所有者权益的利得和损失、留存收益等。

1. 投入资本

投入资本是指由投资者投入到企业，所有权归属于投资者的各种资产价值。其中，由投资者按照投资协议的约定投入的、其在企业注册资本或股本中所占份额的部分，称为实收资本（或股本）；企业收到投资者超过其在注册资本或股本中所占份额的投入资本，作为资本溢价或股本溢价，确认为资本公积的组成部分。

2. 直接计入所有者权益的利得和损失

直接计入所有者权益的利得和损失是指不应计入当期损益、会导致所有者权益发生增减变动、与所有者投入资本或者向所有者分配利润无关的利得或者损失，如其他综合收益。

利得是指企业非日常活动所形成的、会导致所有者权益增加、与所有者投入资本无关的经济利益的流入。

损失是指企业非日常活动所发生的、会导致所有者权益减少、与所有者分配利润无关的经济利益的流出。

3. 留存收益

留存收益又称留存利润，是指企业生产经营所获得的、留存在企业尚未以股利形式分配给股东的利润。留存利润是企业历年累积起来的，故又称累积资本。

企业所有者权益的分类情况如图 2-3 所示①。

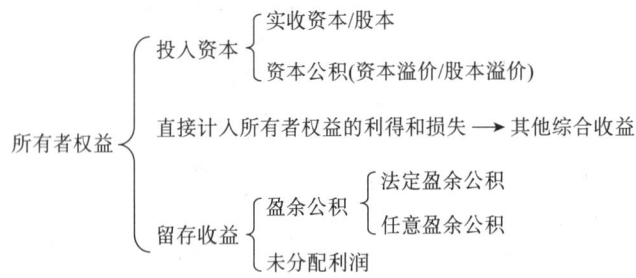

图 2-3　企业所有者权益构成及分类图

以上资产、负债和所有者权益是反映企业财务状况的会计要素，它体现了资金运动过程中某一特定时点上的资产分布、权益结构状况。三者间的关系为：资产 = 负债 + 所有者权益。

这一会计基本方程式，既明确了企业产权关系，又能使企业会计核算信息满足多方面的需要，它是会计核算中设置账户、复式记账和编制资产负债表等专门方法的理论依据，也是构成资产负债表结构的基本要素。

（四）收入

收入是指企业日常活动中形成的、会导致所有者权益增加、与所有者投入资本无关的经济利益的总流入②。收入具有以下特征：

1. 收入是企业在日常活动中形成的经济利益的流入

日常活动是指企业为完成其经营目标而从事的经常性活动以及与之相关的其他

---

①　根据现行的会计准则，所有者权益（股东权益）具体包括：实收资本（股本）、资本公积、其他权益工具、其他综合收益、盈余公积和未分配利润等。具体内容后文再述，特此说明。

②　对于收入的确认是财务会计的难点内容之一。读者应首先关注 2017 年版《企业会计准则第 14 号——收入》。

活动。例如，生产制造企业生产并销售产品、商品流通企业销售商品、交通运输企业提供运输服务、租赁企业出租资产等。由于企业性质不同，每个企业的日常活动，其内容也不尽相同，但总体上而言，企业的日常活动主要涉及销售商品、提供劳务及将本企业资产提供给他人使用等。

随着商品的销售、劳务的提供、资产使用权的转让，这些日常活动必定会给企业带来经济利益的流入，表现为一定期间现金的流入、其他资产的增加或负债的清偿。因此，只有因日常活动而流入的经济利益，才属于收入范畴。这就将非日常活动产生的、所有者投入资金产生的经济利益的流入排除在收入之外。

2. 收入最终会导致所有者权益的增加

与收入相关的经济利益的流入最终应导致所有者权益增加。反之，日常活动产生的经济利益的流入，如果不会导致所有者权益增加，则也不属于收入的范畴。如企业在日常活动中所收取的各种代收款，就属于企业的负债，而不是企业的收入。

通常，只要企业已提供商品或服务，就可以按照向顾客收取的资产作为已赚取的收入计为营业收入，而不论所得的资产是现金还是应收账款。显然，会计上的收入并不一定与现金有关。例如，收到客户预交的货款，企业的现金虽然增加，但企业因尚未提供商品或劳务，故不符合收入实现的条件，不能确认为收入，而相对增加的是一种预收账款负债。只有等到商品或服务提供以后，此预收账款负债才转为实现的收入。

收入按其性质划分，可分为商品销售收入，如生产制造企业的产品销售收入；劳务收入，如运输业务收入；本企业资产提供他人使用而取得的资产使用费收入，如租金收入等。

按照企业经营业务的主次，收入还可以分为主营业务收入和其他业务收入。

（五）费用

企业要获得收入，就必须付出相应的"代价"。从会计学的角度看，以收入为目的的这种代价，就是"费用"。费用是指企业在日常活动中形成的、会导致所有者权益减少、与向所有者分配利润无关的经济利益的总流出。

实际上，费用的本质特性决定了其与"成本""支出"等不存在实质性差别。在我国会计实务中，费用、成本、支出等概念的使用也未加严格区分。就最终目的而言，费用、成本、支出都是在实现创利的过程中以消耗资产为前提的资产存在或转化形式，而仅仅是其强调的重点有所不同。成本概念主要强调费用的归属，确定特定资产的"代价"。成本是"对象化的费用"，这种对象即是特定的资产，因而，成本是指"资产的成本"。实际上，一种资产的形成以消耗另一种或几种资产为代价。在企业创造利润的过程中，资产可能直接转化为"终极"费用，也可能先转化为另一种资产而后再转化为"终极"费用，即资产→费用→资产（成本）→费用。支出是一个较为宽泛的概念，其使用不具有会计"专业性"。它可以是指短期目的的"资产消耗"（如收益性支出），也可指长期目的的"资产消耗"（如资本性支出），甚至是不期望的"资产消耗"（如损失）。在会计中使用支出概念时，一般要加以限制或"修饰"。

从本质来看，费用包括企业在经营活动中基于获利目的而发生的全部资产的消耗。企业资产的这种消耗，会导致两种结果：一种是为获得收入而使含有经济利益的资产流出企业，另一种是为了在未来期间获得收入而形成另一种资产。第一种"消耗"可称为"损益性费用"，其与当期收入具有一定的关联性，应按配比性原则计入当期损益；第二种"消耗"则称为"成本性费用"，其构成相关资产的成本不直接计入当期损益。只有当这些资产再次作为损益性费用被耗用时，才计入当期损益[①]。

费用具有以下特征：

1. 费用是企业在日常活动中流出的经济利益

费用是获取收入的必要代价。例如，商业企业在营业时，为了获取商品售价，即营业收入，首先必须买进商品，再转手售出，其费用包括买进商品的成本以及其他各种费用开支，包括推销费用、人工费用、利息费用等。由于收入发生在企业日常活动中，因此，与之相匹配的费用也一定是发生在日常活动中，与向所有者分配利润导致的经济利益的流出无关。

2. 费用是与向所有者分配利润无关的经济利益的总流出

费用的发生应当会导致经济利益的流出，从而导致资产的减少或者负债的增加（最终也会导致资产的减少）。其表现形式包括现金或者现金等价物的流出，存货、固定资产和无形资产等的流出或者消耗等。鉴于企业向所有者分配利润也会导致经济利益的流出，而该经济利益的流出显然属于所有者权益的抵减项目，不应确认为费用，应当将其排除在费用的定义之外。

3. 费用最终会导致所有者权益的减少

费用表现为企业在经营过程中发生的各种支出或耗费。费用的发生，其中一方面必然是资产的减少或负债的增加，从而导致所有者权益减少。如果经济利益的流出最终不会导致所有者权益减少，则不属于费用的范畴。无论是何种行业，企业能否以最小的费用换取最大的收入，是衡量其经营绩效最有效的尺度。

费用的确认除了应当符合定义外，也应当满足严格的条件，即费用只有在经济利益很可能流出从而导致企业资产减少或者负债增加，且经济利益的流出额能够可靠计量时才能予以确认。因此，费用的确认至少应当符合以下条件：（1）与费用相关的经济利益应当很可能流出企业；（2）经济利益流出企业的结果会导致资产的减少或者负债的增加；（3）经济利益的流出额能够可靠计量。

（六）利润

利润是企业在一定会计期间的经营成果。通常情况下，如果企业实现了利润，表明企业的所有者权益将增加，业绩得到了提升；反之，如果企业发生了亏损（即

---

① 唐国平：《会计学原理》，中国财政经济出版社 2016 年版，第 62~63 页。

利润为负数），表明企业的所有者权益将减少，业绩下滑了。因此，利润往往是评价企业管理层业绩的一项重要指标，也是投资者等财务报告使用者进行决策时的重要参考。

利润包括收入减去费用后的净额、直接计入当期利润的利得和损失等。其中收入减去费用后的净额反映的是企业日常活动的业绩，直接计入当期利润的利得和损失反映的是企业非日常活动的业绩。直接计入当期利润的利得和损失，是指应当计入当期损益、最终会引起所有者权益发生增减变动的、与所有者投入资本或者向所有者分配利润无关的利得或者损失，如营业外收入和营业外支出。企业应当严格区分收入和利得、费用和损失之间的区别，以更加全面地反映企业的经营业绩。

利润反映的是收入减去费用、利得减去损失后的净额的概念，因此，利润的确认主要依赖于收入和费用以及利得和损失的确认，其金额的确定也主要取决于收入、费用、利得和损失金额的计量。

三、会计要素之间的基本关系

企业的主要目的是获取经营利益。为了获取利润，必须具有供经营活动使用的各种资产。企业的资产必有其来源。最初的资产都是由投资者投资而来，投资者投入多少价值的资产，就可以获得被投资企业相应金额的权利。因此，企业全部资产代表投资者的权益，表示投资者对企业资产的求偿权。

除了从投资者处获得经营所需的资产外，企业也可以通过向债权人借款等方式取得所需资产，那么，债权人对企业的资产同样拥有求偿权，而且债权人的权益是优先于投资者的。

显而易见，企业的资产不外乎来自投资者的投资和向债权人的借款等，因此，投资者和债权人对企业的资产均拥有权益，这种权益代表了资产的来源。资产与权益乃是同一事项的两种说法，反映同一事项的两个方面，所以，两者的金额必定相等。用公式表示，即：

资产＝权益

这里的权益包括债权人的权益和投资者的权益，债权人的权益称为企业的负债，则上述公式可改写为：

资产＝负债＋所有者权益

这一方程式就是会计等式，它表达了资产、负债和所有者权益三项会计要素之间的基本关系，表明了企业在某一特定时点所拥有的资产及债权人和投资者对企业资产要求权的基本状况。这一会计等式是会计中设置账户、复式记账和编制财务报表的依据。如果利用数学上的移项规则，则会计等式可有几种变化形式。从投资者对企业净资产的要求权角度来看，则：

所有者权益＝资产－负债

而资产总额超过负债总额的部分为净资产，即：

资产 - 负债 = 净资产

因此，所有者权益的金额又等于净资产的金额。

企业运用债权人和投资者所提供的资产，经过生产经营而获取收入，并以支付费用为代价，将一定期间实现的收入与支付的费用比较后，就能确定该期间企业的经营成果。当收入大于费用时，表示企业实现利润；当收入小于费用时，则意味着企业发生亏损。收入、费用和利润的关系，用公式表示如下：

收入 - 费用 = 利润（或亏损）

如上所述，凡是企业取得的收入，会使企业资产增加或负债减少，同时，相应地增加所有者权益；凡是企业发生的费用，会使企业资产减少或负债增加，同时，相应地减少所有者权益。对于因收入、费用而发生的所有者权益的增减变化，应先在收入、费用两大会计要素中进行记载，然后在特定的结账日，将收入与费用比较的结果，即利润，最终转化为所有者权益。

综上所述，企业资金运动与会计要素之间的相互关系是：从资金运动静态表现看，在任何时点上都体现为"资产 = 负债 + 所有者权益"的平衡关系；从资金运动的动态表现看，随着企业生产经营活动的进行，会计要素体现为"收入 - 费用 = 利润"。因此，会计的对象可以概括为企业资金的运动过程及其结果，其具体组成内容则是资产、负债、所有者权益、收入、费用和利润等会计要素。

第二节　会计核算的基本前提与基础

一、会计核算的基本前提

会计核算的基本前提是指进行会计核算工作必须具备的前提条件。由于会计所处的社会经济环境极为复杂，其反映的经济活动也具有一定的不确定性。为了使会计能够连续、系统、综合地反映企业的生产经营活动，提供信息使用者所需的有用信息，必须对会计实务中那些尚未确知或无法正面论证的先决条件及其环境，根据客观的或经常的情况作出合理的推断和规定。这些合理的推断和规定，就构成了会计核算的基本前提。因此，会计核算的基本前提有时也称为会计假设或会计假定。

会计核算的基本前提反映了会计环境对会计的影响和制约。离开这些前提条件，会计工作就不可能正常地进行，更不能保证会计信息的质量。因此，确立会计核算的基本前提是有效地组织会计工作的先决条件，其最终目的是为了保证会计信息的可靠性和相关性。

会计核算的基本前提包括会计主体、持续经营、会计期间、货币计量四项。

（一）会计主体

会计主体通常也称为会计实体或会计个体，是指会计为之服务的特定单位。会计主体这一前提界定了会计核算的空间范围，明确了会计人员为谁核算以及核算哪些经济业务等问题。它要求会计工作应当区分会计主体自身的经济活动和其他企业单位的经济活动以及经营者或所有者个人的财务活动。会计人员只能站在为之服务的特定主体的立场上来核算企业本身发生的各项经济业务，不应包括其他企业的经济活动，更不能包括所有者或经营者个人的财务收支活动。只有这样，会计才能独立地反映某一特定主体的经营活动，才能准确地提供该主体的财务状况和经营成果等信息，使之满足信息使用者的需要。

会计主体不同于企业法人。所有的企业法人都是会计主体，但有些会计主体不一定是法人。例如，一些企业集团下属若干子公司，这些子公司都是法人，但出于经营管理的需要，为全面考核和反映集团公司的经营成果和财务状况，就要将所有子公司连同母公司作为一个会计主体，编制合并财务报表，以全面分析和评价整个集团公司的经营情况。而这里的企业集团是会计主体，但通常不是一个独立的法人。

（二）持续经营

持续经营是指企业的生产经营活动可以按照既定的目标无限期地延续下去。这一前提，就是假定在可以预见的未来，企业不会因破产、倒闭、解散等而中断经营、停业清算，它所拥有或控制的资产将按既定的用途去使用，所承担的债务也将按承诺予以清偿或履行。

持续经营这一前提界定了会计核算的时间范围，它与会计主体前提密切相关。从一般道理上讲，在任何一个时点上，企业的前景只有持续经营和停业清算两种可能。而在市场经济体制下，企业经营必然存在竞争，必然会优胜劣汰，个别企业甚至关闭、破产而无法继续经营。企业在激烈的市场竞争中或胜或败，在实际发生之前往往难以预料。但从会计角度来说，无论将来会遇到什么情况，其结果如何，都要假设它在一定的时期内会持续经营下去。只有这样，才能选择和确定相对稳定的核算程序和方法，才能对会计主体的生产经营活动客观地予以计量、记录和报告，提供连贯的、具有可比性的会计信息。否则，一些公认的资产计价、收益确定原则，乃至会计处理方法等就将缺乏存在的基础而无法采用。

具体地说，在会计实务中，持续经营前提具有以下三方面的作用：（1）由于假定企业的持续经营，才要求企业的资产通常按历史成本计价，而不是采用现行市价；（2）持续经营前提为采用权责发生制奠定了基础，才使资本性支出和收益性支出的划分成为必要；（3）由于这一前提的存在，才产生了资本保全问题。

（三）会计分期

会计分期前提也称会计期间前提，是指对企业持续进行的生产经营活动根据需要划分为一定的期间，据以结算该期间的账目，编制财务报告，从而及时地向会计信息使用者提供会计信息。

在持续经营前提下，企业的生产经营活动将周而复始地进行，要计算企业的净收益，反映其经营成果，从理论上说，只有等到经营活动全部结束，清理完各项资产，并偿付全部债务后，才能准确地结算出企业在整个经营期间的损益。但企业的投资者、债权人、国家有关部门及企业经营者都需要及时了解企业的经营情况，要求企业定期提供决策和征税依据等方面的会计信息，因而不可能等到经营活动全部结束时才进行结算并编制财务报告。这就需要将企业持续进行的生产经营活动人为地划分成若干相等的较短期间，以便及时地向会计信息使用者提供所需的信息，这样就产生了会计分期前提。

我国的会计分期是以年为单位，并以日历年度作为企业的会计年度。同时，根据管理和信息使用者决策的需要，还可以将会计年度划分为若干较短的期间，如季度和月份等。季度和月份的起止日期也采用公历日期。

从某种意义上讲，会计分期前提与持续经营前提是联系在一起的，两者互为补充，不可分离。只有设定一个会计主体能够持续地、无期限地经营下去，才有必要和有可能进行会计分期。因此，会计分期依赖于持续经营，持续经营又需要会计分期。

会计分期这一前提对确定会计核算程序和方法具有重要的意义。由于有了会计分期前提，才产生了本期与非本期的概念，进而产生了权责发生制和收付实现制这两种可供选择的会计核算基础，也才产生了收入与费用的期间配比原则以及跨期间经济业务的应计、递延、摊销、预提等一系列特殊的会计处理方法。

（四）货币计量

货币计量是指在会计核算过程中采用货币作为计量单位来记录、计量与报告企业的经济活动过程及其结果。

在企业生产经营过程中，各项财产物资具有不同的使用价值，实物计量单位也不尽相同。不同实物计量单位的财产物资在数量上无法直接加总，因而不能提供企业财产物资总括的价值信息；对生产经营过程中发生的各项物料消耗也无法直接计量其成本，这在管理上积弊甚多，更不能全面、综合地提供企业财务状况和经营成果等方面的有用信息。由于货币具有价值尺度、支付手段和流通手段等特殊的使用价值，可以充当一般等价物，因此在财务会计核算过程中，采用货币作为统一量度，就可以有效地解决上述各种问题。这样就有必要确立货币计量前提。同时，货币计量这一前提的确立，使会计从原始的计量方法中脱胎出来，强化了会计计量属性的基本特征。

在我国，人民币是法定的货币，因此，会计核算应以人民币为记账本位币。业务收支以外币为主的企业，也可以选定某种外币作为记账本位币，但编制的财务报表应当折算为人民币反映。

货币计量这一前提是建立在货币本身的价值稳定不变基础之上的，它奠定了历史成本会计模式的基础。但货币作为一种特殊的商品，其价值（币值）也并非固定不变，这就使建立在币值不变基础上提供的会计信息难于准确地反映企业经济活动的实际情况，为了简化会计计量，保证会计信息的可比性，在币值变动幅度不大的情况下，一般可以不考虑币值变动的影响。因此，在货币计量前提基础上还需假设币值不变，故货币计量前提有时也合称为"货币计量与币值不变假设"。

在会计实务中，货币计量前提也有一定的局限性。它使会计只能反映企业经济活动中能够用货币表现并计量的方面，而不能反映其无法用货币计量的方面，如人员素质等有助于决策的相关信息。为弥补这一缺陷，企业可在财务报告中以适当形式加以补充说明，以便全面反映企业的经济活动。

会计核算的四项基本前提，分别界定了会计核算的空间、时间、期间和度量单位，四者相互联系，缺一不可。但这些基本前提只是根据会计实务中客观的或经常的情况，以有限的事实或观察为基础而作出的一些合理推论，并假设它们符合会计活动的规律和社会经济环境。随着社会经济的发展和会计环境的变化，会计的这些基本前提也可能不断拓展或修正。如在发生恶性通货膨胀情况下，货币计量与币值不变前提将会受到冲击，与此相适应的某些前提或会计业务可能应运而生。再比如在知识经济时代，网络公司的大量出现，在按不同交易事项自由组合经营主体的情况下，使会计主体的界限变得模糊起来；同时，随着信息高速公路的全球化发展，企业可将各种信息在网络上直接提供，使用者各取所需，对持续经营和会计分期假设也产生了较大的冲击，等等。

二、会计核算的基础

会计核算的基础是指会计确认的时间基础。由于会计分期的存在，每一会计期间都要确定该会计期间的收入及费用，然后计算企业该期间的利润。这就需要确定：究竟哪些经济业务所产生的结果归属于本会计期间？是根据现金的流入及流出确定为本期的收入和费用，还是根据经济业务所产生的权责来确定本期收入和费用？这就需要研究收入和费用的收支期间和应归属期间的问题。

收入和费用的收支期间是指收入收到了现款（库存现金或银行存款）和费用用现款（库存现金或银行存款）支付的会计期间。收入和费用的应归属期间是指应获得收入和应负担费用的会计期间。在市场经济条件下，由于各种原因，使得经济业务发生的时间与相应的现金收支行为的发生时间不一致，往往会发生一些应收未收、应付未付的经济事项，如本期销售商品款项尚未收到、本期发生的水电费尚未支付等。因此，在选择确认收入和费用的时间基础时，就产生了一种是以收入和费用的收支期间为标准确认收入和费用的方法，这种方法称之为收付实现制；另一种是以收入和费用的归属期间为标准确认收入和费用的方法，这种方法称之为权责发生制。

（一）收付实现制

收付实现制又称现金制或实收实付制，它是以款项的实际收付为标准来确定本期收入和费用的一种会计核算基础。按照收付实现制，凡本期内实际收到的款项或本期内实际支付的各项费用，不论其是否应归属本期，都作为本期收入或费用处理。反之，凡本期内未曾实际收到款项的收入或未曾实际支付的费用，即使应当属于本期,亦不作为本期收入或费用处理。由此可见,收付实现制所强调的是"是否实际收付款项",而不考虑与现金收支行为相连的经济业务实质上是否发生,即应否归属于本期的问题。

例如,甲公司于 2017 年 12 月份收取下一年 1~6 月的租金 120 000 元,虽然资产使用权在 2017 年 12 月份尚未提供,但在收付实现制下,因其款项已经收到,因而在 2017 年 12 月份应确认租金收入 120 000 元,而在 2018 年 1~6 月份不再确认此项租金收入。

再如,甲公司于 2017 年 12 月份销售了 10 000 元的商品,款项在 2018 年 1 月份才收到,虽然商品在 2017 年 12 月已提供,但在收付实现制下,因其款项 2018 年 1 月份才收到,因而甲公司 2017 年 12 月份不确认此销售收入,10 000 元应确认为 2018 年 1 月份的收入。

再如,甲公司于 2017 年 12 月份支付下一年度的保险费 240 000 元,虽然保险公司在 2017 年 12 月份尚未提供保险服务,但因其款项已经支付,因而甲公司在 2017 年 12 月份确认 240 000 元的费用,而在 2018 年不再确认此项费用。

再如,甲公司 2017 年 12 月份支付 11 月份的水电费 2 000 元,因现金流出在 12 月份,因而 2 000 元应作为甲公司 12 月份的费用。

在收付实现制下,由于不存在应收应付的收入和费用,因而无需设置相应的递延收入或递延费用性质的账户,使核算手续比较简单。但这种处理基础不能正确和均衡地反映各期间的财务成果,一般只适用于非营利性组织的核算,如行政事业单位等。

(二) 权责发生制

权责发生制又称应计制或应收应付制。权责发生制从字面上看,是权利与责任同时发生并紧密配合之意。在会计中,它是指以应收应付为标准来确认本期收入和费用的一种会计处理基础。按照权责发生制要求,凡是应属本期的收入,不论款项是否已经实际收到,都作为本期收入处理;凡是不应归属于本期的收入,即使款项已经实际收到,也不作为本期收入处理;凡是本期应当负担的费用,不论款项是否实际支付,都作为本期费用处理;凡是不应属于本期负担的费用,即使款项已经实际支付,也不作为本期费用处理。由此可见,权责发生制所强调的是"应该"或"不应该",而不是看款项是否已经实际收付。因此,权责发生制通常也称为应计制。

在会计核算中,由于权责发生制是根据经济业务的发生与否来确认本期收入和费用,因此会形成应计、预收、预付、摊销等会计事项,这些是在收付实现制基础上不曾采用的特殊会计程序。

1. 应计

应计是指不论款项是否实际收到或付出,只要其权责属于本期,就应对收入和费用予以确认,具体包括应计收入和应计费用两个方面。比如,甲公司于 2017

12月耗用水电费2 000元，其费用将于下年1月支付。这部分应由本期负担但尚未支付的费用，就是本月的应计费用。

2. 预收

预收是指款项已经实际收到，但与此相应的义务尚未履行（如尚未交付产品或提供劳务等），该笔收入就不能作为已实现的收入予以确认，只有在以后期间，企业已实际履行了相应的义务时，才能作为收入正式予以确认。如企业预收货款业务，在预收时只能作为负债项目记录，只有在企业交付产品后，再把已确认的负债冲转，并作为一项收入来确认。例如，甲公司于2017年12月销售商品10 000元，款项尚未收到，但商品已提供，显然应属于12月的收入。这部分已经获得但尚未收到的收入，就是12月的应计收入。再如，甲公司于2017年12月收取下一年1~6月的租金120 000元，虽然租金已经收到，但是收入尚未取得（因其资产使用权尚未提供）。120 000元租金收入需要在以后6个月才能获得，甲公司就12月而言，这是预收收入，是一项负债，而非收入。

3. 预付

预付是指款项已实际支付，但与此相应的费用尚未发生，则该笔现金流出就不能作为费用来确认。如预付保险费、预付租金、预付报刊费等。例如，甲公司于2017年12月支付下一年度的保险费240 000元，保险公司在2017年12月尚未提供保险服务，因而在2017年不确认此项费用，这笔款项应由下一年负担。这部分已经支付但应由以后月份负担的费用，就2017年而言，是预付费用，是一项流动资产。

4. 摊销

摊销是指处理预付项目和递延项目的分配程序。对预付项目，如果企业已经受益，就应按实际受益期限对预付项目进行分期摊销；同理，对递延项目（包括递延收入和递延费用）也应按实际情况，把应属于各期间的收入和费用在各期间中予以确认。例如，甲公司于2017年12月支付了2018年度的保险费240 000元，2018年甲公司应按月摊销保险费。

权责发生制基础下产生的这些特殊会计处理程序，不仅对正确地反映企业各期间的经营成果具有重要意义，而且可以极大地提高会计信息的决策有用性。正因为如此，企业会计一般都以权责发生制作为会计确认的时间基础，我国《企业会计准则——基本准则》第九条规定"企业应当以权责发生制为基础进行会计确认、计量和报告"。

（三）两种会计核算基础的比较

权责发生制和收付实现制在收入与费用的确认时间上不同，因而对企业财务成果有直接影响。就权责发生制而言，企业提供了产品或劳务，就可以收到一笔款项或取得收取款项的权力，企业的费用是为了取得收入而发生的耗费，应当由获得有关收入的会计期间来负担。这样可以使相关的收入和相关的费用或成本进行比较，并计算出盈亏。这种将相关收入、费用相互配合和相互比较的计算程序，就称为

"配比"。也就是说,权责发生制能合理配比会计期间的收入和费用,比较正确地计算和反映企业的经营成果。采用权责发生制,在会计期间要确定本期的收入和费用,就要根据账簿的记录,对上面所涉及的预收收入、预付费用、应计收入和应计费用进行账项调整,因而工作量相对较大。收付实现制不考虑预收收入、预付费用、应计收入、应计费用的存在,而是根据实际收到和付出的款项进行入账,所以期末不需要进行账项调整,因此,就会计处理手续而言,较为简便。但计算出来的企业盈亏,因不讲究配比原则,其结果不够合理。

在会计核算中,如果同一会计事项的权责发生制与收付实现制处于同一会计期间时,两种基础确认的收入与费用是一致的。但许多会计事项往往涉及不同的会计期间,那么,不同时间基础的选择就会引申出不同的会计业务处理方法,也会得出不同的结果。以上述收付实现制的举例资料说明收付实现制与权责发生制对财务成果的影响,如表2-1所示。

表2-1　　　　　　　　收付实现制与权责发生制结果比较表　　　　　　　　单位:元

序号	经济业务	2017年12月确认的收入		2017年12月确认的费用	
		收付实现制	权责发生制	收付实现制	权责发生制
1	本月收款下年让渡资产使用权	120 000	0		
2	本月销售商品下年收款	0	10 000		
3	本月支付下年负担的保险费			240 000	0
4	本月支付上月的水电费			2 000	0
	合　　计	120 000	10 000	242 000	0

第三节　会计核算方法

一、概述

会计核算方法是对会计对象进行具体核算时所采用的各种专门方法。在手工记账程序下,会计核算方法包括设置账户、复式记账、填制与审核凭证、设置和登记账簿、成本计算、财产清查、编制财务报表等七种。

上述各种方法间的相互关系是:经济业务发生时,首先要填制凭证,根据已审核的凭证,按规定的账户采用复式记账方法在账簿中登记,会计期末根据账簿记录,计算成本,进行财产清查,在账实相符的基础上,编制财务报表。会计核算方法关系如图2-4所示。

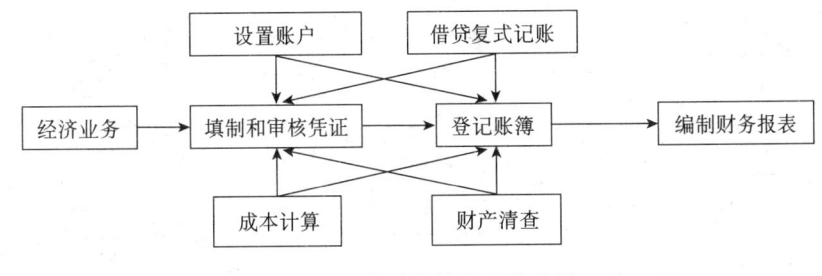

图 2-4 会计核算方法关系图

二、账户与会计科目

(一) 账户的设置

会计要素是对会计对象的基本分类,而这六项会计要素仍显得过于粗略,难以满足有关方面对会计信息的需要。为了使会计核算工作能够顺利进行,并为会计信息使用者提供有用的会计信息,还必须对会计要素作进一步的分类。这种对会计要素的具体内容进行分类核算就是账户,而账户的名称就是会计科目。

账户按提供信息的详细程度不同,可分为总分类账户和明细分类账户。前者是对会计要素具体内容进行总括分类,提供总括信息的账户,如"应收账款"、"应付账款"、"原材料"等。后者是对总分类账户的进一步分类,提供详尽、具体会计信息的账户,如"应收账款"账户按债务人名称设置明细账户,反映应收账款的具体对象。对于明细账户较多的账户,可在总分类账户和明细账户之间设置二级或多级账户。

(二) 账户体系结构

从理论上讲,企业经济活动及其资金运动的客观规律,决定了账户包括资产账户、负债账户、所有者权益账户、收入账户、费用账户和利润账户等六大类。但在我国会计实务中,为便于账户的使用,将上述账户类别重新整合为五大类,即资产账户、负债账户、所有者权益账户、成本账户和损益账户。其中,前三类账户的内容基本不变,主要是将费用账户"一分为二"。即将记录与产品生产交易相关的"成本性费用"账户单独归类为"成本账户",而将记录"损益性费用"的账户、收入账户及利润账户合并为"损益账户"。

会计要素与账户体系的基本关系如图 2-5 所示[①]。

---

① 唐国平:《会计学原理》,中国财政经济出版社 2016 年版,第 92~93 页。

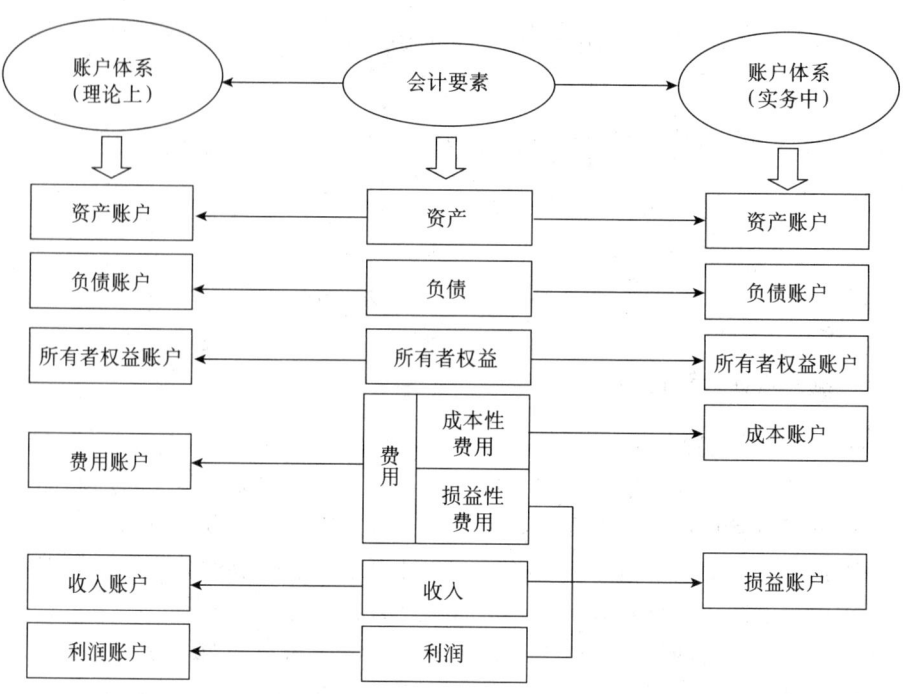

图 2-5 账户体系及其与会计要素的基本关系图

我国企业会计准则所规定的企业会计账户的名称如表 2-2 所示。

表 2-2　　　　　　　　　　我国企业会计账户表

顺序号	名称	顺序号	名称
	一、资产类	16	库存商品
1	库存现金	17	发出商品
2	银行存款	18	委托加工物资
3	其他货币资金	19	周转材料
4	交易性金融资产	20	存货跌价准备
5	应收票据	21	债权投资
6	应收账款	22	债权投资减值准备
7	预付款项	23	其他债权投资
8	应收股利	24	长期股权投资
9	应收利息	25	长期股权投资减值准备
10	其他应收款	26	投资性房地产
11	坏账准备	27	长期应收款
12	材料采购	28	未实现融资收益
13	在途物资	29	固定资产
14	原材料	30	累计折旧
15	材料成本差异	31	固定资产减值准备

续表

顺序号	名称	顺序号	名称
32	在建工程	59	其他权益工具
33	工程物资	60	资本公积
34	固定资产清理	61	其他综合收益
35	无形资产	62	盈余公积
36	累计摊销	63	本年利润
37	无形资产减值准备	64	利润分配
38	递延所得税资产	65	库存股
39	待处理财产损溢		四、成本类
	二、负债类	66	生产成本
40	短期借款	67	制造费用
41	交易性金融负债	68	劳务成本
42	应付票据	69	研发支出
43	应付账款		五、损益类
44	预收款项	70	主营业务收入
45	应付职工薪酬	71	其他业务收入
46	应交税费	72	公允价值变动损益
47	应付利息	73	其他收益
48	应付股利	74	投资收益
49	其他应付款	75	资产处置损益
50	递延收益	76	营业外收入
51	长期借款	77	主营业务成本
52	应付债券	78	其他业务成本
53	长期应付款	79	税金及附加
54	未确认融资费用	80	销售费用
55	专项应付款	81	管理费用
56	预计负债	82	财务费用
57	递延所得税负债	83	资产减值损失
	三、所有者权益类	84	营业外支出
58	实收资本/股本	85	所得税费用

(三) 会计账户的基本结构

账户在记录各项经济业务时，应当依据会计要素增减变动的基本特点与规律。任何经济业务的发生所引起的会计要素变动，从数量方向上看，无非是增加和减少两个方面，因而账户也应分为左方、右方两方，一方登记增加，另一方登记减少。至于哪一方登记增加，哪一方登记减少，取决于所记录经济业务和账户的性质。其中，登记本期增加的金额合计，称为本期增加发生额；登记本期减少的金额合计，称为本期减少发生额；增减相抵后的差额，称为余额。余额按照表示的时间不同，分为期初余额和期末余额，其基本关系如下：

期末余额＝期初余额＋本期增加发生额－本期减少发生额

上述四个部分称为账户的四个金额要素，每个账户都是如此。从账户的核心部分看，账户的基本结构，如图2－6所示。

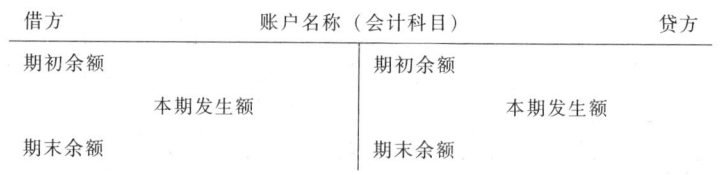

图2－6 账户基本结构示意图

三、借贷复式记账

（一）复式记账

在会计实务中，为了提供会计信息使用者所需要的会计信息，除设置账户外，还应根据经济业务的不同内容，采用既科学又简明的方法，把日常发生的经济业务及时、正确地记录下来。这种在账户上记录经济业务的方法就是记账方法。

从历史上看，记账方法的演进经历了从单式记账到复式记账的发展过程。所谓单式记账，是指对发生的经济业务，只在一个账户中进行记录的记账方法。例如用银行存款购买材料业务，记账时只在银行存款账户中记录银行存款的付出业务，而对材料的收入业务则不在相关的账户中记录。由此可见，单式记账是一种比较简单、不完整的记账方法。它在选择单方面记账时，重点考虑的是现金、银行存款及债权债务方面发生的经济业务。因此，一般只设置"库存现金"、"银行存款"、"应收账款"、"应付账款"等账户，而没有一套完整的账户体系，不能全面、系统地反映经济业务的来龙去脉，也不便于检查账户记录的正确性。

复式记账，是指对发生的每一项经济业务，都要以相等的金额，在相互关联的两个或两个以上账户中进行记录的一种记账方法。例如上述用银行存款购买材料业务，按照复式记账的要求，则应以相等的金额，一方面在银行存款账户中记录银行存款的付出，另一方面在材料账户中记录材料收入业务。由此可见，复式记账与单式记账相比较，具有以下两个明显的特点：一是能够全面清晰地反映出各项经济业务的来龙去脉；二是便于核对账户记录，进行核算平衡，以检查账户记录是否正确。

（二）借贷记账法的内容

借贷记账法是指以"借"和"贷"作为记账符号的一种复式记账法。

这里所说的"借"和"贷"是历史上沿袭下来的一对会计用语，在会计中运用借、贷二字最初是为了适应借贷资本的记账需要而产生的，仅仅表示债权债务的增减变动。随着经济和会计的发展，记账对象不断扩大，由人推及到物，由银钱往来的借贷拓展到财物增减及费用损益的结算等，这样借贷二字就失去了本来的含义，成为会计上纯粹的记账符号了，以此表示账户记录的方向。

借贷记账法最早产生于意大利。15世纪后，随着借贷记账法的广泛传播，逐渐成为世界通用的记账方法。借贷记账法于20世纪初传入我国①，目前成为我国法定的企业会计记账方法。

1. 借贷记账法的记账符号

借贷记账法以"借"和"贷"为记账符号，分别表示账户的左方和右方。至于是借方（左方）表示增加，还是贷方（右方）表示增加，取决于账户的性质及结构。

2. 借贷记账法的账户结构

由于借贷记账法中，"借""贷"二字均具有双重含义，因而不同性质的账户，其结构也不尽相同。

（1）资产类账户结构。由于资产负债表的左方反映资产项目，所以习惯上，对资产类账户以借方表示资产的增加，贷方表示资产的减少。一定时期结账时，如果借方数额（增加数）大于贷方数额（减少数），则表现为借方期末余额。本期借方期末余额结转下期，也就形成了下期的期初余额。对资产类账户来说，贷方登记的减少数必然要受到借方登记的增加数的制约，因此，这类账户如果有余额必定在借方。

在账户记录中，将一定时期借方所登记数额加以合计，就称为借方发生额；贷方所登记数额加以合计，就称为贷方发生额。

本期借方发生额和贷方发生额统称为本期发生额。发生额中不包括期初余额，因此资产账户期末余额的计算方法是：

期末余额（借方）= 期初余额（借方）+ 本期借方发生额 - 本期贷方发生额

这里所说的"期"，是指会计分期，一般为月份、季度和年度。资产类账户的基本结构，如图2-7所示。

借方	资产类账户名称	贷方
期初余额		
本期增加额		本期减少额
……		……
本期借方发生额		本期贷方发生额
期末余额		

图2-7 资产类账户基本结构示意图

（2）负债与所有者权益类账户结构。由于借贷记账法是以"资产=负债+所有者权益"为理论依据，资产与负债和所有者权益之间客观上存在着恒等的关系。如

---

① 对于借贷记账法在我的传播和使用情况，可以参阅谢霖、孟森编著：《银行簿记学》，立信会计出版社2009年，以及蔡锡勇编著：《连环帐谱》，立信会计出版社2009年版等著作。需要特别说明的是，会计上，"帐"已被"账"代替。也可参阅郭道扬："帐（账）应用考析"，《会计研究》，1988年第11期。

果资产的增加记入账户的借方,则负债与所有者权益的增加就应记入账户的另一方,只有这样,才便于通过借方和贷方记录的金额是否一致来检查账户记录的正确性。因此,负债和所有者权益账户的结构与资产类账户结构相反,以贷方表示增加,借方表示减少。一定时期结账时,如果有期末余额,必在贷方。其期末余额的计算方法是:

期末余额(贷方)= 期初余额(贷方)+ 本期贷方发生额 − 本期借方发生额

负债和所有者权益类账户的基本结构,如图 2−8 所示。

借方	负债与所有者权益类账户名称	贷方
		期初余额
本期减少额		本期增加额
……		……
本期借方发生额		本期贷方发生额
		期末余额

图 2−8 负债类账户基本结构示意图

由以上可以看出,资产类账户的期末余额反映在借方,负债和所有者权益类账户期末余额反映在贷方。或者说,期末余额若为借方,则表明该账户属资产类账户;若为贷方,则表明属负债或所有者权益类账户。根据账户余额的方向判定账户的类别,这是借贷记账法的重要特点之一。

(3)成本(费用)类账户结构。企业在生产经营过程中发生的费用或物化在对象上的成本,实质上是企业资产价值的一种转化形态。如车间一般消耗材料,表现为制造费用的增加,但与此同时也表现为原材料存货的减少。由于资产的减少记在账户的贷方,因而制造费用的增加必定记在借方。由此可以看出,成本(费用)类账户的结构与资产类账户的结构相似,即借方登记成本(费用)的增加,贷方登记其减少。对费用类账户来说,无论是记入成本还是记入损益,期末结账时均应一次结转,因此费用类账户一般无余额。成本(费用)类账户基本结构,如图 2−9 所示。

借方	成本(费用)类账户名称	贷方
本期增加额		本期减少额
……		……
本期借方发生额		本期贷方发生额

图 2−9 成本(费用)类账户基本结构示意图

但对某些成本类账户,如生产成本账户,在连续生产情况下,期末可能存在尚未完工的产品(在产品),因而账户可能有余额。在此情况下,期末余额也必定反映在借方,表示在产品的实际生产成本。这是成本(费用)类账户结构中的一种例外。

(4) 收入（利润）类账户结构。收入（利润）类账户反映的是生产经营过程中取得的各项收入和实现的财务成果，企业取得的收入是费用成本的价值补偿来源，以收抵支后的财务成果，分配完成之后形成所有者权益。因此，收入（利润）类账户的结构与权益类账户的结构相似，即贷方反映收入（利润）的增加，借方反映其减少。会计期末实现的收入要转入本年利润，据以计算财务成果，所以收入类账户期末无余额。收入（利润）类账户基本结构，如图 2-10 所示。

借方	收入（利润）类账户名称	贷方
本期减少额		本期增加额
……		……
本期借方发生额		本期贷方发生额

图 2-10 收入（利润）类账户基本结构示意图

根据以上各类账户结构的说明，账户借方和贷方所反映的经济业务可概括如图 2-11 所示。

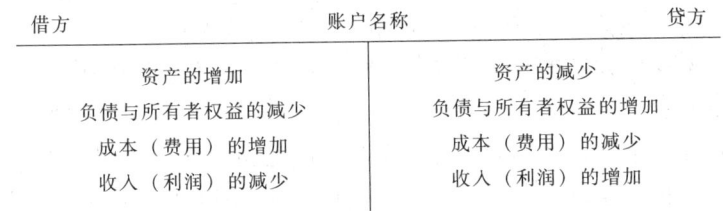

借方	账户名称	贷方
资产的增加		资产的减少
负债与所有者权益的减少		负债与所有者权益的增加
成本（费用）的增加		成本（费用）的减少
收入（利润）的减少		收入（利润）的增加

图 2-11 经济业务在账户中反映的结构示意图

3. 借贷记账法的记账规则

任何经济业务的发生，都会引起资产和负债与所有者权益的变化。但无论发生何种经济业务，它们对资产和权益（含债权人权益和所有者权益）的影响不外以下四种类型：

(1) 资产与权益同时增加，总额增加；
(2) 资产与权益同时减少，总额减少；
(3) 资产内部有增有减，总额不变；
(4) 权益内部有增有减，总额不变。

无论哪一种类型的经济业务，都将以相等的金额记入有关账户的借方，同时记入有关账户的贷方。现举例说明如下：

【例 2-1】 甲公司收到投资者 100 000 元投资，存入银行。此项业务中，一方面使资产类中的"银行存款"账户增加 100 000 元，记入该账户借方；另一方面使权益类中的"实收资本"账户增加 100 000 元，记入该账户贷方，借贷金额相等。

【例 2-2】 乙公司用银行存款 20 000 元偿还短期借款。此项业务中，一方面使资产类中的"银行存款"账户减少20 000元,记入该账户贷方;另一方面使负债类中的"短期借款"账户减少20 000元,记入该账户借方,借贷金额相等。

【例2-3】 丙公司以银行存款3 000元购买材料。此项业务中,一方面使资产类中的"原材料"账户增加3 000元,记入该账户借方;另一方面使资产类中的"银行存款"账户减少3 000元,记入该账户贷方,借贷金额相等。

【例2-4】 丁公司从银行借入短期借款30 000元,直接偿还应付账款。此项业务中,一方面使负债类中的"短期借款"账户增加30 000元,记入该账户贷方;另一方面使负债类中的"应付账款"账户减少30 000元,记入该账户借方,借贷金额相等。

综上所述,借贷记账法的记账规则可概括为:有借必有贷,借贷必相等。

4. 借贷记账法的试算平衡

为了检验一定时期内所发生经济业务在账户中记录的正确性,在一定会计期末应进行账户的试算平衡。所谓试算平衡,是指根据资产与权益的恒等关系以及借贷记账法的记账规则,检查所有账户记录是否正确的过程,包括发生额试算平衡法和余额试算平衡法两种方法[①]。

(1) 发生额试算平衡法。它是根据本期所有账户借方发生额合计与贷方发生额合计的恒等关系,检验本期发生额记录是否正确的方法。公式为:

全部账户本期借方发生额合计 = 全部账户本期贷方发生额合计

在借贷记账法中,根据"有借必有贷,借贷必相等"的记账规则,每一笔经济业务都要以相等的金额,分别记入两个或两个以上相关账户的借方和贷方,借贷双方的发生额必然相等。推而广之,将一定时期内的经济业务全部记入有关账户之后,所有账户的借方发生额合计与贷方发生额合计也必然相等。现将上述四项业务的账务处理,编制发生额试算平衡表,如表2-3所示。

表2-3 本期发生额试算平衡表 单位:元

会计账户	借方发生额	贷方发生额
银行存款	100 000	23 000
原材料	3 000	
短期借款	20 000	30 000
应付账款	30 000	
实收资本		100 000
合　　计	153 000	153 000

(2) 余额试算平衡法。它是根据本期所有账户借方余额合计与贷方余额合计的

---

① 注意:是全部账户的期初借方余额、期初贷方余额、本期借方发生额、本期贷方发生额、期末借方余额、期末贷方余额进行试算平衡,不是某一单个账户。

恒等关系，检验本期账户记录是否正确的方法。根据余额时间不同，又分为期初余额平衡与期末余额平衡两类。期初余额平衡是期初所有账户借方余额合计与贷方余额合计相等，期末余额平衡是期末所有账户借方余额合计与贷方余额合计相等，这是由"资产＝负债＋所有者权益"的恒等关系决定的。其公式为：

全部账户的借方期初余额合计＝全部账户的贷方期初余额合计

全部账户的借方期末余额合计＝全部账户的贷方期末余额合计

实际工作中，借贷记账法的试算平衡可以通过编制试算平衡表来进行，如表2-4所示。

表2-4　　　　　　　　　　　　试算平衡表　　　　　　　　　　　　单位：元

会计账户	期初余额		本期发生额		期末余额	
	借方	贷方	借方	贷方	借方	贷方
合计	A	A	B	B	C	C

上述试算平衡表根据有关账户的期初余额、本期发生额和期末余额填列。应当说明的是，在试算平衡表的期初余额、本期发生额和期末余额三组数字中，如果借贷不相等，表明账户记录有错误。但即便实现了有关三栏数字的平衡，也并不能说明账户记录绝对正确。因为有些错误并不影响借贷双方的平衡关系。如重记或漏记某项经济业务，会使本期借贷双方的发生额等额增加或减少，但借贷仍然平衡。再比如某项经济业务在账户记录中，颠倒了借贷方向，借贷仍然平衡，等等。因此，在编制试算平衡表之前，应认真核对有关账户记录，以消除上述错误。

（三）借贷记账法的应用

1. 会计分录及其编制

运用借贷记账法记录和反映经济业务时，要把各项业务准确、及时地登记到账户中去。但如果根据原始凭证直接记入各有关账户，不仅记账工作量大，而且难以保证账户记录的正确性，更不便于事后查考。因此，在把经济业务记入账户之前，应先采用一种比较简明的形式把经济业务所涉及的账户名称、记账方向与金额等记录下来，再据以登记入账。这种用来指明经济业务应记账户的名称、登记方向和金额的记录，就是会计分录（实务中一般以记账凭证体现）。由此可见，编制会计分录是记账工作的第一步骤，也是保证账户记录正确性的重要基础。

一般而言，编制会计分录要经过如下思维过程：首先，根据发生的经济业务，确定应记入哪个账户；其次，要判断所涉及账户的性质；再次，根据增减变化的方向和各类账户的结构确定记入借方还是贷方；最后计算填列金额。

【例2-5】　甲公司以银行存款采购原材料10 000元入库。此项经济业务涉

"银行存款"账户和"原材料"账户,二者均属资产类账户,根据资产类账户的结构,银行存款的减少应记入贷方,原材料的增加应记入借方。因此,应在"原材料"账户的借方和"银行存款"账户的贷方各记10 000元,编制会计分录如下:

借:原材料　　　　　　　　　　　　　　　　　　　　　　　10 000
　　贷:银行存款　　　　　　　　　　　　　　　　　　　　　　10 000

为更好地掌握会计分录的编制方法,现以本节前述四项经济业务为例,编制会计分录如下:

(1) 根据【例2-1】编制的会计分录如下:

借:银行存款　　　　　　　　　　　　　　　　　　　　　　100 000
　　贷:实收资本　　　　　　　　　　　　　　　　　　　　　100 000

(2) 根据【例2-2】编制的会计分录如下:

借:短期借款　　　　　　　　　　　　　　　　　　　　　　20 000
　　贷:银行存款　　　　　　　　　　　　　　　　　　　　　20 000

(3) 根据【例2-3】编制的会计分录如下:

借:原材料　　　　　　　　　　　　　　　　　　　　　　　3 000
　　贷:银行存款　　　　　　　　　　　　　　　　　　　　　3 000

(4) 根据【例2-4】编制的会计分录如下:

借:应付账款　　　　　　　　　　　　　　　　　　　　　　30 000
　　贷:短期借款　　　　　　　　　　　　　　　　　　　　　30 000

会计分录有简单会计分录和复合会计分录之分。像这样只有两个账户,即一借一贷组成的会计分录就是简单会计分录。有时一项经济业务的处理可能同时涉及两个以上账户,例如甲公司采购原材料50 000元,用银行存款支付10 000元,其余暂欠。这项经济业务发生后,一方面使企业原材料增加50 000元,应记入"原材料"账户的借方,另一方面使企业银行存款减少10 000元,应记入"银行存款"账户的贷方,同时也使甲公司的应付账款增加了40 000元,应记入"应付账款"账户的贷方。根据借贷记账法的记账规则,甲公司应编制的会计分录如下:

借:原材料　　　　　　　　　　　　　　　　　　　　　　　50 000
　　贷:银行存款　　　　　　　　　　　　　　　　　　　　　10 000
　　　　应付账款　　　　　　　　　　　　　　　　　　　　　40 000

像这样由两个以上(不含两个)账户所组成的会计分录,即一借多贷或一贷多借的会计分录,就是复合会计分录。但在会计实务中应当注意的是,不能把不同业务的分录拼为一个复合会计分录,否则就不能清晰地反映经济业务的来龙去脉,混淆了不同业务的界限,势必造成核算上的混乱;也不能把一个复合会计分录分拆成若干个简单会计分录,否则就无法反映经济业务的全貌。

在编写会计分录时,习惯上先标借方,后标贷方,每一个会计科目占一行,借方与贷方错位表示,以便醒目、清晰。

2. 账户对应关系和对应账户

根据编制的会计分录登记入账以后，有关账户之间就客观上存在着应借应贷的相互关系，这种有关账户之间发生的相互关系，在会计上称为账户对应关系。发生对应关系的账户就互为对应账户。如用银行存款购买材料的业务，使"原材料"和"银行存款"账户发生了对应关系，登记入账时，"原材料"和"银行存款"就互为对应账户。但账户对应关系一般说来不是固定的，它由经济业务的内容所决定。

账户对应关系的意义在于，通过账户对应关系可以了解经济业务的内容。如前述"原材料"账户的借方和"银行存款"账户的贷方相对应，相互对照，就可以知道这笔经济业务的内容是用银行存款采购原材料。

3. 总分类账户和明细分类账户的平行登记

按照借贷记账法的记账规则在账户中登记经济业务时，必须记入有关总分类账户，设有明细分类账户的，还要同时记入明细分类账户，这种登记入账的方法就叫总分类账户和明细分类账户的平行登记，简称为平行登记。平行登记的要点可概括为：

（1）同时登记。即在记入总分类账户的同时，记入所属的明细分类账户。

（2）同方向登记。即记入总分类账户和记入明细分类账户的方向必须一致，应同是借方或同是贷方。

（3）同金额登记。即记入总分类账户的金额应与记入所属各明细分类账户的金额之和相等。

据此原则登记入账以后，某一总分类账户的期初余额、本期借方发生额、本期贷方发生额、期末余额分别与其所属各明细分类账户的相关项目数字之和相等。这是检验平行登记结果是否正确的基本方法之一。

【例2-6】 甲公司2017年8月1日"原材料"和"应付账款"账户的期初余额资料如下：

"原材料"账户总账余额80 000元。其中：A材料期初结存数量6 000千克，单位成本8元，金额48 000元；B材料期初结存数量16 000千克，单位成本2元，金额32 000元。

"应付账款"账户总账余额16 000元。其中：乙公司12 000元，丙公司4 000元。

甲公司本月份发生如下经济业务：

（1）8月2日从乙公司购入A材料4 000千克，单位成本8元，计32 000元。材料已入库，货款未付。甲公司进行会计处理时，应编制的会计分录如下：

  借：原材料——A   32 000
    贷：应付账款——乙公司   32 000

（2）8月5日生产车间生产A产品领用B材料4 000千克，单位成本2元，计8 000元。甲公司进行会计处理时，应编制的会计分录如下：

借：生产成本 8 000
　　贷：原材料——B 8 000

（3）8月15日从乙公司采购第二批A材料2 000千克，单位成本8元，以银行存款支付，材料入库。甲公司进行会计处理时，应编制的会计分录如下：

借：原材料——A 16 000
　　贷：银行存款 16 000

（4）8月20日从丙公司采购A材料1 000千克，单位成本8元，计8 000元；采购B材料6 000千克，单位成本2元，计12 000元。材料已入库，货款未付。甲公司进行会计处理时，应编制的会计分录如下：

借：原材料——A 8 000
　　　　——B 12 000
　　贷：应付账款——丙公司 20 000

（5）8月30日以银行存款偿付所欠乙公司货款30 000元，丙公司货款20 000元。甲公司进行会计处理时，应编制的会计分录如下：

借：应付账款——乙公司 30 000
　　　　　　——丙公司 20 000
　　贷：银行存款 50 000

将上述各业务登记入账后，有关总分类账户和明细分类账户记录如图2-12、图2-13、图2-14、图2-15和表2-5、表2-6所示（"银行存款"和"生产成本"账户记录从略）。

借方	应付账款总分类账户	贷方
		期初：16 000
		（1）32 000
（5）50 000		（4）20 000
50 000		52 000
		18 000

图2-12　应付账款总分类账户图

借方	原材料总分类账户	贷方
期初：80 000		
（1）32 000		
（3）16 000		（2）8 000
（4）20 000		
68 000		8 000
140 000		

图2-13　原材料总分类账户图

```
借方            应付账款——乙公司            贷方
                                       期初：12 000
  (5) 30 000                            (1) 32 000
      30 000                                32 000
                                            14 000
```

图 2-14 应付账款明细分类账户图

```
借方            应付账款——丙公司            贷方
                                       期初：4 000
  (5) 20 000                            (4) 20 000
      20 000                                20 000
                                             4 000
```

图 2-15 应付账款明细分类账户图

表 2-5　　　　　原材料明细分类账户——A 材料　　　　　金额单位：元
数量单位：千克

2013 年		凭证号数	摘要	收入（借方）			发出（贷方）			结存		
月	日			数量	单价	金额	数量	单价	金额	数量	单价	金额
8	1		期初							6 000	8	48 000
8	2	(1)	购入	4 000	8	32 000				10 000	8	80 000
8	15	(3)	购入	2 000	8	16 000				12 000	8	96 000
8	20	(4)	购入	1 000	8	8 000				13 000	8	104 000
8	31		月结	7 000	8	56 000				13 000	8	104 000

表 2-6　　　　　原材料明细分类账户——B 材料　　　　　金额单位：元
数量单位：千克

2013 年		凭证号数	摘要	收入（借方）			发出（贷方）			结存		
月	日			数量	单价	金额	数量	单价	金额	数量	单价	金额
8	1		期初							16 000	2	32 000
8	5	(2)	领用				4 000	2	8 000	12 000	2	24 000
8	20	(4)	购入	6 000	2	12 000				18 000	2	36 000
8	31		月结	6 000	2	12 000	4 000	2	8 000	18 000	2	36 000

根据以上记录，可以验证如下：

原材料
- 期初余额：80 000 = 48 000（A）+ 32 000（B）
- 本期借方发生额：68 000 = 56 000（A）+ 12 000（B）
- 本期贷方发生额：8 000 = 0（A）+ 8 000（B）
- 期末余额：140 000 = 104 000（A）+ 36 000（B）

应付账款 $\begin{cases} 期初余额：16\,000 = 12\,000（乙）+ 4\,000（丙）\\ 本期借方发生额：50\,000 = 30\,000（乙）+ 20\,000（丙）\\ 本期贷方发生额：52\,000 = 32\,000（乙）+ 20\,000（丙）\\ 期末余额：18\,000 = 14\,000（乙）+ 4\,000（丙）\end{cases}$

四、会计凭证

（一）会计凭证的意义和种类

会计凭证是记录经济业务，明确经济责任的书面证明，是登记账簿的依据。

企业发生的任何经济业务都要办理凭证手续，记载和证明经济业务发生的时间、内容、经办人员等。同时，一切会计凭证还必须经有关人员进行严格的审核，只有审核无误的会计凭证才能据以记账。因此，填制和审核会计凭证是会计核算工作的开始和基础环节，认真做好这项工作，对于保证会计核算资料的真实性、正确性具有重要意义。

会计凭证的作用主要在于：（1）通过会计凭证的填制和审核可以检查监督各项经济业务是否合理、合法、有效；（2）可以证明经济业务的发生或完成情况，并通过履行必要的凭证手续，加强经营管理上的岗位责任制度。

由于经济业务的复杂性，作为记录和反映经济业务的会计凭证也多种多样。概括地说，会计凭证按填制的程序和用途不同，可以分为原始凭证和记账凭证两大类。

原始凭证是在经济业务发生时取得或填制的，用以载明经济业务具体内容并具有法律效力的最初书面证据。能够作为原始凭证核算的，必须能足以证明经济业务已经发生或已经完成，如商品验收入库后填具的入库单等。反之，无法直接证明经济业务已经发生或完成的任何单据，如预算、派工单等均不属于原始凭证。

记账凭证是会计人员根据审核无误的原始凭证填制的，用来载明经济业务应记账户名称、方向和金额等内容，并作为记账直接依据的凭证。

（二）原始凭证

1. 原始凭证的基本内容

由于经济业务的内容和经营管理的要求不同，各种原始凭证的内容和格式也千差万别。但无论何种原始凭证，都必须做到能清晰地载明经济业务内容，并能明确经济责任。因此，各种原始凭证都应具备以下基本内容：（1）原始凭证名称；（2）填制原始凭证的日期；（3）接受原始凭证单位的名称；（4）经济业务内容（数量、单价、金额等）；（5）填制单位公章；（6）有关人员签章。

实际工作中，根据管理和特殊业务的需要，除上述基本内容外，可以增加必要的内容。对于在国民经济一定范围内经常发生的同类经济业务，有关部门可以制定统一的凭证格式，如各专业银行统一印制的各种结算凭证，运输部门统一印制的运单、客票等。

2. 原始凭证的种类

(1) 原始凭证按来源不同，分为自制原始凭证和外来原始凭证。

自制原始凭证是指由本单位内部经办业务的部门或人员，在执行或完成某项经济业务时自行填制的凭证。如收料单、领料单、限额领料单、产品入库单、借款单、工资发放明细表等。现以领料单和限额领料单为例列示，如表2-7、表2-8所示。

表2-7　　　　　　　　　　　　　领　料　单

领料部门：　　　　　　　　　　　　　　　　　　　　　　　　　　　领料编号：
领料用途：　　　　　　　　　　　　年　月　日　　　　　　　　　　　发料仓库：

材料编号	材料名称及规格	计量单位	数量		单价	金额	备注
			请领	实领			
				合计			

发料人：　　　　　　审批人：　　　　　　领料人：　　　　　　记账：

表2-8　　　　　　　　　　　　　限　额　领　料　单

领料部门：　　　　　　　　　　　　　　　　　　　　　　　　　　　领料编号：
领料用途：　　　　　　　　　　　　年　月　日　　　　　　　　　　　发料仓库：

材料类别	材料编号	材料名称及规格	计量单位	领用限额	实际领用	单价	金额	备注

供应部门负责人：　生产计划部门负责人：

日期	领用				退料			限额结余
	请领数量	实发数量	发料人签章	领料人签章	退料数量	退料人签章	收料人签章	

外来原始凭证是在经济业务发生或完成时，从其他单位或个人取得的原始凭证。如购买货物时从供货方取得的发货票、对外单位支付款项时取得的收据、职工出差取得的车票等。

(2) 原始凭证按填制手续不同，分为一次凭证、累计凭证和汇总凭证。

一次凭证是指经济业务发生或完成后，填制手续一次完成，只记录一笔经济业务的原始凭证。如收据、收料单、借款单、领料单等。外来原始凭证都是一次凭证。

累计凭证是指在一定时期内连续记载若干项重复发生的同类业务，填制手续多次完成的原始凭证。在同类业务发生频繁的情况下，采用累计凭证，对减少核算工作量、提高管理水平具有一定的积极意义。实务中最具代表性的累计凭证是限额领料单。

汇总凭证是指对一定时期内反映同类经济业务的若干张原始凭证加以综合、汇总而填制的原始凭证。如发料汇总表、工资结算汇总表等。采用汇总凭证，可以简化记账工作量。

（3）原始凭证按格式不同，分为通用凭证和专用凭证。

通用凭证是指由有关部门统一印制，在一定范围内使用的具有统一格式和使用方法的原始凭证。如运输部门统一印制的车票等。

专用凭证是指由单位自行印制，仅在本单位内部使用的原始凭证。如差旅费报销单、领料单、产品入库单等。

3. 原始凭证和填制要求

原始凭证是企业会计核算的最原始资料，在填制时应努力做到以下方面：（1）真实，即原始凭证的填制必须与实际发生的经济业务完全相符，不能弄虚作假，营私舞弊；（2）完整，即原始凭证的填制内容必须完整，所有项目填列齐全；（3）规范，即原始凭证的填制应符合摘要文字精练、字迹清晰、数字准确、大小写金额无误、有关签章填具清楚，并按原始凭证序号顺序签发填列；（4）及时，即经济业务发生或完成时即应填制原始凭证，以免日后出现不必要的麻烦。

4. 原始凭证的审核

为了如实反映经济业务的发生和完成情况，充分发挥会计的监督职能，保证会计信息质量，单位应认真做好原始凭证的审核工作。审核的内容主要包括：（1）审核原始凭证的真实性；（2）审核原始凭证所记录经济业务的合法性；（3）审核原始凭证的完整性；（4）审核原始凭证填制的正确性。

审核时，对记载不准确、不完整的原始凭证应拒绝受理，予以退回，并要求按照国家统一会计制度的规定更正、补充。对不真实、不合法的原始凭证，会计人员有权不予受理，并向单位负责人报告。

（三）记账凭证

1. 记账凭证的基本内容

记账凭证作为登记账簿的依据，因其所反映经济业务的内容不同、各单位规模大小及其对会计核算繁简程度的要求不同，其格式亦有所不同。但为了满足记账的基本要求，都应具备以下基本内容：（1）记账凭证的名称，如收款凭证、付款凭证、转账凭证；（2）填制记账凭证的日期；（3）记账凭证的编号；（4）经济业务的内容摘要；（5）经济业务所涉及的会计账户及其记账方向；（6）经济业务的金额；（7）所附原始凭证张数；（8）会计主管、记账、审核、出纳、制单等有关人员签章。

2. 记账凭证的种类

记账凭证按其所反映的经济业务是否与现金和银行存款的收付有关，一般可分为收款凭证、付款凭证和转账凭证三种。

收款凭证是指用于记录现金和银行存款收款业务的记账凭证，如表2-9所示。

表2-9　　　　　　　　　　　　收　款　凭　证

借方账户：　　　　　　　　　　　年　月　日　　　　　　　　　　　收字第　号

摘要	贷方账户		记账	金额
	一级账户	二级或明细账户		
合计				

会计主管：　　　　记账：　　　　出纳：　　　　审核：　　　　制单：

付款凭证是指用于记录现金和银行存款付款业务的记账凭证，如表2-10所示。

表2-10　　　　　　　　　　　　付　款　凭　证

贷方账户：　　　　　　　　　　　年　月　日　　　　　　　　　　　付字第　号

摘要	借方账户		记账	金额
	一级账户	二级或明细账户		
合计				

会计主管：　　　　记账：　　　　出纳：　　　　审核：　　　　制单：

收、付款凭证是出纳人员办理收、付款项的依据，也是登记现金日记账和银行存款日记账的依据。出纳人员不能仅仅根据收款、付款业务的原始凭证办理收、付款项，还必须根据由会计主管人员或指定人员审核批准的收款凭证和付款凭证，办理收、付款项。这样可以加强货币资金管理，有效地监督货币资金的使用。

转账凭证是指用于记录不涉及现金和银行存款收付业务的记账凭证，如表2-11所示。

表2-11　　　　　　　　　　　　转　账　凭　证

　　　　　　　　　　　　　　　　年　月　日　　　　　　　　　　　转字第　号

摘要	会计账户		记账	借方金额	贷方金额
	一级账户	二级或明细账户			
合计					

会计主管：　　　　记账：　　　　出纳：　　　　审核：　　　　制单：

上述凭证中，收款凭证、付款凭证、转账凭证的划分有利于区别不同经济业务进行分类管理，有利于对经济业务的检查，但工作量较大，一般适用于规模较大、收付款业务较多的单位。对于经济业务较简单、规模较小、收付款业务较少的单位，还可以采用通用记账凭证来记录所有经济业务。即不再将记账凭证区分收款、付款及转账业务，而将所有经济业务统一编号，在同一格式的凭证中进行记录。通用记账凭证的格式与转账凭证基本相同。

3. 记账凭证的填制

记账凭证应由会计人员根据审核无误的原始凭证填制，并要符合真实、正确、完整、及时的基本要求。具体地说，记账凭证的填制方法是：

（1）收款凭证的编制。该凭证左上角的"借方账户"按收款的性质填写"库存现金"或"银行存款"；日期填写的是编制本凭证的日期；右上角填写编制收款凭证的顺序号；"摘要"填写对所记录的经济业务的简要说明；"贷方账户"填写与收入现金或银行存款相对应的会计账户。

（2）付款凭证的编制。付款凭证的编制方法与收款凭证基本相同，只是左上角由"借方账户"换为"贷方账户"，凭证中间的"贷方账户"换为"借方账户"。

应当特别强调的是，对于现金和银行存款之间相互划转的业务，如把现金送存银行或从银行存款中提取现金等业务，为避免重复记账，一般只填付款凭证，不填收款凭证。例如从银行存款中提取现金，可以只填制银行存款的付款凭证，不填现金收款凭证。

（3）转账凭证的编制。该凭证将经济业务中所涉及的全部会计账户，按照先借后贷的顺序记入"会计账户"栏中的"一级账户"和"二级或明细账户"，并按应借、应贷方向分别记入"借方金额"或"贷方金额"栏。其他项目的填列与收、付款凭证相同。

4. 记账凭证的审核

为了保证账簿记录的正确性，在记账之前应由有关人员对记账凭证进行严格的审核。其审核的主要内容是：

（1）审核记账凭证编制的正确性。即审核记账凭证上所填列的会计账户、借贷方向及其金额的计算是否正确，所填制的记账凭证与原始凭证上所载明的经济业务是否一致等。

（2）审核记账凭证编制的完整性。即审核记账凭证各项目的填列是否齐全，记账凭证上载明的附件张数是否与所附的原始凭证实际张数相符，记账凭证上有关人员的签章是否齐备等。

（四）会计凭证的保管

会计凭证的保管是指会计凭证记账后的整理、装订、归档存查工作。会计凭证作为记账的依据，是重要的会计档案之一，应妥善整理保管，防止丢失，不得任意销毁。其主要要求有：（1）会计凭证应定期装订成册，防止散失；（2）会计凭证封面应注明单位、凭证张数、起止号码、年度、月份、会计主管人员、装订人等有关事项；（3）会计凭证应加贴封条，防止抽换凭证；（4）原始凭证较多时，可单独装订，但应在凭证封面注明；（5）每年装订完成的会计凭证，在年度终了时可暂由单位财务部门保管一年,期满后原则上应移交档案机构保管;(6)严格遵守会计凭证的保管期限要求。如原始凭证、记账凭证和汇总凭证保管15年,银行存款余额调节表、银行付款单保管5年等。保管期满后的会计档案可按规定程序销毁。

五、会计账簿

(一)账簿的意义

账簿是由若干具有一定格式、互有联系的账页组成,用来序时地、分类地记录和反映各项经济业务的会计簿籍。如前所述,企业发生的经济业务首先通过会计凭证来反映,但会计凭证所反映的只是个别、零散的经济业务,不能连续、系统地反映某一类经济活动的整体情况,为了满足会计信息使用者的需要,必须把分散在凭证上的资料按一定程序登记到有关账簿中去。因而就有必要设置和登记会计账簿。

设置和登记账簿,是现代会计核算的专门方法之一。其意义在于:(1)是系统地归纳和整理会计信息资料的手段,有助于及时地向信息使用者提供各种有用的会计信息;(2)为编制财务报表提供必要的资料,是编制财务报表的重要基础工作之一,是编制财务报表的依据;(3)为考核和分析企业经济活动提供依据。一切企事业单位,都应根据有关规定,结合本单位经济活动的特点设置和登记各种账簿,并在满足需要的前提下,力求简便适用,使之更好地发挥账簿的作用。

(二)账簿的种类

在会计实务中,账簿种类多种多样。为便于理解和正确运用各种账簿,可以按用途、外表形式和格式进行分类。

1. 账簿按用途的分类

账簿按用途可分为序时账、分类账和备查账三种。

(1)序时账。序时账是按经济业务发生的时间先后顺序逐日逐笔序时登记的账簿,也称为日记账。实际工作中使用的序时账簿主要是现金日记账和银行存款日记账。

(2)分类账。分类账是对各项经济业务按照总分类账户和明细分类账户进行分类登记的账簿。按照总分类账户进行分类登记的账簿称为总分类账簿,简称总账;按照明细分类账户进行分类登记的账簿称为明细分类账簿,简称明细账。

(3)备查账。备查账是对某些在序时账和分类账中未能记载的事项进行补充登记的账簿。设置和登记这种账簿的目的在于加强对使用和保管他人财物的监督,如受托加工材料等。这类账簿一般没有固定的格式,可根据实际需要设计。

2. 账簿按外表形式的分类

账簿按外表形式分为订本账、活页账和卡片账。

(1)订本账。它是在启用之前就把若干具有一定格式的账页固定装订在一起而组成的账簿。其特点是账页固定,不易抽换,可有效地避免账页散失,但不便于会计人员分工记账和会计电算化的应用。根据有关规定,总分类账、现金日记账和银行存款日记账的外表形式应当采用订本账。

（2）活页账。它是指账页数量不固定，采用活页形式，可以随时增减的账簿。这种账簿，使用前页数不固定，登记方便，便于会计人员分工记账。但在使用时需连续编号，使用完毕不再登记时最后装订成册。活页账一般适用于明细分类账。

（3）卡片账。它是指格式固定、装订分散的卡片作为账页所组成的账簿。卡片账不固定在一起，数量可根据业务需要而定。这类账簿使用灵活，可以随时增减，可以跨年度使用。固定资产明细账等一般可采用这种格式。

3. 账簿按账页格式的分类

账簿按账页格式可以分为三栏式、数量金额式和多栏式。

（1）三栏式。它是指账页中采用借方、贷方、余额三个主要栏目的账簿。三栏式账页只能提供金额指标，不能反映实物数量等信息。实务中，总分类账、现金日记账、银行存款日记账和部分明细账（如应收账款、应付账款等只需要提供金额指标的明细账）一般采用三栏式格式。三栏式账簿一般格式如表2-12所示。

表2-12　　　　　　　　　　　总　分　类　账

账户名称：

201×年		凭证号数	摘要	借方	贷方	借／贷	余额
月	日						

（2）多栏式。它是指采用一个借方栏目、多个贷方栏目或一个贷方栏目、多个借方栏目的账簿。多栏式账页一般也只能提供金额指标。成本计算账户、收入账户、费用账户等一般采用多栏式格式。多栏式账簿一般格式如表2-13所示。

表2-13　　　　　　　　　　管理费用明细分类账

201×年		凭证号数	摘要	材料费	工资	办公费	折旧费	……	合计
月	日								

（3）数量金额式。它是指同时采用数量和金额两种单位作双重记录的账簿。一般适用于既提供金额指标，又要求提供实物数量指标的明细账，如库存商品明细账、产成品明细账等。数量金额式账簿一般格式如表2-14所示。

表2-14　　　　　　　　　　原材料明细分类账

材料类别：

材料名称：　　　　　　　　　　　　　　　　　　　　　　　　　　　　数量单位：

201×年		凭证号数	摘要	收入（借方）			发出（贷方）			结存		
月	日			数量	单价	金额	数量	单价	金额	数量	单价	金额

（三）账簿的登记

登记账簿是会计核算工作的一项重要内容，为确保记账工作的质量，应当遵循以下规则：

1. 账簿启用规则

为保证账簿记录的严肃性，明确责任，启用账簿时应填写扉页的"账簿启用及交接表"，并按要求履行必要手续。

2. 账簿登记规则

概括地说，登记账簿应做到准确及时、字迹清晰、不重不漏、美观整洁。具体包括：

（1）必须根据审核无误的会计凭证记账。

（2）使用蓝、黑墨水钢笔书写，以保持账面记录清晰持久。红色墨水只能在结账、划线、改错或冲销时用。

（3）所有栏目应登写完整，包括日期、摘要、凭证种类及号数、金额等。

（4）按编定的页次逐页逐行连续登记，不得隔页或跳行登记。如发生隔页、跳行时，应将空页（行）用红线划去，在"摘要"栏注明并签章。

（5）每张账页登记完毕需继续登记时，应在最后一行结出本页发生额及余额，并在摘要栏注明"转次页"字样；同时在次页第一行填入上页结转的发生额及余额，并在摘要栏注明"承前页"字样，保证账簿记录的连续性。

（6）账簿中数字书写要力求美观、规范。

3. 更正错账的规则

账簿记录如发生错误，不得随便涂改、刮擦、挖补，要根据错账发生的不同情况，采用不同的方法进行更正。

（1）划线更正法。在结账前如果发现账簿中所记文字或数字错误，而记账凭证正确时，可采用划线更正法更正。其方法是：先将错误的文字或数字用红线划去，表示注销，再将正确文字或数字用蓝字写在被注销数（文）字的上端，并由记账人员在更正处盖章，以示其责。应注意的是，使用此方法时，应将错误的数字全部划去，不得只划线更正其中的个别错误数字。

（2）红字更正法。记账以后如果发现由于记账凭证错误（账户名称、方向、金额任何一项错误）而导致账簿记录错误，可采用红字更正法予以更正。方法是先用红字填制一张与原错误记账完全相同的记账凭证，并据以用红字登记入账，表示冲销原有的错误记录，再用蓝字填制一张正确的记账凭证，并重新登记入账。

【例2-7】 甲公司购进原材料10 000元，货款以银行存款付讫。记账人员编制记账凭证时，误作如下会计分录，并已据此登记入账：

借：原材料   10 000
　　贷：应付账款   10 000

发现上述错误后，应先用红字填制记账凭证，据以记账：

借：原材料　　　　　　　　　　　　　　　　　　　　　10 000

　　　贷：应付账款　　　　　　　　　　　　　　　　　　　10 000

（注：上列会计分录中内数字表示红字，下同）
同时再用蓝字编制正确的记账凭证，据以记账：
借：原材料　　　　　　　　　　　　　　　　　　　　　10 000

　　　贷：银行存款　　　　　　　　　　　　　　　　　　　10 000

如果记账凭证的会计账户正确，只是金额错误，且所错记金额大于应记金额，可将多记金额用红字填制一张与原来记账凭证相同的凭证，据以登记入账。如上例采购原材料的金额实际为 10 000 元，会计人员填制记账凭证时，误作如下分录，并已入账：
借：原材料　　　　　　　　　　　　　　　　　　　　　100 000

　　　贷：银行存款　　　　　　　　　　　　　　　　　　　100 000

发现错误后，应冲销多记的 90 000 元，冲销时编制如下会计分录：
借：原材料　　　　　　　　　　　　　　　　　　　　　90 000

　　　贷：银行存款　　　　　　　　　　　　　　　　　　　90 000

（3）补充登记法（又称补充更正法）。记账后发现记账凭证和账簿记录中应借、应贷会计账户正确，只是金额错误，且所记金额小于应记正确金额，在此情况下可采用补充登记法更正。更正的方法是：按少记的金额编制一张与原记账凭证应借、应贷账户完全相同的记账凭证，以补充少记的金额，并据以记账。如上例若会计人员在编制记账凭证时误列为 1 000 元，并已登记入账。更正时可用蓝字编制如下会计分录，并据以补充入账。

借：原材料　　　　　　　　　　　　　　　　　　　　　9 000

　　　贷：银行存款　　　　　　　　　　　　　　　　　　　9 000

（四）对账和结账

1. 对账

对账是指为了保证账簿记录的正确性，而进行的有关账项的核对工作。包括：

（1）账证核对，指账簿记录与记账凭证及其所附原始凭证的核对。主要是账簿记录与原始凭证、记账凭证的时间、凭证字号、记账内容、记账金额及记账方向等的核对。

（2）账账核对，指有关账簿记录之间的核对。主要包括：所有总账账户借方发生额合计与贷方发生额合计是否相符；所有总账账户借方余额合计与贷方余额合计是否相符；有关总账账户余额与其所属明细分类账户余额合计是否相符；现金日记账和银行存款日记账的余额与其总账余额是否相符；会计部门有关财产物资明细账余额与财产物资保管、使用部门的有关明细账余额是否相符等。

（3）账实核对，指各项财产物资账面余额与实有数额之间的核对。主要包括：

现金日记账余额与库存现金实有数额是否相符；银行存款日记账余额与银行对账单的余额是否相符；各项财产物资明细账余额与财产物资的实有数额是否相符。

2. 结账

结账就是在把一定时期内所发生的经济业务全部登记入账的基础上，对各种账簿记录所做的结算工作。结账的目的在于总结一定时期内生产经营活动的成果，并据以编制财务报表。如果只记账不定期结账，记账工作也就失去了意义。

结账工作能否有序地进行，直接关系到会计信息的质量。因此在结账之前，应检查当期发生的经济业务是否都已填制了会计凭证并据以登记入账；是否按应计制原则对有关账项进行了调整；有关费用、成本和收入、成果等账项是否均已结转等。

结账工作一般随会计分期来进行，通常采用划线结账的方法，分为月结、季结和年结等。进行月结或季结时，应分别加计本期间发生额，填在本期最后一笔业务的记录下，并在该行上下各划一单红线，摘要栏也应注明月（季）结字样。年结时的方法与此相似，只是在"年结"行的下端要划双红线，以此表示封账。

应当说明的是，年度终了结账时，对有余额的账户，要将其余额结转下年。即将有余额账户的余额直接记入新账余额栏内，不需要编制记账凭证。

六、财产清查

（一）财产清查的种类

财产清查是指通过对货币资金、实物资产和往来款项的盘点和核对，确定其实存数，查明账存数与实存数是否相符的一种专门方法。

造成账实不符的原因是多方面的，如财产物资保管过程中发生的自然损耗，财产收发过程中由于计量或检验不准确造成多收或少收的差错，由于管理不善、制度不严造成的财产损坏、丢失、被盗，在账簿记录中发生的重记、漏记、错记等。为了做到账实相符，保证会计信息的真实、可靠，保护财产物资的安全完整，企业应在编制财务报表之前做好财产清查工作。

财产清查可按不同标准进行分类。

1. 按财产清查的范围，可分为全面清查和局部清查

（1）全面清查，是指对全部财产进行盘点与核对。全面清查范围大、内容多、时间长、参与人员多。需要进行全面清查的情况主要有：年终决算之前，单位撤销、合并或改变隶属关系时；中外合资、国内合资前；开展全面的资产评估、清产核资时；单位主要领导调离工作时等。

（2）局部清查，是指根据需要对部分财产物资进行盘点与核对。主要是对货币资金、存货等流动性较大的财产的清查。局部清查范围小、内容少、时间短、参与人员少，但专业性较强。一般包括下列清查内容：现金应每日清点一次，银行存款每月至少同银行核对一次，各项存货应有计划、有重点地抽查，贵重商品每月应清查一次等。

2. 按财产清查的时间，可分为定期清查和不定期清查

（1）定期清查，是指根据计划安排的时间对财产物资进行的清查。定期清查一般在期末进行，它可以是全面清查，也可以是局部清查。

（2）不定期清查，是指根据实际需要对财产物资所进行的临时性清查。不定期清查一般是局部清查。如改换财产物资保管人员进行的有关财产物资的清查，发生意外灾害、非常损失进行的损失情况的清查，有关部门进行的临时性检查等。

（二）财产清查的方法

不同的财产物资，其清查方法也有所不同。

1. 货币资金的清查方法

（1）现金的清查。现金清查采用实地盘点的方法来确定库存现金的实存数，再与现金日记账的账面余额核对，以查明账实是否相符。现金清查时如出现现金结余或短缺，应填写"现金盘点报告单"，并据以调整现金日记账的账面记录。

（2）银行存款的清查。银行存款的清查采用核对账目的方法。即将企业银行存款日记账记录与银行转来的对账单进行核对，以查明企业与银行双方账面记录有无差错。实务中，银行存款的清查通过编制"银行存款余额调节表"进行。编制该表的目的只是为了核对双方账面记录，不能作为调整账面记录的依据。

银行存款余额调节表的编制方法将在第三章中详细介绍。

2. 实物资产的清查方法

由于实务资产的形态、体积、重量、码放方式等不同，采用的清查方法也不同。主要有以下两种：

（1）实地盘点法，指在财产物资存放现场逐一清点数量或用计量仪器确定其实存数的一种方法。此方法数字准确、可靠，但工作量较大。

（2）技术推算法，指利用技术方法推算财产物资实存数的方法。适用于煤炭、砂石等大宗物资的清查。此方法盘点数字不够准确，但工作量较小。

对各项财产物资的盘点结果，应逐一填制盘存单，并同账面余额记录核对，确认盘盈盘亏数，填制实存账存对比表，作为调整账面记录的原始凭证。盘存单及实存账存对比表格式如表2-15、表2-16所示。

表2-15　　　　　　　　　　　　　盘　存　单

单位名称：　　　　　　　　　　　　　　　　　　　　　　　　　　　　存放地点：
财产类别：　　　　　　　　　　201×年×月×日　　　　　　　　　　　　编号：

序号	名称	规格	计量单位	盘点数量	单价	金额	备注

盘点人签章：　　　　　　　　　　　　　　　　　　　　　保管人签章：

表 2 – 16　　　　　　　　　　　实存账存对比表

201×年×月×日

序号	名称	规格	计量单位	单价	实存		账存		盘盈		盘亏		备注
					数量	金额	数量	金额	数量	金额	数量	金额	

盘点人签章：　　　　　　　　　　　　　　　　　　　　　　会计签章：

实物资产清查时，如发生账实不符的情况，应根据"实存账存对比表"调整有关账面记录，保证账实相符。其盘盈盘亏的具体处理方法将在以后有关章节中陆续介绍。

3. 往来款项的清查方法

往来款项的清查一般采用发函询证的方法进行核对。具体做法是，在保证往来账户记录完整正确的基础上，编制"往来款项对账单"，寄往各有关往来单位。对方单位核对后，盖章退回，表示核对相符，如不相符由对方单位另外说明。企业可据此编制"往来款项清查表"，注明核对相符与不相符的款项，对不符的款项按有争议、未达账项、无法收回等情况归类合并，针对具体情况及时采取措施予以解决。

第四节　会计循环与账务处理程序

一、会计循环

（一）会计循环的含义

以实现提供经济决策为目的的会计核算系统，对企业经济交易或事项所进行的确认、计量、记录和报告实际上是一个连续不断、周而复始的过程。会计循环就是指企业将一定时期内发生的所有经济业务，依照一定步骤、方法加以记录、归类、汇总直至编制财务报表的整个过程，在连续的会计期间里周而复始地不断循环。企业首先需要以会计确认的方式对其经济活动数据进行"过滤"，认定并接受应当由会计核算系统加以处理的原始经济数据而排除其他数据。与此同时，对经济交易或事项涉及的价值数量关系进行计算和衡量，确定与财务状况、经营成果和现金流量等有关的货币化数量结果。其次，对于上述经济交易或事项的确认内容和计量结果，通过账户（账簿）做出全面、完整而相互关联的记录。在会计期间终了，将账户中记录的企业经济活动信息按会计信息使用者的要求进行汇总、浓缩，并主要以财务报表方式披露企业的财务状况、经营成果和现金流量信息。

会计循环实际上就是会计信息系统的运行过程，包括原始信息的输入、信息加工与转换、会计信息的输出。从会计方法运用的角度看，会计循环也就是在一个特定会计期间企业对其经济活动进行确认、计量、记录和报告的完整过程。

（二）企业会计循环的基本过程

企业会计循环的基本过程包括经济交易或事项的发生、分析经济交易或事项、记录经济交易或事项、期末账项调整、核对账户记录、结算账户记录、编制财务报表。

1. 经济交易或事项的发生

会计主体在发生对内对外经济业务时，不论是买卖、借贷或其他往来交易或事项，只要经过双方同意，并议定公平价格或承诺的，即构成经济交易或事项发生。因此，经济交易或事项必须是具有经济活动内容，并可以计价结算的经济业务。

2. 分析经济交易或事项

经济交易或事项的相关原始信息最初反映在发票、收据、出库单、入库单等原始单据或凭证上，所以，首先应当对原始凭证所记载的经济信息进行分析，并运用会计确认标准判断和决定是否应将相关的经济交易或事项纳入会计核算系统予以反映。这就是会计上的初始确认过程。经初步认定后，同时还应当对那些应该被纳入会计核算系统的交易或事项采用相应的会计计量方法进行价值计量。

分析经济交易或事项是一个对企业经济活动进行识别和判断的过程。企业所发生的经济活动是否应进入会计核算系统，对哪些会计要素产生影响，属于何种会计要素的哪一项目，应当记入什么账户，其导致的价值数量变化是多少，等等，都是分析经济交易或事项时应当确定和解决的问题。对经济交易或事项进行分析和判断，是记录经济交易的前提和基础。

3. 记录经济交易或事项

对经济交易或事项发生所导致的会计要素的变化结果，应当在会计账户中加以记录。会计实务中，在将经济交易或事项记入账户前，先需要编制会计分录，标明经济交易或事项应当记入的账户名称、借贷方向及其金额。因此，对经济交易或事项的会计记录，包括分录记录和账户记录两个具体环节。分录记录是账户记录的基础。分录记录提供单项经济交易或事项的详细信息，账户记录则将单项经济交易或事项信息按会计要素的具体内容（项目）进行汇总，其可以提供分类的、系统的经济活动信息。

4. 期末账项调整

为了正确计算期间损益，在期末结账前，应当按照权责发生制原则对那些在平时的会计记录中未能予以反映的收入和费用进行确认，并过入相应的账户。通过这种期末账项调整，把那些应该由本期享有的收入或负担的费用计入到本期的损益中去，而不论其是否已经实际收付。期末应当调整的收入与费用项目主要包括应计未付费用、应计未收收入、预付费用摊销、递延收入分配等。

5. 核对账户记录

账户（账簿）记录资料是企业编制财务报表的直接依据，因此，为了确保财务报表提供的会计信息能够真实、可靠地反映企业的财务状况、经营成果和现金流量，企业必须在会计期末对各类账户（账簿）记录的正确性进行检查。核对账目的主要内容包括"账证核对"、"账账核对"和"账实核对"。若在核对过程中发现错账，企业则应采用规定的错账更正方法对原有会计记录进行调整、更正，使其能够准确反映企业经济活动的真实情况。

6. 结算账户记录

当账户（账簿）记录核对无误后，应对各个账户记录正式结账。结账实际上是对各个账户所记录的经济活动情况进行分类总结，为编制财务报表提供资料来源。在结账时，应当逐一计算各个账户的本期发生额及余额，包括总分类账户、明细账户等。

7. 编制财务报表

当各个账户（账簿）的本期发生额及余额计算确定以后，即可根据会计信息使用者的要求对账簿记录中的各类信息进行筛选、浓缩，并确定应当列入财务报表相关项目的内容与金额，编制财务报表。

（三）我国企业会计循环的具体过程

从我国企业实际情况看，会计循环的具体过程表现为：首先对经济交易或事项进行确认和计量，并根据其结果编制记账凭证（即会计分录）；然后根据记账凭证登记会计账簿（账户），期末调整有关账项并核对账目和结算各个账户的日常记录；最后根据审核无误的账簿记录编制财务报表。我国企业会计循环的具体过程，如图2-16所示。

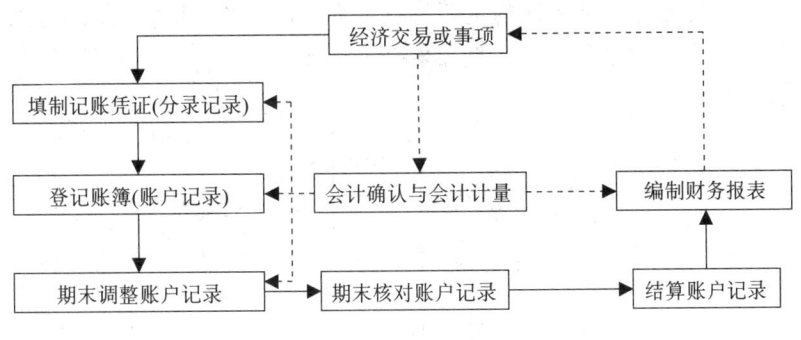

图2-16　我国企业会计循环图

二、账务处理程序

（一）账务处理程序的意义和种类

1. 账务处理程序的意义

账务处理程序也称会计核算组织程序或会计核算形式，是指会计凭证、会计账簿与财务报表相互结合的方式。会计凭证、会计账簿和财务报表之间的结合方式不同，就形成了不同的账务处理程序，不同的账务处理程序又有不同的特点和适用范围。因此，各单位应根据经济活动特点、规模大小、管理要求等选择确定适宜的账务处理程序。具体地说，科学地组织账务处理程序的意义在于：（1）有利于保证会计记录的完整性和正确性，进而保证会计信息质量。（2）有利于实现会计工作程序的规范化，提高会计工作效率。

2. 账务处理程序的种类

在我国，常用的账务处理程序主要有记账凭证账务处理程序、汇总记账凭证账务处理程序和账户汇总表账务处理程序。这些账务处理程序有很多相同点，又有不同点，其最主要的区别在于登记总分类账的依据和方法不同。

（二）记账凭证账务处理程序

1. 记账凭证账务处理程序的特点

记账凭证账务处理程序是直接根据各种记账凭证逐笔登记总分类账的一种账务处理程序。在这种账务处理程序下，现金日记账和银行存款日记账只被用来序时地登记各笔收付款业务，并不作为登记总分类账的依据。记账凭证账务处理程序是账务处理程序中最基本的一种，从一定意义上说，其他账务处理程序均是在此基础上发展和演变而来的。

采用记账凭证账务处理程序时，记账凭证一般采用收款凭证、付款凭证和转账凭证专用记账凭证的格式，也可采用一种通用的格式。设置的现金日记账和银行存款日记账一般可采用三栏式格式，总分类账也可以采用三栏式格式，明细分类账则可根据需要采用三栏式、多栏式和数量金额式。

2. 记账凭证账务处理程序的基本内容

记账凭证账务处理程序的主要特点是直接根据各种记账凭证逐笔登记总分类账，记账凭证成为登记总分类账的直接根据。记账凭证账务处理程序的基本内容，如图 2-17 所示。

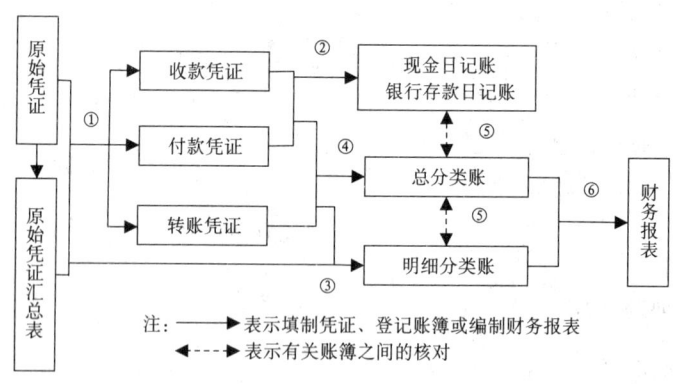

说明：
① 根据各种原始凭证或原始凭证汇总表填制记账凭证。
② 根据收款凭证和付款凭证逐笔登记现金日记账和银行存款日记账。
③ 根据原始凭证、原始凭证汇总表或记账凭证逐笔登记各种明细分类账。
④ 根据记账凭证逐笔登记总分类账。
⑤ 月末，将现金日记账、银行存款日记账的余额以及各种明细分类账的余额合计数分别与总分类账户中相关账户的余额核对相符。
⑥ 月末，根据总分类账和明细分类账的有关记录编制财务报表。

图 2-17 记账凭证账务处理程序图

3. 记账凭证账务处理程序的优缺点及适用范围

记账凭证账务处理程序简单明了，易于理解，总分类账可以较详细地反映经济业务的发生和完成情况，方便会计核对与查账。其缺点是：登记总分类账的工作量较大，因而适用于规模较小、经济业务量较少的单位。

（三）汇总记账凭证账务处理程序

1. 汇总记账凭证账务处理程序的特点

汇总记账凭证账务处理程序是根据记账凭证定期编制汇总记账凭证，然后根据汇总记账凭证登记总分类账的一种账务处理程序。

采用汇总记账凭证账务处理程序时，其账簿设置、各种账簿的格式以及记账凭证的种类和格式与记账凭证账务处理程序基本相同。但总分类账的账页格式必须增设"对应账户"栏，另外还要编制汇总记账凭证。

汇总记账凭证也是一种记账凭证，它是根据收款凭证、付款凭证和转账凭证定期（一般为每隔5天或10天）汇总编制而成的，其种类可分为汇总收款凭证、汇总付款凭证和汇总转账凭证三种。

汇总收款凭证是根据库存现金和银行存款收款凭证汇总编制而成的。汇总编制时，汇总收款凭证应按库存现金账户、银行存款账户的借方设置，并按其相对应的贷方账户归类汇总，一般5天或10天汇总填制一次，每月编制一张。月末，结算出汇总付款凭证的合计数，分别记入库存现金账户、银行存款账户的借方以及与其相对应各个账户的贷方。

汇总付款凭证是根据库存现金和银行存款付款凭证汇总编制而成的。汇总编制时，汇总付款凭证应按库存现金账户、银行存款账户的贷方设置，并按其相对应的借方账户归类汇总，一般5天或10天汇总填制一次，每月编制一张。月末，结算出汇总付款凭证的合计数，分别记入库存现金账户、银行存款账户的贷方以及与其相对应各个账户的借方。

在编制时，需要注意库存现金和银行存款之间的相互划转业务，如果在企业同时填制收款凭证和付款凭证的情况下，汇总时应以付款凭证为根据。收款凭证就不再汇总，以免重复。例如，将库存现金存入银行的业务，只需根据库存现金付款凭证汇总，银行存款收款凭证就不再汇总了；反之，从银行存款中提取库存现金的业务，只需根据银行存款付款凭证汇总，库存现金收款凭证就不再汇总了。

汇总转账凭证是根据转账凭证汇总编制而成的。汇总编制时，汇总转账凭证应按除库存现金账户、银行存款账户以外的每一账户的贷方设置，并按其相对应的借方账户归类汇总，一般5天或10天汇总填制一次，每月编制一张。月末，结算出汇总转账凭证的合计数，分别记入总分类账中各个应借账户的借方，以及该汇总转账凭证所开设的应贷账户的贷方。

为了便于汇总记账凭证的编制，在平时编制记账凭证时，收款凭证上账户的对应关系应保持一个借方账户与一个或几个贷方账户相对应，尽量避免多个借方账户与一个或几个贷方账户相对应；付款凭证和转账凭证上账户的对应关系应保持一个贷方账户与一个或几个借方账户相对应，尽量避免多个贷方账户与一个或几个借方账户相对应。否则，就会给汇总记账凭证的编制带来不便。

2. 汇总记账凭证账务处理程序的基本内容

汇总记账凭证账务处理程序的主要特点是根据各种汇总记账凭证登记总分类账，汇总记账凭证成为登记总分类账的直接根据。汇总记账凭证账务处理程序基本内容，如图 2-18 所示。

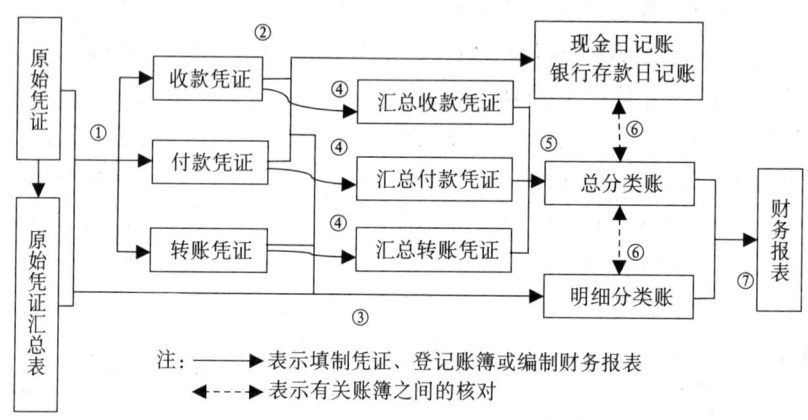

说明：
①根据各种原始凭证或原始凭证汇总表填制收款凭证、付款凭证和转账凭证。
②根据收款凭证和付款凭证逐笔登记现金日记账和银行存款日记账。
③根据原始凭证、原始凭证汇总表或记账凭证逐笔登记各种明细分类账。
④根据各种记账凭证定期编制各种汇总记账凭证。
⑤根据各种汇总记账凭证登记总分类账。
⑥月末，将现金日记账、银行存款日记账的余额以及各种明细分类账的余额合计数分别与总分类账户中相关账户的余额核对相符。
⑦月末，根据总分类账和明细分类账的有关记录编制财务报表。

图 2-18　汇总记账凭证账务处理程序图

3. 汇总记账凭证的填制

汇总收款凭证、汇总付款凭证和汇总转账凭证定期汇总填列，其一般格式如表 2-17、表 2-18、表 2-19 所示。

表2-17　　　　　　　　　　　汇 总 收 款 凭 证

年　月

借方账户：

贷方账户	金额					总账页数	
	(1)	(2)	(3)	……	合计	借方	贷方
附注	(1) 自××日至××，凭证共××张； (2) 自××日至××，凭证共××张； (3) 自××日至××，凭证共××张。						

表2-18　　　　　　　　　　　汇 总 付 款 凭 证

年　月

贷方账户：

借方账户	金额					总账页数	
	(1)	(2)	(3)	……	合计	借方	贷方
附注	(1) 自××至××，凭证共××张； (2) 自××至××，凭证共××张； (3) 自××至××，凭证共××张。						

表2-19　　　　　　　　　　　汇 总 转 账 凭 证

年　月

贷方账户：

借方账户	金额					总账页数	
	(1)	(2)	(3)	……	合计	借方	贷方
附注	(1) 自××日至××，凭证共××张； (2) 自××日至××，凭证共××张； (3) 自××日至××，凭证共××张。						

4. 汇总记账凭证账务处理程序的优缺点及适用范围

汇总记账凭证账务处理程序的优点是：(1) 通过编制汇总记账凭证，月终一次登记总账，因而大大减少了登记总账的工作量；(2) 将所有记账凭证分别收款凭证、付款凭证和转账凭证进行汇总，简化了凭证整理和归类工作，可以反映出账户对应关系，便于检查分析经济活动的来龙去脉；(3) 通过定期编制汇总记账凭证可以对汇总期内记账凭证的编制进行试算平衡。但采用这种账务处理程序，编制汇总记账凭证的工作量仍然较大。因而这种方法一般适用于某些规模较大、经济业务较多的企业。

(四) 账户汇总表账务处理程序

1. 账户汇总表账务处理程序的特点

账户汇总表账务处理程序是根据记账凭证定期编制账户汇总表,然后根据账户汇总表登记总分类账。

采用账户汇总表账务处理程序时,其账簿设置、各种账簿的格式以及记账凭证的种类和格式与记账凭证账务处理程序基本相同,但总分类账中不必登记"摘要"栏,另外还要增加编制账户汇总表。

账户汇总表又称记账凭证汇总表,它也是一种记账凭证。它是根据收款凭证、付款凭证和转账凭证,按照相同的账户归类,定期汇总计算每一账户的借方发生额和贷方发生额,并将发生额填入账户汇总表的相应栏目内。对于库存现金账户和银行存款账户的借方发生额和贷方发生额,也可以直接根据现金日记账和银行存款日记账的收支合计数填列,而不再根据收款凭证和付款凭证归类汇总填列。账户汇总表可以每月汇总一次,编制一张;也可以5天或10天汇总一次,每月编制一张。为了便于填制账户汇总表,所有记账凭证采用单项记账凭证为好,即对同一笔经济业务,分别按每个账户的借方和贷方填制一张记账凭证。这样便于按相同的账户进行归类,分别汇总计算其借方和贷方金额,而且不容易发生差错。

账户汇总表的作用与汇总记账凭证的作用相同,都可以简化总分类账的登记工作,但它们的填制方法不同,产生的结果也不同。账户汇总表是定期汇总计算每一账户的借方发生额和贷方发生额,并不考虑账户的对应关系,全部账户的借、贷方发生额可以汇总在一张表内。其结果是账户汇总表和据此登记的总分类账都不能反映各账户间的对应关系,所以也不便于了解经济业务的具体内容。汇总记账凭证是定期以每一账户的贷方(或借方),分别按与其相对应的借方(或贷方)账户汇总发生额。其结果是汇总记账凭证和据此登记的总分类账都能反映各账户间的对应关系,所以也便于了解经济业务的具体内容。

2. 账户汇总表账务处理程序的基本内容

账户汇总表账务处理程序的主要特点是根据账户汇总表登记总分类账,账户汇总表成为登记总分类账的直接根据。账户汇总表账务处理程序的基本内容,如图2-19所示。

3. 账户汇总表的编制方法

账户汇总表又叫记账凭证汇总表,是定期(每5天或10天)将这一期间的全部记账凭证按相同的账户分别借、贷方汇总编制的一种特殊记账凭证。账户汇总表的一般格式,如表2-20所示。

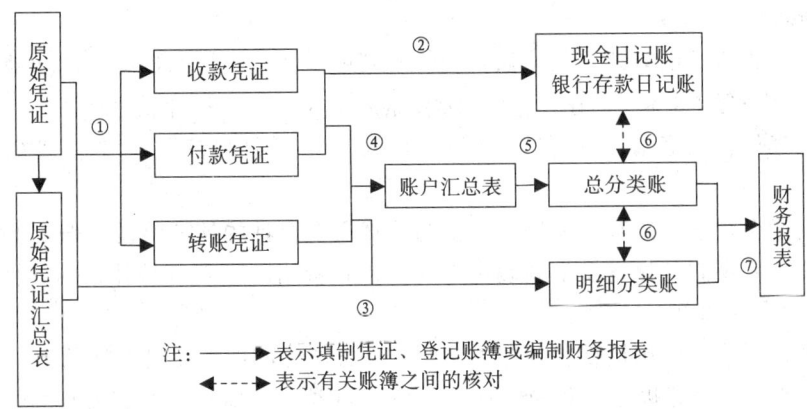

说明：
①根据各种原始凭证或原始凭证汇总表填制收款凭证、付款凭证和转账凭证。
②根据收款凭证和付款凭证逐笔登记现金日记账和银行存款日记账。
③根据原始凭证、原始凭证汇总表或记账凭证逐笔登记各种明细分类账。
④根据各种记账凭证定期编制账户汇总表。
⑤根据账户汇总表登记总分类账。
⑥月末，将现金日记账、银行存款日记账的余额以及各种明细分类账的余额合计数分别与总分类账户中相关账户的余额核对相符。
⑦月末，根据总分类账和明细分类账的有关记录编制财务报表。

图 2-19　账户汇总表账务处理程序图

表 2-20　　　　　　　　　账 户 汇 总 表
年　月　日至　年　月　日

账户名称	总账页数	本期发生额		记账凭证起止号数
		借方	贷方	
合　计				

账户汇总表的编制方法是：先将汇总期内发生的各项经济业务按相同会计账户进行归类，分别借方、贷方进行汇总，计算其本期发生额，并填列在相关栏目内；再将账户汇总表借方数额与贷方数额分别合计，计算其借方、贷方发生额总计。汇总计算后，借方与贷方发生额合计应当相等。

4. 账户汇总表账务处理程序的优缺点及适用范围

账户汇总表账务处理程序的优点是：（1）根据账户汇总表定期汇总登记总账，因而大大减少了登记总账的工作量；（2）通过编制账户汇总表可以对所汇总期间记账凭证的编制是否正确进行试算平衡，便于及时发现差错，从而保证会计工作质量。这种程序的缺点是账户汇总表不反映账户对应关系，因此，不利于对经济活动进行分析和检查。这种程序一般适用于规模较大，经济业务较多的企业。

思考题

1. 什么是会计的对象？如何认识会计对象就是特定单位的资金及其运动过程？
2. 什么是会计要素？简述企业会计六要素的基本内容及其之间的关系。
3. 简述资产、负债、所有者权益、收入、费用和利润的含义、特征和主要分类。
4. 简述会计核算的基本前提，以及为什么需要会计的核算前提（假定）？
5. 收付实现制与权责发生制确定本期收入和费用的原则各是什么？如何评价这两种会计核算的基础？
6. 会计核算方法包括哪些具体方法？各种方法之间的关系是怎样的？
7. 什么是借贷记账法？借贷记账法下，资产类、负债类、所有者权益类、成本（费用）类、收入（利润）类账户的结构是怎样的？
8. 什么是会计凭证？填制和审核会计凭证有何意义？
9. 什么是会计账簿？设置和登记账簿有何意义？
10. 什么是财产清查？为何要进行财产清查？

第三章

流 动 资 产

企业资产品种庞杂,数量繁多,且处在不断变化之中,基于管理和核算的不同要求,可对资产进行不同的分类。资产按其流动性划分,可分为流动资产和非流动资产。流动资产主要包括货币资金、应收及预付账款、存货、交易性金融资产等。

第一节 货币资金

一、概述

货币资金是指企业生产经营活动中处于货币形态的资产,包括库存现金、银行存款和其他货币资金。货币资金是企业资产的重要组成部分,是企业资产中流动性较强的一种资产。任何企业要进行生产经营活动都必须拥有一定量货币资金,持有货币资金是进行生产经营活动的基本条件。

二、库存现金

库存现金是指通常存放于企业财会部门、由出纳人员经管的货币①。库存现金是企业流动性最强的资产,企业应当严格遵守国家有关现金管理制度,正确进行现金收支的核算,监督现金使用的合法性与合理性。

(一)现金管理制度

根据国务院发布的《现金管理暂行条例》的规定,现金管理制度主要包括以下内容:

1. 现金的使用范围

企业可用现金支付的款项有:(1)职工工资、津贴;(2)个人劳务报酬;

---

① 当下,企业可以采用多种支付方式来付款或结算,比如支付宝、微信、以及 NFC 支付(Near Field Communication)等,因而直接现金收付的交易或事项已经不多。但在实务中,仍然还存在着现金收付的业务。因此,本书仍然将现金收付业务进行一些必要的简单介绍。

（3）根据国家规定颁发给个人的科学技术、文化艺术、体育等各种奖金；（4）各种劳保、福利费用以及国家规定的对个人的其他支出；（5）向个人收购农副产品和其他物资的款项；（6）出差人员必须随身携带的差旅费；（7）结算起点以下的零星支出；（8）中国人民银行确定需要支付现金的其他支出。

除上述情况可以用现金支付外，其他款项的支付应通过银行转账结算。

2. 现金的限额

现金的限额是指为了保证企业日常零星开支的需要，允许单位留存现金的最高数额。这一限额由开户银行根据单位的实际需要核定，一般按照单位3～5天日常零星开支的需要确定，边远地区和交通不便地区开户单位的库存现金限额，可按多于5天但不超过15天的日常零星开支的需要确定。对于核定后的现金限额，开户单位必须严格遵守，超过部分应于当日终了前存入银行。需要增加或减少现金限额的单位，应向开户银行提出申请，由开户银行核定。

3. 现金收支的规定

开户单位收入现金应于当日送存开户银行，当日送存确有困难的，由开户银行确定送存时间；开户单位支付现金，可以从本单位库存现金中支付或从开户银行提取，不得从本单位的现金收入中直接支付，即不得"坐支"现金，因特殊情况需要坐支现金的单位，应事先报经有关部门审查批准，并在核定的范围和限额内进行，同时，收支的现金必须入账。开户单位从开户银行提取现金时，应如实写明提取现金的用途，由本单位财会部门负责人签字盖章，并经开户银行审查批准后予以支付。因采购地点不确定、交通不便、抢险救灾及其他特殊情况必须使用现金的单位，应向开户银行提出书面申请，由本单位财会部门负责人签字盖章，并经开户银行审查批准后予以支付。此外，不准用不符合国家统一的会计制度的凭证顶替库存现金，即不得"白条顶库"；不准谎报用途套取现金；不准用银行账户代其他单位和个人存入或支取现金；不准用单位收入的现金以个人名义存入储蓄；不准保留账外公款，即不得"公款私存"，不得设置"小金库"等。银行对于违反上述规定的单位，将按照违规金额的一定比例予以处罚。

（二）库存现金收支的会计处理

为了总括地反映企业库存现金的收支和结存情况，企业应设置"库存现金"账户，该账户的借方反映企业库存现金的增加，贷方反映库存现金的减少，月末借方余额反映企业实际持有的库存现金的金额。企业内部各部门周转使用的备用金，可以单独设置"备用金"账户进行核算。

企业应当设置现金总账和现金日记账，分别进行企业库存现金的总分类核算和明细分类核算。

现金日记账由出纳人员根据收付款凭证，按照业务发生顺序逐笔登记。每日终了，应当在现金日记账上计算出当日的现金收入合计额、现金支出合计额和结余额，并将现金日记账的账面结余额与实际库存现金额相核对，保证账款相符；月度终了，现金日记账的余额应当与现金总账的余额核对，做到账账相符。

企业收到现金时，借记"库存现金"科目，贷记有关科目；支出现金时，借记有关科目，贷记"库存现金"科目。对于从银行提取现金的业务，一般只编制银行付款凭证，不再编制现金收款凭证；将现金存入银行，一般只编制现金付款凭证，不再编制银行收款凭证。

【例3-1】 2017年9月30日，甲公司的财会人员签发支票一张，从银行存款账户提取现金10 000元备用。当日，公司员工李红出差预借差旅费2 000元，办公室主任报销市内交通费300元。甲公司进行会计处理时，应编制的会计分录如下：

(1) 从银行提取现金备用时：

借：库存现金　　　　　　　　　　　　　　　　　　　　10 000
　　贷：银行存款　　　　　　　　　　　　　　　　　　　　10 000

(2) 李红借支差旅费时：

借：其他应收款　　　　　　　　　　　　　　　　　　　　2 000
　　贷：库存现金　　　　　　　　　　　　　　　　　　　　2 000

(3) 办公室主任报销市内交通费时：

借：管理费用　　　　　　　　　　　　　　　　　　　　　300
　　贷：库存现金　　　　　　　　　　　　　　　　　　　　300

(三) 库存现金的清查

企业应当按规定进行现金的清查，一般采用实地盘点法，对于清查的结果应当编制现金盘点报告单。如果有挪用现金、白条顶库的情况，应及时予以纠正；对于超限额留存的现金应及时送存银行。如果账款不符，发现有待查明原因的现金短缺或溢余，应先通过"待处理财产损溢"账户核算。按管理权限报经批准后，分别以下情况处理：属于现金短缺，应按实际短缺的金额，借记"待处理财产损溢"科目，贷记"库存现金"科目；属于现金溢余，按实际溢余的金额，借记"库存现金"科目，贷记"待处理财产损溢"科目。待查明原因后作如下处理：如为现金短缺，属于应由责任人赔偿的部分，借记"其他应收款"、"库存现金"等科目，贷记"待处理财产损溢"科目；属于应由保险公司赔偿的部分，借记"其他应收款"科目，贷记"待处理财产损溢"科目；属于无法查明的其他原因，根据管理权限，经批准后处理，借记"管理费用"科目，贷记"待处理财产损溢"科目。如为现金溢余，属于应支付给有关人员或单位的，借记"待处理财产损溢"科目，贷记"其他应付款"科目；属于无法查明原因的现金溢余，经批准后，借记"待处理财产损溢"科目，贷记"营业外收入"科目。

【例3-2】 2017年11月1日，甲公司在现金清查中发现现金溢余50元，尚待查明原因。假定溢余的现金无法查明原因，报经批准处理。甲公司进行会计处理时，应编制的会计分录如下：

(1) 发现现金溢余时：
借：库存现金　　　　　　　　　　　　　　　50
　　贷：待处理财产损溢　　　　　　　　　　　　　　50
(2) 报经批准处理后：
借：待处理财产损溢　　　　　　　　　　　　50
　　贷：营业外收入　　　　　　　　　　　　　　　　50

【例 3-3】 2017 年 10 月 31 日，甲公司在现金清查中发现现金短缺 10 元，尚待查明原因。上述短缺的现金无法查明原因，报经批准处理。甲公司进行会计处理时，应编制的会计分录如下：
(1) 发现现金短缺时：
借：待处理财产损溢　　　　　　　　　　　　10
　　贷：库存现金　　　　　　　　　　　　　　　　10
(2) 报经批准处理后：
借：管理费用　　　　　　　　　　　　　　　10
　　贷：待处理财产损溢　　　　　　　　　　　　　10

三、银行存款

银行存款是指企业存放在银行或其他金融机构的各种款项。按照国家有关规定，凡是独立核算的单位都必须在当地银行开设账户。企业在银行开设账户以后，除按核定的限额保留库存现金外，超过限额的现金必须存入银行；除了在规定的范围内可以用现金直接支付的款项外，在经营过程中所发生的一切货币收支业务，都必须通过银行存款账户进行结算。

(一) 银行存款开户的有关规定

按照中国人民银行《支付结算办法》的有关规定，企业应在银行开立账户，办理存款、取款和转账等结算。企业在银行开立人民币存款账户，必须遵守相应的《银行账户管理办法》的各项规定。

银行存款账户分为基本存款账户、一般存款账户、临时存款账户和专用存款账户。

基本存款账户是企业办理日常结算收付的账户。企业的工资、资金等现金的支取，只能通过基本存款账户办理；一般存款账户是企业在基本存款账户以外的银行借款转存、与基本存款账户的企业不在同一地点的附属非独立核算的账户，企业可以通过本账户办理转账结算和现金缴存，但不能办理现金支取；临时存款账户是企业因临时经营活动需要开立的账户，企业可以通过本账户办理转账结算和根据国家现金管理的规定办理现金收付；专用存款账户是企业因特定用途需要开立的账户。一个企业只能选择一家银行的一个营业机构开立一个基本存款账户，不得在多家银行机构开立基本存款账户；不得在同一家银行的几个分支机构开立一般存款账户。

企业在银行开立账户后，可到开户银行购买各种银行往来使用的凭证（如送款簿、进账单、现金支票、转账支票等），用以办理银行存款的收付款项。企业除了按规定留存的库存现金以外，所有货币资金都必须存入银行，企业与其他单位之间的一切收付款项，除制度规定可用现金支付的部分以外，都必须通过银行办理转账结算，也就是由银行按照事先规定的结算方式，将款项从付款单位的账户划出，转入收款单位的账户。因此，企业不仅要在银行开立账户，而且账户内必须要有可供支付的存款。

（二）银行结算方式

根据中国人民银行有关支付结算办法规定，企业发生的货币资金收付业务可以采用以下几种常用结算方式，通过银行办理转账结算。

1. 银行汇票

银行汇票是汇款人将款项交存当地出票银行，由出票银行签发的，由其在见票时，按照实际结算金额无条件支付给收款人或持票人的票据。银行汇票的出票银行为银行汇票的付款人。单位和个人各种款项结算，均可使用银行汇票。

银行汇票一般用于转账，填明"现金"字样的银行汇票也可以用于支取现金。银行汇票的付款期限为自出票日起1个月内。超过付款期限提示付款不获付款的，持票人须在票据权利时效内向出票银行作出说明，并提供本人身份证件或单位证明，持银行汇票和解讫通知向出票银行请求付款。

收款企业在收到付款单位送来的银行汇票时，应在出票金额以内，根据实际需要的款项办理结算，并将实际结算金额和多余金额准确、清晰地填入银行汇票和解讫通知的有关栏内，银行汇票的实际结算金额低于出票金额的，其多余金额由出票银行退交申请人。收款企业还应填写进账单并在汇票背面"持票人向银行提示付款签章"处签章，签章应与预留银行的印鉴相同，然后，将银行汇票和解讫通知、进账单一并交开户银行办理结算，银行审核无误后，办理转账。

银行汇票的收款人可以将银行汇票转让给他人。背书转让以不超过出票金额的实际结算金额为限，未填写实际结算金额或实际结算金额超过出票金额的银行汇票不得背书转让。

申请人因银行汇票超过付款提示期限或其他原因要求退款时，应将银行汇票和解讫通知同时提交到出票银行。申请人缺少解讫通知要求退款的，出票银行应于银行汇票提示付款期满一个月后办理。银行汇票丢失，失票人可以凭人民法院出具的其享有票据权利的证明，向出票银行请求付款或退款。

2. 银行本票

银行本票是银行签发的，承诺在见票时无条件支付确定的金额给收款人或者持票人的票据。单位或个人在同一票据交换区域支付各种款项，都可以使用银行本票。

银行本票分定额本票和不定额本票。定额本票面值分别为1 000元、5 000元、10 000元和50 000元。银行本票可以用于转账，也可以用于支取现金。在票面划去转账字样的，为现金本票。申请人或收款人为单位的，不得申请签发现金本票。

　　银行本票的付款期限为自出票日起最长不超过 2 个月，在付款期内银行本票见票即付。超过提示付款期限不获付款的，在票据权利时效内向出票银行作出说明，并提供本人身份证或单位证明，可持银行本票向银行请求付款。银行本票的代理付款人是代理出票银行审核支付银行本票款项的银行，银行本票可以背书转让给被背书人。

　　付款企业向银行申请取得银行本票时，必须先将款项交存银行，再由银行签发本票，企业交存的这部分款项已经具有特定的用途，属于其他货币资金。

　　申请人使用银行本票，应向银行提交"银行本票申请书"，填明收款人名称、申请人名称、支付金额、申请日期等事项并签单。申请人或收款人为单位的，银行不予签发现金银行本票。出票银行受理银行本票申请书后，收妥款项签发银行本票。不定额银行本票用压数机压印出票金额，出票银行在银行本票上签章后交给申请人。

　　银行本票若丢失，失票人可以凭人民法院出具的其享有票据权利的证明，向出票银行请求付款或退款。

3. 商业汇票

　　商业汇票是出票人签发的，委托付款人在指定日期无条件支付确定的金额给收款人或者持票人的票据。商业汇票结算方式要求在银行开立存款账户的法人以及其他组织之间须具有真实的交易关系或债权债务关系。这种结算方式同城和异地均可使用。

　　商业汇票的付款期限由交易双方商定，但最长不得超过 6 个月。商业汇票的提示付款期限自汇票到期日起 10 日内。持票人应在提示付款期限内通过开户银行委托收款或直接向付款人提示付款。对异地委托收款的，持票人可匡算邮程，提前通过开户银行委托收款。持票人超过提示付款期限提示付款的，持票人开户银行不予受理。商业汇票可背书转让，符合条件的商业汇票在尚未到期前可以向银行申请贴现，并按银行规定的贴现息率向银行支付贴现息。

　　商业汇票按承兑人不同分为商业承兑汇票和银行承兑汇票两种。

　　（1）商业承兑汇票。商业承兑汇票是由银行以外的付款人承兑，属于商业信用范畴。商业承兑汇票可以由付款人签发并承兑，也可以由收款人签发交由付款人承兑。收款人或者持票人在提示付款期限内应填写委托收款凭证，并连同商业承兑汇票送交银行办理收款。在收到银行转来的收款通知后，就可办理收款的账务处理。付款人收到开户银行转来的付款通知，应在当日通知银行付款。付款人在接到通知日的次日起三日内（法定休假日顺延）未通知银行付款的，银行视同付款人承诺付款，并应于付款人接到通知日的次日起第四日（法定休假日顺延）上午开始营业时，将票款划给持票人。银行在办理划款时，付款人存款账户不足支付的，应填制付款人未付票款通知书，连同商业承兑汇票邮寄持票人开户银行转交持票人。

　　（2）银行承兑汇票。银行承兑汇票由银行承兑，属于银行信用范畴。银行承兑汇票由在承兑银行开立存款账户的存款人签发。存款人应与承兑银行具有真实的委托付款关系，而且资信状况良好，具有支付汇票金额的可靠资金来源。银行承兑汇票的出票人应于汇票到期前将票款足额交存其开户银行，承兑银行在汇票到期日或到期日后的见票当日支付票款。承兑银行如存在合法抗辩事由拒绝支付的，应自接到商业汇票的次日起三日内，做成拒绝付款证明，连同银行承兑汇票邮寄持票人开户银行转交持票人。如出票人于汇票到期日未能足额交存票款时，承兑银行除凭票向持票人无条件付款外，对出票人尚未支付的汇票金额按照每天万分之五计收罚息。

4. 支票

支票是单位或个人签发的，委托办理支票存款业务的银行在见票时无条件支付确定的金额给收款人或者持票人的票据。支票结算方式是同城结算中应用比较广泛的一种结算方式。单位和个人在同一票据交换区域的各种款项结算，均可以使用支票。

支票分为现金支票、转账支票和普通支票三种。支票上印有"现金"字样的为现金支票，现金支票只能用于支取现金；支票上印有"转账"字样的为转账支票，转账支票只能用于转账；支票上未印有"现金"或"转账"字样的为普通支票，普通支票可以用于支取现金，也可以用于转账。在普通支票左上角划两条平行线，为划线支票，划线支票只能用于转账，不得支取现金。

支票的提示付款期限为自出票日起10日内，中国人民银行另有规定的除外。超过提示付款期限的，持票人开户银行不予受理，付款人不予付款。转账支票可以根据需要在票据交换区域内背书转让。

企业财会部门在签发支票之前，出纳人员应该认真查明银行存款的账面结余数额，防止签发超过存款余额的空头支票。签发空头支票，银行除退票外，还按票面金额处以5%但不低于1 000元的罚款。持票人有权要求出票人赔偿支票金额2%的赔偿金。签发支票时，应使用蓝黑墨水或碳素墨水，将支票上的各要素填写齐全，并在支票上加盖其预留银行印鉴。出票人预留银行的印鉴是银行审核支票的依据。银行也可以与出票人约定使用支付密码，作为银行审核支付支票金额的条件。

5. 信用卡

信用卡是商业银行向个人和单位发行的，凭以向特约单位购物、消费和向银行存取现金，且具有消费信用的特制载体卡片。

信用卡按使用对象分为单位卡和个人卡，按信誉等级分为金卡和普通卡。

凡在中国境内金融机构开立基本存款账户的单位可申领单位卡。单位卡可申领若干张，持卡人资格由申领单位法定代表人或其委托的代理人书面指定和注销。单位或个人申领信用卡，应按规定填制申请表，连同有关资料一并送交发卡银行。符合条件并按银行要求交存一定金额的备用金后，银行为申领人开立信用卡存款账户，并发给信用卡。企业交存的这部分存款已经具有特定用途，从性质上讲，属于其他货币资金。单位卡账户的资金一律从其基本存款账户转账存入，在使用过程中，需要向其账户续存资金的,也一律从其基本存款账户转账存入,不得交存现金,不得将销货收入的款项存入其账户。

利用单位卡进行结算的商品交易、劳务供应款项的金额一律不得高于10万元,单位卡不得支取现金。

信用卡在规定的限额和期限内允许善意透支,透支额金卡最高不得超过10 000元,普通卡最高不得超过5 000元。透支期限最长为60天。透支利息,自签单日或银行记账日起15日内按日息万分之五计算,超过15日按日息万分之十计算,超过30日或透支金额超过规定限额的,按日息万分之十五计算。透支计算不分段,按最后期限或者最高透支额的最高利率档次计息。超过规定限额或规定期限,并且经发卡银行催收无效的透支行为称为恶意透支,持卡人使用信用卡不得发生恶意透支。严禁将单位的款项存入个人卡账户中。

6. 汇兑

汇兑是汇款人委托银行将其款项支付给收款人的结算方式。企业与异地单位和个人的各种款项的结算,均可使用汇兑结算方式。

汇兑分为信汇、电汇两种。信汇是指汇款人委托银行通过邮寄方式将款项划转给收款人。电汇是汇款人委托银行通过电报将款项划给收款人。这两种汇兑方式由汇款人根据需要选择使用。汇兑结算方式适用于异地之间的各种款项结算。这种结算方式划拨款项简便、灵活。

企业采用这一结算方式,付款单位汇出款项时,应填写银行印发的汇款凭证,列明收款单位名称、汇款金额及汇款的用途等项目,送达开户银行,委托银行将款项汇往收汇银行。收汇银行将汇款收进单位存款户后,向收款单位发出收款通知。付款企业应根据取回的汇款凭证回单联,收款企业根据银行发来的收款通知,进行账务处理。

7. 委托收款

委托收款是收款人委托银行向付款人收取款项的结算方式。无论单位还是个人都可凭已承兑商业汇票、债券、存单等付款人债务证明办理款项收取同城或异地款项。委托收款结算方式在同城、异地均可以使用。委托收款结算款项划回的方式分为邮寄和电报两种,由收款人选择使用。

收款人委托开户银行向付款人收取款项时,应填写一式五联的委托收款结算凭证,连同有关债务证明送交银行办理委托收款手续。收款人开户银行受理委托收款后,将委托收款凭证寄交付款单位开户银行,由付款单位开户银行审核,并通知付款单位。付款单位收到银行交给的委托收款凭证及债务证明,应签收并在3日之内审查债务证明是否真实、是否是本单位的债务,确认之后通知银行付款。付款单位应在收到委托收款的通知次日起3日内,主动通知银行是否付款。如果不通知银行,银行视同企业同意付款并在第四日上午开始营业时,从单位账户中付出此笔委托收款款项。银行在办理划款时,付款单位存款账户不足支付应付金额时,应通过被委托银行向收款人发出未付款项通知书。按照规定,债券证明留存付款单位开户银行的,付款单位开户银行应将其债务证明连同未付款项通知书邮寄被委托银行并转交收款人。付款单位审查有关债务证明后,对收款人委托收取的款项产生异议,需要拒绝付款的,应在付款期内出具拒付理由书,连同有关凭证向银行办理拒绝付款。

8. 托收承付

托收承付是根据购销合同由收款人发货后委托银行向异地付款人收取款项,由付款人向银行承认付款的结算方式。使用托收承付结算方式的收款单位和付款单位,必须是国有企业、供销合作社以及经营管理较好并经开户银行审查同意的城乡集体所有制工业企业。办理托收承付结算的款项,必须是商品交易,以及因商品交易而产生的劳务供应的款项。代销、寄销、赊销商品的款项,不得办理托收承付结算。

托收承付款项划回方式分为邮寄和电报两种,由收款人根据需要选择使用;收款单位办理托收承付,必须具有商品发出的证件和其他证明。托收承付结算每笔的金额起点为 10 000 元。新华书店系统每笔金额起点为 1 000 元。

采用托收承付结算方式时,购销双方必须签有符合《中华人民共和国合同法》的购销合同,并在合同上写明使用托收承付结算方式。收付双方办理托收承付结算,必须坚持重合同、守信用的原则。收款人对同一付款人发货托收累计三次收不回货款的,收款人开户银行应暂停收款人向该付款人办理托收;付款人累计三次提出无理拒付的,付款人开户银行应暂停其向外办理托收。

销货企业按照购销合同发货后,填写托收承付凭证,盖章后连同发运证件(包括铁路、航运、公路等运输部门签发运单、运单副本和邮局包裹回执)或其他符合托收承付结算的有关证明和交易单证送交开户银行办理托收手续。

销货企业开户银行接受委托后,将托收结算凭证回联退给企业,作为企业进行账务处理的依据,并将其他结算凭证寄往购货单位开户银行,由购货单位开户银行通知购货单位承认付款。

购货企业收到托收承付结算凭证和所附单据后,应立即审核是否符合订货合同的规定。按照《支付结算办法》的规定,承付货款分为验单付款与验货付款两种,这在双方签订合同时约定。验单付款是购货企业根据经济合同对银行转来的托收结算凭证、发票账单、托运单及代垫运杂费等单据进行审查无误后,即可承认付款。为了便于购货企业对凭证的审核和筹措资金,结算办法规定承付期为 3 天,从付款人开户银行发出承付通知的次日算起(承付期内遇法定休假日顺延)。购货企业在承付期内,未向银行表示拒绝付款,银行即视作承付,并在承付期满的次日(法定休假日顺延)上午银行开始营业时,将款项主动从付款人的账户内付出,按照销货企业指定的划款方式,划给销货企业。验货付款是购货企业待货物运达企业,对其进行检验与合同完全相符后才承认付款。为了满足购货企业组织验货的需要,结算办法规定承付期为 10 天,从运输部门向购货企业发出提货通知的次日算起。承付期内购货企业未表示拒绝付款的,银行视为同意承付,于 10 天期满的次日上午银行开始营业时，将款项划给收款人。为满足购货企业组织验货的需要，对收付双方在合同中明确规定，并在托收凭证上注明验货付款期限的，银行遵从其规定。

对于下列情况，付款人可以在承付期内向银行提出全部或部分拒绝付款：①没有签订购销合同或购销合同未写明托收承付结算方式的款项；②未经双方事先达成协议，收款人提前交货或因逾期交货付款人不再需要该项货物的款项；③未按合同规定的到货地址发货的款项；④代销、寄销、赊销商品的款项；⑤验单付款，发现所列货物的品种、规格、数量、价格与合同规定不符，或货物已到，经查验货物与合同规定或发货清单不符的款项；⑥验货付款，经查验货物与合同规定或发货清单不符的款项；⑦货款已经支付或计算错误的款项。不属于上述情况，购货企业不得提出拒付。

购货企业提出拒绝付款时，必须填写"拒绝付款理由书"，注明拒绝付款理由，涉及合同的应引证合同上的有关条款。属于商品质量问题，需要提出质量问题的证明及其有关数量的记录；属于外贸部门进口商品，应当提出国家商品检验或运输等部门出具的证明，向开户银行办理拒付手续。

银行同意部分或全部拒绝付款的，应在拒绝付款理由书上签注意见，并将拒绝付款理由书、拒付证明、拒付商品清单和有关单证邮寄收款人开户银行转交销货企业。

付款人开户银行对付款人逾期支付的款项，根据逾期付款金额和逾期天数，按每天万分之五计算逾期付款赔偿金。逾期付款天数从承付期满日算起。银行审查拒绝付款期间不算作付款人逾期付款，但对无理的拒绝付款而增加银行审查时间的，从承付期满日起计算逾期付款赔偿金。赔偿金实行定期扣付，每月计算一次，于次月3日内单独划给收款人。赔偿金的扣付列为企业销货收入扣款顺序的首位。付款人账户余额不足支付时，应排列在工资之前，并对该账户采取"只收不付"的控制办法，直到足额扣付赔偿金后才准予办理其他款项的支付，由此产生的经济后果由付款人自负。

购货单位承认付款，根据托收结算凭证和所附的发票账单、运单等单据，编制付款凭证，进行账务处理。销货企业收到银行转来的收款通知单后，根据托收结算凭证的回联及有关单据，编制收款凭证，进行账务处理。

9. 信用证

信用证是指银行根据申请人的要求和指示，向受益人开立的具有一定金额、在一定期限内凭规定的单据在指定地点付款的书面保证文件。信用证结算方式就是付款人根据贸易合同，请当地银行开立以收款人为受益人的信用证，银行经审核同意并收取一定保证金后即开具信用证，收款人接到信用证后履行合同，开证银行接到有关单据后向收款人付款、付款人再向开证银行付款的结算方式。申请开立信用证的企业存入开证行信用证保证金存款已具有特定用途，这部分存款已属于其他货币资金。

信用证结算方式的一般收付款程序是：(1) 开证申请人根据合同填写开证申请书并交纳押金或提供其他保证，请开证行开证；(2) 开证行根据申请书内容，向受益人开出信用证并寄交出口人所在地通知行；(3) 通知行核对印鉴无误后，将信用证交受益人；(4) 受益人审核信用证内容与合同规定相符后，按信用证规定装运货物、备妥单据并开出汇票，在信用证有效期内送议付行议付；(5) 议付行按信用证条款审核无误后，将货款垫付给受益人；(6) 议付行将汇票和货运单据寄给开证行或其特定的付款行索偿；(7) 开证行审核单据无误后，付款给议付行；(8) 开证行通知开证人付款赎单。

信用证一般为不可撤销的跟单信用证。"不可撤销"是指信用证一经开出，在有效期内未经受益人及有关当事人的同意，开证行不能片面修改和撤销，只要受益人提供的单据符合信用证的规定，开证行必须履行付款的义务。"跟单"是指信用证项下的汇票必须附有货运单据。信用证属于银行信用，供销双方的权利和义务都会得到保障，因此，只要双方有合作的意愿，交易是很容易促成的。我国国内企业与国外企业间的贸易业务基本上都是采用这一结算方式进行结算的。至于国内企业间的贸易，利用这种结算方式进行结算的业务还是很少的。

上述各种结算方式的运用，需以加强结算纪律为保证。中国人民银行发布的《支付结算办法》中规定了银行结算纪律，即不准签发没有资金保证的票据或远期支票，套取银行信用；不准签发、取得和转让没有真实交易和债权债务的票据，套取银行和他人资金；不准无理拒绝付款，任意占用他人资金；不准违反规定开立和使用账户等。企业必须严格遵守银行支付结算办法规定的结算纪律，保证结算业务的正常进行。

(三) 银行存款的会计处理

企业应当设置"银行存款"账户，该账户的借方反映企业存款的增加，贷方反映企业存款的减少，期末借方余额反映企业期末存款的余额。

企业应当设置银行存款总账和银行存款日记账，分别进行银行存款的总分类核算和明细分类核算。企业可按开户银行和其他金融机构、存款种类等设置"银行存款日记账"，根据收付款凭证，按照业务的发生顺序逐笔登记。每日终了，应结出余额。

企业将款项存入银行等金融机构时，借记"银行存款"科目，贷记"库存现金""主营业务收入"等科目；提取或支付在银行等金融机构中的存款时，借记"库存现金""管理费用"等科目，贷记"银行存款"科目。

企业在银行的其他存款，如外埠存款、银行本票存款、银行汇票存款、信用证存款等，在"其他货币资金"账户核算，不通过"银行存款"账户进行会计处理。

【例3-4】 2018年9月，甲公司销售产品一批，取得的增值税专用发票上注明的价款为10 000元，增值税税额为1 600元，款项已收存银行。甲公司进行会计处理时，应编制的会计分录如下：

```
借：银行存款                                    11 600
    贷：主营业务收入                            10 000
        应交税费——应交增值税（销项税额）      1 600
```

【例 3-5】 2018 年 10 月，甲公司采购一批原材料，取得的增值税专用发票上注明的价款为 20 000 元，增值税税额为 3 200 元，材料已经验收入库，款项已通过银行存款支付。甲公司对原材料按实际成本进行核算。甲公司进行会计处理时，应编制的会计分录如下：

```
借：原材料                                      20 000
    应交税费——应交增值税（进项税额）          3 200
    贷：银行存款                                23 200
```

为了准确掌握企业银行存款实际金额，防止银行存款账目发生差错，企业应按期将"银行存款日记账"与"银行对账单"核对，至少每月核对一次。核对时如发现双方余额不一致，要及时查找原因，属于记账差错，应立即更正。除记账错误外，还可能是由于未达账项引起的。所谓未达账项，是指企业与银行之间，由于凭证传递上的时间差，一方已登记入账，而另一方尚未入账的账项。由于企业银行存款的收支凭证与传递需要一定的时间，因而同一笔业务，企业和银行各自入账的时间不一定相同。在同一日期，企业账上的银行存款的余额与银行账上的企业存款的余额往往不一致。这种差别具体有以下四种情况：（1）银行已记作企业存款增加，而企业尚未收到收款通知，因而尚未记账的款项，如托收货款和银行支付给企业的存款利息等；（2）银行已记作企业存款减少，而企业尚未收到付款通知，因而尚未记账的款项，如银行代企业支付公用事业费用和向企业收取的借款利息等；（3）企业已记作银行存款增加，而银行尚未办妥入账手续，如企业存入其他单位开来的转账支票等；（4）企业已记作银行存款减少，而银行尚未支付入账的款项，如企业已开出的转账支票，对方尚未到银行办理转账的款项等。

在核对银行存款账目过程中，如发现未达账项时，应编制"银行存款余额调节表"进行调节。调节时，依据的公式如下：

企业银行存款日记账余额 + 银行已收企业未收的款项 - 银行已付企业未付的款项 = 银行对账单余额 + 企业已收银行未收的款项 - 企业已付银行未付的款项

调节后，双方余额如果不相等，表明企业或银行的记账有差错，需要进一步查对，找出原因，更正错误的记录；双方余额如果相等，一般说明双方记账没有错误。

【例 3-6】 2018 年 11 月 30 日，甲公司银行存款日记账余额为 177 300 元，银行对账单余额为 184 350 元，经过逐笔核对，查明有以下未达账项：

（1）11 月 29 日，银行受企业之托，代收款项 3 750 元，银行已收到记账，企业尚未接到银行的收款通知；

（2）11 月 29 日，企业开出支票 10 500 元，持票人尚未到银行办理转账手续；

（3）11 月 30 日，企业送存支票 6 300 元，银行尚未记账；

(4) 11月30日，银行已代付款900元，企业尚未接到银行付款通知。

根据上述资料，编制银行存款余额调节表，如表3-1所示。

表 3-1　　　　　　　　　　　　银行存款余额调节表

2018年11月30日　　　　　　　　　　　　　　　　单位：元

企业账目调节	金额	银行账目调节	金额
银行存款日记账余额	177 300	银行对账单余额	184 350
加：银行已收，企业未收的款项	3 750	加：企业已收，银行未收的款项	6 300
减：银行已付，企业未付的款项	900	减：企业已付，银行未付的款项	10 500
调节后存款余额	180 150	调节后存款余额	180 150

经过上述调整后的银行存款余额，表示企业可动用的银行存款数额。需要注意的是：银行存款余额调节表主要用来核对企业与银行双方的记账有无差错，不能作为记账的依据。对于因未达账项而使对方账面余额出现的差异，无须作账面调整，待结算凭证到达后再进行账务处理，登记入账。

四、其他货币资金

其他货币资金是指企业除库存现金、银行存款以外的各种货币资金。其主要包括外埠存款、银行汇票存款、银行本票存款、信用证保证金存款、信用卡存款、存出投资款等。

为了反映和监督其他货币资金的收支和结存情况，企业应当设置"其他货币资金"账户，借方登记其他货币资金的增加数，贷方登记其他货币资金的减少数，期末借方余额反映企业实际持有的其他货币资金。该账户应按其他货币资金的种类设置明细账户。

（一）外埠存款的会计处理

外埠存款是指企业到外地进行临时或零星采购时，汇往采购地银行开立采购专户的款项[①]。

企业汇出款项时，须填写汇款委托书，加盖"采购资金"字样。汇入银行对汇入的采购款项，以汇款单位名义开立采购账户。采购资金存款不计利息，除采购员差旅费可以支取少量现金外，一律转账。采购专户只付不收，付完结束账户。

企业将款项委托当地银行汇往采购地开立专户时，根据汇出款项凭证编制付款凭证，进行账务处理，借记"其他货币资金——外埠存款"科目，贷记"银行存款"科目。

---

① 其他货币资金大多与采购商品、物资有关。在购买商品或物资时，除借记"原材料""固定资产"等外，对于增值税一般纳税人而言，还应借记"应交税费——应交增值税（进项税额）"科目，贷记"其他货币资金"科目。特此说明。

外出采购人员报销用外埠存款支付材料的采购货款等款项时，企业应根据供应单位发票账单等报销凭证，编制付款凭证，借记"材料采购""在途物资""原材料""应交税费——应交增值税（进项税额）"等科目，贷记"其他货币资金——外埠存款"科目。

采购员完成采购任务，将多余的外埠存款转回当地银行时，应根据银行的收款通知，编制收款凭证，借记"银行存款"科目，贷记"其他货币资金——外埠存款"科目。

（二）银行汇票存款的会计处理

银行汇票存款是指企业为取得银行汇票，按照规定存入银行的款项。企业向银行提交"银行汇票委托书"并将款项交存开户银行，取得汇票后，根据银行盖章的委托书存根联，编制付款凭证，借记"其他货币资金——银行汇票"科目，贷记"银行存款"科目。

企业使用银行汇票支付款项后，应根据发票账单及开户行转来的银行汇票有关副联等凭证，经核对无误后编制会计分录，借记"材料采购""在途物资""原材料""应交税费——应交增值税（进项税额）"等科目，贷记"其他货币资金——银行汇票"科目。银行汇票使用完毕，应转销"其他货币资金——银行汇票"账户。如实际采购支付后银行汇票有余额，多余部分借记"银行存款"科目，贷记"其他货币资金——银行汇票"科目。汇票因超过付款期限或其他原因未曾使用而退还款项时，应借记"银行存款"科目，贷记"其他货币资金——银行汇票"科目。

（三）银行本票存款的会计处理

银行本票存款是指企业为取得银行本票，按照规定存入银行的款项。企业向银行提交"银行本票申请书"并将款项交存银行，取得银行本票时，应根据银行盖章退回的申请书存根联，编制付款凭证，借记"其他货币资金——银行本票"科目，贷记"银行存款"科目。企业用银行本票支付购货款等款项后，应根据发票账单等有关凭证，借记"材料采购""在途物资""原材料""应交税费——应交增值税（进项税额）"等科目，贷记"其他货币资金——银行本票"科目。如企业因本票超过付款期等原因未曾使用而要求银行退款时，应填制进账单一式两联，连同本票一并交给银行，然后根据银行收回本票时盖章退回的一联进账单，借记"银行存款"科目，贷记"其他货币资金——银行本票"科目。

（四）信用卡存款的会计处理

信用卡存款是指企业为取得信用卡而存入银行信用卡专户的款项。

企业申领信用卡，按照有关规定填制申请表，并按银行要求交存备用金，银行开立信用卡存款账户，发给信用卡。企业根据银行盖章退回的交存备用金的进账单，借记"其他货币资金——信用卡"科目，贷记"银行存款"科目。企业收到开户银行转来的信用卡存款的付款凭证及所附发票账单，经核对无误后进行会计处理，借记"管理费用"等科目,贷记"其他货币资金——信用卡"科目。在信用卡使用过程中,需要对其账户结存资金时,按实际结存的金额,借记"其他货币资金——信用卡"科目,贷记"银行存款"科目。

(五)存出投资款的会计处理

存出投资款是指企业已存入证券公司但尚未进行短期投资的款项。

企业向证券公司划出资金时,应按实际划出的金额,借记"其他货币资金——存出投资款"科目,贷记"银行存款"科目。企业收到开户银行转来的信用卡存款的付款凭证及所附发票账单,经核对无误后进行会计处理,借记"交易性金融资产""债权投资""长期股权投资"等科目,贷记"其他货币资金——存出投资款"科目。

其他货币资金的核算业务基本类似,仅举一例予以说明其会计处理。

【例3-7】 甲公司系增值税一般纳税人,2018年10月10日,将款项存入银行取得金额为40 000元的银行汇票一张,使用银行汇票购买原材料一批,取得的增值税专用发票注明的价款为30 000元,增值税税额为4 800元。月末材料已经验收入库,甲公司采用实际成本对原材料进行核算。采购完成后余款退回基本存款账户。甲公司进行会计处理时,应编制的会计分录如下:

(1)取得银行汇票时:

借:其他货币资金——银行汇票　　　　　　　　　　40 000
　　贷:银行存款　　　　　　　　　　　　　　　　40 000

(2)用银行汇票采购原材料时:

借:原材料　　　　　　　　　　　　　　　　　　30 000
　　应交税费——应交增值税(进项税额)　　　　 4 800
　　贷:其他货币资金——银行汇票　　　　　　　34 800

(3)余款转回时:

借:银行存款　　　　　　　　　　　　　　　　　5 200
　　贷:其他货币资金——银行汇票　　　　　　　 5 200

五、货币资金的内部控制

货币资金是企业资产中流动性较强的资产,加强对其的管理和控制,对于保障企业资产安全完整、提高货币资金周转速度和使用效益,具有重要的意义。加强对货币资金的控制,应当结合企业生产经营特点,制定相应的控制制度,并监督实施。

(一)货币资金内部控制的原则

企业货币资金内部控制的原则主要体现为以下四个方面。

(1)严格职责分工。即将涉及货币资金不相容的职责分由不同的人员担任,形成严密的内部牵制制度,以减少和降低货币资金管理上舞弊的可能性。

(2)实行交易分开。即将现金支出业务和现金收入业务分开进行处理,防止将现金收入直接用于现金支出的坐支行为。

（3）实行内部稽核。即设置内部稽核单位和人员，建立内部稽核制度，以加强对货币资金管理的监督，及时发现货币资金管理中存在的问题，以及时改进对货币资金的管理控制。

（4）实施定期轮岗制度。即对涉及货币资金管理和控制的业务人员实行定期轮换岗位。通过轮换岗位，减少货币资金管理和控制中产生舞弊的可能性，并及时发现有关人员的舞弊行为。

（二）货币资金内部控制的内容

为了规范企业的内部控制，财政部、证监会、审计署、银监会、保监会于2008年5月22日联合发布了《企业内部控制基本规范》。2010年4月26日，财政部等五部委又联合发布了18项《企业内部控制应用指引》、《企业内部控制评价指引》和《企业内部控制审计指引》（《企业内部控制应用指引》、《企业内部控制评价指引》和《企业内部控制审计指引》合称为企业内部控制配套指引）。该配套指引连同2008年发布的《企业内部控制基本规范》，标志着适应我国企业实际情况、融合国际先进经验的中国企业内部控制规范体系基本建成。

货币资金的内部控制制度，主要集中体现在《企业内部控制应用指引第6号——资金活动》中。该指引共四章二十一条，适用于大中型企业、小型企业和其他单位。该规范规定，企业应该根据自身发展战略，科学确定投融资目标和规划，完善严格的资金授权、批准、审验等相关管理制度，加强资金活动的集中归口管理，明确筹资、投资、营运等各环节的职责权限和岗位分离要求，定期或不定期检查和评价资金活动情况，落实责任追究制度，确保资金安全和有效运行。货币资金的内部控制主要内容包括：

（1）企业在生产和其他活动中取得的资金收入应当及时入账，不得账外设账，严禁收款不入账、设立"小金库"。

（2）企业应当建立货币资金业务的岗位责任制，明确相关部门和岗位的职责权限，确保办理货币资金业务的不相容岗位相互分离、制约和监督。出纳人员不得兼任稽核、会计档案保管和收入、支出、费用、债权债务账目的登记工作。单位不得由一人办理货币资金业务的全过程。

（3）企业办理货币资金业务，应当配备合格的人员，并根据单位具体情况进行岗位轮换。办理货币资金的人员应当具备良好的职业道德，忠于职守、廉洁奉公、遵纪守法、客观公正，不断提高会计业务素质和职业道德水平。

（4）企业办理资金支付业务，应当明确支出款项的用途、金额、预算、限额、支付方式等内容，并附原始单据及相关证明，履行严格的授权审批程序后，方可安排资金支出。

（5）企业在履行授权批准制度时，应明确审批人员对货币资金业务的授权批准方式、权限、程序、责任和相关控制措施，规定经办人办理货币资金业务的职责范围和工作要求。审批人应当根据货币资金授权批准制度的规定,在授权范围内进行审批,不得超越审批权限。经办人应当在职责范围内,按照审批人的批准意见办理货币资金业务。对于审批人超越授权范围审批的货币资金业务,经办人员有权拒绝办理,并及时向审批人的上级授权部门报告。单位对于重要货币资金支付业务,应当实行集体决策和审批,并建立责任追究制度,防范贪污、侵占、挪用货币资金等行为。严禁未经授权的机构或人员办理货币资金业务或直接接触货币资金。

（6）企业应当加强与货币资金相关票据的管理,明确各种票据的购买、保管、领用、背书转让、注销等环节的职责权限和程序,并专设登记簿进行记录,防止空白票据的遗失和被盗用。

（7）企业应当加强银行预留印鉴的管理。财务专用章应由专人保管,个人名章必须由本人或其授权人员保管。严禁一人保管支付款项所需的全部印章。按规定需要有关负责人签字或盖章的经济业务,必须严格履行签字或盖章手续。

（8）企业应当建立对货币资金业务的监督检查制度,明确监督检查机构或人员的职责权限,定期和不定期地进行检查。货币资金监督检查的内容主要包括:①货币资金业务相关岗位及人员的设置情况,重点检查是否存在货币资金业务不相容职务混岗的现象;②货币资金授权批准制度的执行情况,重点检查货币资金支出的授权批准手续是否健全,是否存在越权审批行为;③支付款项印章的保管情况,重点检查是否存在办理付款业务所需的全部印章交由一人保管的现象;④票据的保管情况,重点检查票据的购买、领用、保管手续是否健全,票据保管是否存在漏洞。对监督检查过程中发现的货币资金内部控制中的薄弱环节,应当及时采取措施加以纠正和完善。

第二节 应收及预付款项

应收及预付款项是指企业在日常生产经营活动过程中发生的各项债权,包括应收款项和预付款项。应收款项包括应收票据、应收账款和其他应收款;预付款项则是指企业按照合同规定预付的款项,如预付账款等。

一、应收票据

为了反映和监督应收票据取得、票款收回等经济业务,企业应当设置"应收票据"账户。"应收票据"账户借方登记取得的应收票据的面值,贷方登记到期收回票款或到期前向银行贴现的应收票据的票面余额,期末余额在借方,反映企业持有的商业汇票的票面金额。"应收票据"账户可按照开出、承兑商业汇票的单位进行明细核算,并设置"应收票据备查簿",逐笔登记商业汇票的种类、号数和出票日、票面金额、交易合同号和付款人、承兑人、背书人的姓名或单位名称、到期日、背书转让日、贴现日、贴现率和贴现净额以及收款日和收回金额、退票情况等资料。商业汇票到期结清票款或退票后,在备查簿中应予注销。

(一)取得应收票据和收回到期票款

应收票据取得的原因不同,其会计处理亦有所区别。因债务人抵偿前欠货款而取得的应收票据,借记"应收票据"科目,贷记"应收账款"科目;因企业销售商品、提供劳务等而收到开出、承兑的商业汇票,借记"应收票据"科目,贷记"主营业务收入""应交税费——应交增值税(销项税额)"等科目①。商业汇票到期收回款项时,应按实际收到的金额,借记"银行存款"科目,贷记"应收票据"科目。

【例3-8】 甲公司系增值税一般纳税人,2017年3月1日,向乙公司销售一批产品,货款为1 500 000元,适用的增值税税率为17%,款项尚未收到,已办妥托收手续。甲公司进行会计处理时,应编制的会计分录如下:

借:应收账款　　　　　　　　　　　　　　　　　1 755 000
　　贷:主营业务收入　　　　　　　　　　　　　　　1 500 000
　　　　应交税费——应交增值税(销项税额)　　　　　255 000

【例3-9】 沿用【例3-8】资料,3月15日,甲公司收到乙公司寄来一张3个月期的商业承兑汇票,面值为1 755 000元,抵付产品货款。甲公司进行会计处理时,应编制的会计分录如下:

借:应收票据　　　　　　　　　　　　　　　　　1 755 000
　　贷:应收账款　　　　　　　　　　　　　　　　　1 755 000

【例3-10】 甲公司系增值税一般纳税人,2017年3月5日,向乙公司销售一批产品,货已发出,增值税专用发票上注明的商品价款为200 000元,增值税税额为34 000元。当日收到乙公司签发的不带息商业承兑汇票一张,该票据的期限为3个月。相关销售商品收入符合收入确认条件。甲公司进行会计处理时,应编制的会计分录如下:

借:应收票据　　　　　　　　　　　　　　　　　234 000
　　贷:主营业务收入　　　　　　　　　　　　　　　200 000
　　　　应交税费——应交增值税(销项税额)　　　　　34 000

【例3-11】 沿用【例3-10】资料,2017年6月5日,甲公司收到的商业承兑汇票到期,收回票面金额234 000元存入银行。甲公司进行会计处理时,应编制的会计分录如下:

借:银行存款　　　　　　　　　　　　　　　　　234 000

---

① 根据增值税的最新规定,自2018年5月1日起,增值税一般纳税人发生增值税应税销售行为或者进口货物,原适用17%和11%税率的,税率分别调整为16%、10%;纳税人购进农产品,原适用11%扣除率的,扣除率调整为10%;纳税人购进用于生产销售或委托加工16%税率货物的农产品,按照12%的扣除率计算进项税额。对于本书举例中的增值税税率,请关注交易发生时间。特此说明。

　　　　贷：应收票据　　　　　　　　　　　　　　　　　　　　234 000
　　（二）应收票据背书转让
　　实务中，企业可以将自己持有的商业汇票背书转让。背书是指在票据背面或者粘单上记载有关事项并签章的票据行为。背书转让的，背书人应当承担票据责任。企业将持有的商业汇票背书转让以取得所需物资时，按应计入取得物资成本的金额，借记"材料采购"或"原材料"、"库存商品"等科目，按增值税专用发票上注明的可抵扣的增值税额，借记"应交税费——应交增值税（进项税额）"科目，按商业汇票的票面金额，贷记"应收票据"科目，如有差额，借记或贷记"银行存款"等科目。

　　【例 3 - 12】 沿用【例 3 - 9】资料，甲公司于 4 月 15 日将上述应收票据背书转让，以取得生产经营所需的 A 材料，该材料金额为 1 500 000 元，适用增值税税率为 17%，材料已验收入库。甲公司进行会计处理时，应编制的会计分录如下：
　　借：原材料　　　　　　　　　　　　　　　　　　　　1 500 000
　　　　应交税费——应交增值税（进项税额）　　　　　　　255 000
　　　贷：应收票据　　　　　　　　　　　　　　　　　　　1 755 000

　　（三）应收票据的贴现
　　应收票据贴现是指持票人因急需资金，将未到期的商业汇票背书后转让给银行，银行受理后，从票面金额中扣除按银行的贴现率计算确定的贴现息后，将余额付给贴现企业的业务活动。按照现行企业会计准则的规定，应收票据贴现不符合金融资产终止确认的条件，应将贴现所得确认为一项金融负债（短期借款）。且贴现利息应按照票据贴现期间的实际利率计算。

　　【例 3 - 13】 2017 年 8 月 30 日，甲公司将一张面值为 234 000 元的应收票据向银行申请贴现。假定贴现值为 231 660 元。甲公司的会计处理如下：
　　借：银行存款　　　　　　　　　　　　　　　　　　　231 660
　　　　短期借款——利息调整　　　　　　　　　　　　　　2 340
　　　贷：短期借款——成本　　　　　　　　　　　　　　　234 000

　　二、应收账款

　　应收账款是指企业因销售商品、提供劳务等经营活动，应向购货单位或接受劳务单位收取的款项，主要包括企业销售商品或提供劳务等应向有关债务人收取的价款及代购货单位垫付的包装费、运杂费等。

　　为了反映和监督应收账款的增减变动及其结存情况，企业应设置"应收账款"账户，不单独设置"预收账款"账户的企业，预收的账款也在"应收账款"账户核算。"应收账款"账户的借方登记应收账款的增加，贷方登记应收账款的收回及确认的坏账损失，期末余额一般在借方，反映企业尚未收回的应收账款；如果期末余额在贷方，则反映企业预收的账款。该账户应按债务人进行明细核算。

（一）应收账款的计量

1. 一般计量原则及方法

应收账款通常应按实际发生额计价入账，包括发票金额和代购货单位垫付的运杂费两部分，计价时还需要考虑商业折扣和现金折扣等因素。

2. 特殊情况下的计量

（1）存在商业折扣条件下

商业折扣是指企业根据市场供需情况，或针对不同的顾客，在商品标价上给予的扣除。商业折扣是企业最常用的促销手段。企业为了扩大销售、占领市场，对于批发商往往给予商业折扣，采用销量越多、价格越低的促销策略，即通常所说的"薄利多销"。对于季节性的商品，在销售的淡季，为了扩大销售，企业通常采用商业折扣的方式。但也并非完全如此，在市场竞争日益激烈的情况下，企业也往往利用人们的消费心理，即使在销售的旺季也把商业折扣作为一种常用的促销竞争手段。

商业折扣一般在交易发生时即已确定，它仅仅是确定实际销售价格的一种手段，不需在买卖双方任何一方的账上反映，所以商业折扣对应收账款的入账价值没有什么实质性的影响。因此，在存在商业折扣的情况下，企业应收账款入账金额应按扣除商业折扣以后的实际售价确认。

（2）存在现金折扣条件下

现金折扣是指债权人为鼓励债务人在规定的期限内付款，而向债务人提供的债务扣除。现金折扣通常发生在以赊销方式销售商品及提供劳务的交易中。企业为了鼓励客户提前偿付货款，通常与债务人达成协议，债务人在不同期限内付款可享受不同比例的折扣。现金折扣一般用符号"折扣/付款期限"表示。例如买方在10天内付款可按售价给予2%的折扣，用符号"2/10"表示；在20天内付款按售价给予1%的折扣，用符号"1/20"表示；在30天内付款，则不给折扣，用符号"n/30"表示。

存在现金折扣的情况下，应收账款入账金额的确认有两种方法，一种是总价法，另一种是净价法。

总价法是将未减去现金折扣前的金额作为实际售价，记作应收账款的入账价值。现金折扣只有客户在折扣期内支付货款时，才予以确认。在这种方法下，销售方把给予客户的现金折扣视为融资的理财费用，会计上作为财务费用处理。总价法是我国企业会计准则允许采用的方法。

净价法是将扣减现金折扣后的金额作为实际售价，据以确认应收账款的入账价值。这种方法是把客户取得折扣视为正常现象，认为客户一般都会提前付款，而将由于客户超过折扣期限而多收入的金额，视为提供信贷获得的收入。我国企业会计准则不允许采用净价法。

（二）应收账款的会计处理

1. 不存在商业折扣条件下应收账款的会计处理

企业发生的应收账款,在没有商业折扣的情况下,按应收的全部金额,借记"应收账款"科目,按确认的销售收入,贷记"主营业务收入"科目,按确认的增值税销项税额,贷记"应交税费——应交增值税(销项税额)"科目。

【例 3-14】 2017 年 10 月 25 日,甲公司向乙公司销售一批商品,开具的增值税专用发票上注明的价款为 200 000 元,增值税税额为 34 000 元,代购货单位垫付运杂费 3 000 元。货款及增值税暂未收到,但已满足收入确认的条件。甲公司进行会计处理时,应编制的会计分录如下:

借:应收账款　　　　　　　　　　　　　　　　　　237 000
　　贷:主营业务收入　　　　　　　　　　　　　　　　200 000
　　　　应交税费——应交增值税(销项税额)　　　　　34 000
　　　　银行存款　　　　　　　　　　　　　　　　　　3 000

2. 存在商业折扣条件下应收账款的会计处理

企业发生的应收账款,在存在商业折扣的情况下,应按扣除商业折扣后的金额入账。即按折扣后的金额,借记"应收账款"科目,按确认的销售收入,贷记"主营业务收入"科目,按确认的增值税,贷记"应交税费——应交增值税(销项税额)"科目。

【例 3-15】 2017 年 12 月 20 日,甲公司销售一批产品给乙公司,价款 600 000元,由于是成批销售,给购货方 5% 的商业折扣,金额为 30 000 元,销货方应收账款的入账金额为 570 000 元,适用增值税税率为 17%。甲公司进行会计处理时,应编制的会计分录如下:

借:应收账款　　　　　　　　　　　　　　　　　　666 900
　　贷:主营业务收入　　　　　　　　　　　　　　　　570 000
　　　　应交税费——应交增值税(销项税额)　　　　　96 900

3. 存在现金折扣条件下应收账款的会计处理

企业发生的应收账款,在存在现金折扣的情况下,采用总价法核算时,发生的现金折扣作为财务费用处理。即按照应收账款的总金额,借记"应收账款"科目,按确认的销售收入,贷记"主营业务收入"科目,按确认的增值税,贷记"应交税费——应交增值税(销项税额)"科目。收款时,按实际收款额,借记"银行存款"科目,按确认的现金折扣,借记"财务费用"科目,按原记录的应收账款,贷记"应收账款"科目。

【例 3-16】 2017 年 7 月 15 日,甲公司销售产品 400 000 元给乙公司,现金折扣条件为"2/10,1/20,n/30",适用的增值税税率为 17%,满足销售收入的确认条件。乙公司于 7 月 19 日支付了相关款项。假设对全部价款给予折扣。甲公司进行会计处理时,应编制的会计分录如下:

(1) 2017 年 7 月 15 日,销售商品时:

借:应收账款　　　　　　　　　　　　　　　　　　468 000

贷：主营业务收入　　　　　　　　　　　　　　　　　　　　400 000
　　　　　应交税费——应交增值税（销项税额）　　　　　　　 68 000
（2）2017 年 7 月 19 日，收到货款时：
　　借：银行存款　　　　　　　　　　　　　　　　　　　　　458 640
　　　　财务费用　　　　　　　　　　　　　　　　　　　　　　9 360
　　　贷：应收账款　　　　　　　　　　　　　　　　　　　　　468 000
（3）如果 2017 年 7 月 29 日收到货款：
　　借：银行存款　　　　　　　　　　　　　　　　　　　　　463 320
　　　　财务费用　　　　　　　　　　　　　　　　　　　　　　4 680
　　　贷：应收账款　　　　　　　　　　　　　　　　　　　　　468 000
（4）如果 2017 年 8 月 10 日收到货款：
　　借：银行存款　　　　　　　　　　　　　　　　　　　　　468 000
　　　贷：应收账款　　　　　　　　　　　　　　　　　　　　　468 000

三、预付款项

预付款项是指企业按照购货合同或劳务合同规定，预先支付给供货方或提供劳务方的账款。

企业应当设置"预付账款"账户，核算预付款项的增减变动及其结存情况。预付款项情况不多的企业，可以不设置"预付账款"账户，而直接通过"应付账款"账户核算。该账户按照供货单位或提供劳务单位进行明细核算。

企业根据购货合同的规定向供应单位预付货款时，借记"预付账款"科目，贷记"银行存款"科目。企业收到所购物资，按应计入购入物资成本的金额，借记"材料采购""原材料""库存商品""应交税费——应交增值税（进项税额）"等科目，贷记"预付账款"科目；当预付货款小于采购货物所需支付的款项时，应将不足部分补付，借记"预付账款"科目，贷记"银行存款"科目；当预付货款大于采购货物所需支付的款项时，对收回的多余款项应借记"银行存款"科目，贷记"预付账款"科目。

【例 3-17】 2017 年 8 月 6 日，甲公司根据合同向乙公司预付 A 材料的货款 200 000 元，9 月 6 日收到 A 材料，取得的增值税专用发票中注明的价款为 400 000 元，增值税税额为 68 000 元，9 月 8 日向乙公司补付货款。甲公司对原材料按实际成本核算。甲公司进行会计处理时，应编制的会计分录如下：

（1）2017 年 8 月 6 日，预付货款时：
　　借：预付账款　　　　　　　　　　　　　　　　　　　　　200 000
　　　贷：银行存款　　　　　　　　　　　　　　　　　　　　　200 000
（2）2017 年 9 月 6 日，收到商品时：
　　借：原材料　　　　　　　　　　　　　　　　　　　　　　400 000

　　　　应交税费——应交增值税（进项税额）　　　　　　68 000
　　　　　贷：预付账款　　　　　　　　　　　　　　　　　　468 000
　（3）2017年9月8日，补付货款时：
　　　　借：预付账款　　　　　　　　　　　　　　　　　　268 000
　　　　　贷：银行存款　　　　　　　　　　　　　　　　　　268 000

若企业不设"预付账款"账户，企业将预付的货款记入"应付账款"账户的借方。

　（1）2017年8月6日，预付货款时：
　　　　借：应付账款　　　　　　　　　　　　　　　　　　200 000
　　　　　贷：银行存款　　　　　　　　　　　　　　　　　　200 000
　（2）2017年9月6日，收到商品时：
　　　　借：原材料　　　　　　　　　　　　　　　　　　　400 000
　　　　应交税费——应交增值税（进项税额）　　　　　　68 000
　　　　　贷：应付账款　　　　　　　　　　　　　　　　　　468 000
　（3）2017年9月8日，补付货款时：
　　　　借：应付账款　　　　　　　　　　　　　　　　　　268 000
　　　　　贷：银行存款　　　　　　　　　　　　　　　　　　268 000

四、其他应收款

其他应收款是指企业除应收票据、应收账款、预付款项等以外的其他各种应收及暂付款项[①]。其主要内容包括：（1）应收的各种赔款、罚款，如因企业财产等遭受意外损失而应向有关保险公司收取的赔款等；（2）应收的出租包装物租金；（3）应向职工收取的各种垫付款项，如为职工垫付的水电费、应由职工负担的医药费、房租费等；（4）存出保证金，如租入包装物支付的押金；（5）其他各种应收、暂付款项。

为了反映其他应收账款的增减变动及其结存情况，企业应当设置"其他应收款"账户进行核算。"其他应收款"账户的借方登记其他应收款的增加，贷方登记其他应收款的收回，期末余额一般在借方，反映企业尚未收回的其他应收款项。该账户应按对方单位（或个人）进行明细核算。

【例3-18】 甲公司在采购过程中发生材料毁损，按保险合同规定，应由新华保险公司赔偿损失60 000元，赔款尚未收到。甲公司进行会计处理时，应编制的会计分录如下：

　　　　借：其他应收款　　　　　　　　　　　　　　　　　　60 000

[①] 根据财政部财会〔2018〕15号文件的规定，在编制资产负债表时，应将"应收利息""应收股利"的余额并入该项目反映。特此说明。

贷：材料采购　　　　　　　　　　　　　　　　　　　　　　　60 000

【例3-19】　沿用【例3-18】资料，上述保险公司赔款如数收到。甲公司进行会计处理时，应编制的会计分录如下：

　　借：银行存款　　　　　　　　　　　　　　　　　　　　　　　60 000
　　　贷：其他应收款　　　　　　　　　　　　　　　　　　　　　　60 000

【例3-20】　甲公司以银行存款替副总经理赵宏垫付应由其个人负担的医疗费4 000元，拟从其工资中扣回。甲公司进行会计处理时，应编制的会计分录如下：

（1）垫支时：

　　借：其他应收款　　　　　　　　　　　　　　　　　　　　　　 4 000
　　　贷：银行存款　　　　　　　　　　　　　　　　　　　　　　　 4 000

（2）扣款时：

　　借：应付职工薪酬——工资　　　　　　　　　　　　　　　　　 4 000
　　　贷：其他应收款　　　　　　　　　　　　　　　　　　　　　　 4 000

【例3-21】　甲公司租入包装物一批，以银行存款向出租方乙公司支付押金30 000元。甲公司进行会计处理时，应编制的会计分录如下：

　　借：其他应收款　　　　　　　　　　　　　　　　　　　　　　30 000
　　　贷：银行存款　　　　　　　　　　　　　　　　　　　　　　　30 000

【例3-22】　沿用【例3-21】资料，租入包装物按期如数退回，甲公司收到出租方退还的押金30 000元，已收存银行。甲公司进行会计处理时，应编制的会计分录如下：

　　借：银行存款　　　　　　　　　　　　　　　　　　　　　　　30 000
　　　贷：其他应收款　　　　　　　　　　　　　　　　　　　　　　30 000

五、应收款项减值

企业应当在资产负债表日对应收款项的账面价值进行检查，有客观证据表明该应收款项发生减值的，应当将该应收款项的账面价值减记至预计未来现金流量现值，减记的金额确认减值损失，计提坏账准备。

企业应当设置"坏账准备"账户，核算应收款项的坏账准备计提、转销等情况。企业当期计提的坏账准备应当计入信用减值损失。"坏账准备"账户的贷方登记当期计提的坏账准备金额，借方登记实际发生的坏账损失金额和冲减的坏账准备金额，期末余额一般在贷方，反映企业已计提但尚未转销的坏账准备。

坏账准备可以按以下公式计算：

$$\text{当期应计提的坏账准备} = \text{当期按应收款项计算应提坏账准备金额} - (\text{或} +) \text{"坏账准备"账户的贷方（或借方）余额}$$

企业计提坏账准备时，按应减记的金额，借记"信用减值损失"科目，贷记"坏账准备"科目。冲减多计提的坏账准备时，借记"坏账准备"科目，贷记"信用减值损失"科目。

【例 3-23】 2017 年 12 月 31 日,甲公司对应收乙公司的账款进行减值测试。应收账款余额合计为 300 000 元,甲公司根据乙公司的资信情况确定按 10% 计提坏账准备。2017 年末,甲公司进行会计处理时,应编制的会计分录如下:

借:信用减值损失 30 000
　　贷:坏账准备 30 000

企业确实无法收回的应收款项按管理权限报经批准后作为坏账转销时,应当冲减已计提的坏账准备。企业发生坏账损失时,借记"坏账准备"科目,贷记"应收账款""其他应收款"等科目。

【例 3-24】 沿用【例 3-23】资料,甲公司 2018 年对乙公司的应收账款实际发生坏账损失 10 000 元。确认坏账损失时,甲公司进行会计处理时,应编制的会计分录如下:

借:坏账准备 10 000
　　贷:应收账款 10 000

【例 3-25】 沿用【例 3-23】和【例 3-24】资料,甲公司 2018 年末应收乙公司的账款余额为 600 000 元,经减值测试,甲公司决定仍按 10% 计提坏账准备。

根据甲公司坏账核算方法,其"坏账准备"账户应保持的贷方余额为 60 000 元 (600 000×10%);计提坏账准备前,"坏账准备"账户的实际余额为贷方 20 000 元 (30 000-10 000),因此本年末应计提的坏账准备金额为 40 000 元 (60 000-20 000)。甲公司进行会计处理时,应编制的会计分录如下:

借:信用减值损失 40 000
　　贷:坏账准备 40 000

已确认并转销的应收款项以后又收回的,应当按照实际收到的金额增加坏账准备的账面余额,借记"应收账款""其他应收款"等科目,贷记"坏账准备"科目;同时,借记"银行存款"科目,贷记"应收账款""其他应收款"等科目。也可以按照实际收回的金额,借记"银行存款"科目,贷记"坏账准备"科目。

【例 3-26】 2018 年 4 月 20 日,甲公司收到 2017 年已转销的坏账 50 000 元,已存入银行。甲公司进行会计处理时,应编制的会计分录如下:

借:应收账款 50 000
　　贷:坏账准备 50 000
借:银行存款 50 000
　　贷:应收账款 50 000

或:

借:银行存款 50 000
　　贷:坏账准备 50 000

第三节 存 货

一、概述

(一) 存货的概念与分类

存货是指企业在日常活动中持有以备出售的产成品或商品、处在生产过程中的在产品、在生产过程或提供劳务过程中耗用的材料和物料等，包括各类材料、在产品、半成品、产成品、商品以及包装物、低值易耗品等。

(1) 原材料，是指企业在生产过程中经加工改变其形态或性质并构成产品主要实体的各种原料及主要材料、辅助材料、燃料、修理用备件（备品备件）、包装材料、外购半成品（外购件）等。

(2) 在产品，是指企业正在制造尚未完工的产品，包括正在各个生产工序加工的产品和已加工完毕但尚未检验或已检验但尚未办理入库手续的产品。

(3) 半成品，是指经过一定生产过程并已检验合格交付半成品仓库保管，但尚未制造完工成为产成品，仍需进一步加工的中间产品。

(4) 产成品，是指工业企业已经完成全部生产过程并已验收入库，可以按照合同规定的条件送交订货单位，或者可以作为商品对外销售的产品。企业接受外来原材料加工制造的代制品和为外单位加工修理的代修品，制造和修理完成验收入库后，应视同企业的产成品。

(5) 商品，是指商品流通企业外购或委托加工完成验收入库用于销售的各种商品。

(6) 包装物，是指为了包装本企业商品而储备的各种包装容器，如桶、箱、瓶、坛、袋等。其主要作用是盛装、装潢产品或商品。

(7) 低值易耗品，是指不能作为固定资产核算的各种用具物品，如工具、管理用具、玻璃器皿、劳动保护用品，以及在经营过程中周转使用的容器等。其特点是单位价值较低，或使用期限相对于固定资产较短，在使用过程中保持其原有实物形态基本不变。

(二) 存货取得成本的确定

存货应当按照成本进行初始计量。存货成本包括采购成本、加工成本和其他成本。

1. 存货的采购成本

存货的采购成本，包括购买价款、相关税费、运输费、装卸费、保险费以及其他可归属于存货采购成本的费用。其中，存货的购买价款是指企业购入的材料或商品的发票账单上列明的价款，但不包括按规定可以抵扣的增值税额。存货的相关税费是指企业购买存货发生的进口关税、消费税、资源税和不能抵扣的增值税进项税额以及相应的教育费附加等应计入存货采购成本的税费。其他可归属于存货采购成本的费用是指采购成本中除上述各项以外的可归属于存货采购的费用，如在存货采购过程中发生的仓储费、包装费、运输途中的合理损耗、入库前的挑选整理费用等。

商品流通企业在采购商品过程中发生的运输费、装卸费、保险费以及其他可归属于存货采购成本的费用等进货费用，应当计入存货采购成本，也可以先进行归集，期末根据所购商品的存销情况进行分摊。对于已售商品的进货费用，计入当期损益（"主营业务成本"账户）；对于未售商品的进货费用，计入期末存货成本。商品流通企业采购商品的进货费用金额较小的，可以在发生时直接计入当期损益。

2. 存货的加工成本

存货的加工成本是指在存货的加工过程中发生的追加费用，包括直接人工以及按照一定方法分配的制造费用。直接人工是指企业在生产产品和提供劳务过程中发生的直接从事产品生产和劳务提供人员的职工薪酬。制造费用是指企业为生产产品和提供劳务而发生的各项间接费用。

3. 存货的其他成本

存货的其他成本是指除采购成本、加工成本以外的，使存货达到目前场所和状态所发生的其他支出。企业设计产品发生的设计费用通常应计入当期损益，但是为特定客户设计产品所发生的、可直接确定的设计费用应计入存货的成本。

存货的来源不同，其成本的构成内容也不同。原材料、商品、低值易耗品等通过购买而取得的存货的成本由采购成本构成；产成品、在产品、半成品等自制或需委托外单位加工完成的存货的成本由采购成本、加工成本以及使存货达到目前场所和状态所发生的其他支出构成。实务中具体按以下原则确定：

（1）购入的存货，其成本包括：买价、运杂费（包括运输费、装卸费、保险费、包装费、仓储费等）、运输途中的合理损耗、入库前的挑选整理费用（包括挑选整理中发生的工、费支出和挑选整理过程中所发生的数量损耗，并扣除回收的下脚废料价值）以及按规定应计入成本的税费和其他费用。

（2）自制的存货，包括自制原材料、自制包装物、自制低值易耗品、自制半成品及库存商品等，其成本包括直接材料、直接人工和制造费用等的各项实际支出。

（3）委托外单位加工完成的存货，包括加工后的原材料、包装物、低值易耗品、半成品、产成品等，其成本包括实际耗用的原材料或者半成品、加工费、装卸费、保险费、委托加工的往返运输费等费用以及按规定应计入成本的税费。

（4）盘盈的存货，应按其重置成本作为入账价值，并通过"待处理财产损溢"科目进行会计处理，按管理权限报经批准后，冲减当期管理费用。

但是，下列费用不应计入存货成本，而应在其发生时计入当期损益。

（1）非正常消耗的直接材料、直接人工和制造费用，应在发生时计入当期损益，不应计入存货成本。如由于自然灾害而发生的直接材料、直接人工和制造费用，由于这些费用的发生无助于使该存货达到目前场所和状态,不应计入存货成本,而应确认为当期损益。

(2) 仓储费用,指企业在存货采购入库后发生的储存费用,应在发生时计入当期损益。但是,在生产过程中为达到下一个生产阶段所必需的仓储费用应计入存货成本。如某种酒类产品生产企业为使生产的酒达到规定的产品质量标准,而必须发生的仓储费用,应计入酒的成本,而不应计入当期损益。

(3) 不能归属于使存货达到目前场所和状态的其他支出,应在发生时计入当期损益,不得计入存货成本。

(三) 发出存货的计价方法

日常工作中,企业发出的存货,可以按实际成本核算,也可以按计划成本核算。如采用计划成本核算,会计期末应调整为实际成本。

企业应当根据各类存货的实物流转方式、企业管理的要求、存货的性质等实际情况,合理地确定发出存货成本的计算方法,以及当期发出存货的实际成本。对于性质和用途相同的存货,应当采用相同的成本计算方法确定发出存货的成本。在实际成本核算方式下,企业可以采用的发出存货成本的计价方法包括个别计价法、先进先出法、月末一次加权平均法和移动加权平均法等。

1. 个别计价法

个别计价法亦称个别认定法、具体辨认法、分批实际法,采用这一方法是假设存货具体项目的实物流转与成本流转相一致,按照各种存货逐一辨认各批发出存货和期末存货所属的购进批别或生产批别,分别按其购入或生产时所确定的单位成本计算各批发出存货和期末存货成本的方法。在这种方法下,是把每一种存货的实际成本作为计算发出存货成本和期末存货成本的基础。

个别计价法的成本计算准确,符合实际情况,但在存货收发频繁情况下,其发出成本分辨的工作量较大。因此,这种方法适用于一般不能替代使用的存货、为特定项目专门购入或制造的存货以及提供的劳务,如珠宝、名画等贵重物品。

【例 3-27】 甲公司 2017 年 9 月 A 商品的收入、发出及结存资料如表 3-2 所示。经过具体辨认,本期发出 A 商品的情况如下:9 月 11 日发出的 400 件中,200 件系期初结存的,200 件为 5 日购入的;9 月 20 日发出的 200 件系 16 日购入的;9 月 27 日发出的 200 件中,100 件为期初结存的,100 件为 23 日购入的。则按照个别计价法,甲公司 9 月份 A 商品本期收入、发出与结存情况如表 3-3 所示。

表 3-2　　　　　　　　　A 商品收发结存登记表　　　　　　　　金额单位:元

数量单位:件

日期		摘要	收入			发出			结存		
月	日		数量	单价	金额	数量	单价	金额	数量	单价	金额
9	1	期初余额							300	10	3 000

续表

日期		摘要	收入			发出			结存		
月	日		数量	单价	金额	数量	单价	金额	数量	单价	金额
	5	购入	200	12	2 400				500		
	11	销售				400			100		
	16	购入	400	14	5 600				500		
	20	销售				200			300		
	23	购入	200	15	3 000				500		
	27	销售				200			300		
	30	本期合计	800	—	11 000	800	—		300		

表3-3　　　　　　　　A 商品明细账（个别计价法）　　　　　金额单位：元
　　　　　　　　　　　　　　　　　　　　　　　　　　　　数量单位：件

日期		摘要	收入			发出			结存		
月	日		数量	单价	金额	数量	单价	金额	数量	单价	金额
9	1	期初余额							300	10	3 000
	5	购入	200	12	2 400				300 200	10 12	3 000 2 400
	11	销售				200 200	10 12	2 000 2 400	100	10	1 000
	16	购入	400	14	5 600				100 400	10 14	1 000 5 600
	20	销售				200	14	2 800	100 200	10 14	1 000 2 800
	23	购入	200	15	3 000				100 200 200	10 14 15	1 000 2 800 3 000
	27	销售				100 100	10 15	1 000 1 500	200 100	14 15	2 800 1 500
	30	本期合计	800	—	11 000	800	—	9 700	200 100	14 15	2 800 1 500

2. 先进先出法

先进先出法，是指以先购入的存货应先发出（销售或耗用）这样一种存货实物流动假设为前提，对发出存货进行计价的一种方法。采用这种方法，先购入的存货成本在后购入存货成本之前转出，据此确定发出存货和期末存货的成本。具体方法是：收入存货时，逐笔登记收入存货的数量、单价和金额；发出存货时，按照先进先出的原则逐笔登记存货的发出成本和结存金额。

先进先出法可以随时结转存货发出成本，但较繁琐；如果存货收发业务较多，且存货单价不稳定时，其工作量较大。在物价持续上升时，期末存货成本接近于市价，而发出成本偏低，会高估企业当期利润和库存存货价值；反之，会低估企业存货价值和当期利润。

【例3-28】 沿用【例3-27】资料，假设甲公司采用先进先出法对发出存货进行计价，则A商品本期收入、发出和结存情况如表3-4所示。

表3-4　　　　　　　　A商品明细账（先进先出法）　　　　　金额单位：件
　　　　　　　　　　　　　　　　　　　　　　　　　　　　　数量单位：件

日期		摘要	收入			发出			结存		
月	日		数量	单价	金额	数量	单价	金额	数量	单价	金额
9	1	期初余额							300	10	3 000
	5	购入	200	12	2 400				300 200	10 12	3 000 2 400
	11	销售				300 100	10 12	3 000 1 200	100	12	1 200
	16	购入	400	14	5 600				100 400	12 14	1 200 5 600
	20	销售				100 100	12 14	1 200 1 400	300	14	4 200
	23	购入	200	15	3 000				300 200	14 15	4 200 3 000
	27	销售				200	14	2 800	100 200	14 15	1 400 3 000
	30	本期合计	800	—	11 000	800	—	9 600	100 200	14 15	1 400 3 000

3. 月末一次加权平均法

月末一次加权平均法，是指以本月全部进货数量加上月初存货数量作为权数，去除本月全部进货成本加上月初存货成本，计算出存货的加权平均单位成本，以此为基础计算本月发出存货的成本和期末存货的成本的一种方法。计算公式如下：

$$存货单位成本 = \frac{月初库存存货的实际成本 + \sum\left(本月各批进货的实际单位成本 \times 本月各批进货的数量\right)}{月初库存存货数量 + 本月各批进货数量之和}$$

本月发出存货的成本＝本月发出存货的数量×存货单位成本

本月月末库存存货成本＝月末库存存货的数量×存货单位成本

或

$$\frac{\text{本月月末库}}{\text{存存货成本}} = \frac{\text{月初库存存货}}{\text{的实际成本}} + \frac{\text{本月收入存货}}{\text{的实际成本}} - \frac{\text{本月发出存货}}{\text{的实际成本}}$$

采用加权平均法只在月末一次计算加权平均单价，比较简单，有利于简化成本计算工作，但由于平时无法从账上提供发出和结存存货的单价及金额，因此不利于存货成本的日常管理与控制。

【例 3 - 29】 沿用【例 3 - 27】资料，甲公司采用月末一次加权平均法计算的 A 商品本月加权平均单位成本及本月发出和期末结存成本如下：

$$\text{9月份A商品加权平均单位成本} = \frac{300 \times 10 + 200 \times 12 + 400 \times 14 + 200 \times 15}{300 + 200 + 400 + 200} = 12.73（元/件）$$

9月份 A 商品的发出成本 = 800 × 12.73 = 10 184（元）

9月份 A 商品的期末结存成本 = 3 000 + 11 000 - 10 184 = 3 816（元）

甲公司采用月末一次加权平均法对发出存货进行计价时，A 商品本期收入、发出和结存情况如表 3 - 5 所示。

表 3 - 5　　　　　A 商品明细账（月末一次加权平均法）　　　金额单位：元
　　　　　　　　　　　　　　　　　　　　　　　　　　　　　　　数量单位：件

日期		摘要	收入			发出			结存		
月	日		数量	单价	金额	数量	单价	金额	数量	单价	金额
9	1	期初余额							300	10	3 000
	5	购入	200	12	2 400				500		
	11	销售				400			100		
	16	购入	400	14	5 600				500		
	20	销售				200			300		
	23	购入	200	15	3 000				500		
	27	销售				200			300		
	30	本期合计	800	—	11 000	800	12.73	10 184	300	12.73	3 816

4. 移动加权平均法

移动加权平均法，是指以每次进货的成本加上原有库存存货的成本，除以每次进货数量加上原有库存存货的数量，据以计算加权平均单位成本，作为在下次进货前计算各次发出存货成本依据的一种方法。计算公式如下：

$$\text{存货单位成本} = \frac{\text{原有库存存货的实际成本} + \text{本次进货的实际成本}}{\text{原有库存存货数量} + \text{本次进货数量}}$$

本次发出存货的成本 = 本次发出存货数量 × 本次发货前存货的单位成本

本月月末库存存货成本 = 月末库存存货的数量 × 本月月末存货单位成本

采用移动加权平均法能够使企业管理当局及时了解存货的结存情况，计算的平均单位成本以及发出和结存的存货成本比较客观。但由于每次收货都要计算一次平均单价，计算工作量较大，对收发货较频繁的企业不适用。

【例 3-30】 沿用【例 3-27】资料，甲公司采用移动加权平均法计算的 A 商品每次进货后的加权平均单位成本及本月发出和期末结存成本如下：

$$9月5日进货后 A 商品加权平均单位成本 = \frac{300 \times 10 + 200 \times 12}{300 + 200} = 10.8（元/件）$$

9 月 11 日 A 商品的发出成本 = $400 \times 10.8 = 4\,320$（元）

$$9月16日进货后 A 商品加权平均单位成本 = \frac{100 \times 10.8 + 400 \times 14}{100 + 400} = 13.36（元/件）$$

9 月 20 日 A 商品的发出成本 = $200 \times 13.36 = 2\,672$（元）

$$9月23日进货后 A 商品加权平均单位成本 = \frac{300 \times 13.36 + 200 \times 15}{300 + 200} = 14.016（元/件）$$

9 月 27 日 A 商品的发出成本 = $200 \times 14.016 = 2\,803.20$（元）

9 月份 A 商品的发出成本 = $4\,320 + 2\,672 + 2\,803.20 = 9\,795.2$（元）

9 月份 A 商品的期末结存成本 = $3\,000 + 11\,000 - 9\,795.20 = 4\,204.8$（元）

甲公司采用移动加权平均法对发出存货进行计价时，A 商品本期收入、发出和结存情况如表 3-6 所示。

表 3-6　　　　　　A 商品明细账（移动加权平均法）　　　　　金额单位：元
　　　　　　　　　　　　　　　　　　　　　　　　　　　　　　　　数量单位：件

日期		摘要	收入			发出			结存		
月	日		数量	单价	金额	数量	单价	金额	数量	单价	金额
9	1	期初余额							300	10	3 000
	5	购入	200	12	2 400				500	10.8	5 400
	11	销售				400	10.8	4 320	100	10.8	1 080
	16	购入	400	14	5 600				500	13.36	6 680
	20	销售				200	13.36	2 672	300	13.36	4 008
	23	购入	200	15	3 000				500	14.016	7 008
	27	销售				200	14.016	2 803.2	300	14.016	4 204.8
	30	本期合计	800	—	11 000	800			300	14.016	4 204.8

二、原材料

原材料是指企业在生产过程中经过加工改变其形态或性质并构成产品主要实体的各种原料、主要材料和外购半成品,以及不构成产品实体但有助于产品形成的辅助材料。原材料具体包括原料及主要材料、辅助材料、外购半成品(外购件)、修理用备件(备品备件)、包装材料、燃料等。原材料的日常收发及结存,可以采用实际成本核算,也可以采用计划成本核算①。

材料按实际成本计价核算时,材料的收发及结存,无论总分类核算还是明细分类核算,均按照实际成本计价。企业需要设置"原材料"、"在途物资"等账户,"原材料"账户的借方、贷方及余额均以实际成本计价,不存在成本差异的计算与结转问题。但采用实际成本核算,日常反映不出材料成本是节约还是超支,从而不能反映和考核物资采购业务的经营成果。因此这种方法通常适用于材料收发业务较少的企业。

"原材料"账户,用于核算库存各种材料的收发与结存情况。在原材料按实际成本核算时,该账户的借方登记入库材料的实际成本,贷方登记发出材料的实际成本,期末余额在借方,反映企业库存材料的实际成本。在该账户下,应按照原材料的保管地点、材料的类别、品种和规格设置"原材料明细账"进行明细分类核算。

"在途物资"账户,用于核算企业采用实际成本(进价)进行材料、商品等物资的日常核算、货款已付但尚未验收入库的各种物资(即在途物资)的采购成本,该账户应按供应单位和物资品种进行明细核算。该账户的借方登记企业购入的在途物资的实际成本,贷方登记验收入库的在途物资的实际成本,期末余额在借方,反映企业在途物资的采购成本。

(一)购入材料

由于支付方式不同,原材料入库的时间与付款的时间可能一致,也可能不一致,在会计处理上也有所不同。

(1)单货同到。对于发票账单与材料同时到达的采购业务,企业在支付货款、材料验收入库后,应根据结算凭证、发票和收料单等确定的材料实际成本,借记"原材料"科目,对于增值税一般纳税人而言,根据增值税专用发票上注明的增值税额,借记"应交税费——应交增值税(进项税额)"科目,按照实际支付的款项,贷记"银行存款"等科目。

【例3-31】 甲公司购入A材料一批,取得的增值税专用发票上注明的价款为100 000元,增值税税额为17 000元,全部款项已用转账支票付讫,材料已验收入库。甲公司进行会计处理时,应编制的会计分录如下:

---

① 计划成本法核算严格意义上属于成本会计范畴,考虑到本教材的使用对象为非会计学专业的学生,因此本教材对此不再详述。

借：原材料　　　　　　　　　　　　　　　　　　　　　　100 000
　　应交税费——应交增值税（进项税额）　　　　　　　　17 000
　　　贷：银行存款　　　　　　　　　　　　　　　　　　117 000

【例 3-32】 甲公司持银行汇票 234 000 元购入 B 材料一批，取得的增值税专用发票上注明的价款为 200 000 元，增值税税额为 34 000 元，材料已验收入库。甲公司进行会计处理时，应编制的会计分录如下：

借：原材料　　　　　　　　　　　　　　　　　　　　　　200 000
　　应交税费——应交增值税（进项税额）　　　　　　　　34 000
　　　贷：其他货币资金——银行汇票　　　　　　　　　　234 000

【例 3-33】 甲公司购入 C 材料一批，取得的增值税专用发票上注明的价款为 80 000 元，增值税税额为 13 600 元，款项在期限内以银行存款支付，材料已验收入库。甲公司进行会计处理时，应编制的会计分录如下：

借：原材料　　　　　　　　　　　　　　　　　　　　　　80 000
　　应交税费——应交增值税（进项税额）　　　　　　　　13 600
　　　贷：银行存款　　　　　　　　　　　　　　　　　　93 600

（2）单到货未到。对于发票账单已到达企业，但材料尚未到达（或尚未验收入库）的业务，应根据结算凭证、发票账单等，借记"在途物资"、"应交税费——应交增值税（进项税额）"科目，贷记"银行存款"等科目；待材料到达验收入库后，再根据收料单，借记"原材料"科目，贷记"在途物资"科目。

【例 3-34】 甲公司采用汇兑结算方式购入 D 材料一批，发票及账单已收到，增值税专用发票上注明的价款为 200 000 元，增值税税额为 34 000 元，材料尚未到达。甲公司进行会计处理时，应编制的会计分录如下：

借：在途物资　　　　　　　　　　　　　　　　　　　　　200 000
　　应交税费——应交增值税（进项税额）　　　　　　　　34 000
　　　贷：银行存款　　　　　　　　　　　　　　　　　　234 000

【例 3-35】 沿用【例 3-34】资料，上述购入的 D 材料已收到，并验收入库。甲公司进行会计处理时，应编制的会计分录如下：

借：原材料　　　　　　　　　　　　　　　　　　　　　　234 000
　　　贷：在途物资　　　　　　　　　　　　　　　　　　234 000

（3）货到单未到或料到款未付。这要区分两种情况分别处理：第一种情况是，发票账单与所购存货同时到达，但销售方给予购货方商业信用，允许其延期付款，这时应按照计入存货成本的金额，借记"原材料"科目，按照增值税进项税额，借记"应交税费——应交增值税（进项税额）"科目，按照应付的金额，贷记"应付账款"科目。第二种情况是，所购存货已经到达，但发票账单尚未到达，此时，由于无法确定实际成本，期末应按照暂估价值先入账，但是，下期初用红字会计分录予以冲回，收到发票账单后再按照实际金额记账。即，对于材料已到达并已验收入库，但发票账单等结算凭证未到，货款尚未支付的采购业务，应于期末，按材料的暂估价值，借记"原材料"科目，贷记"应付账款"科目。下期初作红字会计分录予以冲回，以便下月付款或开出、承兑商业汇票后，按正常程序，借记"原材料""应交税费——应交增值税（进项税额）"科目，贷记"银行存款""应付票据"等科目。

【例 3-36】 甲公司采用银行汇票结算方式购入 E 材料一批，取得的增值税专用发票上注明的价款为 100 000 元，增值税税额为 17 000 元，银行转来的结算凭证已到，款项尚未支付，材料已验收入库。甲公司进行会计处理时，应编制的会计分录如下：

借：原材料　　　　　　　　　　　　　　　　　　　　100 000
　　应交税费——应交增值税（进项税额）　　　　　　 17 000
　　贷：应付账款　　　　　　　　　　　　　　　　　　　117 000

【例 3-37】 甲公司采用商业汇票结算方式购入 F 材料一批，材料已验收入库，月末发票账单尚未收到也无法确定其实际成本，暂估价值为 60 000 元。甲公司进行会计处理时，应编制的会计分录如下：

①月末暂估入账时

借：原材料　　　　　　　　　　　　　　　　　　　　 60 000
　　贷：应付账款　　　　　　　　　　　　　　　　　　　 60 000

②下月初红字冲回时

借：原材料　　　　　　　　　　　　　　　　　　　　 60 000
　　贷：应付账款　　　　　　　　　　　　　　　　　　　 60 000

【例 3-38】 沿用【例 3-37】资料，上述购入的 F 材料于次月收到发票账单，增值税专用发票上注明的价款为 62 000 元，增值税税额为 10 540 元，已用银行存款付讫。甲公司进行会计处理时，应编制的会计分录如下：

借：原材料　　　　　　　　　　　　　　　　　　　　 62 000
　　应交税费——应交增值税（进项税额）　　　　　　 10 540
　　贷：银行存款　　　　　　　　　　　　　　　　　　　 72 540

（4）货款已经预付，材料尚未验收入库。

【例 3-39】 根据与某钢厂的购销合同规定，甲公司为购买 G 材料向该钢厂预付 300 000 元货款的 80%，计 240 000 元，已通过汇兑方式汇出。甲公司进行会计处理时，应编制的会计分录如下：

借：预付账款　　　　　　　　　　　　　　　　　　　240 000
　　贷：银行存款　　　　　　　　　　　　　　　　　　　240 000

【例 3-40】 沿用【例 3-39】资料，甲公司收到该钢厂发运来的 G 材料，已验收入库。取得的增值税专用发票上注明的价款为 300 000 元，增值税税额为 51 000 元，所欠款项以银行存款付讫。甲公司进行会计处理时，应编制的会计分录如下：

① 材料入库时

借：原材料　　　　　　　　　　　　　　　　　　　　300 000
　　应交税费——应交增值税（进项税额）　　　　　　 51 000
　　贷：预付账款　　　　　　　　　　　　　　　　　　　　351 000

② 补付货款时

借：预付账款　　　　　　　　　　　　　　　　　　　111 000
　　贷：银行存款　　　　　　　　　　　　　　　　　　　　111 000

（二）发出材料

企业发出材料时，应根据领用材料的单位和用途，将所耗用材料的实际成本（按照先进先出法、加权平均法或个别计价法等确定的实际成本）计入有关账户：基本生产车间生产产品耗用的，借记"生产成本——基本生产成本"科目；辅助生产车间生产产品或提供劳务耗用的，借记"生产成本——辅助生产成本"科目；各车间一般耗用的，借记"制造费用"科目；企业行政管理部门耗用的，借记"管理费用"科目；企业固定资产建造工程耗用的，借记"在建工程"科目；企业销售的材料借记"其他业务成本"科目等。在实际工作中，由于发料的次数频繁，领料凭证数量较多，为了简化核算手续，平时一般不直接根据领料凭证编制记账凭证，登记总账，而是对已签收和标价的领料凭证按各类材料的不同用途，陆续进行分类整理，月末再根据已分类汇兑的领料凭证编制"材料发出汇总表"，据以进行材料发出的总分类核算。

【例 3 – 41】 甲公司根据"发料凭证汇总表"的记录，2017 年 8 月份基本生产车间领用 A 材料 1 000 000 元，辅助生产车间领用 A 材料 80 000 元，车间管理部门领用 A 材料 10 000 元，企业行政管理部门领用 A 材料 8 000 元，计 1 098 000 元。甲公司进行会计处理时，应编制的会计分录如下：

借：生产成本——基本生产成本　　　　　　　　　　1 000 000
　　　　　　——辅助生产成本　　　　　　　　　　　　80 000
　　制造费用　　　　　　　　　　　　　　　　　　　　10 000
　　管理费用　　　　　　　　　　　　　　　　　　　　 8 000
　　贷：原材料　　　　　　　　　　　　　　　　　　　　1 098 000

三、委托加工物资

委托加工物资是指企业委托外单位加工的各种材料、商品等物资。企业委托外单位加工物资的成本包括加工中实际耗用物资的成本、支付的加工费用及应负担的运杂费等，支付的税金包括委托加工物资所应负担的消费税（指属于消费税应税范围的加工物资）、增值税等。

为了反映和监督委托加工物资增减变动及其结存情况，企业应当设置"委托加工物资"账户，借方登记委托加工物资的实际成本，贷方登记加工完成验收入库的物资的实际成本和剩余物资的实际成本,期末余额在借方,反映企业尚未完工的委托加工物资的实际成本和发出加工物资的运杂费等。委托加工物资也可以采用计划成本或售价进行核算,其方法与库存商品相似。

(一) 发出物资

【例 3-42】 甲公司委托某量具厂加工一批量具,发出材料一批,材料成本为 100 000 元,以银行存款支付运杂费 1 000 元。甲公司进行会计处理时,应编制的会计分录如下①:

(1) 发出材料时

借:委托加工物资　　　　　　　　　　　　　　　　100 000
　　贷:原材料　　　　　　　　　　　　　　　　　　　　100 000

(2) 支付运杂费时

借:委托加工物资　　　　　　　　　　　　　　　　1 000
　　贷:银行存款　　　　　　　　　　　　　　　　　　　1 000

需要说明的是,企业发给外单位加工物资时,如果采用计划成本或售价核算的,还应同时结转材料成本差异或商品进销差价,贷记或借记"材料成本差异"科目,或借记"商品进销差价"科目。

(二) 支付加工费

【例 3-43】 沿用【例 3-42】资料,甲公司以银行存款支付上述量具的加工费用 10 000 元。甲公司进行会计处理时,应编制的会计分录如下:

借:委托加工物资　　　　　　　　　　　　　　　　10 000
　　贷:银行存款　　　　　　　　　　　　　　　　　　　10 000

(三) 加工完成验收入库

【例 3-44】 沿用【例 3-43】和【例 3-42】资料,甲公司收回由量具厂代加工的量具,以银行存款支付运杂费 1 000 元。该量具已验收入库。甲公司进行会计处理时,应编制的会计分录如下:

(1) 支付运杂费时:

借:委托加工物资　　　　　　　　　　　　　　　　1 000
　　贷:银行存款　　　　　　　　　　　　　　　　　　　1 000

(2) 量具入库时:

借:周转材料　　　　　　　　　　　　　　　　　　112 000
　　贷:委托加工物资　　　　　　　　　　　　　　　　　112 000

【例 3-45】 甲公司委托乙公司加工商品一批(属于应税消费品) 200 000 件,有关经济业务如下:

---

① 此例中,暂未考虑增值税。特此说明。通常,委托加工物资发出材料、支付加工费和加工完毕运回,都可能会发生增值税,在会计核算时一定要注意。

(1) 9月20日,发出材料一批,材料成本为12 000 000元。甲公司进行会计处理时,应编制的会计分录如下:

借:委托加工物资　　　　　　　　　　　　　　　12 000 000
　　贷:原材料　　　　　　　　　　　　　　　　　　　　12 000 000

(2) 9月20日,支付商品加工费240 000元,支付应当交纳的消费税1 320 000元,该商品收回后用于连续生产,消费税可抵扣,甲公司和乙公司均为一般纳税人,适用增值税税率为17%。甲公司进行会计处理时,应编制的会计分录如下:

借:委托加工物资　　　　　　　　　　　　　　　　　240 000
　　应交税费——应交增值税(进项税额)　　　　　　　 40 800
　　　　　　——应交消费税　　　　　　　　　　　　 1 320 000
　　贷:银行存款　　　　　　　　　　　　　　　　　　　 1 600 800

(3) 10月8日,用银行存款支付往返运杂费20 000元(假定不考虑增值税)。甲公司进行会计处理时,应编制的会计分录如下:

借:委托加工物资　　　　　　　　　　　　　　　　　　20 000
　　贷:银行存款　　　　　　　　　　　　　　　　　　　　20 000

(4) 10月15日,上述商品200 000件(每件计划成本为60元)加工完毕,公司已办理验收入库手续。甲公司进行会计处理时,应编制的会计分录如下:

借:库存商品　　　　　　　　　　　　　　　　　12 260 000
　　贷:委托加工物资　　　　　　　　　　　　　　　　12 260 000

需要注意的是,需要交纳消费税的委托加工物资,由受托方代收代缴的消费税,收回后用于直接销售的,记入"委托加工物资"账户;收回后用于继续加工的,记入"应交税费——应交消费税"账户。

四、库存商品

(一) 库存商品的内容

库存商品是指企业已完成全部生产过程并已验收入库、合乎标准规格和技术条件,可以按照合同规定的条件送交订货单位,或可以作为商品对外销售的产品以及外购或委托加工完成验收入库用于销售的各种商品。库存商品具体包括库存产成品、外购商品、存放在门市部准备出售的商品、发出展览的商品、寄存在外的商品、接受来料加工制造的代制品和为外单位加工修理的代修品等。已完成销售手续但购买单位在月末未提取的产品,不应作为企业的库存商品,而应作为代管商品处理,单独设置代管商品备查簿进行登记。库存商品可以采用实际成本核算,也可以采用计划成本核算,其方法与原材料相似。采用计划成本核算时,库存商品实际成本与计划成本的差异,可单独设置"产品成本差异"账户核算。

为了反映和监督库存商品的增减变动及其结存情况,企业应当设置"库存商品"账户,借方登记验收入库的库存商品成本,贷方登记发出的库存商品成本,期末余额在借方,反映各种库存商品的实际成本或计划成本。

(二)库存商品的核算

1. 验收入库产品

对于库存商品采用实际成本核算的企业,当库存商品生产完成并验收入库时,应按实际成本,借记"库存商品"科目,贷记"生产成本"科目。

【例3-46】 甲公司"产品入库汇总表"记载,某月已验收入库A产品3 000台,实际单位成本10 000元,计30 000 000元;B产品4 000台,实际单位成本2 000元,计8 000 000元。甲公司进行会计处理时,应编制的会计分录如下:

借:库存商品　　　　　　　　　　　　　　　　38 000 000
　　贷:生产成本　　　　　　　　　　　　　　　　38 000 000

2. 销售库存产品

企业销售产品、确认收入时,应结转其销售成本,借记"主营业务成本"等科目,贷记"库存商品"科目。

【例3-47】 甲公司月末汇总的发出商品中,当月已实现销售的A产品有1 000台,B产品有3 000台。该月A产品实际单位成本10 000元,B产品实际单位成本2 000元。在结转其销售成本时,甲公司进行会计处理,应编制的会计分录如下:

借:主营业务成本　　　　　　　　　　　　　　16 000 000
　　贷:库存商品　　　　　　　　　　　　　　　　16 000 000

五、存货清查

为了保证企业存货的安全完整,做到账实相符,企业必须对存货进行定期或不定期的清查。

存货清查是指通过对存货的实地盘点,确定存货的实有数量,并与账面结存数核对,从而确定存货实存数与账面结存数是否相符的一种专门方法。

由于存货种类繁多、收发频繁,在日常收发过程中可能发生计量错误、计算错误、自然损耗,还可能发生损坏变质以及贪污、盗窃等情况,造成账实不符,形成存货的盘盈盘亏。对于存货的盘盈盘亏,应填写存货盘点报告(如实存账存对比表),及时查明原因,按照规定程序报批处理。

为了反映企业在财产清查中查明的各种存货的盘盈、盘亏和毁损情况,企业应当设置"待处理财产损溢"账户,借方登记存货的盘亏、毁损金额及盘盈的转销金额,贷方登记存货盘盈金额及盘亏的转销金额。企业清查的各种存货损溢,应在期末结账前处理完毕,期末处理后,该账户应无余额。该账户按照盘盈、盘亏或毁损的资产种类和项目进行明细核算。

(一)存货盘盈的核算

企业存货盘盈时,按照重置成本,借记"原材料"、"库存商品"等科目,贷记"待处理财产损溢"科目;按管理权限报经批准后,借记"待处理财产损溢"科目,贷记"管理费用"科目。

【例 3-48】 甲公司在财产清查中盘盈 A 原材料 2 000 千克，市场价格 100 元/千克，经查属于材料收发计量错误。甲公司进行会计处理时，应编制的会计分录如下：

（1）发现盘盈时：

借：原材料 200 000
　　贷：待处理财产损溢 200 000

（2）报经批准后：

借：待处理财产损溢 200 000
　　贷：管理费用 200 000

（二）存货盘亏或毁损的核算

企业发生存货盘亏或毁损时，借记"待处理财产损溢"科目，贷记"原材料""库存商品"等科目。企业的存货如果采用计划成本（或售价）核算的，还应同时结转成本差异（或商品进销差价）。涉及增值税的，还应进行相应处理。

盘亏、毁损的各项资产，按管理权限报经批准后处理时，按残料价值，借记"原材料"等科目；按可收回的保险赔偿或过失人赔偿，借记"其他应收款"科目；按"待处理财产损溢"账户的余额，贷记"待处理财产损溢"科目；扣除残料价值和应由保险公司、过失人赔款后的净损失，属于一般经营损失的部分，记入"管理费用"科目；属于非正常损失的部分，记入"营业外支出"科目。

【例 3-49】 甲公司在财产清查中发现盘亏 A 原材料 1 000 千克，实际单位成本 30 元，经查属于一般经营损失。甲公司进行会计处理时，应编制的会计分录如下：

（1）发现盘亏时：

借：待处理财产损溢 30 000
　　贷：原材料 30 000

（2）报经批准后：

借：管理费用 30 000
　　贷：待处理财产损溢 30 000

【例 3-50】 甲公司在财产清查时发现毁损 B 材料 200 千克，实际单位成本 50 元，经确认该批材料应负担的增值税税额为 1 700 元，经查属于材料保管员李斯的过失造成的，按规定由其个人赔偿 5 000 元，残料已办理入库手续，价值 1 000 元。甲公司进行会计处理时，应编制的会计分录如下：

（1）发现毁损时：

借：待处理财产损溢 11 700
　　贷：原材料 10 000
　　　　应交税费——应交增值税（进项税额转出） 1 700

(2) 由过失人赔款部分:
借:其他应收款   5 000
    贷:待处理财产损溢   5 000
(3) 残料入库时:
借:原材料   1 000
    贷:待处理财产损溢   1 000
(4) 报经批准后:
借:管理费用   5 700
    贷:待处理财产损溢   5 700

【例 3-51】 甲公司因暴雨造成一批 C 材料毁损,实际成本 50 000 元,经确认该批原材料应负担的增值税税额为 8 500 元,根据保险责任范围及保险合同规定,应由新华保险公司赔偿 40 000 元。甲公司进行会计处理时,应编制的会计分录如下:

(1) 发现毁损时:
借:待处理财产损溢   50 000
    贷:原材料   50 000
(2) 由保险公司赔款部分:
借:其他应收款   40 000
    贷:待处理财产损溢   40 000
(3) 报经批准后:
借:营业外支出   10 000
    贷:待处理财产损溢   10 000

六、存货期末计量

资产负债表日,企业存货应按成本与可变现净值孰低计量。其中,成本是指期末存货的实际成本,如果企业在存货成本的日常核算中采用计划成本法、售价金额核算法等简化核算方法,则成本为经调整后的实际成本。可变现净值是指在日常活动中,存货的估计售价减去至完工时估计将要发生的成本、估计的销售费用以及相关税费后的金额。存货成本高于其可变现净值的,应当计提存货跌价准备,计入当期损益。以前减记存货价值的影响因素已经消失的,减记的金额应当予以恢复,并在原已计提的存货跌价准备金额内转回,转回的金额计入当期损益。

(一) 可变现净值的特征

可变现净值具有以下基本特征:

(1) 确定存货可变现净值的前提是企业在进行日常活动,即企业在进行正常的生产经营活动。如果企业不是在进行正常的生产经营活动,比如企业处于清算过程,那么不能按存货准则的规定确定存货的可变现净值。

（2）可变现净值特征表现为存货的预计未来净现金流量，而不是存货的售价或合同价。企业预计的销售存货现金流量，并不完全等于存货的可变现净值。存货在销售过程中可能发生的销售费用和相关税费，以及为达到预定可销售状态还可能发生的加工成本等相关支出，构成现金流入的抵减项目。企业预计的销售存货现金流量，扣除这些抵减项目后，才能确定存货的可变现净值。

（3）不同存货可变现净值的构成不同：①产成品、商品和用于出售的材料等直接用于出售的商品存货，在正常生产经营过程中，应以该存货的估计售价减去估计的销售费用和相关税费后的金额确定其可变现净值；②需要经过加工的材料存货，在正常生产经营过程中，应以所生产的产成品的估计售价减去至完工时估计将要发生的成本、估计的销售费用和相关税费后的金额确定其可变现净值。

（二）确定存货的可变现净值应考虑的因素

企业在确定存货的可变现净值时，应以取得的确凿证据为基础，并且考虑持有存货的目的、资产负债表日后事项的影响等因素。

1. 确定存货的可变现净值应以取得确凿证据为基础

确定存货的可变现净值必须建立在取得的确凿证据的基础上。这里所讲的"确凿证据"是指对确定存货的可变现净值和成本有直接影响的客观证明。

（1）存货成本的确凿证据。存货的采购成本、加工成本和其他成本及以其他方式取得的存货的成本，应以取得外来原始凭证、生产成本账簿记录等作为确凿证据。

（2）存货可变现净值的确凿证据。存货可变现净值的确凿证据，是指对确定存货的可变现净值有直接影响的确凿证明，如产成品或商品的市场销售价格、与产成品或商品相同或类似商品的市场销售价格、销货方提供的有关资料和生产成本资料等。

2. 确定存货的可变现净值应考虑持有存货的目的

由于企业持有存货的目的不同，确定存货可变现净值的计算方法也不同。如用于出售的存货和用于继续加工的存货，其可变现净值的计算就不相同，因此，企业在确定存货的可变现净值时，应考虑持有存货的目的。

企业持有存货的目的通常可以分为如下几种：（1）持有以备出售，如商品、产成品，其中又分为有合同约定的存货和没有合同约定的存货；（2）将在生产过程或提供劳务过程中耗用，如材料等。

【例3-52】 2017年12月31日，甲公司库存A材料的账面价值（成本）为90万元，市场购买价格总额为80万元，假设不发生其他购买费用，由于A材料市场销售价格下降，市场上用A材料生产的B产品的市场价格也发生下降，用A材料生产的B产品的市场价格总额由225万元下降为202.50万元，将A材料加工成B产品尚需投入120万元，估计B产品销售费用及税金为8万元，估计A材料销售费用及税金为5万元。

【解析】

如果 A 材料直接用于出售，可变现净值 = 80 - 5 = 75（万元）；

如果 A 材料用于继续生产产品，应先比较利用 A 材料生产的 B 产品的成本与可变现净值，看其是否有减值。B 产品的可变现净值 = 202.5 - 8 = 194.5（万元），成本 = 90 + 120 = 210（万元），发生减值。因此，A 材料的可变现净值 = 202.5 - 8 - 120 = 74.5（万元）。

3. 确定存货的可变现净值应考虑资产负债表日后事项等的影响

在确定资产负债表日存货的可变现净值时，不仅要考虑资产负债表日与该存货相关的价格与成本波动，而且还应考虑未来的相关事项。资产负债表日后财务报告批准报出日之前，如果出售在资产负债表日已存在的存货，出售价格是证明资产负债表日存货可变现净值的重要依据。

（三）存货减值的迹象

存货存在下列情形之一的，通常表明存货的可变现净值低于成本：(1) 该存货的市场价格持续下跌，并且在可预见的未来无回升的希望；(2) 企业使用该项原材料生产的产品的成本大于产品的销售价格；(3) 企业因产品更新换代，原有库存原材料已不适应新产品的需要，而该原材料的市场价格又低于其账面成本；(4) 因企业所提供的商品或劳务过时或消费者偏好改变而使市场的需求发生变化，导致市场价格逐渐下跌；(5) 其他足以证明该项存货实质上已经发生减值的情形。

企业存货存在下列情形之一的，通常表明存货的可变现净值为零：(1) 已霉烂变质的存货；(2) 已过期且无转让价值的存货；(3) 生产中已不再需要，并且已无使用价值和转让价值的存货；(4) 其他足以证明已无使用价值和转让价值的存货。

（四）存货跌价准备计提的方法

1. 企业通常应当按照单个存货项目计提存货跌价准备

企业在计提存货跌价准备时通常应当以单个存货项目为基础。在企业采用计算机信息系统进行会计处理的情况下，完全有可能做到按单个存货项目计提存货跌价准备。在这种方式下，企业应将每个存货项目的成本与其可变现净值逐一进行比较，按较低者计量存货，并且按成本高于可变现净值的差额计提存货跌价准备。这就要求企业应根据管理要求和存货的特点，明确规定存货项目的确定标准。比如，将某一型号和规格的材料作为一个存货项目、将某一品牌和规格的商品作为一个存货项目等。

2. 对于数量繁多、单价较低的存货，可以按存货类别计提存货跌价准备

如果某一类存货的数量繁多并且单价较低，企业可以按存货类别计量成本与可变现净值，即按存货类别的成本的总额与可变现净值的总额进行比较，每个存货类别均取较低者确定存货期末价值。

3. 与在同一地区生产和销售的产品系列相关、具有相同或类似最终用途或目的，且难以与其他项目分开计量的存货，可以合并计提存货跌价准备

存货具有相同或类似最终用途或目的，并在同一地区生产和销售，意味着存货所处的经济环境、法律环境、市场环境等相同，具有相同的风险和报酬。因此，在

这种情况下可以对该存货进行合并计提存货跌价准备。

（五）存货跌价准备的会计处理

企业应当设置"存货跌价准备"账户，核算存货的存货跌价准备，贷方登记计提的存货跌价准备金额，借方登记实际发生的存货跌价损失金额和冲减的存货跌价准备金额，期末余额一般在贷方，反映企业已计提但尚未转销的存货跌价准备。

当存货成本高于其可变现净值时，企业应当按照存货可变现净值低于成本的差额，借记"资产减值损失"科目，贷记"存货跌价准备"科目。

转回已计提的存货跌价准备金额时，按恢复增加的金额，借记"存货跌价准备"科目，贷记"资产减值损失"科目。

企业结转存货销售成本时，对于已计提存货跌价准备的，借记"存货跌价准备"科目，贷记"生产成本""主营业务成本""其他业务成本"等科目。

【例3-53】 2017年12月31日，甲公司A材料的成本为400 000元，由于市场价格下跌，预计可变现净值为390 000元，由此应计提的存货跌价准备为10 000元。甲公司以前年度未对A材料计提存货跌价准备。甲公司进行会计处理时，应编制的会计分录如下：

借：资产减值损失　　　　　　　　　　　　　　　　　　　10 000
　　贷：存货跌价准备　　　　　　　　　　　　　　　　　　　10 000

【例3-54】 沿用【例3-53】资料，假设2018年6月30日，甲公司A材料的成本为600 000元，由于市场价格有所上升，使得A材料的预计可变现净值为595 000元，应转回的存货跌价准备为5 000元。甲公司进行会计处理时，应编制的会计分录如下：

借：存货跌价准备　　　　　　　　　　　　　　　　　　　5 000
　　贷：资产减值损失　　　　　　　　　　　　　　　　　　　5 000

【例3-55】 沿用【例3-53】资料，假设2018年1月10日，甲公司将上年度计提了存货跌价准备的全部A材料投入生产。甲公司进行会计处理时，应编制的会计分录如下：

借：存货跌价准备　　　　　　　　　　　　　　　　　　　10 000
　　贷：生产成本　　　　　　　　　　　　　　　　　　　　　10 000

思考题

1. 货币资金主要包括哪些内容？
2. 如何对货币资金进行内部控制？
3. 我国银行结算方式主要有哪几种？哪些方式使用银行存款科目进行登记？
4. 未达账项产生的原因有哪些？如何编制银行存款余额调节表？
5. 商业折扣与现金折扣的区别体现在哪里？在会计处理上有何不同？
6. 应收款项发生减值时，应如何进行会计处理？

7. 存货主要包括哪些内容？存货的入账价值如何确定？
8. 发出存货成本的确定方法主要有哪几种？
9. 为什么要进行存货清查？存货清查中的盘盈、盘亏如何进行会计处理？
10. 什么是成本与可变现净值孰低法？可变现净值如何确定？
11. 在成本与可变现净值孰低法下，如何进行会计处理？

第四章

对 外 投 资

企业在正常生产经营之外,可能为了有效地利用暂时闲置的资金,以获取一定的经济利益;或者为了影响或控制其他企业的经营与财务政策,以保障本企业正常经营业务的顺利进行和经营规模的扩大;或者为了积累整笔巨额资金,为满足企业未来某些特定用途做准备等,而将现金、实物资产或无形资产让渡给其他单位,而获得股票、债券、基金份额等,从而形成企业的各种对外投资。本章阐述的对外投资主要包括交易性金融资产、债权投资、其他债权投资、其他权益工具投资和长期股权投资等。

第一节 交易性金融资产

一、概述

交易性金融资产主要是指企业为了近期内出售而持有的金融资产,例如企业以赚取差价为目的从二级市场购入的股票、债券、基金等。交易性金融资产亦是在资产负债表日企业分类为交易性金融资产,以及企业持有的直接指定为交易性金融资产。为了核算交易性金融资产的取得、收取现金股利或利息、处置等业务,企业应当设置"交易性金融资产""公允价值变动损益""投资收益"等账户。

"交易性金融资产"账户核算企业为交易目的所持有的债券投资、股票投资、基金投资等交易性金融资产的公允价值。"交易性金融资产"账户的借方登记交易性金融资产的取得成本、资产负债表日其公允价值高于账面余额的差额,以及企业出售交易性金融资产时结转的公允价值变动损失,贷方登记资产负债表日其公允价值低于账面余额的差额,以及企业出售交易性金融资产时结转的成本和公允价值变动利得。企业应当按照交易性金融资产的类别和品种,分别设置"成本""公允价值变动"等明细账户进行核算。

"公允价值变动损益"账户核算企业交易性金融资产公允价值变动而形成的应计入当期损益的利得或损失,贷方登记资产负债表日企业持有的交易性金融资产公允价值高于账面余额的差额，借方登记资产负债表日企业持有的交易性金融资产公允价值低于账面余额的差额。

"投资收益"账户核算企业持有交易性金融资产期间取得的投资收益以及处置交易性金融资产实现的投资收益或投资损失，贷方登记企业出售交易性金融资产实现的投资收益，借方登记企业出售交易性金融资产发生的投资损失。

二、交易性金融资产的取得

企业取得交易性金融资产时，应当按照取得时的公允价值作为其初始确认金额，借记"交易性金融资产——成本"科目。取得交易性金融资产所支付价款中包含了已宣告但尚未发放的现金股利或已到付息期但尚未领取的债券利息的，应当单独确认为应收项目，借记"应收股利"或"应收利息"科目。

取得交易性金融资产所发生的相关交易费用应当在发生时计入投资收益。交易费用是指可直接归属于购买金融工具新增的外部费用，包括支付给代理机构、咨询公司、券商等的手续费和佣金及其他必要支出。

【例4-1】 2017年6月2日，甲公司以银行存款2 000万元购入乙公司股票200万股，并将其划分为交易性金融资产，另以银行存款支付相关交易费用5万元。甲公司进行会计处理时，应编制的会计分录如下：

借：交易性金融资产——成本　　　　　　　　　　　　20 000 000
　　投资收益　　　　　　　　　　　　　　　　　　　　　 50 000
　　贷：银行存款　　　　　　　　　　　　　　　　　　　　　　20 050 000

三、交易性金融资产的现金股利或利息

企业持有交易性金融资产期间，被投资单位宣告发放现金股利时，企业应将应享有的现金股利确认为投资收益，借记"应收股利"科目，贷记"投资收益"科目；企业对分期付息、一次还本债券类交易性金融资产应在资产负债表日按债券的票面利率计算利息收入，借记"应收利息"科目，贷记"投资收益"科目。

【例4-2】 甲公司对乙公司股票投资的有关资料如下：

(1) 2017年3月1日，以银行存款购入乙公司股票50 000股，划分为交易性金融资产，每股买价为16元，同时支付相关税费4 000元。

(2) 2017年4月20日，乙公司宣告发放现金股利，每股0.4元。

(3) 2017年4月22日，甲公司又购入乙公司股票50 000股，划分为交易性金融资产，每股买价为18.4元（其中包含已宣告发放但尚未发放的现金股利每股0.4元），同时支付相关税费6 000元。

(4) 2017年4月25日，收到乙公司发放的现金股利40 000元。

甲公司进行会计处理时，应编制的会计分录如下：

(1) 2017年3月1日，购入乙公司股票时：

借:交易性金融资产——成本	800 000	
投资收益	4 000	
贷:银行存款		804 000

(2) 2017年4月20日,乙公司宣告发放现金股利时:

借:应收股利	20 000	
贷:投资收益		20 000

(3) 2017年4月22日,再次购入乙公司股票时:

借:交易性金融资产——成本	900 000	
应收股利	20 000	
投资收益	6 000	
贷:银行存款		926 000

(4) 2017年4月25日,收到乙公司发放的现金股利时:

借:银行存款	40 000	
贷:应收股利		40 000

【例4-3】 甲公司对其持有的外购债券每半年末计提利息一次,2017年该公司对乙公司债券投资的有关资料如下:

(1) 1月1日,以赚取差价为目的以银行存款1 030 000元从二级市场购入乙公司发行的债券一批,划分为交易性金融资产,支付的价款中包含已到付息期但尚未领取的2016年下半年的利息30 000元,另以银行存款支付交易费用20 000元。该批债券的面值总额为1 000 000元,票面利率为6%,3年期,每半年付息一次。

(2) 1月15日,收到2016年下半年的利息30 000元。

(3) 6月30日,按债券票面利率计算利息收入。

(4) 7月15日,收到2017年上半年的利息存入银行。

甲公司进行会计处理时,应编制的会计分录如下:

(1) 2017年1月1日,购入乙公司债券时:

借:交易性金融资产——成本	1 000 000	
应收利息	30 000	
投资收益	20 000	
贷:银行存款		1 050 000

(2) 2017年1月15日,收到2016年下半年的利息时:

借:银行存款	30 000	
贷:应收利息		30 000

(3) 2017年6月30日,计算利息收入时:

借:应收利息	30 000	
贷:投资收益		30 000

(4) 2017年7月15日，收到2017年上半年的利息时：

借：银行存款　　　　　　　　　　　　　　　　　　　30 000
　　贷：应收利息　　　　　　　　　　　　　　　　　　　30 000

四、交易性金融资产的期末计量

资产负债表日，交易性金融资产应当按照公允价值计量，公允价值与账面余额之间的差额应当计入当期损益。企业应当在资产负债表日按照交易性金融资产公允价值与其账面余额的差额，借记或贷记"交易性金融资产——公允价值变动"科目，贷记或借记"公允价值变动损益"科目。

【例4-4】 沿用【例4-2】资料，2017年12月31日，乙公司股票公允价值为每股20元。甲公司进行会计处理时，应编制的会计分录如下：

借：交易性金融资产——公允价值变动　　　　　　　　300 000
　　贷：公允价值变动损益　　　　　　　　　　　　　　300 000

【例4-5】 沿用【例4-3】资料，2017年12月31日，甲公司持有的乙公司债券的公允价值为1 100 000元。甲公司进行会计处理时，应编制的会计分录如下：

借：交易性金融资产——公允价值变动　　　　　　　　100 000
　　贷：公允价值变动损益　　　　　　　　　　　　　　100 000

五、交易性金融资产的处置

企业出售交易性金融资产时，应按实际收到的金额，借记"银行存款"等科目，按该交易性金融资产的账面余额，贷记"交易性金融资产"科目，按其差额，贷记或借记"投资收益"科目。同时，将原计入该交易性金融资产的公允价值变动转出，借记或贷记"公允价值变动损益"科目，贷记或借记"投资收益"科目。

【例4-6】 沿用【例4-2】、【例4-4】资料，2018年2月20日，甲公司将其持有的乙公司股票100 000股全部出售，实际收到2 100 000元存入银行。甲公司进行会计处理时，应编制的会计分录如下：

借：银行存款　　　　　　　　　　　　　　　　　　2 100 000
　　公允价值变动损益　　　　　　　　　　　　　　　 300 000
　　贷：交易性金融资产——成本　　　　　　　　　　1 700 000
　　　　　　　　　　　　——公允价值变动　　　　　　300 000
　　　　投资收益　　　　　　　　　　　　　　　　　　400 000

【例4-7】 沿用【例4-3】、【例4-5】资料，2018年8月10日，甲公司将其持有的乙公司债券全部出售，实际收到1 150 000元存入银行。甲公司进行会计处理时，应编制的会计分录如下：

```
借：银行存款                              1 150 000
    公允价值变动损益                        100 000
  贷：交易性金融资产——成本                          1 000 000
            ——公允价值变动                       100 000
      投资收益                                      150 000
```

第二节　债权投资——以摊余成本计量的金融资产

一、债权投资概述

债权投资，亦称以摊余成本计量的金融资产，是指到期日固定、回收金额固定或可确定，且企业有明确意图和能力持有至到期的非衍生金融资产。一项投资被划分为持有至到期投资，必须同时具备如下三个基本特征：(1)该投资的到期日固定、回收金额固定或可确定；(2)企业有明确意图将该投资持有至到期；(3)企业有能力将该投资持有至到期。亦即资产负债表日企业以摊余成本计量的长期债权投资。如企业从二级市场上购入的固定利率国债、浮动利率金融债券等。为了反映企业各项债权投资的取得、持有期间的投资收益以及到期收回等情况，企业应设置"债权投资"账户，并可按其类别和品种，分别以"成本""利息调整""应计利息"等明细账户进行明细分类核算。持有至到期投资发生减值的还应设置"持有至到期投资减值准备"账户。

二、债权投资的取得

债权投资应按取得时的公允价值和相关交易费用之和作为初始确认金额。支付的价款中包含的已到付息期但尚未领取的债券利息，应单独确认为应收项目。

企业为取得债权投资所支付的购买价格往往会因为金融市场利率与其票面利率的大小关系等方面的原因，出现平价购入、折价购入和溢价购入三种情况。当债权投资或持有至到期投资的初始确认金额不等于其面值时，二者的差额实际上是根据利息确定投资收益时的调整项目。

为此，当企业取得债权投资或持有至到期投资时，应按投资的面值，借记"债权投资——成本"科目，按支付的价款中包含的已到付息期但尚未领取的利息，借记"应收利息"科目，按照实际支付的全部价款，贷记"银行存款"等科目，按其差额，借记或贷记"债权投资——利息调整"科目。

【例4-8】 2018年1月1日，甲公司以银行存款9 675 000元（包括相关交易费用200 000元）购入乙公司同日发行的3年期、票面利率为4%的债券。该债券到期一次归还本金和利息。甲公司购入的该批债券的面值为10 000 000元。甲公司取得该批债券后将其划分为债权投资,并采用摊余成本计量。甲公司购入的该批债券的实际利率为5%。假定按年计提利息,利息不是以复利计算。甲公司进行会计处理时,应编制的会计分录如下:

借:债权投资——成本　　　　　　　　　　　　　10 000 000
　　贷:银行存款　　　　　　　　　　　　　　　　9 675 000
　　　　债权投资——利息调整　　　　　　　　　　　325 000

【例4-9】 2018年1月1日,甲公司以银行存款420 000元购入乙公司同日发行的5年期债券,分类为债权投资,并采用摊余成本计量。甲公司购入的该批债券的面值为400 000元,票面利率为12%。该债券每年付息一次、到期还本和支付最后一年利息,每年利息在下年1月1日支付。购入债券的实际利率为10.66%。甲公司进行会计处理时,应编制的会计分录如下:

借:债权投资——成本　　　　　　　　　　　　　400 000
　　　　　　——利息调整　　　　　　　　　　　　20 000
　　贷:银行存款　　　　　　　　　　　　　　　　420 000

三、债权投资的利息收入

资产负债表日,企业应按摊余成本和实际利率计算持有至到期投资在持有期间的利息收入,计入投资收益。

(一)债权投资的后续计量方法

对持有至到期投资的后续计量,一般采用实际利率法,按摊余成本计量。

1. 实际利率法

实际利率法,是指按照持有至到期投资的实际利率计算其摊余成本及各期利息收入的方法。实际利率,是指将持有至到期投资在预期存续期间或适用的更短期间内的未来现金流量,折现为该持有至到期投资当前账面价值所使用的利率。企业在初始确认以摊余成本计量的持有至到期投资时,就应当计算确定实际利率,并在持有至到期投资预期存续期间或适用的更短期间内保持不变。

2. 摊余成本

债权投资的摊余成本,是指该持有至到期投资的初始确认金额经下列调整后的结果:(1)扣除已偿还的本金;(2)加上或减去采用实际利率法将该初始确认金额与到期日金额之间的差额进行摊销形成的累计摊销额;(3)扣除已发生的减值损失。

在按实际利率法摊销持有至到期投资的利息调整金额时,每期应收取(或应计)的利息、应摊销的利息调整金额以及应确认的利息收入的有关计算方法如下:

$$某期应收取(或应计)的利息 = 票面金额 \times 票面利率 \times \frac{本期持有月份}{12}$$

某期应确认的利息收入 = 该投资的期初摊余成本 × 实际利率

某期应摊销的利息调整金额 = 该期应收取（或应计）的利息 - 该期应确认的利息收入

3. 利息收入

企业应当按照实际利率法确认利息收入，即根据债权投资的账面余额乘以实际利率计算确定。但下列情况除外[①]：

（1）对于购入或源生的已发生信用减值的金融资产，企业应当自初始确认起，按照该金融资产的摊余成本和经信用调整的实际利率计算确定利息收入；

（2）对于购入或源生的未发生信用减值，但后续期间成为已发生减值的金融资产，企业应当在后续期间，按照该金融资产的摊余成本和实际利率计算确定其利息收入。

但需要特别注意的是：如果上述金融资产在后续期间因其信用风险有所改善而不再存在信用减值，并且这一改善在客观上可与上述规定之后发生的某一事件相联系（如债务人的信用评级被上调），企业应当转按实际利率乘以该金融资产账面余额来计算确定利息收入。

（二）债权投资持有期间的会计处理

资产负债表日，债权投资为分期付息、到期一次还本的债券投资，应按票面利率计算确定的应收未收利息，借记"应收利息"科目，按债权投资摊余成本和实际利率计算确定的利息收入，贷记"投资收益"科目，按其差额，借记或贷记"债权投资——利息调整"科目。债权投资为到期一次还本付息的债券投资，应于资产负债表日按票面利率计算确定的应收未收利息，借记"债权投资——应计利息"科目，按债权投资摊余成本和实际利率计算确定的利息收入，贷记"投资收益"科目，按其差额，借记或贷记"债权投资——利息调整"科目。

分期付息到期一次还本的债权投资的利息收到时，借记"银行存款"账户，贷记"应收利息"账户。

【例 4-10】 沿用【例 4-8】资料，甲公司在资产负债表日对该债权投资应编制的会计分录如下：

（1）计提利息及利息调整摊销表如表 4-1 所示（计算结果四舍五入，保留整数）

表 4-1　　　　　计提利息及利息调整摊销表（到期一次还本付息）

（实际利率法）　　　　　　　　　　　　　单位：元

计息日期	应计利息 ①=面值×票面利率（4%）	利息收入 ②=期初⑤×实际利率（5%）	利息调整额 ③=｜①-②｜	利息调整余额 ④=期初④-③	摊余成本 ⑤=期初⑤+②
2018.1.1				325 000	9 675 000

[①] 参阅中国注册会计师协会组织编写：《会计》，中国财政经济出版社 2018 年版，第 249 页。

续表

计息日期	应计利息 ①=面值×票面利率（4%）	利息收入 ②=期初⑤×实际利率（5%）	利息调整额 ③=｜①-②｜	利息调整余额 ④=期初④-③	摊余成本 ⑤=期初⑤+②
2018.12.31	400 000	483 750	83 750	241 250	10 158 750
2019.12.31	400 000	507 938	107 938	133 312	10 666 688
2020.12.31	400 000	533 312 *	133 312	0	11 200 000

*尾数调整。

(2) 2018 年 12 月 31 日，甲公司计提利息及利息调整摊销时：

借：债权投资——应计利息　　　　　　　　　　　　400 000
　　　　　　——利息调整　　　　　　　　　　　　 83 750
　　贷：投资收益　　　　　　　　　　　　　　　　483 750

(3) 2019 年 12 月 31 日，甲公司计提利息及利息调整摊销时：

借：债权投资——应计利息　　　　　　　　　　　　400 000
　　　　　　——利息调整　　　　　　　　　　　　107 938
　　贷：投资收益　　　　　　　　　　　　　　　　507 938

(4) 2020 年 12 月 31 日，甲公司计提利息及利息调整摊销时：

借：债权投资——应计利息　　　　　　　　　　　　400 000
　　　　　　——利息调整　　　　　　　　　　　　133 312
　　贷：投资收益　　　　　　　　　　　　　　　　533 312

【例 4-11】 沿用【例 4-9】资料，甲公司在资产负债表日和每年 1 月 1 日收到利息时对该债权投资应编制的会计分录如下：

(1) 计提利息及利息调整摊销表如表 4-2 所示（计算结果四舍五入，保留整数）

表 4-2　　　　计提利息及利息调整摊销表（分期付息到期还本）

（实际利率法）　　　　　　　　　　　　　　　　　　　　　单位：元

计息日期	应收利息 ①=面值×票面利率（12%）	利息收入 ②=期初⑤×实际利率(10.66%)	利息调整额 ③=｜①-②｜	利息调整余额 ④=期初④-③	摊余成本 ⑤=期初⑤-③
2018.1.1				20 000	420 000
2018.12.31	48 000	44 772	3 228	16 772	416 772
2019.12.31	48 000	44 428	3 572	13 200	413 200
2020.12.31	48 000	44 047	3 953	9 247	409 247
2021.12.31	48 000	43 626	4 374	4 873	404 873
2022.12.31	48 000	43 127 *	4 873	0	400 000

*尾数调整。

（2）2018 年 12 月 31 日，甲公司计提利息及利息调整摊销时：

借：应收利息　　　　　　　　　　　　　　　　　　　48 000
　　贷：债权投资——利息调整　　　　　　　　　　　　　　3 228
　　　　投资收益　　　　　　　　　　　　　　　　　　44 772

（3）2019 年 1 月 1 日，甲公司收到上年利息时：

借：银行存款　　　　　　　　　　　　　　　　　　　48 000
　　贷：应收利息　　　　　　　　　　　　　　　　　　48 000

（4）2019 年 12 月 31 日，甲公司计提利息及利息调整摊销时：

借：应收利息　　　　　　　　　　　　　　　　　　　48 000
　　贷：债权投资——利息调整　　　　　　　　　　　　　　3 572
　　　　投资收益　　　　　　　　　　　　　　　　　　44 428

（5）2020 年 1 月 1 日，甲公司收到上年利息时：

借：银行存款　　　　　　　　　　　　　　　　　　　48 000
　　贷：应收利息　　　　　　　　　　　　　　　　　　48 000

（6）2020 年 12 月 31 日，甲公司计提利息及利息调整摊销时：

借：应收利息　　　　　　　　　　　　　　　　　　　48 000
　　贷：债权投资——利息调整　　　　　　　　　　　　　　3 953
　　　　投资收益　　　　　　　　　　　　　　　　　　44 047

（7）2021 年 1 月 1 日，甲公司收到上年利息时：

借：银行存款　　　　　　　　　　　　　　　　　　　48 000
　　贷：应收利息　　　　　　　　　　　　　　　　　　48 000

（8）2021 年 12 月 31 日，甲公司计提利息及利息调整摊销时：

借：应收利息　　　　　　　　　　　　　　　　　　　48 000
　　贷：债权投资——利息调整　　　　　　　　　　　　　　4 374
　　　　投资收益　　　　　　　　　　　　　　　　　　43 626

（9）2022 年 1 月 1 日，甲公司收到上年利息时：

借：银行存款　　　　　　　　　　　　　　　　　　　48 000
　　贷：应收利息　　　　　　　　　　　　　　　　　　48 000

（10）2022 年 12 月 31 日，甲公司计提利息及利息调整摊销时：

借：应收利息　　　　　　　　　　　　　　　　　　　48 000
　　贷：债权投资——利息调整　　　　　　　　　　　　　　4 873
　　　　投资收益　　　　　　　　　　　　　　　　　　43 127

四、债权投资的减值

资产负债表日，企业应对持有的债权投资进行检查，有客观证据表明其发生减值的，应当确认减值损失，计提减值准备。

当有客观证据表明债权投资发生减值时，企业应当估计其预计未来现金流量现值，当对债权投资预期未来现金流量具有不利影响的一项或多项事件发生时，该金融资产成为已发生信用减值的金融资产。在资产负债表日，如果债权投资的预计未来现金流量的现值低于其账面价值的差额，即为债权投资发生的减值数额，借记"信用减值损失"，贷记"债权投资减值准备"。

【例4-12】 2018年1月1日，甲公司以银行存款3 000万元购入乙公司同日发行的面值总额为3 000万元、年利率为10%、期限6年、分期付息到期一次还本的债券。甲公司将该债券投资划分为债权投资。该债权投资的实际利率为10%，利息在每年年末收取。

2018年12月31日，因乙公司经营出现严重异常，甲公司未能收到当年的利息，甲公司估计该债权投资未来现金流量现值为1 953万元。

甲公司在2018年12月31日应确认的债权投资减值损失 = 未确认减值损失前的摊余成本 - 预计未来现金流量现值 = （持有至到期投资成本 + 应收未收利息） - 预计未来现金流量现值 = 3 300 - 1 953 = 1 347（万元）

借：信用减值损失　　　　　　　　　　　　　　　　13 470 000
　　贷：债权投资减值准备　　　　　　　　　　　　　　　13 470 000

五、债权投资的处置

企业处置债权投资，应按实际收到的金额，借记"银行存款"等科目，按账面余额，贷记"债权投资——成本""债权投资——应计利息""应收利息"等科目，借记或贷记"债权投资——利息调整"科目，按其差额，贷记或借记"投资收益"科目。已计提减值准备的，还应同时结转减值准备。

【例4-13】 沿用【例4-8】、【例4-10】资料，假定该债权投资到期，甲公司进行会计处理，应编制的会计分录如下：

借：银行存款　　　　　　　　　　　　　　　　　　11 200 000
　　贷：债权投资——成本　　　　　　　　　　　　　　10 000 000
　　　　　　——应计利息　　　　　　　　　　　　　　 1 200 000

【例4-14】 沿用【例4-9】、【例4-11】资料，假定该债权投资到期，甲公司进行会计处理，应编制的会计分录如下：

借：银行存款　　　　　　　　　　　　　　　　　　　　448 000
　　贷：应收利息　　　　　　　　　　　　　　　　　　　 48 000
　　　　债权投资——成本　　　　　　　　　　　　　　　400 000

第三节 其他债权投资——以公允价值计量的金融资产

一、概述

其他债权投资，就是指资产负债表日企以公允价值计量且其变动计入其他综合收益的长期债权投资。为了如实反映其他债权投资的取得、应计利息、利息收入及其公允价值变动，企业应设置"其他债权投资"账户，并可按其他债权投资的类别和品种，分别以"成本""应计利息""利息调整""公允价值变动"等明细账户进行明细分类核算。其他债权投资公允价值变动，应通过"其他综合收益"账户核算。

二、其他债权投资的取得

企业取得其他债权投资时，应当按照公允价值计量；相关的交易费用，应当计入投资的初始入账金额中，但所支付的价款中包含的已宣告但尚未发放的应收利息，应单独确认为应收项目。

企业取得其他债权投资，应按其公允价值与交易费用之和，借记"其他债权投资——成本"科目；按支付的价款中包含的应收利息，借记"应收利息"科目；按实际支付的金额，贷记"银行存款"等科目。

【例 4-15】[①]2017 年 1 月 1 日，甲公司以银行存款 1 000 万元从证券市场购买乙公司发行的 5 年期债券 12 500 份，债券面值为 1 250 万元，债券票面利率为 4.72%，于每年末支付本年利息，到期一次还本。合同约定，该债券的发行方在遇到特定情况下可将该债券赎回，且不需要为赎回支付额外款项。甲公司将该债券划分为以公允价值计量且其变动计入其他综合收益的金融资产。假定不考虑所得税和减值损失等因素，其他资料如下：

（1）2017 年 12 月 31 日，该债券的公允价值为 1 200 万元（不含利息）。
（2）2018 年 12 月 31 日，该债券的公允价值为 1 300 万元（不含利息）。
（3）2019 年 12 月 31 日，该债券的公允价值为 1 250 万元（不含利息）。
（4）2020 年 12 月 31 日，该债券的公允价值为 1 200 万元（不含利息）。
（5）2021 年 1 月 20 日，假定通过证券市场出售该债券，取得价款 1 260 万元。
有关会计处理如下：
2017 年 1 月 1 日，取得该项投资时：

[①] 此例参考了中国注册会计师协会组织编写：《会计》，中国财政经济出版社 2018 年版，第 254 页。

借：其他债权投资——成本	12 500 000
贷：银行存款	10 000 000
其他债权投资——利息调整	2 500 000

三、确认其他债权投资的利息收入、公允价值变动

企业持有的其他债权投资应按照债券的票面利率确认利息收入，借记"应收利息"科目，按照债券的账面价值和实际利率计算并确认投资收益，贷记"投资收益"科目，其差额贷记或借记"其他债权调整——利息调整"等科目。

【例4-16】 沿用【例4-15】的资料，采用插值法计算的该债券的实际利率为10%。[①] 计算并确认2017年该债券的利息收入、投资收益以及公允价值变动等。计算结果保留整数。

(1) 利息收入 = 债券面值 × 票面利率
　　　　　　 = 1 250 × 4.72% = 59（万元）

(2) 投资收益 = 债券账面价值 × 实际利率
　　　　　　 = (1 250 - 250) × 10%
　　　　　　 = 100（万元）

(3) 公允价值变动 = 债券的账面价值 - 该债券的公允价值
　　　　　　　　 = 1 250 - 250 + 41 - 1 200
　　　　　　　　 = -159（万元）

会计分录：

借：应收利息	590 000
其他债权投资——利息调整	410 000
贷：投资收益	1 000 000
借：其他债权投资——公允价值变动	1 590 000
贷：其他综合收益	1 590 000

2018年该债券的利息收入、公允价值变动计算如下：

(1) 利息收入 = 债券面值 × 票面利率
　　　　　　 = 1 250 × 4.72% = 59（万元）

(2) 投资收益 = 债券账面价值 × 实际利率
　　　　　　 = (1 250 - 250 + 41) × 10%
　　　　　　 = 104（万元）

(3) 公允价值变动 = 债券的账面价值 - 该债券的公允价值
　　　　　　　　 = 1 250 - 250 + 41 + 45 + 159 - 1 300
　　　　　　　　 = -55（万元）

[①] 对于债券实际利率的计算方法，可参阅相关财务管理书籍，此处不赘述。特此说明。

会计分录略。

四、其他债权投资的到期收回本息

企业债权投资到期或者出售,按照实际收到的价款借记"银行存款"等科目,贷记"其他债权投资"有关科目的账面余额,差额贷记或借记"投资收益"科目。同时,应将原记入"其他综合收益"科目的账面余额借记或贷记"投资收益"科目。

【例 4-17】 仍然沿用【例 4-15】的资料,假定 2021 年 1 月 20 日,甲公司出售全部该债券,取得价款 1 260 万元。有关会计处理如下:

(1) 债券成本 = 1 250 万元
(2) 债券利息调整余额 = -250 + 41 + 45 + 50 + 54 + 70 = -10(万元)①
(3) 债券公允价值变动余额 = 159 + 55 - 100 - 104 = 10(万元)

会计分录如下:

(1) 出售债券:

借:银行存款	12 600 000
投资收益	100 000
贷:其他债权投资——成本	12 500 000
——公允价值变动	100 000
——利息调整	100 000

(2) 其他综合收益转入投资收益:

借:其他综合收益	100 000
贷:投资收益	100 000

第四节 长期股权投资

一、概述

长期股权投资是指企业取得并准备长期持有的各种权益性投资。企业取得长期股权投资的方式主要有两种:一是在证券市场上购买被投资企业发行的普通股股票;二是直接将货币资金、实物资产或无形资产等投向被投资企业,以取得被投资企业的股权。长期股权投资的主要目的是为了长远利益而控制、共同控制或影响其他在经济业务上相关联的企业。

根据投资企业因持有被投资单位的权益性投资而对被投资单位的财务和经营政

---

① 50 万元、54 万元、70 万元是 2019~2020 年利息调整的摊销额。

策的影响程度以及权益性投资的公允价值能否可靠计量，长期股权投资可划分为以下三种。

（一）对子公司的投资

对子公司的投资，是指企业取得的对被投资单位具有控制的权益性投资。控制，是指投资方拥有被投资方的权力，通过参与被投资单位的相关活动而享有可变回报，并且有能力运用对被投资单位的权力影响其回报金额。相关活动，是指对被投资方的回报产生重大影响的活动。被投资方的相关活动应当根据具体情况进行判断，通常包括商品或劳务的销售和购买、金融资产的管理、资产的购买和处置、研究与开发活动以及融资活动等。

（二）对合营企业的投资

对合营企业的投资，是指企业取得的对被投资单位具有共同控制的权益性投资。共同控制，是指按合同约定对某项经济活动所共有的控制，仅在与该项经济活动相关的重要财务和生产经营决策需要分享控制权的投资方一致同意时存在。一般在合营企业设立时，合营各方在投资合同或协议中约定在所设立合营企业的重要财务和生产经营决策制定过程中，必须由合营各方均同意才能通过。共同控制的实质是通过合同约定建立起来的合营各方对合营企业共有的控制。

实务中，在确定是否构成共同控制时，一般可以考虑以下情况作为确定基础：(1) 任何一个合营方均不能单独控制合营企业的生产经营活动；(2) 涉及合营企业基本经营活动的决策需要各合营方一致同意；(3) 各合营方可能通过合同或协议的形式任命其中的一个合营方对合营企业的日常活动进行管理，但其必须在各合营方已经一致同意的财务和经营政策范围内行使管理权。

（三）对联营企业的投资

对联营企业的投资，是指企业取得的对被投资单位具有重大影响的权益性投资。重大影响，是指对一个企业的财务和经营政策有参与决策的权力，但并不能够控制或与其他方一起共同控制这些政策的制定。实务中，较为常见的重大影响体现为在被投资单位的董事会或类似权力机构中派有代表，通过在被投资单位生产经营决策制定过程中的发言权实施重大影响。企业通常可以通过以下一种或几种情形来判断是否对被投资单位具有重大影响：(1) 在被投资单位的董事会或类似权力机构中派有代表；(2) 参与被投资单位的政策制定过程，包括股利分配政策等的制定；(3) 与被投资单位之间发生重要交易；(4) 向被投资单位派出管理人员；(5) 向被投资单位提供关键技术资料。

在确定能否对被投资单位施加重大影响时，一方面应考虑投资企业直接或间接持有被投资单位的表决权股份，另一方面要考虑企业及其他方持有的现行可执行潜在表决权在假定转换为对被投资单位的股权后产生的影响，如被投资单位发行的现行可转换的认股权证、股份期权及可转换公司债券等的影响。

二、长期股权投资的取得

（一）企业合并形成的长期股权投资

企业合并，是指将两个或两个以上单独的企业合并形成一个报告主体的交易或事项。我国企业合并分为同一控制下的企业合并和非同一控制下的企业合并。参与合并的企业在合并前后均受同一方或相同的多方最终控制且该控制并非暂时性的，为同一控制下的企业合并；参与合并的各方在合并前后不受同一方或相同的多方最终控制的，为非同一控制下的企业合并。企业合并形成的长期股权投资，应区分同一控制下控股合并与非同一控制下控股合并进行会计处理。

1. 同一控制下企业合并形成的长期股权投资

同一控制下企业合并形成的长期股权投资，应在合并日按取得被合并方所有者权益账面价值的份额，借记"长期股权投资"科目，按享有被投资单位已宣告但尚未发放的现金股利或利润，借记"应收股利"科目，按支付的合并对价的账面价值，贷记有关资产类科目，按其差额，贷记"资本公积——资本溢价或股本溢价"科目；为借方差额的，借记"资本公积——资本溢价或股本溢价"科目，资本公积（资本溢价或股本溢价）不足冲减的，借记"盈余公积""利润分配——未分配利润"科目。同一控制下的企业合并形成长期股权投资发生的直接相关费用，直接计入当期损益，借记"管理费用"科目，贷记"银行存款"等科目。

【例 4 – 18】 2018 年 1 月 15 日，某企业集团内甲公司以原价为 1 200 万元、已计提折旧 200 万元、未曾计提减值准备、公允价值为 1 600 万元的固定资产作为对价，取得同一企业集团内乙公司 60% 的股权。合并日乙公司所有者权益的账面价值为 1 800 万元。假定甲公司在合并日的资本公积（股本溢价）为 40 万元，盈余公积为 30 万元，未分配利润为 100 万元。甲公司进行会计处理时，应编制的会计分录如下：

借：固定资产清理　　　　　　　　　　　　　　10 000 000
　　累计折旧　　　　　　　　　　　　　　　　 2 000 000
　　贷：固定资产　　　　　　　　　　　　　　　　　12 000 000
借：长期股权投资　　　　　　　　　　　　　　10 800 000
　　贷：固定资产清理　　　　　　　　　　　　　　　10 000 000
　　　　资本公积——股本溢价　　　　　　　　　　　　800 000

【例 4 – 19】 2018 年 4 月 15 日，某企业集团内甲公司以原价为 1 200 万元、已计提折旧 200 万元、没有计提减值准备、公允价值为 1 600 万元的固定资产作为对价，取得同一企业集团内乙公司 60% 的股权。合并日乙公司所有者权益的账面价值为 1 500 万元。假定甲公司在合并日的资本公积（股本溢价）为 40 万元，盈余公积为 30 万元，未分配利润为 100 万元。甲公司进行会计处理时，应编制的会计分录如下：

借：固定资产清理	10 000 000
累计折旧	2 000 000
贷：固定资产	12 000 000
借：长期股权投资	9 000 000
资本公积——股本溢价	400 000
盈余公积	300 000
利润分配——未分配利润	300 000
贷：固定资产清理	10 000 000

2. 非同一控制下企业合并形成的长期股权投资

非同一控制下企业合并形成的长期股权投资，应在购买日按合并成本（不含应自被投资单位收取的现金股利或利润），借记"长期股权投资"科目，按享有被投资单位已宣告但尚未发放的现金股利或利润，借记"应收股利"科目，按支付合并对价的账面价值，贷记有关资产科目，按其差额，贷记"营业外收入"或借记"营业外支出"等科目。非同一控制下企业合并涉及以库存商品等作为合并对价的，应按库存商品的公允价值，贷记"主营业务收入"科目，并同时结转相关的成本。涉及增值税的，还应进行相应的处理。非同一控制下的企业合并形成长期股权投资发生的直接相关费用，直接计入当期损益，借记"管理费用"科目，贷记"银行存款"等科目。如果是利用非流动资产对外投资，其资产账面价值与公允价值的差额，应记入"资产处置损益"科目。

【例4-20】 甲、乙两家公司属于非同一控制下的独立公司。2018年7月1日，甲公司以本公司的固定资产取得乙公司60%的股份。该固定资产原值1 500万元，已计提折旧400万元，已提取减值准备50万元，7月1日该固定资产公允价值为1 250万元。2018年7月1日，乙公司所有者权益为2 000万元。甲公司进行会计处理时，应编制的会计分录如下：

借：固定资产清理	10 500 000
累计折旧	4 000 000
固定资产减值准备	500 000
贷：固定资产	15 000 000
借：长期股权投资	12 500 000
贷：固定资产清理	10 500 000
资产处置损益	2 000 000

(二) 企业合并以外的方式取得的长期股权投资

1. 以支付现金取得的长期股权投资

以支付现金取得的长期股权投资，应当按照实际支付的购买价款作为初始投资成本，包括购买过程中支付的手续费等必要支出，但所支付价款中包含的被投资单位已宣告但尚未发放的现金股利或利润应作为应收项目核算，不构成取得长期股权投资的成本。

【例 4-21】 2018 年 5 月 15 日，甲公司以银行存款 20 万元购入乙公司 5% 的股权，准备长期持有，乙公司股权的公允价值无法可靠取得，实付价款中包含已宣告但尚未发放的现金股利 0.5 万元和相关交易费用 0.3 万元。甲公司进行会计处理时，应编制的会计分录如下：

借：长期股权投资　　　　　　　　　　　　　　　195 000
　　应收股利　　　　　　　　　　　　　　　　　　 5 000
　　贷：银行存款　　　　　　　　　　　　　　　　200 000

2. 以发行权益性证券方式取得的长期股权投资

以发行权益性证券方式取得的长期股权投资，其初始投资成本为所发行权益性证券的公允价值，但不包括应自被投资单位收取的已宣告但尚未发放的现金股利或利润。

确定发行的权益性证券的公允价值时，所发行的权益性证券存在公开市场，有明确市价可供遵循的，应以该证券的市价作为确定其公允价值的依据，同时应考虑该证券的交易量、是否存在限制性条款等因素的影响；所发行权益性证券不存在公开市场，没有明确市价可供遵循的，应考虑以被投资单位的公允价值为基础确定权益性证券的价值。

为发行权益性证券支付给有关证券承销机构等的手续费、佣金等与权益性证券发行直接相关的费用，不构成取得长期股权投资的成本。该部分费用应自权益性证券的溢价发行收入中扣除，权益性证券的溢价收入不足冲减的，应冲减盈余公积和未分配利润。

【例 4-22】 2018 年 2 月 15 日，甲公司通过定向发行每股面值 1 元、公允价值 2 元的普通股 15 万股取得乙公司 2% 的股权，准备长期持有，乙公司股权的公允价值无法可靠取得，在定向发行股票过程中以银行存款支付相关发行费用 0.2 万元。甲公司进行会计处理时，应编制的会计分录如下：

借：长期股权投资　　　　　　　　　　　　　　　300 000
　　贷：股本　　　　　　　　　　　　　　　　　　150 000
　　　　资本公积——股本溢价　　　　　　　　　　148 000
　　　　银行存款　　　　　　　　　　　　　　　　 2 000

3. 投资者投入的长期股权投资

投资者投入的长期股权投资，应当按照投资合同或协议约定的价值作为初始投资成本，但合同或协议约定的价值不公允的除外。

投资者投入的长期股权投资，是指投资者以其持有的对第三方的投资作为出资投入企业，接受投资的企业原则上应当按照投资各方在投资合同或协议中约定的价值作为取得投资的初始投资成本，但有明确证据表明合同或协议中约定的价值不公允的除外。

在确定投资者投入的长期股权投资的公允价值时,有关权益性投资存在活跃市场的,应当参照活跃市场中的市价确定其公允价值;不存在活跃市场,无法按照市场信息确定其公允价值的情况下,应当将按照一定的估值技术等合理的方法确定的价值作为其公允价值。

【例4-23】 2018年6月15日,甲公司和乙公司共同投资组建丙公司(丙公司为有限责任公司),丙公司的注册资本为100万元,其中甲公司以货币资金90万元出资,占丙公司股权的90%,乙公司以持有的丁公司的股票50 000股出资,该股票每股面值1元,投资合同约定的该股票的价值为10万元,乙公司占丙公司股权的10%,丙公司接受乙公司投入的丁公司股票后准备长期持有,且该股票的公允价值难以可靠取得,因而丙公司将其分类为长期股权投资。丙公司进行会计处理时,应编制的会计分录如下:

借:长期股权投资　　　　　　　　　　　　　　　　　100 000
　　贷:实收资本　　　　　　　　　　　　　　　　　　　100 000

企业以债务重组、非货币性资产交换等方式取得的长期股权投资,其初始投资成本应按照《企业会计准则第12号——债务重组》和《企业会计准则第7号——非货币性资产交换》的规定确定。本书不再赘述。

需要注意的是,无论何种情况下企业取得的长期股权投资,实际支付的价款或对价中包含的被投资方已宣告但尚未发放的现金股利或利润,均作为应收项目处理,不构成长期股权投资的成本。

三、长期股权投资的成本法

长期股权投资在持有期间,应当根据投资企业对被投资单位能够施加的影响程度进行划分,在个别财务报表中采用成本法及权益法进行核算。

(一)成本法的适用范围

成本法,是指投资按成本计价的方法。长期股权投资的成本法适用于企业持有的、能够对被投资单位实施控制的长期股权投资。在实务中,投资方要实现控制,必须同时具备如下两个基本要素:一是因涉入被投资方而享有可变回报;二是拥有对被投资方的权力,并且有能力运用对被投资方的权力影响其回报金额。

企业在具体判断是否能够控制被投资方时,需要具体考虑如下影响因素:
(1)被投资方的设立目的和设计;
(2)判断通过涉入被投资方的活动享有可变回报;
(3)判断投资方是否对被投资方拥有权力,并且能运用权力影响回报金额等。

(二)成本法核算的要点

采用成本法核算的长期股权投资应按初始投资成本计价。追加或收回投资应调整长期股权投资的成本。除取得投资时实际支付的价款或对价中包含的已宣告但尚未发放的现金股利或利润外,投资企业应当按照享有被投资单位宣告发放的现金股利或利润确认投资收益,不管有关利润分配是属于对取得投资前还是取得投资后被投资单位实现净利润的分配。

投资企业在确认自被投资方应分得的现金股利或利润后,还应当考虑有关长期股权投资是否发生减值,一旦其可收回金额低于长期股权投资账面价值的,应计提减值准备。

【例 4-24】 2017 年 6 月 5 日,甲公司以银行存款 1 500 万元购入乙公司 80% 的股份,甲公司取得该部分股权后,能够有权力主导乙公司的相关活动并获得可变回报。2017 年 12 月 31 日,乙公司宣告分派现金股利,甲公司按其持股比例,应分现金股利 20 万元。假定该现金股利 2018 年 6 月 10 日收到。有关会计分录如下:

(1) 2017 年 6 月 5 日,甲公司取得乙公司股权时:

借:长期股权投资　　　　　　　　　　　　　　15 000 000
　　贷:银行存款　　　　　　　　　　　　　　　　15 000 000

(2) 2017 年 12 月 31 日,乙公司宣告分派现金股利时:

借:应收股利　　　　　　　　　　　　　　　　　200 000
　　贷:投资收益　　　　　　　　　　　　　　　　　200 000

(3) 2018 年 6 月 10 日,甲公司收到乙公司分派的现金股利时:

借:银行存款　　　　　　　　　　　　　　　　　200 000
　　贷:应收股利　　　　　　　　　　　　　　　　　200 000

四、长期股权投资的权益法

(一) 权益法的适用范围

权益法,是指长期股权投资以初始投资成本计量后,在投资持有期间根据投资企业享有(或应分担)被投资单位所有者权益份额的变动对投资的账面价值进行调整的方法。

现行会计准则规定,投资企业对持有的合营企业投资以及联营企业的投资,应当采用权益法核算。

需要特别注意的是:风险投资机构、共同基金以及类似主体持有的、在初始确认时按照《企业会计准则第 22 号——金融工具确认与计量》的规定以公允价值计量且其变动计入当期损益的金融资产,无论以上主体是否对这部分具有重大影响,应按照《企业会计准则第 22 号——金融工具确认与计量》的规定进行确认与计量[①]。

(二) 权益法核算的要点

1. 可能需要对初始投资成本进行调整

投资企业取得对合营企业或联营企业的投资以后,对于取得投资时投资成本

---

① 中国注册会计师协会组织编写:《会计》,中国财政经济出版社 2018 年版,第 106 页。

与应享有被投资单位可辨认净资产公允价值份额之间的差额，应区别情况分别处理。

第一，长期股权投资的初始投资成本大于投资时应享有被投资单位可辨认净资产公允价值份额的，不调整长期股权投资的初始投资成本。长期股权投资的初始投资成本大于投资时应享有被投资单位可辨认净资产公允价值份额的差额是投资企业在取得投资过程中通过购买作价体现出的与所取得股权份额相对应的商誉及被投资单位不符合确认条件的资产价值。

第二，长期股权投资的初始投资成本小于投资时应享有被投资单位可辨认净资产公允价值份额的，其差额应计入当期损益（营业外收入），同时调整增加长期股权投资的账面价值。即借记"长期股权投资"科目，贷记"营业外收入"科目。①

【例 4-25】 2017 年 7 月 1 日，甲公司以银行存款 100 万元取得乙公司 40% 的股权，甲公司取得该部分股权后，派人参与乙公司的生产经营决策，因此能够对乙公司施加重大影响。会计上采用权益法核算。2017 年 7 月 1 日，乙公司所有者权益的账面价值为 180 万元，当日，乙公司除一项固定资产的公允价值比账面价值高 20 万元以外，乙公司其他各项可辨认资产、负债的公允价值与账面价值均相同。甲公司进行会计处理时，应编制的会计分录如下：

借：长期股权投资——成本　　　　　　　　　　　1 000 000
　　贷：银行存款　　　　　　　　　　　　　　　　　　1 000 000

其中，投资成本与被投资单位净资产公允价值的差额 = 100 - (180 + 20) × 40% = 20（万元），即商誉，根据现行会计准则，这 20 万元的商誉暂不确认，亦不调整长期股权投资的账面价值。

【例 4-26】 2018 年 6 月 30 日，甲公司以银行存款 70 万元取得乙公司 40% 的股权，甲公司取得该部分股权后，能够对乙公司施加重大影响。2018 年 6 月 30 日，乙公司所有者权益的账面价值为 180 万元，当日，乙公司除一项专利权的公允价值比账面价值多 20 万元以外，乙公司其他各项可辨认资产、负债的公允价值与账面价值均相同。甲公司进行会计处理时，应编制的会计分录如下：

借：长期股权投资——成本　　　　　　　　　　　700 000
　　贷：银行存款　　　　　　　　　　　　　　　　　　700 000
借：长期股权投资——成本　　　　　　　　　　　100 000
　　贷：营业外收入　　　　　　　　　　　　　　　　　100 000

其中，投资成本与被投资单位净资产公允价值的差额 = 70 - (180 + 20) × 40% = -10（万元），确认为当期损益——营业外收入。

2. 无论被投资单位是否分派现金股利或利润，投资企业均需确认投资损益

---

① 长期股权投资的初始投资成本小于投资时应享有被投资单位可辨认净资产公允价值份额的差额，实质上体现为双方在交易作价过程中转让方的让步。

投资企业取得对合营企业或联营企业的投资以后，应当按照应享有或应分担被投资单位实现净利润或发生净亏损的份额（法规或章程规定不属于投资企业的净损益除外），调整长期股权投资的账面价值，并确认为当期投资损益。

在确认应享有或应分担被投资单位的净利润或净亏损时，在被投资单位账面净利润的基础上，应考虑以下三方面因素的影响进行适当调整：

第一，被投资单位采用的会计政策及会计期间与投资企业不一致的，应按投资企业的会计政策及会计期间对被投资单位的财务报表进行调整；

第二，以取得投资时被投资单位固定资产、无形资产的公允价值为基础计提的折旧额或摊销额，以及以投资企业取得投资时的公允价值为基础计算确定的资产减值准备金额等对被投资单位净利润的影响；

第三，对于投资企业与其合营企业或联营企业之间发生的未实现内部交易损益应予以抵销[①]。

【例 4-27】 2017 年 1 月 1 日，甲公司以银行存款 100 万元取得乙公司 40% 的股权，甲公司取得该部分股权后，能够对乙公司施加重大影响。2017 年 1 月 1 日，乙公司所有者权益的账面价值为 180 万元，当日，乙公司各项可辨认资产、负债的公允价值与账面价值均相同[②]。2017 年乙公司实现净利润 80 万元。甲公司进行会计处理时，应编制的会计分录如下：

（1）2017 年 1 月 1 日投资时：

借：长期股权投资——成本　　　　　　　　　　1 000 000
　　贷：银行存款　　　　　　　　　　　　　　　　1 000 000

（2）2017 年 12 月 31 日，确认投资收益时：

借：长期股权投资——损益调整　　　　　　　　320 000
　　贷：投资收益　　　　　　　　　　　　　　　　320 000

【例 4-28】 仍沿用【例 4-27】的资料，假定乙公司 2018 年发生净亏损 50 万元。甲公司进行会计处理时，应编制的会计分录如下：

借：投资收益　　　　　　　　　　　　　　　　200 000
　　贷：长期股权投资——损益调整　　　　　　　　200 000

值得注意的是，投资企业在确认应分担被投资单位发生的亏损时，如果被投资单位发生超额亏损，应按以下顺序进行处理：首先，冲减长期股权投资的账面价值；其次，长期股权投资的账面价值不足以冲减的，应以其他实质上构成对被投资单位净投资的长期权益账面价值为限继续确认投资损失，冲减长期应收项目等的账面价值；再次，经过上述处理，按投资合同或协议约定企业仍承担额外义务的，还应确

---

① 权益法下，在确认投资损益时对被投资单位账面净利润的调整是一个非常复杂的问题，考虑到本教材的使用对象为非会计学专业的学生，因此本教材对此不再详述。

② 按照现行会计准则的规定，投资成本大于被投资单位可辨认净资产公允价值的差额，暂不确认。

认预计负债,计入当期投资损失①。

3. 被投资单位除净损益以外所有者权益的其他变动,投资企业应增加或减少所有者权益

投资企业取得对合营企业或联营企业的投资以后,对于被投资单位除净损益以外所有者权益的其他变动,在持股比例不变的情况下,投资企业应按持股比例与被投资单位除净损益以外所有者权益的其他变动中归属于本企业的部分,相应调整长期股权投资的账面价值,同时增加或减少资本公积(其他资本公积)。

【例4-29】 2017年1月1日,甲公司以银行存款100万元取得乙公司40%的股权,甲公司取得该部分股权后,能够对乙公司施加重大影响。假定乙公司各项可辨认资产、负债的公允价值与账面价值均相同。2017年,乙公司的母公司向其捐赠200万元,该捐赠实质为资本性投入,乙公司确认为资本公积。假定不考虑其他因素,甲公司进行会计处理时,应编制的会计分录如下:

借:长期股权投资——其他权益变动　　　　　　　　800 000
　　贷:资本公积——其他资本公积　　　　　　　　　　　800 000

4. 取得股票股利的会计处理

被投资单位分派股票股利,投资企业不作账务处理。当然,这种做法还有不同的看法或意见,但我国现行的会计准则规定是不作账务处理,但应于除权日注明所增加的股数,以反映股份的变化情况②。

五、长期股权投资的减值

长期股权投资如果存在减值迹象的,应计提减值准备。即在资产负债表日,应将长期股权投资的账面价值低于其未来现金流量现值之间的差额,确认为减值损失,计入当期损益,且不得转回。即借记"资产减值损失"科目,贷记"长期股投资减值准备"科目。

【例4-30】 2017年1月1日,甲公司以银行存款1 200万元取得乙公司40%的股权,甲公司取得该部分股权后,能够对乙公司施加重大影响。投资当年,乙公司实现盈利600万元,第二年发生亏损700万元。假定有关资产、负债的公允价值与账面价值相等。2018年年末,甲公司根据所掌握的信息发现持有的乙公司股权出现减值迹象,计算确定的该项投资的可收回金额为900万元。对该项投资应计提的减值金额为260万元。甲公司进行会计处理时,应编制的会计分录如下:

借:资产减值损失　　　　　　　　　　　　　　　　2 600 000

---

① 权益法下,超额亏损的确认与恢复是一个非常复杂的问题,考虑到本教材的使用对象为非会计学专业的学生,因此本教材对此不再详述。

② 除权日是指在股市的一个特定日期,如果某一上市公司宣布派发红利股份、红利认股权证、以折让价供股或派发其他有价权益,在除权日之前一日持有它的股票的股东可享有该等权益,在除权日当日或以后才买入该公司股票的人则不能享有该等权益。

贷：长期股权投资减值准备　　　　　　　　　　　　　　　　2 600 000

其中，应计提减值金额 =（1 200 + 600 × 40% − 700 × 40%）− 900 = 260（万元）。

六、长期股权投资核算方法的转换与处置

长期股权投资的成本法和权益法，实质上就是投资企业对投资收益的确认方法。企业在持有长期股权投资的过程中，因各方面情况的变化，由于持股比例或者其他情形出现，可能导致其投资收益的确认方法由成本法改为权益法，或者由权益法改为成本法。

（一）成本法转换为权益法

因处置投资等导致对被投资单位的影响力下降，由控制转为具有重大影响，或者是与其他投资方一起实施共同控制的情况下，在投资企业的个别财务报表中，就必须采用权益法核算投资收益。

（二）权益法转换为成本法

因追加投资等使得将原联营企业或合营企业转变为子公司投资时，在个别财务报表中应将原由权益法核算转换为成本法核算，以确认投资收益。

（三）其他转换情形

除了一般的将成本法转换为权益法或者将权益法转换为成本法外，还包括交易性金融资产或者非交易性权益工具分类为以公允价值计量且其变动计入其他综合收益的金融资产，因追加投资等转换为对子公司投资的，应将原来的确认投资收益的方法改为成本法核算，或者相反。具体内容略。

（四）长期股权投资的处置

企业处置长期股权投资时，应相应结转与所售股权相对应的长期股权投资的账面价值，出售所得价款与处置长期股权投资账面价值之间的差额，应计入当期损益。采用权益法核算的长期股权投资，因被投资单位除净损益以外所有者权益的其他变动而计入所有者权益的，处置该项投资时应将原计入所有者权益的部分按相应比例转入当期损益。

【例 4 − 31】 2018 年 7 月 1 日，甲公司将原持有乙公司 40% 股权的 25% 出售，出售取得价款 120 万元。出售时甲公司对乙公司长期股权投资的账面价值为 470 万元，具体构成为：成本 400 万元，损益调整 60 万元，其他权益变动 10 万元。甲公司进行会计处理时，应编制的会计分录如下：

　　借：银行存款　　　　　　　　　　　　　　　　　　　　　1 200 000
　　　　资本公积——其他资本公积　　　　　　　　　　　　　　　25 000
　　　　贷：长期股权投资——成本　　　　　　　　　　　　　　1 000 000
　　　　　　　　　　　　　　——损益调整　　　　　　　　　　　150 000
　　　　　　　　　　　　　　——其他权益变动　　　　　　　　　 25 000
　　　　　　投资收益　　　　　　　　　　　　　　　　　　　　　50 000

思考题

1. 什么是交易性金融资产？交易性金融资产的确认应当符合哪些条件？
2. 如何确定和计量债权投资和其他债权投资的成本？
3. 长期股权投资核算的内容有哪些？
4. 什么是控制？投资方可以通过哪些方式取得被投资方的控制权？
5. 什么是共同控制？其实质是什么？
6. 什么是重大影响？如何确定对被投资单位施加重大影响？
7. 长期股权投资成本法的适用范围有哪些？成本法的核算要点是什么？
8. 长期股权投资采用权益法核算的范围有哪些？权益法的核算要点是什么？
9. 如何计提长期股权投资的减值？其减值迹象一般包括哪些方面？
10. 处置长期股权投资时，其投资收益该如何确定？

第五章

固定资产和无形资产

固定资产和无形资产是企业生产经营过程中必备的物质基础。正确核算与管理固定资产和无形资产关系到企业的运营与发展。

第一节 固定资产

一、概述

（一）固定资产的概念和特征

固定资产是指为生产商品、提供劳务、出租或经营管理而持有的，使用寿命超过1个会计年度的有形资产。从固定资产的定义看，固定资产具有以下三个特征：

第一，固定资产是为生产商品、提供劳务、出租或经营管理而持有的。企业持有固定资产的目的是为了生产商品、提供劳务、出租或经营管理，这意味着，企业持有的固定资产是企业的劳动工具或手段，而不是直接用于出售的产品。其中"出租"的固定资产，指用以出租的机器设备类固定资产。

第二，固定资产使用寿命超过一个会计年度。固定资产的使用寿命，是指企业使用固定资产的预计期间，或者该固定资产所能生产产品或提供劳务的数量。通常情况下固定资产的使用寿命是指使用固定资产的预计期间，如自用房屋建筑物的使用寿命以使用年限表示。对于某些机器设备或运输设备等固定资产，其使用寿命往往以该固定资产所能生产产品或提供劳务的数量来表示。例如，发电设备按其预计发电量估计使用寿命，汽车或飞机等按其预计行驶里程估计使用寿命。固定资产使用寿命超过一个会计年度，表明企业固定资产的收益期超过一年，能在一年以上的时间里为企业创造经济利益。

第三，固定资产为有形资产。固定资产具有实物特征，这一特征将固定资产与无形资产区别开来。有些无形资产可能同时符合固定资产的其他特征，如无形资产为生产商品、提供劳务而持有，使用寿命超过一个会计年度。但是，由于其没有实物形态，所以不属于固定资产。

(二) 固定资产的确认

除了符合固定资产定义以外，企业的一项资产要作为固定资产进行确认，还应同时满足以下两个条件。

1. 与该固定资产有关的经济利益很可能流入企业

资产最基本的特征是预期能给企业带来经济利益，如果某一项目预期不能给企业带来经济利益，就不能确认为企业的资产。对固定资产的确认来说，如果某一固定资产预期不能给企业带来经济利益，就不能确认为企业的固定资产。在实务工作中，首先需要判断该项固定资产所包含的经济利益是否很可能流入企业。如果该项固定资产包含的经济利益不是很可能流入企业，那么，即使其满足固定资产确认的其他条件，企业也不应将其确认为固定资产；如果该项固定资产包含的经济利益很可能流入企业，并同时满足固定资产确认的其他条件，那么，企业应将其确认为固定资产。

在实务中，判断固定资产所包含的经济利益是否很可能流入企业，主要依据与该固定资产所有权相关的风险和报酬是否转移给了企业。其中，与固定资产所有权相关的风险是指由于经营情况变化造成的相关收益的变动，以及由于资产闲置、技术陈旧等原因造成的损失；与固定资产所有权相关的报酬是指在固定资产使用寿命内直接使用该资产而获得的经济利益，以及处置该资产所实现的收益等。通常，取得固定资产的所有权是判断与固定资产所有权相关的风险和报酬是否转移的重要标志，即凡是所有权已属于企业，无论企业是否收到或持有该固定资产，均作为企业的固定资产；反之，则不能作为企业的固定资产。但是，有时企业虽然没有取得固定资产的所有权，但与固定资产所有权相关的风险和报酬实质上已经转移给企业，比如，采用融资租赁方式租入固定资产。此时，企业能够控制该固定资产所包含的经济利益，仍然作为企业的固定资产核算。

2. 该固定资产的成本能够可靠地计量

成本能够可靠地计量，是资产确认的一项基本条件。固定资产作为企业资产的重要组成部分，要予以确认，其为取得该固定资产而发生的支出也必须能够可靠地计量。如果固定资产的成本能够可靠地计量，并同时满足其他确认条件，就可以加以确认；否则，企业不应加以确认。

在实务中，企业在确定固定资产成本时，有时需要根据所获得的最新资料对固定资产的成本进行合理的估计。比如，企业对达到预定可使用状态的固定资产，在未办理竣工决算前，就需要根据工程预算、工程造价或者工程实际发生的成本等资料，按暂估价值确定固定资产的入账价值，待办理竣工决算手续后再作调整。

(三) 固定资产的分类

企业的固定资产种类繁多、规格不一，为加强管理，便于组织会计核算，有必要对其进行科学、合理的分类。根据不同的管理需要和核算要求以及不同的分类标准，可以对固定资产进行不同的分类，主要有以下两种分类方法。

1. 按经济用途分类

按固定资产的经济用途分类，可分为生产经营用固定资产和非生产经营用固定资产。

（1）生产经营用固定资产，是指直接服务于企业生产、经营过程的各种固定资产，如生产经营用的房屋、建筑物、机器、设备、器具、工具等。

（2）非生产经营用固定资产，是指不直接服务于生产、经营过程的各种固定资产，如职工宿舍等使用的房屋、设备和其他固定资产等。

按照固定资产的经济用途分类，可以归类反映和监督企业生产经营用固定资产和非生产经营用固定资产之间，以及生产经营用各类固定资产之间的组成和变化情况，借以考核和分析企业固定资产的利用情况，促使企业合理地配备固定资产，充分发挥其效用。

2. 综合分类

按固定资产的经济用途和使用情况等综合分类，可把企业的固定资产划分为七大类：

（1）生产经营用固定资产；

（2）非生产经营用固定资产；

（3）租出固定资产（指在经营租赁方式下出租给外单位使用的固定资产）；

（4）不需用固定资产；

（5）未使用固定资产；

（6）土地（指过去已经估价单独入账的土地。因征地而支付的补偿费，应计入与土地有关的房屋、建筑物的价值内，不单独作为土地价值入账。企业取得的土地使用权，应作为无形资产管理，不作为固定资产管理）；

（7）融资租入固定资产（指企业以融资租赁方式租入的固定资产，在租赁期内，应视同自有固定资产进行管理)[①]。

由于企业的经营性质不同，经营规模各异，对固定资产的分类不可能完全一致。在实际工作中，企业大多采用综合分类的方法作为编制固定资产目录，进行固定资产核算的依据。

（四）固定资产核算的账户设置

为了核算固定资产，企业一般需要设置"固定资产""累计折旧""在建工程""工程物资""固定资产清理"等账户，核算固定资产取得、计提折旧、处置等情况。

"固定资产"账户核算企业固定资产的原价，借方登记企业增加的固定资产原价，贷方登记企业减少的固定资产原价，期末借方余额，反映企业期末固定资产的账面原

[①] 根据 2019 年生效的 IFRS 16——租赁准则的规定：承租人对租赁的会计处理将发生根本性改变。IFRS 16 取消了目前对承租人区分资产负债表内融资租赁和资产负债表外经营租赁的双重会计模型，转而使用单一的资产负债表内会计模型，这与目前的融资租赁会计类似。出租人的会计处理仍类似于现行的做法，即出租人继续将租赁分类为融资租赁和经营租赁。特此说明。

价。企业应当设置"固定资产登记簿"和"固定资产卡片",按固定资产类别、使用部门和每项固定资产进行明细核算。

"累计折旧"账户属于"固定资产"的调整账户,核算企业固定资产的累计折旧,贷方登记企业计提的固定资产折旧,借方登记处置固定资产转出的累计折旧,期末贷方余额,反映企业固定资产的累计折旧额。

"在建工程"账户核算企业基建、更新改造等在建工程发生的支出,借方登记企业各项在建工程的实际支出,贷方登记完工工程转出的成本,期末借方余额,反映企业尚未达到预定可使用状态的在建工程的成本。

"工程物资"账户核算企业为在建工程而准备的各种物资的实际成本,借方登记企业购入工程物资的成本,贷方登记领用工程物资的成本,期末借方余额,反映企业为在建工程准备的各种物资的成本。[①]

"固定资产清理"账户核算企业因出售、报废、毁损、对外投资、非货币性资产交换、债务重组等原因转出的固定资产价值以及在清理过程中发生的费用等,借方登记转出的固定资产价值、清理过程中应支付的相关税费及其他费用,贷方登记固定资产清理完成的处理,期末借方余额,反映企业尚未清理完毕固定资产清理净损失。该账户应按被清理的固定资产项目设置明细账,进行明细核算。

此外,企业固定资产、在建工程、工程物资发生减值的,还应当设置"固定资产减值准备"、"在建工程减值准备"、"工程物资减值准备"等账户进行核算。

二、固定资产的取得

(一) 外购固定资产

企业外购的固定资产,应按实际支付的购买价款、相关税费[②]、使固定资产达到预定可使用状态前所发生的可归属于该项资产的运输费、装卸费、安装费和专业人员服务费等,作为固定资产的取得成本[③]。

1. 购入不需要安装的固定资产

企业购入不需要安装的固定资产,应按实际支付的购买价款以及使固定资产达到预定可使用状态前所发生的可归属于该项资产的运输费、装卸费和专业人员服务费等,作为固定资产成本,借记"固定资产"科目,贷记"银行存款"等科目。

【例 5-1】 2019 年 1 月 6 日,甲公司以银行存款购买一台不需安装的生产设备,取得的增值税专用发票上注明的价款为 50 万元,增值税税额为 8 万元,另支付

[①] 根据财会字〔2018〕15 号文的规定,在编制资产负债表时,"工程物资"项目归并至"在建工程"项目反映。

[②] 根据 2018 年 5 月 1 日后,制造业等行业一般纳税人销售货物的一般税率为 16%,提供运输劳务等的税率为 10%,其他 6%。

[③] 企业如果采用分期付款方式购买固定资产,且合同期限较长,超过了正常信用期限时,该项购买业务实质已构成融资业务,该项固定资产的入账价值应以各期付款额的现值之和计量和确定。

运杂费 1 万元，包装费 0.6 万元，保险费 0.4 万元，设备已交付使用（不考虑运杂费、包装费、保险费中所包含的增值税税额）。依据税法，该生产设备的增值税可以抵扣。甲公司进行会计处理时，应编制的会计分录如下：

借：固定资产　　　　　　　　　　　　　　　　　　　　　520 000
　　应交税费——应交增值税（进项税额）　　　　　　　　 80 000
　　贷：银行存款　　　　　　　　　　　　　　　　　　　　　　600 000

需要注意的是，企业基于价格等因素的考虑，可能以一笔款项购入多项没有单独标价的固定资产。如果这些资产均符合固定资产的定义，并满足固定资产的确认条件，则应将各项资产单独确认为固定资产，并按各项固定资产公允价值的比例对总成本进行分配，分别确定各项固定资产的成本。

【例 5-2】 甲公司以银行存款购进了三台不同型号且具有不同生产能力的生产设备 A、B、C，共支付款项 100 000 000 元，增值税税额为 16 000 000 元，包装费 750 000 元；假定设备 A、B、C 均满足固定资产的定义及确认条件，公允价值分别为 45 000 000 元、38 500 000 元、16 500 000 元；不考虑其他相关税费。依据税法，该生产设备的增值税可以抵扣。

（1）确定应计入固定资产成本的金额，包括购买价款及包装费，但不包括增值税进项税额，即：

100 000 000 + 750 000 = 100 750 000（元）

（2）确定设备 A、B、C 的价值分配比例：

A 设备应分配的固定资产价值比例 $= \dfrac{45\ 000\ 000}{45\ 000\ 000 + 38\ 500\ 000 + 16\ 500\ 000} \times 100\% = 45\%$

B 设备应分配的固定资产价值比例 $= \dfrac{38\ 500\ 000}{45\ 000\ 000 + 38\ 500\ 000 + 16\ 500\ 000} \times 100\% = 38.5\%$

C 设备应分配的固定资产价值比例 $= \dfrac{16\ 500\ 000}{45\ 000\ 000 + 38\ 500\ 000 + 16\ 500\ 000} \times 100\% = 16.5\%$

（3）确定 A、B、C 设备各自的成本：

A 设备的成本 = 100 750 000 × 45% = 45 337 500（元）
B 设备的成本 = 100 750 000 × 38.5% = 38 788 750（元）
C 设备的成本 = 100 750 000 × 16.5% = 16 623 750（元）

（4）甲公司进行会计处理时，应编制的会计分录如下：

借：固定资产——A 设备　　　　　　　　　　　　　　　 45 337 500
　　　　　　——B 设备　　　　　　　　　　　　　　　 38 788 750
　　　　　　——C 设备　　　　　　　　　　　　　　　 16 623 750
　　应交税费——应交增值税（进项税额）　　　　　　　 16 000 000
　　贷：银行存款　　　　　　　　　　　　　　　　　　　　 116 750 000

2. 购入需要安装的固定资产

企业购入需要安装的固定资产，应在购入的固定资产取得成本的基础上加上安装调试成本等,作为购入固定资产的成本,先通过"在建工程"账户核算,待安装完毕达到预定可使用状态时,再由"在建工程"账户转入"固定资产"账户。

企业购入固定资产时,按实际支付的购买价款、运输费、装卸费和其他相关税费(不包含可抵扣的增值税进项税额)等,借记"在建工程"科目,贷记"银行存款"等科目;支付安装费用等时,借记"在建工程"科目,贷记"银行存款"等科目;安装完毕达到预定可使用状态时,按其实际成本,借记"固定资产"科目,贷记"在建工程"科目。

【例5-3】 沿用【例5-1】资料,假定该设备需要安装,领用本公司原材料一批,价值20 000元,购进该批原材料时支付的增值税进项税额为3 400元;另外以银行存款支付安装费用10 000元。设备已安装完毕,交付使用,不考虑其他相关税费,其他资料不变。甲公司进行会计处理时,应编制的会计分录如下:

(1) 甲公司购买设备时:

借:在建工程　　　　　　　　　　　　　　　　520 000
　　应交税费——应交增值税(进项税额)　　　 80 000
　　贷:银行存款　　　　　　　　　　　　　　　　　600 000

(2) 甲公司设备投入安装时:

借:在建工程　　　　　　　　　　　　　　　　 30 000
　　贷:原材料　　　　　　　　　　　　　　　　　　 20 000
　　　　银行存款　　　　　　　　　　　　　　　　　 10 000

(3) 甲公司设备安装完毕交付使用时:

借:固定资产　　　　　　　　　　　　　　　　550 000
　　贷:在建工程　　　　　　　　　　　　　　　　　550 000

(二) 自行建造固定资产

企业自行建造固定资产,应按建造该项资产达到预定可使用状态前所发生的必要支出,作为固定资产的成本[①]。

自建固定资产应先通过"在建工程"账户核算,工程达到预定可使用状态时,再从"在建工程"账户转入"固定资产"账户。企业自建固定资产,主要有自营和出包两种方式,由于采用的建造方式不同,其会计处理也不同。

1. 自营方式建造固定资产

自营方式建造固定资产是指企业自行组织工程物资采购、自行组织施工人员施工的建筑工程和安装工程。购入工程物资时,借记"工程物资"科目,贷记"银行存款"等科目。领用工程物资时,借记"在建工程"科目,贷记"工程物资"科目。自营工程发生的其他费用(如分配工程人员工资等),借记"在建工程"科目,

---

① 自行建造或者出包建造固定资产,如果有借款费用发生,符合资本化条件的,应根据《企业会计准则第17号——借款费用》的规定处理。

贷记"银行存款""应付职工薪酬"等科目。自营工程达到预定可使用状态时，按其成本，借记"固定资产"科目，贷记"在建工程"科目。

【例 5-4】 甲公司自建办公大楼一幢，购入为工程准备的各种物资 500 000 元，支付的增值税税额为 80 000 元，全部用于工程建设。领用本公司生产的水泥一批，实际成本为 80 000 元，税务部门确定的计税价格为 100 000 元，增值税税率 16%；工程人员应计工资 185 000 元，支付的其他费用 30 000 元。工程完工并达到预定可使用状态。甲公司进行会计处理时，应编制的会计分录如下：

（1）购入工程物资时：

借：工程物资　　　　　　　　　　　　　　　　　　　500 000
　　应交税费——应交增值税（进项税额）　　　　　　 80 000
　　贷：银行存款　　　　　　　　　　　　　　　　　　　　580 000

（2）工程领用工程物资时：

借：在建工程　　　　　　　　　　　　　　　　　　　500 000
　　贷：工程物资　　　　　　　　　　　　　　　　　　　　500 000

（3）工程领用本企业生产的水泥时：

借：在建工程　　　　　　　　　　　　　　　　　　　 96 000
　　贷：库存商品　　　　　　　　　　　　　　　　　　　　 80 000
　　　　应交税费——应交增值税（销项税额）　　　　　　　 16 000

（4）分配工程人员工资时：

借：在建工程　　　　　　　　　　　　　　　　　　　185 000
　　贷：应付职工薪酬　　　　　　　　　　　　　　　　　　185 000

（5）支付工程发生的其他费用时：

借：在建工程　　　　　　　　　　　　　　　　　　　 30 000
　　贷：银行存款等　　　　　　　　　　　　　　　　　　　 30 000

（6）工程完工转入固定资产时：

借：固定资产　　　　　　　　　　　　　　　　　　　811 000
　　贷：在建工程　　　　　　　　　　　　　　　　　　　　811 000

2. 出包方式建造固定资产

出包工程是指企业通过招标等方式将工程项目发包给建造承包商，由建造承包商组织施工的建筑工程和安装工程。企业采用出包方式进行的固定资产工程，其工程的具体支出主要由建造承包商核算，在这种方式下，"在建工程"账户主要是企业与建造承包商办理工程价款的结算账户，企业支付给建造承包商的工程价款作为工程成本，通过"在建工程"账户核算。企业按合理估计的发包工程进度和合同规定向建造承包商结算的进度款，借记"在建工程"科目，贷记"银行存款"等科目；工程完成时按合同规定补付的工程款，借记"在建工程"科目，贷记"银行存款"等科目；工程达到预定可使用状态时，按其成本，借记"固定资产"科目，贷记"在建工程"科目。

企业在建造固定资产过程中发生的待摊支出,即在项目建设期间发生的,不能直接计入某项固定资产,而应由所建造固定资产共同负担的相关费用。如建造工程发生的管理费、可行性研究费、临时设施费、公证费、监理费、应负担的税金、符合资本化条件的借款费用、建设期间发生的工程物资盘亏、报废以及毁损的净损失以及负荷联合试车费等。在工程达到预定可使用状态时,首先应分配待摊支出,然后再确认固定资产成本。

待摊支出分配率 = 累计发生的待摊支出/(建筑工程支出 + 安装工程支出 + 在安装设备支出) × 100%

X 工程应分摊待摊支出 = (X 建筑工程支出 + X 安装工程支出 + X 在安装设备支出) × 分配率

【例 5 – 5】 甲公司将一幢厂房的建造工程出包给乙公司承建,按合理估计的发包工程进度和合同规定向乙公司结算进度款 600 000 元,工程完工后,收到乙公司有关工程结算单据,补付工程款 400 000 元,工程完工并达到预定可使用状态,不考虑相关税费。甲公司进行会计处理时,应编制的会计分录如下:

(1) 甲公司按合理估计的发包工程进度和合同规定向乙公司结算进度款时

借:在建工程　　　　　　　　　　　　　　　　　　　600 000
　　贷:银行存款　　　　　　　　　　　　　　　　　　600 000

(2) 甲公司补付工程款时

借:在建工程　　　　　　　　　　　　　　　　　　　400 000
　　贷:银行存款　　　　　　　　　　　　　　　　　　400 000

(3) 甲公司工程完工并达到预定可使用状态时

借:固定资产　　　　　　　　　　　　　　　　　　1 000 000
　　贷:在建工程　　　　　　　　　　　　　　　　　1 000 000

(三) 其他方式增加固定资产

企业除购买固定资产外,还可能通过包括接受投资者投资、非货币性资产交换、债务重组、企业合并等方式取得固定资产。企业通过非货币性资产交换、债务重组、企业合并等方式取得的固定资产,应分别按照相关的具体会计准则确认其入账价值。

1. 投资者投入固定资产

投资者投入固定资产,应按投资合同或协议约定的价值确认固定资产的入账价值,但合同或协议约定价值不公允的除外。

企业接受投资者投入的固定资产,借记"固定资产""在建工程"等科目,按其在注册资本所占的份额,贷记"实收资本""股本"等科目,按其差额,贷记"资本公积——资本溢价"科目。

【例 5 – 6】 甲公司接受乙公司投入一台不需安装的设备作为其出资,该设备的原价 50 万元,已计提折旧 20 万元,投资各方认可的价值为 40 万元(假定与公允价值相同），乙公司占注册资本的份额为 35 万元。设备已交付使用。甲公司进行会计处理时，应编制的会计分录如下：

借：固定资产　　　　　　　　　　　　　　　　　　400 000
　　贷：实收资本　　　　　　　　　　　　　　　　　350 000
　　　　资本公积——资本溢价　　　　　　　　　　　 50 000

2. 盘盈固定资产

企业在财产清查时盘盈的固定资产，应作为前期差错处理。在按照管理权限批准前，应先通过"以前年度损益调整"科目核算。

3. 存在弃置费用的固定资产

对于某些特殊的固定资产，在确定初始成本时，还应考虑弃置费用。弃置费用通常是指根据国家法律法规、国际公约等规定，企业承担的环境保护和生态恢复等义务所确定的支出。如核电站的核设施等的弃置和环境恢复义务等[①]。

三、固定资产的折旧

（一）固定资产折旧概述

企业应当在固定资产的使用寿命内，按照确定的方法对应计折旧额进行系统分摊，根据固定资产的性质和使用情况，合理确定固定资产的使用寿命和预计净残值。

固定资产的使用寿命、预计净残值一经确定，不得随意变更。上述事项在报经股东大会或董事会、经理（厂长）会议或类似机构批准后，作为计提折旧的依据，并按照法律、行政法规等的规定报送有关各方备案。鉴于固定资产的使用寿命通常长于一年，属于企业的非流动资产，企业至少应当于每年年度终了，对固定资产的使用寿命、预计净残值和折旧方法进行复核。如果发生变更，应根据《企业会计准则第 28 号——会计政策会计估计变更和会计差错更正》准则的要求，按照会计估计变更处理。

影响折旧的因素主要有以下几个方面：（1）固定资产原价，是指固定资产的成本[②]；（2）预计净残值，是指假定固定资产预计使用寿命已满并处于使用寿命终了时的预期状态，企业目前从该项资产处置中获得的扣除预计处置费用后的金额；（3）固定资产减值准备，是指固定资产已计提的固定资产减值准备金额；（4）固定资产的使用寿命，是指企业使用固定资产的预计期间，或者该固定资产所能生产产品或提供劳务的数量。企业确定固定资产使用寿命时，应当考虑下列因素：第一，该项资产预计生产能力或实物产量；第二，该项资产预计有形损耗，如设备使用中发生磨损、房屋建筑物受到自然侵蚀等；第三，该项资产预计无形损耗，如因新技

---

① 中国注册会计师协会组织编写：《会计》，中国财政经济出版社 2018 年版，第 53 页。弃置费用一般采用现值计算，并计入固定资产的价值。具体实例略。

② 财务〔2018〕54 号文规定，企业在 2018 年 1 月 1 日至 2020 年 12 月 31 日期间新购进的设备、器具，单位价值不超过 500 万元的，允许一次性计入当期成本费用在计算应纳税所得额时扣除，不再分年度计算折旧。

术的出现而使现有的资产技术水平相对陈旧、市场需求变化使产品过时等;第四,法律或者类似规定对该项资产使用的限制。

总之,企业应当根据固定资产的性质和使用情况,合理确定固定资产的使用寿命和预计净残值。固定资产的使用寿命、预计净残值一经确定,不得随意变更,但是符合《企业会计准则第4号——固定资产》第十九条规定的除外。

除以下情况外,企业应当对所有固定资产计提折旧:(1)已提足折旧仍继续使用的固定资产;(2)单独计价入账的土地。

在确定计提折旧的范围时,还应注意以下几点:(1)固定资产应当按月计提折旧,当月增加的固定资产,当月不计提折旧,从下月起计提折旧;当月减少的固定资产,当月仍计提折旧,从下月起不计提折旧。(2)固定资产提足折旧后,不论能否继续使用,均不再计提折旧;提前报废的固定资产,也不再补提折旧。所谓提足折旧,是指已经提足该项固定资产的应计折旧额。(3)已达到预定可使用状态但尚未办理竣工决算的固定资产,应当按照估计价值确定其成本,并计提折旧;待办理竣工决算后,再按实际成本调整原来的暂估价值,但不需要调整原已计提的折旧额。

企业至少应当于每年年度终了,对固定资产的使用寿命、预计净残值和折旧方法进行复核。使用寿命预计数与原先估计数有差异的,应当调整固定资产使用寿命;预计净残值预计数与原先估计数有差异的,应当调整预计净残值;与固定资产有关的经济利益预期实现方式有重大改变的,应当改变固定资产折旧方法。固定资产使用寿命、预计净残值和折旧方法的改变应当作为会计估计变更。

(二)固定资产折旧方法

企业应当根据与固定资产有关的经济利益的预期实现方式合理选择折旧方法。可选用的折旧方法包括年限平均法、工作量法、双倍余额递减法和年数总和法等。企业选用不同的固定资产折旧方法,将影响固定资产使用寿命期间内不同时期的折旧费用,因此,固定资产的折旧方法一经确定,不得随意变更。

1. 年限平均法

年限平均法又称直线法,是指将固定资产的应计折旧额均衡地分摊到固定资产预计使用寿命内的一种方法。采用这种方法计算的每期折旧额均相等。计算公式如下:

$$年折旧率 = \frac{1 - 预计净残值率}{预计使用寿命(年)} \times 100\%$$

$$月折旧率 = 年折旧率 \div 12$$

$$月折旧额 = 固定资产原价 \times 月折旧率$$

【例5-7】 甲公司有一栋厂房,原价5 000 000元,预计可使用20年,预计报废时的净残值率为2%。该厂房的折旧率和折旧额的计算如下:

$$年折旧率 = \frac{1 - 2\%}{20} \times 100\% = 4.9\%$$

$$月折旧率 = \frac{4.9\%}{12} \times 100\% = 0.41\%$$

月折旧额 = 5 000 000 × 0.41% = 20 500（元）

2. 工作量法

工作量法，是根据实际工作量计算每期应提折旧额的一种方法。计算公式如下：

$$单位工作量折旧额 = \frac{固定资产原价 \times (1 - 预计净残值率)}{预计总工作量}$$

某项固定资产月折旧额 = 该项固定资产当月工作量 × 单位工作量折旧额

【例 5 - 8】 甲公司的一辆卡车的原价为 600 000 元，预计总行驶里程为 500 000 公里，预计报废时的净残值率为 5%，本月行驶 4 000 公里。该卡车的月折旧额计算如下：

$$单位里程折旧额 = \frac{600\ 000 \times (1 - 5\%)}{500\ 000} = 1.14（元/公里）$$

本月折旧额 = 4 000 × 1.14 = 4 560（元）

3. 双倍余额递减法

双倍余额递减法，是指在不考虑固定资产预计净残值的情况下，根据每期期初固定资产原价减去累计折旧后的金额和双倍的直线法折旧率计算固定资产折旧的一种方法。应用这种方法计算折旧额时，由于每年年初固定资产净值没有扣除预计净残值，所以在计算固定资产折旧额时，应在其折旧年限到期前两年内，将固定资产净值扣除预计净残值后的余额平均摊销。计算公式如下：

$$年折旧率 = \frac{2}{预计使用寿命（年）} \times 100\%$$

年折旧额 = 每年年初固定资产账面价值 × 年折旧率

月折旧额 = 年折旧额 ÷ 12

【例 5 - 9】 甲公司一项固定资产的原价为 1 000 000 元，预计使用年限为 5 年，预计净残值为 4 000 元。按双倍余额递减法计提折旧，每年的折旧额计算如下：

$$年折旧率 = \frac{2}{5} \times 100\% = 40\%$$

第 1 年应提的折旧额 = 1 000 000 × 40% = 400 000（元）

第 2 年应提的折旧额 = (1 000 000 - 400 000) × 40% = 240 000（元）

第 3 年应提的折旧额 = (1 000 000 - 400 000 - 240 000) × 40%
= 144 000（元）

$$第 4 年、第 5 年的年折旧额 = \frac{1\ 000\ 000 - 400\ 000 - 240\ 000 - 144\ 000 - 4\ 000}{2}$$
$$= 106\ 000（元）$$

每年各月折旧额根据年折旧额除以 12 来计算。

4. 年数总和法

年数总和法，又称年限合计法，是指将固定资产的原价减去预计净残值后的余额，乘以一个以固定资产尚可使用寿命为分子、以预计使用寿命逐年数字之和为分母的逐年递减的分数计算每年的折旧额。计算公式如下：

$$年折旧率 = \frac{尚可使用年限}{预计使用寿命的年数总和} \times 100\%$$

年折旧额 =（固定资产原价 - 预计净残值）× 年折旧率

月折旧额 = 年折旧额 ÷ 12

【例 5 - 10】 沿用【例 5 - 9】资料，假如采用年数总和法，计算的各年折旧额如表 5 - 1 所示。

表 5 - 1　　　　　　　　年数总和法下折旧额计算表　　　　　　　　单位：元

年份	尚可使用年限	原价 - 净残值	变动折旧率	年折旧额	累计折旧
1	5	996 000	5/15	332 000	332 000
2	4	996 000	4/15	265 600	597 600
3	3	996 000	3/15	199 200	796 800
4	2	996 000	2/15	132 800	929 600
5	1	996 000	1/15	66 400	996 000

（三）固定资产折旧的核算

固定资产应当按月计提折旧，计提的折旧应当记入"累计折旧"科目，并根据用途计入相关资产的成本或者当期损益。企业自行建造固定资产过程中使用的固定资产，其计提的折旧应计入在建工程成本；基本生产车间所使用的固定资产，其计提的折旧应计入制造费用；管理部门所使用的固定资产，其计提的折旧应计入管理费用；销售部门所使用的固定资产，其计提的折旧应计入销售费用；经营租出的固定资产，其计提的折旧额应计入其他业务成本。企业计提固定资产折旧时，借记"制造费用"、"销售费用"、"管理费用"等科目，贷记"累计折旧"科目。

【例 5 - 11】 2017 年 11 月份，甲公司固定资产计提折旧情况如下：一车间厂房计提折旧 3 800 000 元，机器设备计提折旧 4 500 000 元；行政管理部门房屋建筑物计提折旧 6 500 000 元，运输工具计提折旧 2 400 000 元；销售部门房屋建筑物计提折旧 3 200 000 元，运输工具计提折旧 2 630 000 元。当月新购置机器设备一台，价值为 5 400 000 元，预计使用寿命为 10 年，该企业同类设备计提折旧采用年限平均法。甲公司进行会计处理时，应编制的会计分录如下：

借：制造费用　　　　　　　　　　　　　　　　　8 300 000
　　管理费用　　　　　　　　　　　　　　　　　8 900 000
　　销售费用　　　　　　　　　　　　　　　　　5 830 000
　　贷：累计折旧　　　　　　　　　　　　　　　　　23 030 000

四、固定资产的后续支出

固定资产的后续支出是指固定资产使用过程中发生的更新改造支出、修理费用等。企业的固定资产投入使用后，由于各个组成部分耐用程度不同或者使用的条件不同，因而往往发生固定资产的局部损坏。为了保持固定资产的正常运转和使用，充分发挥其使用效能，就必须对其进行必要的后续支出。

固定资产的更新改造等后续支出，满足固定资产确认条件的，应当计入固定资产成本，如有被替换的部分，应同时将被替换部分的账面价值从该固定资产原账面价值中扣除；不满足固定资产确认条件的固定资产修理费用等，应当在发生时计入当期损益。

在对固定资产发生可资本化的后续支出后，企业应将该固定资产的原价、已计提的累计折旧和减值准备转销，将固定资产的账面价值转入在建工程。固定资产发生的可资本化的后续支出，通过"在建工程"账户核算。在固定资产发生的后续支出完工并达到预定可使用状态时，从"在建工程"账户转入"固定资产"账户，以后按重新确定的使用寿命、预计净残值和折旧方法计提折旧。

企业生产车间（部门）和行政管理部门等发生的固定资产修理费用等后续支出，借记"管理费用"科目，贷记"银行存款"等科目；企业发生的与专设销售机构相关的固定资产修理费用等后续支出，借记"销售费用"科目，贷记"银行存款"等科目。

【例 5–12】 甲公司是一家从事印刷业的企业，有关资料如下：

（1）2017 年 12 月 6 日，该公司自行建成了一条印刷生产线，建造成本为 568 000 元，采用年限平均法计提折旧，预计净残值率为固定资产原价的 3%，预计使用年限为 6 年。

（2）2020 年 1 月 1 日，由于生产的产品适销对路，现有生产线的生产能力已难以满足公司生产发展的需要，但若新建生产线成本过高，周期过长，于是公司决定对现有生产线进行改扩建，以提高其生产能力。假定该生产线未发生减值。

（3）2020 年 1 月 1 日至 3 月 31 日，经过三个月的改扩建，完成了对这条印刷生产线的改扩建工程，共发生支出 268 900 元，全部以银行存款支付。

（4）该生产线改扩建工程达到预定可使用状态后，大大提高了生产能力，预计将其使用年限延长了 4 年，即预计使用年限为 10 年。假定改扩建后的生产线的预计净残值率为改扩建后固定资产账面价值的 3%，折旧方法仍为年限平均法。

（5）为简化计算过程，整个过程不考虑其他相关税费；公司按年度计提固定资产折旧。

本例中，印刷生产线改扩建后生产能力将大大提高，能够为企业带来更多的经济利益，改扩建的支出金额也能可靠计量，因此该后续支出符合固定资产的确认条件，应计入固定资产的成本。甲公司进行会计处理时，应编制的会计分录如下：

（1）2018 年 1 月 1 日至 2019 年 12 月 31 日两年间

该条生产线的应计折旧额 = 568 000 × （1 – 3%） = 550 960（元）

年折旧额 = 550 960 ÷ 6 = 91 826.67（元）

借：制造费用 91 826.67
　　贷：累计折旧 91 826.67

（2）2020年1月1日，固定资产转入改扩建时

借：在建工程 384 346.66
　　累计折旧 183 653.34
　　贷：固定资产 568 000

（3）2020年1月1日至3月31日，发生改扩建工程支出时

借：在建工程 268 900
　　贷：银行存款 268 900

（4）2020年3月31日，生产线改扩建工程达到预定可使用状态时

借：固定资产 653 246.66
　　贷：在建工程 653 246.66

【例5-13】 2018年10月1日，甲公司对其现有的一台管理部门使用的设备进行修理，修理过程中发生维修费用3 000元。甲公司进行会计处理时，应编制的会计分录如下：

借：管理费用 3 000
　　贷：银行存款 3 000

五、固定资产的清查

企业应定期或者至少于每年年末对固定资产进行清查盘点，以保证固定资产核算的真实性，充分挖掘企业现有固定资产的潜力。在固定资产清查过程中，如果发现盘盈、盘亏的固定资产，应填制固定资产盘盈盘亏报告表。清查固定资产的损溢，应及时查明原因，并按照规定程序报批处理。

（一）固定资产盘盈

前已述及，企业在财产清查中盘盈的固定资产，作为前期差错处理。企业在财产清查中盘盈的固定资产，在按管理权限报经批准处理前应先通过"以前年度损益调整"账户核算。盘盈的固定资产，应按重置成本确定其入账价值，借记"固定资产"科目，贷记"以前年度损益调整"科目。

【例5-14】 甲公司在财产清查过程中，发现一台未入账的设备，重置成本为90 000元（假定与其计税基础不存在差异）。根据《企业会计准则第28号——会计政策、会计估计变更和差错更正》规定，该盘盈固定资产作为前期差错进行处理。假定甲公司适用的所得税税率为25%，按净利润的10%计提法定盈余公积。甲公司进行会计处理时，应编制的会计分录如下：

（1）甲公司盘盈固定资产时

借：固定资产 90 000
　　贷：以前年度损益调整 90 000

(2) 甲公司确定应交纳的所得税时

借：以前年度损益调整　　　　　　　　　　　　　22 500
　　贷：应交税费——应交所得税　　　　　　　　　　　　22 500

(3) 甲公司结转留存收益时

借：以前年度损益调整　　　　　　　　　　　　　67 500
　　贷：盈余公积——法定盈余公积　　　　　　　　　　　6 750
　　　　利润分配——未分配利润　　　　　　　　　　　　60 750

(二) 固定资产盘亏

企业在财产清查中盘亏的固定资产，按盘亏固定资产的账面价值，借记"待处理财产损溢"科目，按已计提的累计折旧，借记"累计折旧"科目，按已计提的减值准备，借记"固定资产减值准备"科目，按固定资产的原价，贷记"固定资产"科目。按管理权限报经批准后处理时，按可收回的保险赔偿或过失人赔偿，借记"其他应收款"科目，按应计入营业外支出的金额，借记"营业外支出"科目，贷记"待处理财产损溢"科目。

【例 5 – 15】 甲公司进行财产清查时发现短缺一台设备，原价为 8 000 元，已计提折旧 4 000 元。甲公司进行会计处理时，应编制的会计分录如下：

(1) 盘亏固定资产时

借：待处理财产损溢　　　　　　　　　　　　　　4 000
　　累计折旧　　　　　　　　　　　　　　　　　　4 000
　　贷：固定资产　　　　　　　　　　　　　　　　　　　8 000

(2) 报经批准转销时

借：营业外支出　　　　　　　　　　　　　　　　4 000
　　贷：待处理财产损溢　　　　　　　　　　　　　　　　4 000

六、固定资产的减值

固定资产在资产负债表日存在可能发生减值的迹象时，其可收回金额低于账面价值的，企业应当将该固定资产的账面价值减记至可收回金额，减记的金额确认为减值损失，计入当期损益。同时计提相应的资产减值准备，借记"资产减值损失"科目，贷记"固定资产减值准备"科目。固定资产减值损失一经确认，在以后会计期间不得转回。

【例 5 – 16】 2018 年 12 月 31 日，甲公司的某机器存在可能发生减值的迹象。经计算，该机器的可收回金额合计为 2 460 000 元，账面价值为 2 800 000 元，以前年度未对该机器计提过减值准备。甲公司进行会计处理时，应编制的会计分录如下：

借：资产减值损失　　　　　　　　　　　　　　340 000
　　贷：固定资产减值准备　　　　　　　　　　　　　　340 000

七、固定资产的处置

企业在生产经营过程中,可能将不适用或不需用的固定资产对外出售转让,或因磨损、技术进步等原因对固定资产进行报废,或因遭受自然灾害而对毁损的固定资产进行处理。对于上述事项在进行会计核算时,应按规定程序办理有关手续,结转固定资产的账面价值,计算有关的清理收入、清理费用及残料价值等。

固定资产处置包括固定资产的出售、报废、毁损、对外投资、非货币性资产交换、债务重组等。处置固定资产应通过"固定资产清理"账户核算。具体包括以下几个环节:

(1) 固定资产转入清理。企业因出售、报废、毁损、对外投资、非货币性资产交换、债务重组等转出的固定资产,按该项固定资产的账面价值,借记"固定资产清理"科目,按已计提的累计折旧,借记"累计折旧"科目,按已计提的减值准备,借记"固定资产减值准备"科目,按其账面原价,贷记"固定资产"科目。

(2) 发生的清理费用等。固定资产清理过程中应支付的相关税费及其他费用,借记"固定资产清理"科目,贷记"银行存款"等科目。

(3) 收回出售固定资产的价款、残料价值和变价收入等,借记"银行存款""原材料"等科目,贷记"固定资产清理""应交税费——应交增值税"科目。

(4) 保险赔偿等的处理。应由保险公司或过失人赔偿的损失,借记"其他应收款"等科目,贷记"固定资产清理"科目。

(5) 清理净损益的处理。固定资产清理完成后,属于生产经营期间正常的处理损失,借记"营业外支出——处置非流动资产损失"科目,贷记"固定资产清理"科目;属于自然灾害等非正常原因造成的损失,借记"营业外支出——非常损失"科目,贷记"固定资产清理"科目。如为贷方余额,借记"固定资产清理"科目,贷记"营业外收入"科目。如果处置固定资产属于正常的出售、转让、非货币性资产交换、债务重组等的利得或损失,应贷记或借记"资产处置损益"科目。

【例 5-17】 甲公司因遭受火灾而毁损一座仓库,该仓库原价 8 000 000 元,已计提折旧 2 000 000 元,未计提减值准备。其残料估计价值 100 000 元,残料已办理入库(假定不考虑增值税)。发生的清理费用 40 000 元,以现金支付。经保险公司核定应赔偿损失 3 000 000 元,尚未收到赔款。甲公司进行会计处理时,应编制的会计分录如下:

(1) 将毁损的仓库转入清理时:

借:固定资产清理 6 000 000
    累计折旧 2 000 000
  贷:固定资产 8 000 000

(2) 残料入库时:

借:原材料 100 000

            贷：固定资产清理   100 000
（3）支付清理费用时：
借：固定资产清理   40 000
    贷：库存现金   40 000
（4）确定应由保险公司理赔的损失时：
借：其他应收款   3 000 000
    贷：固定资产清理   3 000 000
（5）结转毁损固定资产发生的损失时：
借：营业外支出——非常损失   2 940 000
    贷：固定资产清理   2 940 000

第二节　无形资产

一、概述

（一）无形资产的概念和特征

无形资产，是指企业拥有或者控制的没有实物形态的可辨认非货币性资产。相对于其他资产，无形资产具有以下三个方面的特征。

1. 无形资产不具有实物形态

无形资产通常表现为某种权利或某项技术，它们不具有实物形态，看不见，摸不着。比如，土地使用权、非专利技术等。企业的有形资产，例如固定资产，虽然也能为企业带来经济利益，但其为企业带来经济利益的方式与无形资产不同，固定资产是通过实物价值的磨损和转移来为企业带来未来经济利益，而无形资产很大程度上是通过自身所具有的技术等优势为企业带来未来经济利益。不具有实物形态是无形资产区别于其他资产的特征之一。

2. 无形资产具有可辨认性

符合以下条件之一的，则认为其具有可辨认性：（1）能够从企业中分离或者划分出来，并能单独用于出售或转让等，而不需要同时处置在同一获利活动中的其他资产，则说明无形资产可以辨认。某些情况下无形资产可能需要与有关的合同一起用于出售转让等，这种情况下也视为可辨认无形资产。（2）产生于合同性权利或其他法定权利，无论这些权利是否可以从企业或其他权利和义务中转移或者分离。如一方通过与另一方签订特许权合同而获得的特许使用权，通过法律程序申请获得的商标权、专利权等。

3. 无形资产属于非货币性资产

非货币性资产是指企业持有的货币资金和将以固定或可确定的金额收取的资产

以外的其他资产。无形资产由于没有发达的交易市场,一般不容易转化成现金,在持有过程中为企业带来未来经济利益的情况不确定,不属于以固定或可确定的金额收取的资产,属于非货币性资产。

(二) 无形资产的确认

1. 与该资产有关的经济利益很可能流入企业

作为无形资产确认的项目,必须具备产生的经济利益很可能流入企业。通常情况下,无形资产产生的未来经济利益可能包括在销售商品、提供劳务的收入中,或者企业使用该项无形资产而减少或节约的成本中,或体现在获得的其他利益中。例如,生产加工企业在生产工序中使用了某种知识产权,使其降低了未来生产成本,而不是增加未来收入。实务中,要确定无形资产创造的经济利益是否很可能流入企业,需要实施职业判断。在实施这种判断时,需要对无形资产在预计使用寿命内可能存在的各种经济因素作出合理估计,并且应当有明确的证据支持。比如,企业是否有足够的人力资源、高素质的管理队伍、相关的硬件设备、相关的原材料等来配合无形资产为企业创造经济利益。同时,更为重要的是关注一些外界因素的影响,比如是否存在相关的新技术、新产品冲击与无形资产相关的技术或据其生产的产品的市场等。在实施判断时,企业的管理当局应对无形资产的预计使用寿命内存在的各种因素作出最稳健的估计。

2. 该无形资产的成本能够可靠地计量

成本能够可靠地计量是资产确认的一项基本条件。对于无形资产来说,这个条件相对更为重要。比如,企业内部产生的品牌、报刊名等,因其成本无法可靠计量,不作为无形资产确认。又比如,一些高新科技企业的科技人才,假定其与企业签订了服务合同,且合同规定其在一定期限内不能为其他企业提供服务。在这种情况下,虽然这些科技人才的知识在规定的期限内预期能够为企业创造经济利益,但由于这些技术人才的知识难以辨认,且形成这些知识所发生的支出难以计量,因而不能作为企业的无形资产加以确认。

(三) 无形资产的内容

无形资产通常包括专利权、非专利技术、商标权、著作权、特许权、土地使用权等[①]。

1. 专利权

专利权,是指国家专利主管机关依法授予发明创造专利申请人,对其发明创造在法定期限内所享有的专有权力,包括发明专利权、实用新型专利权和外观设计专利权。发明,是指对产品、方法或者其改进所提出的新的技术方案;实用新型,是指对产品的形状、构造或者其结合所提出的适于实用的新的技术方案;外观设计,

---

① 对于特许权、土地使用权等是否属于无形资产,学者们还有不同的看法。在当下,各种"平台""大数据""资质"等是否属于无形资产,学者们也有争论。但本书仍然按照《企业会计准则第6号——无形资产》的规定界定无形资产的范围。

是指对产品的形状、图案或者其结合以及色彩与形状、图案的结合所作出的富有美感并适用于工业应用的新设计。发明专利权的期限为 20 年，实用新型专利权和外观设计专利权的期限为 10 年，均自申请日起计算。

2. 非专利技术

非专利技术，也称专有技术。它是指不为外界所知、在生产经营活动中已采用了的、不享有法律保护的、可以带来经济效益的各种技术和诀窍。非专利技术一般包括工业专有技术、商业贸易专有技术、管理专有技术等。工业专有技术，指在生产上已经采用，仅限于少数人知道，不享有专利权或发明权的生产、装配、修理、工艺或加工方法的技术知识，可以用蓝图、配方、技术记录、操作方法的说明等具体资料表现出来，也可以通过卖方派出技术人员进行指导，或接受买方人员进行技术实习等手段实现；商业贸易专有技术，指具有保密性质的市场情报、原材料价格情报以及用户、竞争对象的情况的有关知识；管理专有技术，指生产组织的经营方式、管理方法、培训职工方法等保密知识。非专利技术并不是专利法的保护对象，非专利技术用自我保密的方式来维持其独占性，具有经济性、机密性和动态性等特点。

3. 商标权

商标是用来辨认特定的商品或劳务的标记。商标权指专门在某类指定的商品或产品上使用特定的名称或图案的权利。经商标局核准注册的商标为注册商标，包括商品商标、服务商标和集体商标、证明商标；商标注册人享有商标专用权，受法律保护。集体商标，是指以团体、协会或者其他组织名义注册，供该组织成员在商事活动中使用，以表明使用者在该组织中的成员资格的标志；证明商标，是指由对某种商品或者服务具有监督能力的组织所控制，而由该组织以外的单位或者个人使用于其商品或者服务，用以证明该商品或者服务的原产地、原料、制造方法、质量或者其他特定品质的标志。注册商标的有效期为 10 年，自核准注册之日起计算。注册商标有效期满，需要继续使用的，应当在期满前 6 个月内申请续展注册；在此期间未能提出申请的，可以给予 6 个月的宽展期。宽展期满仍未提出申请的，注销其注册商标。每次续展注册的有效期为 10 年。

4. 著作权

著作权又称版权，指作者对其创作的文学、科学和艺术作品依法享有的某些特殊权利。著作权包括作品署名权、发表权、修改权和保护作品完整权，还包括复制权、发行权、出租权、展览权、表演权、放映权、广播权、信息网络传播权、摄制权、改编权、翻译权、汇编权以及应当由著作权人享有的其他权利。著作权人包括作者和其他依法享有著作权的公民、法人或者其他组织。著作权属于作者，创作作品的公民是作者。由法人或者其他组织主持，代表法人或者其他组织意志创作，并由法人或者其他组织承担责任的作品，法人或者其他组织视为作者。作者的署名权、修改权、保护作品完整权的保护期不受限制。公民的作品，其发表权、复制权、发行权、出租权、展览权、表演权、放映权、广播权、信息网络传播权、摄制权、改编权、翻译权、汇编权以及应当由著作权人享有的其他权利的保护期，为作者终生及其死亡后50年，截止于作者死亡后第50年的12月31日；如果是合作作品，截止于最后死亡的作者死亡后第50年的12月31日。

5. 特许权

特许权，又称经营特许权、专营权，指企业在某一地区经营或销售某种特定商品的权利或是一家企业接受另一家企业使用其商标、商号、技术秘密等的权利。通常有两种形式，一种是由政府机构授权，准许企业使用或在一定地区享有经营某种业务的特权，如水、电、邮电通信等专营权、烟草专卖权等；另一种指企业间依照签订的合同，有限期或无限期使用另一家企业的某些权力，如连锁店分店使用总店的名称等。特许权业务涉及特许权受让人和转让人两个方面。通常在特许权转让合同中规定了特许权转让的期限、转让人和受让人的权利和义务。转让人一般要向受让人提供商标、商号等使用权，传授专有技术，并负责培训营业人员，提供经营所必需的设备和特殊原料。受让人则需要向转让人支付取得特许权的费用，开业后则按营业收入的一定比例或其他计算方法支付享用特许权费用。此外，还要为转让人保守商业秘密。

6. 土地使用权

土地使用权，指国家准许某企业在一定期间内对国有土地享有开发、利用、经营的权利。根据我国土地管理法的规定，我国土地实行公有制，任何单位和个人不得侵占、买卖或者以其他形式非法转让。企业取得土地使用权的方式大致有行政划拨取得、外购取得（例如以缴纳土地出让金方式取得）及投资者投资取得几种。通常情况下，作为固定资产核算的土地，按照固定资产核算；以缴纳土地出让金等方式外购的土地使用权、投资者投入等方式取得的土地使用权，作为无形资产核算。

（四）无形资产核算的账户设置

为了核算无形资产的取得、摊销和处置等情况，企业应当设置"无形资产""累计摊销"等账户核算无形资产的有关业务。

"无形资产"账户核算企业持有的无形资产成本，借方登记取得无形资产的成本，贷方登记出售无形资产转出的无形资产账面余额，期末借方余额，反映企业无形资产的成本。本账户应按无形资产项目设置明细账，进行明细核算。

"累计摊销"账户属于"无形资产"的调整账户，核算企业对使用寿命有限的无形资产计提的累计摊销，贷方登记企业计提的无形资产摊销，借方登记处置无形资产转出的累计摊销，期末贷方余额，反映企业无形资产的累计摊销额。

此外，企业无形资产发生减值的，还应当设置"无形资产减值准备"账户进行核算。

二、无形资产的取得

无形资产通常是按实际成本计量，即以取得无形资产并使之达到预定用途而发生的全部支出作为无形资产的成本。企业取得无形资产的主要方式有外购、自行研究开发等。无形资产取得的方式不同,其会计处理也有所差别。

(一) 外购的无形资产

外购的无形资产,其成本包括购买价款、相关税费以及直接归属于使该项资产达到预定用途所发生的其他支出①。其中,直接归属于使该项资产达到预定用途所发生的其他支出包括使无形资产达到预定用途所发生的专业服务费用、测试无形资产是否能够正常发挥作用的费用等,但不包括为引入新产品进行宣传发生的广告费、管理费用及其他间接费用,也不包括在无形资产已经达到预定用途以后发生的费用。

【例 5-18】 甲公司购入一项专利技术,支付的买价和有关费用合计 1 000 000 元,增值税税 630 000 元,以银行存款支付。甲公司进行会计处理时,应编制的会计分录如下:

借:无形资产　　　　　　　　　　　　　　　　　　1 000 000
　　应交税费——应交增值税（进项税额）　　　　　　60 000
　　贷:银行存款　　　　　　　　　　　　　　　　　　1 060 000

(二) 自行研究开发无形资产

企业内部研究开发项目所发生的支出应区分研究阶段支出和开发阶段支出,对于研究阶段的支出全部计入当期损益,对于开发阶段的支出满足资本化条件,则资本化形成无形资产。

1. 研究阶段和开发阶段的划分

(1) 研究阶段。研究阶段是指为获取新的技术和知识等进行的有计划的调查。研究活动的例子包括:意在获取知识而进行的活动;研究成果或其他知识的应用研究、评价和最终选择;材料、设备、产品、工序、系统或服务替代品的研究;新的或经改进的材料、设备、产品、工序、系统或服务的可能替代品的配制、设计、评价和最终选择。

(2) 开发阶段。开发阶段是指在进行商业性生产或使用前,将研究成果或其他知识应用于某项规划或设计,以生产出新的或具有实质性改进的材料、装置、产品等。开发活动的例子包括:生产前或使用前的原型和模型的设计、建造和测试;含新技术的工具、夹具、模具和冲模的设计;不具有商业性生产经济规模的试生产设施的设计、建造和运营;新的或改造的材料、设备、产品、工序、系统或服务所选定的替代品的设计、建造和测试等。

2. 开发阶段有关支出资本化的条件

在开发阶段,判断可以将有关支出资本化计入无形资产成本的条件包括:

---

① 如果购入的无形资产超过正常信用条件延期支付价款,实质上具有融资性质的,应按所取得无形资产购买价款的现值计量其成本,现值与应付价款之间的差额作为"未确认融资费用",在付款期限内按照实际利率法确认为利息费用。另外,现行无形资产交易的增值税税率为 6%。企业取得无形资产所支付的增值税进项税额亦可抵扣。

（1）完成该无形资产以使其能够使用或出售在技术上具有可行性。判断无形资产的开发在技术上是否具有可行性，应当以目前阶段的成果为基础，并提供相关证据和材料，证明企业进行开发所需的技术条件等已经具备，不存在技术上的障碍或其他不确定性。比如，企业已经完成了全部计划、设计和测试活动，这些活动是使资产能够达到设计规划书中的功能、特征和技术所必需的活动或经过专家鉴定等。

（2）具有完成该无形资产并使用或出售的意图。开发某项产品或专利技术产品等，是使用或出售通常是根据管理当局决定该项研发活动的目的或者意图所决定，即研发项目形成成果以后，是为出售，还是为自己使用并从使用中获得经济利益，应当依管理当局的意图而定。因此，企业的管理当局应能够说明其持有拟开发无形资产的目的，并具有完成该项无形资产开发并使其能够使用或出售的可能性。

（3）无形资产产生经济利益的方式，包括能够证明运用该无形资产生产的产品存在市场或无形资产自身存在市场，无形资产将在内部使用的，应当证明其有用性。作为无形资产确认，其基本条件是能够为企业带来未来经济利益。就其能够为企业带来未来经济利益的方式而言，如果有关的无形资产在形成以后，主要是用于形成新产品或新工艺的，企业应对运用该无形资产生产的产品市场情况进行估计，应能够证明所生产的产品存在市场，能够带来经济利益的流入；如果有关的无形资产开发以后主要是用于对外出售的，则企业应能够证明市场上存在对该类无形资产的需求，开发以后存在外在的市场可以出售并带来经济利益的流入；如果无形资产开发以后不是用于生产产品，也不是用于对外出售，而是在企业内部使用的，则企业应能够证明在企业内部使用时对企业的有用性。

（4）有足够的技术、财务资源和其他资源支持，以完成该无形资产的开发，并有能力使用或出售该无形资产。这一条件主要包括：第一，为完成该项无形资产开发具有技术上的可靠性。开发无形资产并使其形成成果，在技术上的可靠性是继续开发活动的关键。因此，必须有确凿证据证明企业继续开发该项无形资产有足够的技术支持和技术能力。第二，财务资源和其他资源支持。财务资源和其他资源支持是能够完成该项无形资产开发的经济基础，因此，企业必须能够说明为完成该项无形资产的开发所需的财务和其他资源，是否能够足以支持完成该项无形资产的开发。第三，能够证明企业在开发过程中所需的技术、财务和其他资源，以及企业获得这些资源的相关计划等。如在企业自有资金不足以提供支持的情况下，是否存在外部其他方面的资金支持，如以银行等借款机构愿意为该无形资产的开发提供所需资金的声明等来证实。第四，有能力使用或出售该无形资产以取得收益。

（5）归属于该无形资产开发阶段的支出能够可靠计量。企业对于研究开发活动发生的支出应单独核算，如发生的研究开发人员的工资、材料费等。在企业同时从事多项研究开发活动的情况下，所发生的支出同时用于支持多项研究开发活动的，应按照一定的标准在各项研究开发活动之间进行分配，无法明确分配的，应予费用化计入当期损益，不计入开发活动的成本。

3. 内部研究开发支出的账务处理

企业自行开发无形资产发生的研发支出，不满足资本化条件的，借记"研发支出——费用化支出"科目①；满足资本化条件的，借记"研发支出——资本化支出"科目，贷记"原材料""银行存款""应付职工薪酬"等科目。研究开发项目达到预定用途形成无形资产的，应按"研发支出——资本化支出"账户的余额，借记"无形资产"科目，贷记"研发支出——资本化支出"科目。期（月）末，应将"研发支出——费用化支出"账户归集的金额转入"管理费用"账户，借记"管理费用"科目，贷记"研发支出——费用化支出"科目。

【例 5–19】 甲公司自行研究开发一项新产品专利技术，在研究开发过程中发生材料费 80 000 000 元、人工工资 20 000 000 元，以及其他费用 60 000 000 元，总计 1 60 000 000 元，其中，符合资本化条件的支出为 100 000 000 元，期末，该专利技术已经达到预定用途。甲公司进行会计处理时，应编制的会计分录如下（假定不考虑增值税）：

(1) 相关费用发生时：

借：研发支出——费用化支出　　　　　　　60 000 000
　　　　　　——资本化支出　　　　　　　100 000 000
　　贷：原材料　　　　　　　　　　　　　80 000 000
　　　　应付职工薪酬　　　　　　　　　　20 000 000
　　　　银行存款　　　　　　　　　　　　60 000 000

(2) 期末进行结转时：

借：管理费用　　　　　　　　　　　　　　60 000 000
　　无形资产　　　　　　　　　　　　　　100 000 000
　　贷：研发支出——费用化支出　　　　　60 000 000
　　　　　　　——资本化支出　　　　　　100 000 000

三、无形资产的后续计量

企业应当于取得无形资产时分析判断其使用寿命，使用寿命有限的无形资产应进行摊销；使用寿命不确定的无形资产不应摊销，但每年年末至少进行减值测试。对于使用寿命确定的无形资产，企业至少应在每年年度终了时对其使用寿命和摊销方法进行复核。如果发生变更，应根据《企业会计准则第 28 号——会计政策、会计估计变更和会计差错更正》准则的要求，按照会计估计变更处理。

（一）无形资产使用寿命的确定

无形资产的使用寿命包括法定寿命和经济寿命两个方面，有些无形资产的使用

---

① 根据财会〔2018〕15 文的要求，计入管理费用的研究费用，在编制利润表时应单独在"研发费用"项目中反映。特此说明。

寿命受法律、规章或合同的限制，称为法定寿命。如我国法律规定发明专利权有效期为20年，商标权的有效期为10年。有些无形资产如永久性特许经营权、非专利技术等的寿命则不受法律或合同的限制。经济寿命是指无形资产可以为企业带来经济利益的年限。由于受技术进步、市场竞争等因素的影响，无形资产的经济寿命往往短于法定寿命，因此，在估计无形资产的使用寿命时，应当综合考虑各方面相关因素的影响，合理确定无形资产的使用寿命。通常应考虑以下因素：该资产通常的产品寿命周期，以及可获得的类似资产使用寿命的信息；技术、工艺等方面的现实情况及对未来发展的估计；以该资产生产的产品或服务的市场需求情况；现在或潜在的竞争者预期采取的行动；为维持该资产产生未来经济利益的能力预期的维护支出及企业预计支付有关支出的能力；对该资产的控制期限，对该资产使用的法律或类似限制如特许使用期间、租赁期间等；与企业持有的其他资产使用寿命的关联性等。

源自合同性权利或其他法定权利取得的无形资产，其使用寿命不应超过合同性权利或其他法定权利的期限。如果合同性权利或其他法定权利能够在到期时因续约等延续，当有证据表明企业续约不需要付出重大成本时，续约期才能够包括在使用寿命的估计中；没有明确的合同或法律规定的无形资产，企业应当综合各方面情况，如聘请相关专家进行论证或与同行业的情况进行比较以及根据企业的历史经验等，来确定无形资产为企业带来未来经济利益的期限，如果经过这些努力确实无法合理确定无形资产为企业带来经济利益的期限，再将其作为使用寿命不确定的无形资产。

企业至少应当于每年年度终了，对无形资产的使用寿命进行复核，如果有证据表明无形资产的使用寿命不同于以前的估计，由于合同的续约或无形资产应用条件的改善，延长了无形资产的使用寿命，对于使用寿命有限的无形资产应改变其摊销年限，并按照《企业会计准则第28号——会计政策、会计估计变更和差错更正》进行处理。

对于使用寿命不确定的无形资产，如果有证据表明其使用寿命是有限的，应当按照会计估计变更处理，并按照无形资产准则中关于使用寿命有限无形资产的处理原则进行处理。

（二）使用寿命有限的无形资产的摊销

使用寿命有限的无形资产，应在其预计的使用寿命内采用系统合理的方法对应摊销金额进行摊销。其中应摊销金额是指无形资产的成本扣除残值后的金额。

1. 摊销期和摊销方法

对于使用寿命有限的无形资产应当自可供使用（即其达到预定用途）当月起开始摊销，处置当月不再摊销。无形资产摊销方法包括直线法、生产总量法等。企业选择的无形资产的摊销方法，应当反映与该项无形资产有关的经济利益的预期实现方式。无法可靠确定预期实现方式的，应当采用直线法摊销。

企业应当按月对无形资产进行摊销。无形资产的摊销额一般应当计入当期损益，企业自用的无形资产，其摊销金额一般计入管理费用；出租的无形资产，其摊销金额计入其他业务成本；某项无形资产包含的经济利益通过所生产的产品或其他资产实现的，其摊销金额应当计入相关资产成本。

2. 残值的确定

无形资产的残值一般为零，除非有第三方承诺在无形资产使用寿命结束时愿意以一定的价格购买该项无形资产，或者存在活跃的市场，通过市场可以得到无形资产使用寿命结束时的残值信息，并且从目前情况看，在无形资产使用寿命结束时，该市场还可能存在的情况下，可以预计无形资产的残值。

【例 5 – 20】 甲公司从外单位购得一项商标权，支付价款 60 000 000 元，款项已支付，该商标权的使用寿命为 10 年，不考虑残值，以直线法摊销预期实现经济利益的方式，不考虑相关税费。甲公司进行会计处理时，应编制的会计分录如下：

（1）取得无形资产时：

借：无形资产　　　　　　　　　　　　　　　　　　60 000 000
　　贷：银行存款　　　　　　　　　　　　　　　　　　60 000 000

（2）每年摊销时：

借：管理费用　　　　　　　　　　　　　　　　　　6 000 000
　　贷：累计摊销　　　　　　　　　　　　　　　　　　6 000 000

【例 5 – 21】 2017 年 1 月 1 日，甲公司将其自行开发完成的非专利技术出租给乙公司（该项业务为单项履约义务），该非专利技术成本为 1 800 000 元，双方约定的租赁期限为 10 年。假定按年摊销。甲公司进行会计处理时，应编制的会计分录如下：

借：其他业务成本　　　　　　　　　　　　　　　　180 000
　　贷：累计摊销　　　　　　　　　　　　　　　　　　180 000

四、无形资产的减值

无形资产在资产负债表日存在可能发生减值的迹象时，其可收回金额低于账面价值的，企业应当将该无形资产的账面价值减记至可收回金额，减记的金额确认为减值损失，计入当期损益，同时计提相应的资产减值准备，按应减记的金额，借记"资产减值损失"科目，贷记"无形资产减值准备"科目。无形资产减值损失一经确认，在以后会计期间不得转回。

【例 5 – 22】 2018 年 12 月 31 日，市场上某项技术生产的产品销售势头较好，已对甲公司产品的销售产生重大不利影响。甲公司外购的类似专利技术的账面价值为 1 000 000 元，剩余摊销年限为 5 年，经减值测试，该专利技术的可收回金额为 800 000 元。甲公司进行会计处理时，应编制的会计分录如下：

借：资产减值损失　　　　　　　　　　　　　　　　200 000
　　贷：无形资产减值准备　　　　　　　　　　　　　　200 000

五、无形资产的处置

无形资产的处置,是指无形资产对外出售、对外出租、对外捐赠,或者是无法继续为企业带来未来经济利益时,应予终止确认并转销。

企业出售某项无形资产,表明企业放弃该项无形资产的所有权,应按照持有待售非流动资产、处置组的相关规定进行会计处理。将拟出售无形资产转入持有待售非流动资产时,借记"持有待售资产"科目,按照已计提的累计摊销,借记"累计摊销"科目,按照已计提的无形资产减值准备,借记"无形资产减值准备"科目,贷记"无形资产"科目。出售时,按实际收到的金额,借记"银行存款"等科目;贷记"应交税费——应交增值税(销项税额)"等科目;按其账面余额,贷记"持有待售资产"科目,按其差额,贷记"资产处置损益"科目。如果无形资产是报废,则将其净损益记入"营业外收入"或"营业外支出"科目。

【例5-23】 甲公司拟出售其拥有的一项非专利技术,该非专利技术的入账价值为700万元,累计摊销额为350万元,已计提的减值准备为200万元。出售时取得转让收入300万元,应交增值税税额18万元。现该非专利技术已办妥有关转让的法律手续。甲公司进行会计处理时,应编制的会计分录如下:

(1) 转入"持有待售资产"时:

借:持有待售资产 1 500 000
　　累计摊销 3 500 000
　　无形资产减值准备 2 000 000
　　贷:无形资产 7 000 000

(2) 出售无形资产时:

借:银行存款 3 000 000
　　贷:持有待售资产 1 500 000
　　　　应交税费——应交增值税(销项税额) 180 000
　　　　资产处置损益 1 320 000

如果无形资产预期不能为企业带来未来经济利益,不再符合无形资产的定义,应将其转销。如该无形资产已被其他新技术所替代,不能为企业带来经济利益;再如无形资产不再受到法律保护,且不能给企业带来经济利益等。例如甲企业的某项无形资产法律保护期限已过,用其生产的产品没有市场,则说明该无形资产无法为企业带来未来经济利益,应予转销。

无形资产预期不能为企业带来经济利益的,应按已摊销的累计摊销额,借记"累计摊销"科目,原已计提减值准备的,借记"无形资产减值准备"科目,按其账面余额,贷记"无形资产"科目,按其差额,借记"营业外支出"科目。

【例5-24】 甲公司的某项专利技术,其账面余额为6 000 000元,摊销期限为10年,采用直线法进行摊销,已摊销了5年,假定该项专利权的残值为0,计提的减值准备为1 600 000元,今年因其生产的产品没有市场,应予转销。假定不考虑其他相关因素。甲公司进行会计处理时,应编制的会计分录如下:

借:累计摊销　　　　　　　　　　　　　　　3 000 000
　　无形资产减值准备　　　　　　　　　　　1 600 000
　　营业外支出　　　　　　　　　　　　　　1 400 000
　　贷:无形资产　　　　　　　　　　　　　　　　　6 000 000

思考题

1. 什么是固定资产?它有哪些特点?
2. 企业每年末,对固定资产应进行复核的内容有哪些?
3. 影响固定资产折旧的因素主要有哪些?
4. 哪些固定资产可以不计提折旧?
5. 固定资产的后续支出的处理原则?
6. 固定资产的盘盈盘亏应如何处理?
7. 无形资产的特征有哪些?无形资产定义中的可辨认性标准是指什么?
8. 无形资产研究阶段与开发阶段的不同点?
9. 开发支出资本化的条件有哪些?
10. 企业应怎样选择无形资产的摊销方法?

第六章

负　　债

负债是企业过去的交易或事项形成的，预期会导致经济利益流出企业的现时义务。从产权角度讲，负债是企业的债权人权益，是企业资产的重要形成来源。负债按其流动性区分为流动负债与非流动负债，按其发生时的确定性区分为可确定负债与或有负债。

第一节　流动负债

一、概述

（一）流动负债的定义及确认条件

流动负债是指满足下列条件之一的负债：（1）预计在一个正常营业周期中清偿；（2）主要为交易目的而持有；（3）自资产负债表日起一年内到期应予以清偿；（4）企业无权自主地将清偿推迟至资产负债表日后一年以上。企业的流动负债包括短期借款、应付票据、应付账款、预收账款、应付职工薪酬、应交税费、应付股利、应付利息、其他应付款等。在实务中，根据实质重于形式的要求，企业将于一年内到期的长期负债也归为流动负债进行列报。

流动负债的确认除必须符合流动负债的定义之外，还应当同时满足以下两个条件：（1）与该义务有关的经济利益很可能流出企业；（2）未来流出的经济利益的金额能够可靠地计量。

（二）流动负债的计价

流动负债代表着企业未来的现金流出，从理论上讲，应按未来应付金额的现值[①]计价。但是由于流动负债的偿还期限较短（通常不超过12个月），其到期值与现值的差别不是很大，因此为了简便起见，会计实务中一般按照未来应付金额（面值）计量流动负债，并列示于资产负债表上。这种做法，虽然高估了负债，但有三方面的

[①] 现值是将未来应收或应付的金额按照一定的贴现率计算的现在的价值。

优点：其一，体现了谨慎原则；其二，体现了重要性原则；其三，简化了核算，符合"成本—效益"原则。

二、短期借款

短期借款是指企业向银行或其他金融机构等借入的期限在一年以下（含一年）的各种借款。短期借款一般是企业为维持正常的生产经营所需资金而借入的或者为抵偿某项债务而借入的。企业借入的短期借款，无论用于哪些方面，必须按照规定期限还本付息。在会计核算上，企业要及时如实地反映短期借款的借入、利息的发生和本金及利息的偿还情况。

为了核算企业的短期借款，企业应设置"短期借款"账户。该账户的贷方登记取得的短期借款，借方登记已归还的短期借款，期末贷方余额为企业尚未归还的短期借款本金。该账户应按债权人设置明细账，并按借款种类进行明细核算。

企业从银行或其他金融机构取得短期借款时，借记"银行存款"科目，贷记"短期借款"科目。

在实际工作中，银行一般于每季度末收取短期借款利息，为此，企业的短期借款利息一般采用月末预提的方式进行核算。企业应当在资产负债表日按照计算确定的短期借款利息费用，借记"财务费用"科目，贷记"应付利息"科目；实际支付利息时，根据已预提的利息，借记"应付利息"科目，根据应计利息，借记"财务费用"科目，根据应付利息总额，贷记"银行存款"科目。

企业短期借款到期偿还本金时，借记"短期借款"科目，贷记"银行存款"科目。

【例6-1】 2018年1月1日，甲公司向银行借入一笔生产经营用短期借款，共计240 000元，期限为9个月，年利率为8%。根据与银行签署的借款协议，该项借款的本金到期后一次归还；利息分月预提，按季支付。甲公司进行会计处理时，应编制的会计分录如下：

（1）2018年1月1日，甲公司借入短期借款时：

借：银行存款 240 000
　　贷：短期借款 240 000

（2）2018年1月31日，甲公司计提1月份应付利息时：

借：财务费用 1 600
　　贷：应付利息 1 600

2018年2月末，甲公司计提2月份利息费用的会计处理与1月份相同。

（3）2018年3月31日，甲公司支付第一季度银行借款利息时：

借：财务费用 1 600
　　应付利息 3 200
　　贷：银行存款 4 800

甲公司第二、三季度的会计处理同上。

（4）2018年10月1日，甲公司偿还银行短期借款本金时：

借：短期借款　　　　　　　　　　　　　　　　　　240 000
　　贷：银行存款　　　　　　　　　　　　　　　　　　　240 000

如果上述借款期限是8个月，则到期日为9月1日，8月末之前的会计处理与上述相同。9月1日偿还银行借款本金，同时支付7月和8月已提未付利息。2018年9月1日，甲公司进行会计处理时，应编制的会计分录如下：

借：短期借款　　　　　　　　　　　　　　　　　　240 000
　　应付利息　　　　　　　　　　　　　　　　　　　　3 200
　　贷：银行存款　　　　　　　　　　　　　　　　　　243 200

三、应付票据

应付票据是指企业购买材料、商品或接受劳务等而开出的，委托付款人在指定日期无条件支付特定的金额给收款人或者持票人的商业汇票，包括商业承兑汇票和银行承兑汇票两种。企业应当设置"应付票据备查簿"，详细登记商业汇票的种类、号数和出票日期、到期日、票面金额、交易合同号和收款人姓名或单位名称以及付款日期和金额等资料。应付票据到期结算时，应当在备查簿内予以注销。

企业应设置"应付票据"账户核算应付票据的发生、偿还等情况。该账户贷方登记开出的商业汇票的面值，借方登记商业汇票到期支付或违约转入"应付账款"或"短期借款"科目的金额，余额在贷方，表示尚未到期的商业汇票的票面金额。

（一）开出商业汇票

通常而言，商业汇票的付款期限不超过6个月，因此在会计上应作为流动负债管理和核算。同时，由于应付票据的偿付时间较短，在会计实务中，一般均按照开出的商业汇票的面值入账。

企业因购买材料、商品或接受劳务等而开出商业汇票时，应当按其票面金额作为应付票据的入账金额，借记"在途物资""库存商品""应交税费——应交增值税（进项税额）"等科目，贷记"应付票据"科目。

【例6-2】 甲公司系增值税一般纳税人，2018年2月6日，开出一张面值为116 000元、期限3个月的不带息商业汇票采购一批材料，取得的增值税专用发票上注明的材料价款为100 000元，增值税税额为16 000元，材料尚未验收入库。甲公司进行会计处理时，应编制的会计分录如下：

借：在途物资　　　　　　　　　　　　　　　　　　100 000
　　应交税费——应交增值税（进项税额）　　　　　　16 000
　　贷：应付票据　　　　　　　　　　　　　　　　　116 000

企业因购买材料、商品或接受劳务等而开出商业汇票时，所支付的银行承兑汇票手续费应当计入财务费用。

【例 6 - 3】 沿用【例 6 - 2】资料，假设上例中的商业汇票为银行承兑汇票，甲公司已交纳承兑手续费 60 元。甲公司进行会计处理时，应编制的会计分录如下：

借：财务费用　　　　　　　　　　　　　　　　　　　　60
　　贷：银行存款　　　　　　　　　　　　　　　　　　　　　60

（二）商业汇票到期兑付

企业开出的商业汇票到期兑付时，应按票面金额予以结转，借记"应付票据"科目，贷记"银行存款"科目。

【例 6 - 4】 沿用【例 6 - 2】资料，2018 年 5 月 6 日，甲公司于 2018 年 2 月 6 日开出的商业汇票到期。甲公司通知其开户银行以银行存款支付票款。甲公司进行会计处理时，应编制的会计分录如下：

借：应付票据　　　　　　　　　　　　　　　　　　116 000
　　贷：银行存款　　　　　　　　　　　　　　　　　　　116 000

（三）商业汇票到期违约

企业开出并承兑的商业承兑汇票到期如果不能支付的，应在票据到期时，将"应付票据"的账面价值转入"应付账款"账户，待协商后再行处理。如果重新签发新的商业汇票以清偿原应付票据的，再从"应付账款"账户转入"应付票据"账户。银行承兑汇票如果到期，企业无力支付到期票款时，承兑银行除向持票人无条件付款外，对出票人尚未支付的商业汇票金额转作逾期贷款处理。企业无力支付到期银行承兑汇票，在接到银行转来的有关凭证时，借记"应付票据"科目，贷记"短期借款"科目。对银行收取的利息，按短期借款利息的处理办法处理。

【例 6 - 5】 沿用【例 6 - 2】资料，假设上述商业汇票为银行承兑汇票，该汇票到期时甲公司无力支付票款。甲公司进行会计处理时，应编制的会计分录如下：

借：应付票据　　　　　　　　　　　　　　　　　　116 000
　　贷：短期借款　　　　　　　　　　　　　　　　　　　116 000

四、应付账款

应付账款是企业因购买材料、商品或接受劳务等经营活动应支付的款项。应付账款一般应在与所购买物资所有权相关的主要风险和报酬已经转移，或者所购买的劳务已经接受时确认[①]。

企业应设置"应付账款"账户，核算应付账款的发生、偿还、转销等情况。该账户贷方登记企业购买材料、商品或接受劳务等而发生的应付账款，借方登记已偿还的应付账款，或开出商业汇票抵付应付账款的款项，或已冲销的无法支付的应付账款，余额一般在贷方，表示企业尚未支付的应付账款的余额。该账户一般按照债权人设置

---

① 按照现行会计制度规定，在编制资产负债表时，将应付账款、应付票据合并在"应付账款及应付票据"项目中反映。

明细账户进行核算。

(一) 应付账款的发生

1. 单货同到

"单货同到"是指购买的材料、商品等与有关发票账单同时到达的情况。在此情形下,企业应根据发票账单金额,借记"原材料""应交税费——应交增值税(进项税额)"等科目,贷记"应付账款"科目。

【例 6-6】 甲公司系增值税一般纳税人,2018 年 6 月 10 日,从乙公司购买原材料一批,取得的增值税专用发票注明的价款为 100 万元,增值税税额为 16 万元,原材料已验收入库(材料按实际成本核算,下同),货款及增值税税款均未支付。甲公司进行会计处理时,应编制的会计分录如下:

借:原材料	1 000 000
应交税费——应交增值税(进项税额)	160 000
贷:应付账款	1 160 000

2. 单到货未到

"单到货未到"是指购买材料、商品等时,有关发票账单已经到达企业,而材料、商品等尚未到达。在此情形下,企业应根据有关发票账单金额,借记"在途物资""应交税费——应交增值税(进项税额)"等科目,贷记"应付账款"科目;所购材料、商品到达验收入库时,借记"原材料"等科目,贷记"在途物资"科目。

【例 6-7】 甲公司系增值税一般纳税人,2018 年 8 月 10 日,从乙公司购买原材料一批,8 月 31 日取得的增值税专用发票注明的价款为 300 万元,增值税税额为 48 万元,货物尚未到达;2018 年 9 月 15 日,材料到达验收入库。甲公司进行会计处理时,应编制的会计分录如下:

(1) 2018 年 8 月 31 日,发票账单到达企业时:

借:在途物资	3 000 000
应交税费——应交增值税(进项税额)	480 000
贷:应付账款	3 480 000

(2) 2018 年 9 月 15 日,材料到达验收入库时:

借:原材料	3 000 000
贷:在途物资	3 000 000

3. 货到单未到

"货到单未到"是指购买的材料、商品等已经到达企业,而有关发票账单尚未到达企业,通常情况下只做备忘记录;如果月末有关发票账单还未到达企业,为了保证账实相符,需要对已入库的材料、商品等暂估入账,借记"原材料"等科目,贷记"应付账款"科目。下月初红字冲回,待有关发票账单到达后,视同单货同到处理。

【例 6-8】 甲公司系增值税一般纳税人,2018 年 9 月 25 日,从乙公司购买的 10 000 千克 A 材料验收入库,但有关发票账单直至月末尚未到达,该材料的计划单价为 50 元/千克。甲公司进行会计处理时，应编制的会计分录如下：

（1）2018 年 9 月 30 日，对 A 材料暂估入账时：

借：原材料　　　　　　　　　　　　　　　　　　　500 000
　　贷：应付账款　　　　　　　　　　　　　　　　　　　500 000

（2）2018 年 10 月 1 日，用红字冲回时：

借：原材料　　　　　　　　　　　　　　　　　　　500 000
　　贷：应付账款　　　　　　　　　　　　　　　　　　　500 000

（二）应付账款的偿还

企业偿还应付账款或开出商业汇票抵付应付账款时，借记"应付账款"科目，贷记"银行存款"、"应付票据"等科目。

【例 6-9】　沿用【例 6-6】资料，2018 年 7 月 15 日，甲公司以银行存款支付上述应付账款。甲公司进行会计处理时，应编制的会计分录如下：

借：应付账款　　　　　　　　　　　　　　　　　　1 160 000
　　贷：银行存款　　　　　　　　　　　　　　　　　　　1 160 000

（三）转销应付账款

企业转销确实无法支付的应付账款（如因债权人撤销等原因而产生无法支付的应付账款），应按其账面余额计入营业外收入，借记"应付账款"科目，贷记"营业外收入"科目。

【例 6-10】　2018 年 12 月 31 日，甲公司确定一笔应付乙公司的应付账款 10 000 元为无法支付的款项，应予转销。甲公司进行会计处理时，应编制的会计分录如下：

借：应付账款　　　　　　　　　　　　　　　　　　　10 000
　　贷：营业外收入　　　　　　　　　　　　　　　　　　　10 000

五、预收账款

预收账款是指企业按照合同规定向购货单位预收的款项。与应付账款不同，预收账款形成的负债不是以货币偿还，而是以货物或劳务等偿还。有些购销合同规定，销货企业可向购货企业预先收取一部分货款，待向对方发货后再收取其余货款。企业在发货前收取的货款，表明了企业承担了会在未来导致经济利益流出企业的应履行的义务，就成为企业的一项负债。

在会计核算上，对预收账款的核算主要有两种方法：其一，单独设置"预收账款"账户，以完整反映预收账款的全部业务；其二，不设置"预收账款"账户，如果发生了预收账款业务，在"应收账款"的贷方反映。

（一）设置"预收账款"账户

企业一般应设置"预收账款"账户，核算企业预收账款的取得、偿付等情况。该账户贷方登记预收的账款和购货单位补付的账款，借方登记企业向购货方发货后冲销的预收账款和退回多收的货款,余额一般在贷方,反映企业向购货单位预收但尚未向购货方发货的款项,如为借方余额,反映企业应收的款项。企业应当按照购货单位设置明细账户进行核算。

企业预收购货单位款项时,借记"银行存款"科目,贷记"预收账款"科目。发出商品或提供劳务时,按实现的收入和应交的增值税销项税额,借记"预收账款"科目,按确认的收入,贷记"主营业务收入"等科目,按增值税专用发票注明的税额,贷记"应交税费——应交增值税(销项税额)"科目。企业收到购货单位补付的款项,借记"银行存款"科目,贷记"预收账款"科目。企业向购货单位退回其多付的款项时,借记"预收账款"科目,贷记"银行存款"科目。

【例6-11】 甲公司系增值税一般纳税人,2018年8月5日,收到乙公司按合同预付的货款50万元存入银行。2018年9月3日,甲公司按合同规定向乙公司发出A商品,开具的增值税专用发票注明的价款为200万元,增值税税额为32万元,该批商品的成本为180万元,余款于2018年9月15日收存银行。甲公司进行会计处理时,应编制的会计分录如下:

(1) 2018年8月5日,甲公司收到预收账款时:

借:银行存款   500 000
　　贷:预收账款   500 000

(2) 2018年9月3日,甲公司发出商品时:

借:预收账款   2 320 000
　　贷:主营业务收入   2 000 000
　　　　应交税费——应交增值税(销项税额)   320 000

(3) 2018年9月3日,甲公司结转销售成本时:

借:主营业务成本   1 800 000
　　贷:库存商品   1 800 000

(4) 2018年9月15日,甲公司收到余款时:

借:银行存款   1 820 000
　　贷:预收账款   1 820 000

(二)不设置"预收账款"账户

企业在预收账款业务不多的情况下,也可以不设置"预收账款"账户,而在"应收账款"的贷方反映。收到预收款时,借记"银行存款"科目,贷记"应收账款"科目。发出商品或提供劳务时,按全部价款借记"应收账款"科目,按确认的收入贷记"主营业务收入"等科目,按增值税专用发票上注明的税额贷记"应交税费——应交增值税(销项税额)"等科目。

【例6-12】 沿用【例6-11】资料,假定甲公司不设"预收账款"账户。甲公司进行会计处理时,应编制的会计分录如下:

(1) 2018年8月5日,甲公司收到预收账款时:

借：银行存款　　　　　　　　　　　　　　　　500 000
　　贷：应收账款　　　　　　　　　　　　　　　　　500 000
（2）2018年9月3日，甲公司发出商品时：
借：应收账款　　　　　　　　　　　　　　　　2 320 000
　　贷：主营业务收入　　　　　　　　　　　　　　2 000 000
　　　　应交税费——应交增值税（销项税额）　　　320 000
（3）2018年9月3日，甲公司结转销售成本时：
借：主营业务成本　　　　　　　　　　　　　　1 800 000
　　贷：库存商品　　　　　　　　　　　　　　　　1 800 000
（4）2018年9月15日，甲公司收到余款时：
借：银行存款　　　　　　　　　　　　　　　　1 820 000
　　贷：应收账款　　　　　　　　　　　　　　　　1 820 000

六、应付职工薪酬

人工成本是企业在生产产品或提供劳务活动中发生的各种直接和间接人工费用的总和，主要由劳动报酬、社会保险、福利、教育、劳动保护、住房公积金和其他人工费用等组成。

（一）职工及职工薪酬核算的内容

1. 职工

职工是指与企业订立劳动合同的所有人员，含全职、兼职和临时职工，也包括虽未与企业订立劳动合同但由企业正式任命的企业治理层和管理层人员，如董事会成员、监事会成员等。

另外，在企业的计划和控制下，虽未与企业订立劳动合同或未由其正式任命，但为其提供与职工类似服务的人员，也纳入职工范畴，如通过中介机构签订用工合同人员。

2. 职工薪酬

职工薪酬是指企业为获得职工提供的服务而给予各种形式的报酬以及其他相关支出，包括企业为职工在职期间和离职后提供的全部货币性薪酬和非货币性福利；企业提供给职工配偶、子女或其他被赡养人的福利等，也属于职工薪酬。职工薪酬是企业必须付出的人力成本，是吸引和激励职工的重要手段，也就是说，职工薪酬既是职工对企业投入劳动获得的报酬，也是企业的成本费用。具体而言，职工薪酬包括短期薪酬、离职后福利和其他长期职工福利。

（1）短期薪酬。是指企业在职工提供相关服务的年度报告期间结束后12个月内需要全部予以支付的职工薪酬，因解除与职工的劳动关系给予的补偿除外。因解除与职工的劳动关系给予的补偿属于辞退福利的范畴。短期薪酬主要包括职工工资、奖金、津贴和补贴，职工福利费、医疗保险费、住房公积金、工会经费和职工教育经费、短期带薪缺勤、短期利润分享计划、非货币性福利等。

（2）离职后福利，是指企业为获得职工提供的服务而在职工退休或与企业解除劳动关系后，提供的各种形式的报酬和福利，短期薪酬和辞退福利除外。

离职后福利计划，是指企业与职工就离职后福利达成的协议，或者企业为向职工提供离职后福利制定的规章或者办法等。离职后福利计划按照企业承担的风险和义务情况，可以分为设定提存计划和设定受益计划。其中，设定提存计划，是指向独立的基金缴存固定费用后，企业不再承担进一步支付义务的离职后福利计划；设定受益计划，是指除设定提存计划以外的离职后福利计划。

（3）辞退福利，是指企业在职工劳动合同到期之前解除与职工的劳动关系，或者为鼓励职工自愿接受裁减而给予职工的补偿。辞退福利主要包括：

第一，在职工劳动合同尚未到期前，不论职工本人是否愿意，企业决定解除与职工的劳动关系而给予的补偿。

第二，在职工劳动合同尚未到期前，为鼓励职工自愿接受裁减而给予的补偿，职工有权利选择继续在职或者接受补偿离职。

（4）其他长期职工福利，是指除短期薪酬、离职后福利、辞退福利之外所有的职工薪酬，包括长期带薪缺勤、长期残疾福利、长期利润分享计划等。

（二）应付职工薪酬确认的核算

企业应当设置"应付职工薪酬"账户，核算应付职工薪酬的提取、结算、使用等情况。该账户贷方登记已分配计入有关成本费用项目的职工薪酬的数额，借方登记实际发放职工薪酬的数额；该账户期末贷方余额，反映企业应付未付的职工薪酬。"应付职工薪酬"账户应当按照"工资""职工福利""医疗保险费""工伤保险费""生育保险费""住房公积金""工会经费""职工教育经费""非货币性福利""累积带薪缺勤""利润分享计划""设定提存计划""设定受益计划""辞退福利""股份支付"等明细账户进行明细核算[①]。

1. 应付职工薪酬确认的一般原则

企业应在职工为其提供服务的会计期间，将应付的职工薪酬确认为负债，除因解除与职工的劳动关系给予的补偿外，应根据职工提供服务的受益对象，分别下列情况处理：

（1）生产部门人员的职工薪酬，计入产品成本或劳务成本，借记"生产成本""制造费用""劳务成本"等科目，贷记"应付职工薪酬"科目。

（2）应由在建工程、无形资产负担的职工薪酬，计入建造固定资产或无形资产成本，借记"在建工程""研发支出"科目，贷记"应付职工薪酬"科目。

（3）行政管理部门人员的职工薪酬，计入当期损益，借记"管理费用"科目，贷记"应付职工薪酬"科目。

---

① 考虑到本教材的使用对象为非会计学专业的学生，因此本教材不介绍职工薪酬核算涉及的"辞退福利"和"股份支付"明细分类核算。

(4) 销售人员的职工薪酬，计入当期损益，借记"销售费用"科目，贷记"应付职工薪酬"科目。

(5) 因难以确定直接对应的受益对象，均应在发生时计入当期损益，借记"管理费用"科目，贷记"应付职工薪酬"科目。

2. 短期货币性职工薪酬的核算

【例 6-13】 2018 年 10 月，甲公司应付工资总额为 924 000 元，工资费用分配汇总表中列示的生产工人工资为 640 000 元，车间管理人员工资为 140 000 元，行政管理人员工资为 120 800 元，销售人员工资为 23 200 元。甲公司进行会计处理时，应编制的会计分录如下：

借：生产成本　　　　　　　　　　　　　　　　　640 000
　　制造费用　　　　　　　　　　　　　　　　　140 000
　　管理费用　　　　　　　　　　　　　　　　　120 800
　　销售费用　　　　　　　　　　　　　　　　　 23 200
　　贷：应付职工薪酬——工资　　　　　　　　　924 000

企业在计量应付职工薪酬时，应当注意国家是否有相关的明确计提标准加以区别处理：一般而言，企业应向社会保险经办机构（或企业年金基金账户管理人）缴纳的医疗保险费、工伤保险费、生育保险费等社会保险费，应向住房公积金管理中心缴存的住房公积金，以及应向工会部门缴纳的工会经费等，国家（或企业年金计划）统一规定了计提基础和计提比例，应当按照国家规定的标准计提；而职工福利费等职工薪酬，国家（或企业年金计划）没有明确规定计提基础和计提比例的，企业应根据历史经验数据和实际情况，合理预计当期应付职工薪酬。当期实际发生金额大于预计金额的，应补提应付职工薪酬；当期实际发生金额小于预计金额的，应冲回多提的应付职工薪酬。

【例 6-14】 甲公司下设一职工食堂，每月根据在岗职工数量及岗位分布情况、相关历史经验数据等计算需要补贴食堂的金额，从而确定公司每期因职工食堂而需要承担的福利费金额。2018 年 10 月，公司在岗职工共计 200 人，其中行政管理部门 40 人，生产车间 160 人，公司的历史经验数据表明，对于每个职工公司每月需补贴食堂 300 元。甲公司进行会计处理时，应编制的会计分录如下：

借：生产成本　　　　　　　　　　　　　　　　　 48 000
　　管理费用　　　　　　　　　　　　　　　　　 12 000
　　贷：应付职工薪酬——职工福利　　　　　　　 60 000

【例 6-15】 根据国家规定的计提标准计算，甲公司 2018 年 10 月应向社会保险经办机构缴纳职工基本养老保险费共计 258 720 元，其中，应计入生产车间生产成本的金额为 179 200 元，应计入制造费用的金额为 39 200 元，应计入管理费用的金额为 40 320 元。甲公司进行会计处理时，应编制的会计分录如下：

借：生产成本　　　　　　　　　　　　　　　　　179 200

制造费用	39 200
管理费用	40 320
贷：应付职工薪酬——设定提存计划	258 720

3. 非货币性职工薪酬的核算

（1）将企业拥有的房屋等资产无偿提供给职工使用作为福利。将企业拥有的房屋等资产无偿提供给职工使用的，应根据受益对象，按照资产的公允价值和相关税费确定职工薪酬金额。如该资产公允价值无法可靠取得，按照该住房每期应计提的折旧计入相关资产成本或当期损益，同时确认应付职工薪酬，借记"生产成本""制造费用""管理费用"等科目，贷记"应付职工薪酬——非货币性福利"科目，并且同时借记"应付职工薪酬——非货币性福利"科目，贷记"累计折旧"科目。

【例6-16】 甲公司决定为2名高管人员各配备一辆专车免费使用，每辆车月折旧额为6 000元；另为每人提供一套公司自有住房免费使用，每套住房的月折旧额为5 000元。假定该固定资产的公允价值无法可靠取得甲公司进行会计处理时，应编制的会计分录如下：

①确认非货币性福利时：

借：管理费用	22 000
贷：应付职工薪酬——非货币性福利	22 000

②计提折旧时：

借：应付职工薪酬——非货币性福利	22 000
贷：累计折旧	22 000

（2）企业以租赁住房等资产供职工无偿使用作为福利。企业以租赁住房等资产无偿提供给职工使用的，应根据受益对象，将每期应付的租金计入相关资产成本或当期损益，同时确认应付职工薪酬，借记"生产成本""制造费用""管理费用"等科目，贷记"应付职工薪酬——非货币性福利"科目。

【例6-17】 甲公司租赁住房无偿提供给生产工人居住，2018年10月应支付租金40 000元。甲公司进行会计处理时，应编制的会计分录如下：

借：生产成本	40 000
贷：应付职工薪酬——非货币性福利	40 000

（三）发放职工薪酬的核算

1. 支付职工工资、奖金、津贴和补贴

企业按照有关规定向职工支付工资、奖金、津贴、补贴等，借记"应付职工薪酬——工资"科目，贷记"银行存款"等科目；企业从应付职工薪酬中扣还的各种款项（代垫的家属药费、个人所得税等），借记"应付职工薪酬——工资"科目，贷记"其他应收款""应交税费——应交个人所得税"等科目。

企业如果采取现金形式发放工资，一般在每月发放工资前，根据"工资结算汇总表"中的"实发金额"栏的数据进行会计处理，借记"应付职工薪酬"科目，贷记"银行存款"等科目。

【例 6-18】 2018 年 10 月，甲公司根据"工资结算汇总表"结算本月应付职工工资总额 924 000 元，代扣职工房租 80 000 元，企业代垫职工家属医药费 4 000元，实发工资 840 000 元。甲公司进行会计处理时，应编制的会计分录如下：

（1）支付现金工资时：

借：应付职工薪酬——工资　　　　　　　　　　　　　840 000
　　贷：库存现金①　　　　　　　　　　　　　　　　　　　　840 000

（2）代扣款项时：

借：应付职工薪酬——工资　　　　　　　　　　　　　 84 000
　　贷：其他应收款——职工房租　　　　　　　　　　　　　 80 000
　　　　　　　　　——代垫医药费　　　　　　　　　　　　　4 000

2. 支付职工福利费

企业向职工食堂、职工医院、生活困难职工等支付职工福利费时，借记"应付职工薪酬——职工福利"科目，贷记"银行存款""库存现金"等科目。

【例 6-19】 2018 年 10 月，甲公司以现金支付职工张某生活困难补助 1 000元。甲公司进行会计处理时，应编制的会计分录如下：

借：应付职工薪酬——职工福利　　　　　　　　　　　 1 000
　　贷：库存现金　　　　　　　　　　　　　　　　　　　　　 1 000

【例 6-20】 沿用【例 6-14】资料，2018 年 11 月，甲公司以银行存款支付 60 000元补贴食堂。甲公司进行会计处理时，应编制的会计分录如下：

借：应付职工薪酬——职工福利　　　　　　　　　　　 60 000
　　贷：银行存款　　　　　　　　　　　　　　　　　　　　　60 000

3. 缴纳社会保险费、住房公积金和支付工会经费、职工教育经费

企业按照国家规定缴纳社会保险费和住房公积金，或支付工会经费和职工教育经费用于工会运作和职工培训时，借记"应付职工薪酬——社会保险费（或住房公积金、工会经费、职工教育经费）"科目，贷记"库存现金""银行存款"等科目。

【例 6-21】 甲公司以银行存款缴纳参加职工医疗保险的医疗保险费 120 000元，甲公司进行会计处理时，应编制的会计分录如下：

借：应付职工薪酬——医疗保险费　　　　　　　　　　120 000
　　贷：银行存款　　　　　　　　　　　　　　　　　　　　　120 000

七、应交税费

企业根据税法规定应交纳的各种税费包括增值税、消费税、资源税、城市维护建设税、企业所得税、土地增值税、房产税、车船税、土地使用税、印花税、耕地

---

① 在实务中已经非常少见用提取现金支付工资的方式。通常直接通过"银行存款"科目核算。特此说明。

占用税、矿产资源补偿费、教育费附加等。

企业应设置"应交税费"账户，核算企业各种税费的交纳情况，并按照应交税费项目进行明细核算。该账户贷方登记应交纳的各种税费，借方登记实际交纳的税费。期末余额一般在贷方，反映企业尚未交纳的税费，期末余额如在借方，反映企业多交或尚未抵扣的税费。企业交纳的印花税、耕地占用税等不需要预计应交数的税金，不通过"应交税费"账户核算。

(一) 增值税

1. 概述

增值税是以商品（含货物、加工修理修配劳务、服务、无形资产或不动产）在流转过程中产生的增值额作为计税依据而征收的一种流转税。按照纳税人的经营规模及会计核算的健全程度，增值税纳税人分为一般纳税人和小规模纳税人。一般纳税人应纳增值税额，根据当期销项税额减去当期进项税额计算确定；小规模纳税人应纳增值税额，按照销售额和规定的征收率计算确定。

2. 一般纳税人的核算

按照《中华人民共和国增值税暂行条例》规定，一般纳税人企业购入货物或接受应税劳务支付的增值税（即进项税额），可从销售货物或提供劳务按规定收取的增值税（即销项税额）中抵扣。

企业购入货物或者接受应税劳务，没有按照规定取得并保存增值税扣税凭证，或者增值税扣税凭证上未按照规定注明增值税额及其他有关事项的，其进项税额不能从销项税额中抵扣。按照增值税的有关规定，一般纳税人购进货物、加工修理修配劳务、服务、无形资产或不动产，用于简易计税方法计税项目、集体福利或个人消费等，其增值税进项税额不得从销项税额中抵扣的，应计入相关成本费用，不得通过"应交税费——应交增值税（进项税额）"科目核算。

会计核算中，如果企业不能取得有关的扣税证明，则购进货物或接受应税劳务支付的增值税额不能作为进项税额扣税，其已支付的增值税只能计入购入货物或接受劳务的成本。

增值税一般纳税人企业销售货物、提供应税劳务和进口商品必须按其增值额和适用税率计算并缴纳增值税。其计税方法是：

应交增值税 = 当期销项税额 − 当期进项税额

当期销项税额 =（当期实现的销售额 + 当期视同销售额 + 价外费用）× 适用税率

当期进项税额 = 购买存货中增值税专用发票注明的增值税额 + 进口物资（存货）从海关取得的完税凭证上注明的增值税额 + 支付的运费发票上注明的增值税进项税额 + 购进免税农产品依照规定扣除率（10%）计算的进项税额[①]

---

① 注意：购进用于生产销售或委托加工16%税率货物的农产品，按12%的扣除率计算进项税额。

为了核算一般纳税人应交增值税的发生、抵扣、交纳、退税及转出等情况,应在"应交税费"账户下设置"应交增值税"明细账户,该明细账户借方发生额反映企业购进货物或接受应税劳务所支付的进项税额、实际缴纳的增值税等,贷方发生额反映销售货物或提供应税劳务应缴纳的增值税额、转出已支付或应分担的增值税等,期末借方余额,表示企业尚未抵扣的增值税。"应交税费——应交增值税"明细账内设置"进项税额""已交税金""销项税额""进项税额转出"等专栏进行明细核算①,如表 6 – 1 所示。

表 6 – 1　　　　　　　　　　应交税费——应交增值税

摘要	借方			贷方			余额
	合计	进项税额	已交税金	合计	销项税额	进项税额转出	

在进行增值税核算时,如果收到的价款中包含有增值税,还必须进行价税分离。其计算公式为:

$$不含税价款 = \frac{含税价款}{1 + 增值税税率}$$

(1) 采购物资或接受应税劳务的会计处理。企业从国内采购物资或接受应税劳务等,根据增值税专用发票上记载的应计入采购成本或应计入加工、修理修配等物资成本的金额,借记"在途物资""原材料""库存商品"等科目,根据增值税专用发票上注明的可抵扣的增值税税额,借记"应交税费——应交增值税(进项税额)"科目,按照应付或实际支付的总额,贷记"应付账款""应付票据""银行存款"等科目。购入货物发生退货,作相反的会计分录。

【例 6 – 22】 甲公司系增值税一般纳税人,2018 年 8 月 15 日,以银行存款 1 160 000 元购入原材料一批,增值税专用发票上注明的价款为 1 000 000 元,增值税税额为 160 000 元,货物尚未到达。甲公司进行会计处理时,应编制的会计分录如下:

借:在途物资　　　　　　　　　　　　　　　　　　　　1 000 000
　　应交税费——应交增值税(进项税额)　　　　　　　　 160 000
　　贷:银行存款　　　　　　　　　　　　　　　　　　　　　1 160 000

(2) 不予抵扣项目的会计处理。企业购进的货物发生非正常损失、非正常损失的在产品及产成品所耗用的购进货物或应税劳务,以及将购进货物改变用途(如用于简易计税方法计税项目、非应税项目、免税项目、集体福利或个人消费等),其进项税额不能抵扣。属于购入货物时即能认定其进项税额不能抵扣的,按其增值税

---

① 考虑到本教材的使用对象为非会计学专业的学生,因此本教材不介绍"应交税费——应交增值税"核算涉及的"减免税款""出口抵减内销产品应纳税额""转出未交增值税""出口退税""转出多交增值税"等明细分类核算。

专用发票上注明的增值税税额，计入购入货物或接受劳务的成本。属于购入货物时不能直接认定其进项税额能否抵扣的，借记"应交税费——应交增值税（进项税额）"科目，待购进货物或接受劳务改变用途，用于按规定不得抵扣进项税额项目时，应将原已计入进项税额的增值税通过"应交税费——应交增值税（进项税额转出）"账户转入有关账户，借记"待处理财产损溢""在建工程""应付职工薪酬"等科目，贷记"应交税费——应交增值税（进项税额转出）"科目；属于转作待处理财产损失的进项税额，应与遭受非正常损失的购进货物、在产品或库存商品的成本一并处理。

【例6-23】甲公司系增值税一般纳税人，2018年7月20日，其一批库存材料因管理不善造成损失，该批材料的成本为20 000元，增值税税额为3 200元。甲公司进行会计处理时，应编制的会计分录如下：

借：待处理财产损溢　　　　　　　　　　　　　　　　　23 200
　　贷：原材料　　　　　　　　　　　　　　　　　　　　　　20 000
　　　　应交税费——应交增值税（进项税额转出）　　　　　3 200

（3）销售物资或者提供应税劳务的会计处理。企业销售货物或者提供应税劳务，按照售价和应收取的增值税税额，借记"应收账款"、"应收票据"、"银行存款"等科目，按增值税专用发票上注明的增值税税额，贷记"应交税费——应交增值税（销项税额）"科目，按照售价，贷记"主营业务收入"等科目。发生销售退回，作相反的会计分录。

【例6-24】甲公司系增值税一般纳税人，2018年9月16日，销售产品一批，开具的增值税专用发票上注明的价款为1 000 000元，增值税税额为160 000元，提货单和增值税专用发票已交给买方，款项尚未收到。甲公司进行会计处理时，应编制的会计分录如下：

借：应收账款　　　　　　　　　　　　　　　　　　　1 160 000
　　贷：主营业务收入　　　　　　　　　　　　　　　　　　1 000 000
　　　　应交税费——应交增值税（销项税额）　　　　　　　160 000

（4）视同销售的会计处理。企业的有些交易和事项不满足会计准则中收入确认的条件，不能确认销售收入，但是按照税法规定，应视同对外销售处理，需要计算交纳增值税。视同销售需要交纳增值税的事项如企业将自产、委托加工的货物用于非应税项目、集体福利或个人消费；将自产、委托加工或购买的货物用于对外投资、分配给股东或投资者、无偿赠送他人等。在这些情况下，企业应当借记"在建工程"等科目，贷记"应交税费——应交增值税（销项税额）"等科目。

【例6-25】甲公司系增值税一般纳税人，2018年9月5日，将其生产的产品用于自行建造职工俱乐部。该批产品的成本为400 000元，计税价格为500 000元，增值税税率为16%。甲公司进行会计处理时，应编制的会计分录如下：

借：在建工程　　　　　　　　　　　　　　　　　　　　480 000
　　贷：库存商品　　　　　　　　　　　　　　　　　　　　400 000

　　　　应交税费——应交增值税（销项税额）　　　　　　　　80 000

（5）交纳增值税的会计处理。企业交纳增值税时，借记"应交税费——应交增值税（已交税金）"科目，贷记"银行存款"科目。

【例6-26】 甲公司系增值税一般纳税人，2018年7月4日，以银行存款交纳本月应交增值税400 000元。甲公司进行会计处理时，应编制的会计分录如下：

　　借：应交税费——应交增值税（已交税金）　　　　　　400 000
　　　　贷：银行存款　　　　　　　　　　　　　　　　　　　　400 000

3. 小规模纳税人的核算

根据《中华人民共和国增值税暂行条例》及其有关规定，小规模纳税人是指年销售额在规定标准以下，并且会计核算不健全，不能按规定报送有关税务资料的增值税纳税人。对于小规模纳税人发生的应税行为适用简易计税方法计税。

小规模纳税人在购买商品时，其支付的增值税税额不计入进项税额，不得由销项税额抵扣，应计入相关成本费用。销售商品时按照销售额和征收率计算增值税额，其销售额不包括其应纳税额。采用销售额和应纳税额合并定价方法的，按照公式"销售额=含税销售额÷（1+征收率）"还原为不含税销售额计算。小规模纳税人设置"应交税费——应交增值税"账户，核算其增值税[①]。

【例6-27】 乙公司系小规模纳税人，2018年11月，以银行存款购入材料一批，取得的增值税专用发票中注明的价款为100 000元，增值税税额为16 000元，材料已验收入库。甲公司进行会计处理时，应编制的会计分录如下：

　　借：原材料　　　　　　　　　　　　　　　　　　　　116 000
　　　　贷：银行存款　　　　　　　　　　　　　　　　　　　　116 000

【例6-28】 沿用【例6-27】的资料，2018年9月，乙企业销售产品一批，所开出的发票中注明的货款（含税）为41 200元，假定增值税征收率为3%，款项已收存银行。甲公司进行会计处理时，应编制的会计分录如下：

　　借：银行存款　　　　　　　　　　　　　　　　　　　　41 200
　　　　贷：主营业务收入　　　　　　　　　　　　　　　　　　40 000
　　　　　　应交税费——应交增值税　　　　　　　　　　　　　1 200

【例6-29】 沿用【例6-27】资料，2018年9月30日，乙公司以银行存款上交增值税1 200元。甲公司进行会计处理时，应编制的会计分录如下：

　　借：应交税费——应交增值税　　　　　　　　　　　　　1 200
　　　　贷：银行存款　　　　　　　　　　　　　　　　　　　　1 200

（二）消费税

消费税是指在我国境内生产、委托加工和进口应税消费品的单位和个人，按其

---

　① 小规模纳税人根据其经营业务的性质分别采用3%和5%的征收率。但销售已使用过的固定资产，减按2%的征收率征收增值税。

流转额交纳的一种税。消费税有从价定率、从量定额或者从价定率和从量定额复合计税（以下简称复合计税）三种计算应纳税额的征收方法。实行从价定率方法征收的消费税，以不含增值税的销售额为税基，按照税法规定的税率计算。企业的销售收入包含增值税的，应将其换算为不含增值税的销售额，换算公式为"不含增值税的销售额＝含增值税的销售额÷（1＋增值税税率或征收率）"。实行从量定额方法征收的消费税，根据税法确定的企业应税消费品的数量和单位应税消费品应交纳的消费税计算确定。实行复合计税办法征收的消费税是上述两种征税方法之和。应纳税额计算公式如下：

从价定率的应纳税额＝销售额×比例税率

从量定额的应纳税额＝销售数量×定额税率

复合计税的应纳税额＝销售额×比例税率＋销售数量×定额税率

其中，销售额为纳税人销售应税消费品向购买方收取的全部价款和价外费用。

企业应在"应交税费"账户下设置"应交消费税"明细账户，核算应交消费税的发生、交纳情况。该账户贷方登记应交纳的消费税，借方登记已交纳的消费税，期末贷方余额为尚未交纳的消费税，借方余额为多交纳或尚未抵扣的消费税。

1. 销售应税消费品

企业销售应税消费品应交的消费税，借记"税金及附加"科目，贷记"应交税费——应交消费税"科目。

【例6－30】 甲公司销售所生产的化妆品，价款4 000 000元（不含增值税），假定适用的消费税税率为30%。甲公司进行会计处理时，应编制的会计分录如下：

借：税金及附加　　　　　　　　　　　　　　　1 200 000
　　贷：应交税费——应交消费税　　　　　　　　　　　1 200 000

2. 自产自用应税消费品

企业将生产的应税消费品用于在建工程等非生产项目时，按规定应交纳的消费税，借记"在建工程"等科目，贷记"应交税费——应交消费税"科目。

【例6－31】 甲公司因自行建造建筑物领用自产柴油一批，成本为100 000元（假定暂不考虑增值税进项税额），应纳增值税税额为20 400元，应纳消费税税额为12 000元。甲公司进行会计处理时，应编制的会计分录如下：

借：在建工程　　　　　　　　　　　　　　　　132 400
　　贷：库存商品　　　　　　　　　　　　　　　　　100 000
　　　　应交税费——应交增值税（销项税额）　　　　20 400
　　　　　　　　——应交消费税　　　　　　　　　　　12 000

3. 委托加工应税消费品

按照税法规定，企业委托加工的应税消费品，由受托方在向委托方交货时代扣代缴税款（除受托加工或翻新改制金银首饰按规定由受托方交纳消费税外）。委托加工的应税消费品，委托方用于连续生产应税消费品的所纳税款准予按规定抵扣。

这里的委托加工应税消费品,是指由委托方提供原料和主要材料,受托方只收取加工费和代垫部分辅助材料加工的应税消费品;对于由受托方提供原材料生产的应税消费品,或者受托方先将原材料卖给委托方,然后再接受加工的应税消费品,以及由受托方以委托方名义购进原材料生产的应税消费品,都不作为委托加工应税消费品,而应当按照销售自制应税消费品交纳消费税。委托加工的应税消费品直接出售的,不再征收消费税。

在会计处理时,需要交纳消费税的委托加工应税消费品,于委托方提货时由受托方代收代缴税款。受托方按照应交税款金额,借记"应收账款""银行存款"等科目,贷记"应交税费——应交消费税"科目。委托加工应税消费品收回后直接用于销售的,委托方应将代收代缴的消费税计入委托加工的应税消费品成本,借记"委托加工物资""生产成本"等科目,贷记"应付账款""银行存款"等科目;委托加工物资收回后用于连续生产应税消费品的,按规定准予抵扣的,应按已由受托方代收代缴的消费税,借记"应交税费——应交消费税"科目,贷记"应付账款""银行存款"等科目。

【例 6-32】 甲公司和乙公司均系增值税一般纳税人,甲公司委托乙公司代为加工一批应交消费税的材料(非金银首饰)。甲公司提供的材料成本为 2 000 000 元,乙公司收取的加工费为 400 000 元,增值税税额为 68 000 元,代收代缴的消费税税额为 160 000 元。材料已经加工完成,并由甲公司收回验收入库,款项尚未支付。甲公司采用实际成本法进行原材料的核算。

(1)如果甲公司收回的委托加工物资用于继续生产应税消费品,甲公司进行会计处理时,应编制的会计分录如下:

  借:委托加工物资   2 000 000
    贷:原材料   2 000 000
  借:委托加工物资   400 000
    应交税费——应交增值税(进项税额)   68 000
       ——应交消费税   160 000
    贷:应付账款   628 000
  借:原材料   2 400 000
    贷:委托加工物资   2 400 000

(2)如果甲公司收回的委托加工物资直接用于对外销售,甲公司进行会计处理时,应编制的会计分录如下:

  借:委托加工物资   2 000 000
    贷:原材料   2 000 000
  借:委托加工物资   560 000
    应交税费——应交增值税(进项税额)   68 000
    贷:应付账款   628 000

借：原材料	2 560 000	
贷：委托加工物资		2 560 000

(三) 资源税

资源税是对在我国境内开采矿产品或者生产盐的单位和个人征收的一种税。资源税按照应税产品的课税数量和规定的单位税额计算,公式为:"应纳税额 = 课税数量 × 单位税额"。这里的课税数量为:开采或者生产应税产品销售的,以销售数量为课税数量;开采或者生产应税产品自用的,以自用数量为课税数量。

企业应在"应交税费"账户下设置"应交资源税"明细账户,核算应交资源税的发生、交纳情况。该账户的贷方登记应交纳的资源税,借方登记已交的或按规定允许抵扣的资源税,期末贷方余额,反映尚未交纳的资源税,期末借方余额反映多交或尚未抵扣的资源税。

(1) 销售产品或自产自用产品相关的资源税的会计处理。企业对外销售应税产品应交纳的资源税,借记"税金及附加"科目,贷记"应交税费——应交资源税"科目;自产自用应税产品应交纳的资源税,借记"生产成本""制造费用"等科目,贷记"应交税费——应交资源税"科目;实际交纳资源税时,借记"应交税费——应交资源税"科目,贷记"银行存款"科目。

【例 6 – 33】 甲公司将生产的固体盐 500 000 吨对外销售,每吨固体盐应交资源税 12 元。甲公司进行会计处理时,应编制的会计分录如下:

借：税金及附加	6 000 000	
贷：应交税费——应交资源税		6 000 000

【例 6 – 34】 甲公司将自产的煤炭 2 000 吨用于产品生产,每吨应交资源税 5 元。甲公司进行会计处理时,应编制的会计分录如下:

借：生产成本	10 000	
贷：应交税费——应交资源税		10 000

(2) 收购未税矿产品相关资源税的会计处理。按照《资源税暂行条例》的规定,收购未税矿产品的单位为资源税的扣缴义务人。企业应按收购未税矿产品实际支付的收购款以及代扣代缴的资源税,作为收购矿产品的成本。将代扣代缴的资源税,借记"在途物资""原材料"等科目,贷记"应交税费——应交资源税"科目。

【例 6 – 35】 甲公司以银行存款收购未税煤炭 5 000 吨作为燃料,每吨收购价 4 000 元,款项已经支付,该煤炭每吨应交资源税 5 元。甲公司进行会计处理时,应编制的会计分录如下:

借：原材料	20 025 000	
贷：银行存款		20 000 000
应交税费——应交资源税		25 000

(3) 外购液体盐加工固体盐相关资源税的会计处理。按规定企业外购液体盐加

工固体盐的，所购入液体盐交纳的资源税可以抵扣。在会计核算时，购入液体盐时，按所允许抵扣的资源税，借记"应交税费——应交资源税"科目，按外购价款扣除允许抵扣资源税后的数额，借记"在途物资""原材料"等科目，按应支付的全部价款，贷记"银行存款""应付账款"等科目；企业加工成固体盐后，在销售时，按计算出的销售固体盐应交的资源税，借记"税金及附加"科目，贷记"应交税费——应交资源税"科目；将销售固体盐应纳资源税抵扣液体盐已纳资源税后的差额上交时，借记"应交税费——应交资源税"科目，贷记"银行存款"科目。

【例 6-36】 2018 年 8 月，甲公司以银行存款外购液体盐 5 000 吨作为原材料加工成固体盐，每吨采购价 1 000 元，款项已经支付。该液体盐每吨应交资源税 2 元，甲公司将液体盐加工为 3 000 吨固体盐后直接对外销售，固体盐每吨应交资源税 10 元。8 月 31 日甲公司以银行存款上交资源税 20 000 元。甲公司进行会计处理时，应编制的会计分录如下：

①采购液体盐时：
借：原材料　　　　　　　　　　　　　　　　　　4 990 000
　　应交税费——应交资源税　　　　　　　　　　　　10 000
　　贷：银行存款　　　　　　　　　　　　　　　　　　　5 000 000

②销售固体盐时：
借：税金及附加　　　　　　　　　　　　　　　　　　30 000
　　贷：应交税费——应交资源税　　　　　　　　　　　　30 000

③上交资源税时：
借：应交税费——应交资源税　　　　　　　　　　　　20 000
　　贷：银行存款　　　　　　　　　　　　　　　　　　　20 000

（四）城市维护建设税

城市维护建设税是以增值税、消费税为计税依据征收的一种税。其纳税人为交纳增值税、消费税的单位和个人，税率因纳税人所在地不同从 1% 到 7% 不等。计算公式为：

应交城市维护建设税 =（应交增值税 + 应交消费税）× 适用税率

企业应在"应交税费"账户下设置"应交城市维护建设税"明细账户，核算应交城市维护建设税的发生、交纳情况。该账户的贷方登记应交纳的城市维护建设税，借方登记已交的城市维护建设税，期末贷方余额，反映尚未交纳的城市维护建设税。

企业应交的城市维护建设税，借记"税金及附加"等科目，贷记"应交税费——应交城市维护建设税"科目。实际交纳资源税时，借记"应交税费——应交城市维护建设税"科目，贷记"银行存款"科目。

【例 6-37】 甲公司系增值税一般纳税人，2018 年 9 月，应交增值税 800 000 元，应交消费税 450 000 元。该公司适用的城市维护建设税税率为 7%，月末以银行存款交纳城市维护建设税。甲公司进行会计处理时，应编制的会计分录如下：

(1) 计算应交的城市维护建设税时：

借：税金及附加　　　　　　　　　　　　　　　　　　87 500
　　贷：应交税费——应交城市维护建设税　　　　　　　　　87 500

(2) 实际交纳城市维护建设税时：

借：应交税费——应交城市维护建设税　　　　　　　　87 500
　　贷：银行存款　　　　　　　　　　　　　　　　　　　　87 500

（五）土地增值税

土地增值税是指在我国境内有偿转让土地使用权及地上建筑物和其他附着物产权的单位和个人，就其土地增值额征收的一种税。土地增值额是指转让收入减去规定扣除项目后的余额。转让收入包括货币收入、实物收入和其他收入。扣除项目主要包括取得土地使用权所支付的金额、开发土地的成本费用、新建房屋及配套设施的成本费用、旧房及建筑物的评估价格等。土地增值税的计算公式为：

应交土地增值税 = 土地增值额 × 适用税率 - 扣除项目金额 × 速算扣除系数

企业应在"应交税费"账户下设置"应交土地增值税"明细账户，核算应交土地增值税的发生、交纳情况。该账户的贷方登记应交纳的土地增值税，借方登记已交的土地增值税，期末贷方余额，反映尚未交纳的土地增值税。

企业应交的土地增值税视情况记入不同的对应账户：企业转让的土地使用权连同地上建筑物及其附着物一并在"固定资产清理"等科目核算，转让时应交的土地增值税，借记"固定资产清理"科目，贷记"应交税费——应交土地增值税"科目；土地使用权在"无形资产"账户核算的，按实际收到的金额，借记"银行存款"科目，按应交的土地增值税，贷记"应交税费——应交土地增值税"科目，同时冲销土地使用权的账面价值，贷记"无形资产"科目，按其差额，借记或贷记"资产处置损益"科目①。实际交纳土地增值税时，借记"应交税费——应交土地增值税"科目，贷记"银行存款"科目。

【例6-38】 2018年5月，甲公司对外转让一栋办公楼，根据税法规定计算的应交土地增值税为40 000元，已用银行存款交纳。甲公司进行会计处理时，应编制的会计分录如下：

(1) 计算应交的土地增值税时：

借：固定资产清理　　　　　　　　　　　　　　　　40 000
　　贷：应交税费——应交土地增值税　　　　　　　　　　40 000

(2) 实际交纳土地增值税时：

借：应交税费——应交土地增值税　　　　　　　　　40 000
　　贷：银行存款　　　　　　　　　　　　　　　　　　　40 000

---

① 注意：资产的处置损益，通常应记入"资产处置收益"科目，但报废时产生的净损益应记入"营业外收入"或"营业外支出"科目。特此说明。

（六）教育费附加

教育费附加是为了发展教育事业而向企业征收的附加费用，企业按应交的增值税和消费税等流转税的一定比例计算交纳。教育费附加的计算公式为：

应交教育费附加 =（应交增值税 + 应交消费税）× 征收比率（3%）①

企业应在"应交税费"账户下设置"应交教育费附加"明细账户，核算应交教育费附加的发生、交纳情况。该账户的贷方登记应交纳的教育费附加，借方登记已交的教育费附加，期末贷方余额，反映尚未交纳的教育费附加。

企业应交的教育费附加，借记"税金及附加"等科目，贷记"应交税费——应交教育费附加"科目。实际交纳教育费附加时，借记"应交税费——应交教育费附加"科目，贷记"银行存款"科目。

【例6-39】 甲公司系增值税一般纳税人，2018年9月，实际上交增值税800 000元，消费税450 000元。教育费附加率为3%，月末以银行存款交纳教育费附加。甲公司进行会计处理时，应编制的会计分录如下：

（1）计算应交的教育费附加时：

借：税金及附加　　　　　　　　　　　　　　　　　　　37 500
　　贷：应交税费——应交教育费附加　　　　　　　　　　37 500

（2）实际交纳教育费附加时：

借：应交税费——应交教育费附加　　　　　　　　　　　37 500
　　贷：银行存款　　　　　　　　　　　　　　　　　　　37 500

（七）房产税、土地使用税、车船税和矿产资源补偿费

房产税是国家对在城市、县城、建制县和工矿区征收的由产权所有人交纳的一种税。房产税依照房产原值一次减除10%至30%后的余额计算交纳。没有房产原值作为依据的，由房产所在地税务机关参考同类房产核定；房产出租的，以房产租金收入为房产税的计税依据。

土地使用税是国家为了合理利用城镇土地，调节土地级差收入，提高土地使用效益，加强土地管理而开征的一种税，以纳税人实际占用的土地面积为计税依据，依照规定税额计算征收。

车船税由拥有并且使用车船的单位和个人交纳。车船税按照适用税额计算交纳。

矿产资源补偿费是对在我国领域和管辖海域开采矿产资源而征收的费用。矿产资源补偿费按照矿产品销售收入的一定比例计征，由采矿人交纳。

企业应在"应交税费"账户下设置"应交房产税""应交土地使用税""应交车船税""应交矿产资源补偿费"等明细账户，核算应交房产税、应交土地使用税、应交车船税、应交矿产资源补偿费的发生、交纳情况。该账户的贷方登记应交纳的

---

① 此处不包括地方教育费附加。按照地方教育费附加使用管理规定，在各省、直辖市的行政区域内，凡缴纳增值税、消费税的单位和个人，都应按规定缴纳地方教育费附加。

房产税、土地使用税、车船税、矿产资源补偿费,借方登记已交的房产税、土地使用税、车船税、矿产资源补偿费,期末贷方余额,反映尚未交纳的房产税、土地使用税、车船税、矿产资源补偿费。

企业应交的房产税、土地使用税、车船税、矿产资源补偿费,借记"税金及附加"科目,贷记"应交税费——应交房产税(或应交土地使用税、应交车船税、应交矿产资源补偿费)"科目。实际交纳房产税、土地使用税、车船税、矿产资源补偿费时,借记"应交税费——应交房产税(或应交土地使用税、应交车船税、应交矿产资源补偿费)"科目,贷记"银行存款"科目。

【例6-40】 2018年,甲公司拥有房屋6栋,其中5栋用于生产经营,房产原值4 000万元,另外1栋房屋出租给乙公司,年租金收入25万元。其适用税率为:房产余值按1.2%计税(按税法规定,自用房产按原值一次扣除30%后的余值计税);租金收入按12%计税。甲公司进行会计处理时,应编制的会计分录如下:

应交房产税 = 4 000 × (1 - 30%) × 1.2% + 25 × 12% = 36.6(万元)

借:税金及附加 366 000
　　贷:应交税费——应交房产税 366 000

(八)印花税和耕地占用税

1. 印花税的核算

印花税是对书立、领受购销合同等凭证行为征收的税款,实行由纳税人根据规定自行计算应纳税额,购买并一次贴足印花税票的交纳方法。应纳税凭证包括:购销、加工承揽、建设工程承包、财产租赁、货物运输、仓储保管、借款、财产保险、技术合同或者具有合同性质的凭证;产权转移书据;营业账簿;权利、许可证照等。纳税人根据应纳税凭证的性质,分别按比例税率或者按件定额计算应纳税额。

企业交纳的印花税,是由纳税人根据规定自行计算应纳税额以购买并一次贴足印花税票的方法交纳的税款。即一般情况下,企业需要预先购买印花税票,待发生应税行为时,再根据凭证的性质和规定的比例税率或者按件计算应纳税额,将已购买的印花税票粘贴在应纳税凭证上,并在每枚税票的骑缝处盖戳注销或者划销,办理完税手续。企业交纳的印花税,不会发生应付未付税款的情况,不需要预计应纳税金额,同时也不存在与税务机关结算或清算的问题。因此,企业交纳的印花税不需要通过"应交税费"账户核算,于购买印花税票时,直接借记"税金及附加"科目,贷记"银行存款"科目。

【例6-41】 2018年6月,甲公司发生如下涉及印花税的业务:签订房屋出租合同5份,共计所载金额为50万元,适用税率1‰;签订财产保险合同1份,所载金额100万元,适用税率1‰;领受工商执照、商标注册证、土地使用权证、房屋产权证各1份,适用税额5元/本。甲公司已经交纳了印花税。甲公司进行会计处理时,应编制的会计分录如下:

借:税金及附加 1 555

　　　　贷：银行存款　　　　　　　　　　　　　　　　　　　　　　　1 555

　　2. 耕地占用税

　　耕地占用税是国家为了利用土地资源，加强土地管理，保护农用耕地而征收的一种税。耕地占用税以实际占用的耕地面积计税，按照规定税额一次征收。企业交纳的耕地占用税，不需要通过"应交税费"账户核算。企业按规定计算交纳耕地占用税时，借记"在建工程"科目，贷记"银行存款"科目。

　　【例6-42】 2018年1月，甲公司经批准占用耕地3 000平方米用于建设厂房，当地政府规定的耕地占用税税额为5元/平方米。甲公司以银行存款交纳了耕地占用税。甲公司进行会计处理时，应编制的会计分录如下：

　　借：在建工程　　　　　　　　　　　　　　　　　　　　　　　15 000
　　　　贷：银行存款　　　　　　　　　　　　　　　　　　　　　　　15 000

　　（九）企业所得税

　　企业所得税是国家对企业的生产经营所得和其他所得征收的一种税。企业应交纳的企业所得税，在"应交税费"账户下设置"应交所得税"进行明细核算；当期应计入损益的所得税，作为一项费用，在净利润前扣除。企业按照一定方法计算计入损益的所得税，借记"所得税费用"科目，贷记"应交税费——应交所得税"科目。有关所得税的会计核算，参见教材第八章"经营成果的形成与分配"。

八、应付股利

　　应付股利是指企业经股东大会或类似机构审议批准分配的现金股利或利润。企业宣告分派的现金股利或利润，在实际支付前，形成企业的负债。在企业宣告发放现金股利或利润时，借记"利润分配"科目，贷记"应付股利"科目，实际发放时，借记"应付股利"科目，贷记"银行存款"等科目。

　　需要特别说明的是：企业董事会或类似机构通过的利润分配方案中拟分配的现金股利或利润，不应确认为流动负债，但需要在报表附注中披露。

九、其他应付款

　　（一）其他应付款的内容

　　其他应付款是指企业除应付票据、应付账款、预收账款、应付职工薪酬、应交税费、应付利息、应付股利等经营活动以外的其他各项应付、暂收款项。

　　（二）其他应付款的会计处理

　　企业应设置"其他应付款"账户，核算其他应付款的增减变动及其结存情况，并按照其他应付款的项目和对方单位（或个人）设置明细账户进行明细核算。该账户贷方登记发生的各种应付、暂收款项，借方登记偿还或转销的各种应付、暂收款项，期末贷方余额，反映企业应付未付的其他应付款项。

　　企业发生其他各种应付、暂收款项时，借记"管理费用""银行存款"等科目，贷记"其他应付款"科目；支付或退回其他各种应付、暂收款项时，借记"其他应付款"科目，贷记"银行存款"等科目。

【例 6-43】 2018 年 1 月 1 日，甲公司与乙公司签订一项经营租赁合同，该合同规定，乙公司将其临街的一栋大楼租赁给甲公司用于办公，租期 2 年，月租金 10 万元，按季支付。2018 年 3 月，甲公司的租金暂时未付。4 月 2 日，甲公司向乙公司以银行存款支付了第一季度的租金 30 万元。甲公司进行会计处理时，应编制的会计分录如下：

（1）2018 年 1 月 31 日，甲公司计提应付租金时：

借：管理费用　　　　　　　　　　　　　　　100 000
　　贷：其他应付款　　　　　　　　　　　　　　　100 000

2 月底和 3 月底甲公司计提应付租金的会计处理同上。

（2）2018 年 4 月 2 日，甲公司支付租金时：

借：其他应付款　　　　　　　　　　　　　　300 000
　　贷：银行存款　　　　　　　　　　　　　　　　300 000

第二节　非流动负债

流动负债以外的负债为非流动负债。非流动负债通常包括长期借款、应付债券和长期应付款等。根据《企业会计准则第 22 号——金融工具确认和计量》的规定，非流动负债应当按照公允价值进行初始计量，采用摊余成本进行后续计量。实际利率与合同利率差别较小的，也可按合同利率计算利息费用。

一、非流动负债的定义及特征

非流动负债是指偿还期在一年或者超过一年的一个营业周期以上的债务，是因企业向债权人筹集可供长期使用的资金而形成的。它包括长期借款、应付债券和长期应付款等。与流动负债相比，非流动负债具有债务金额大、偿还期限长、可以分期偿还等特征。

二、非流动负债的分类

（一）非流动负债按筹资方式分类

非流动负债按其筹资方式，可分为长期借款、应付债券和长期应付款三类：长期借款，是指企业向银行和其他金融机构借入的期限在一年以上（不含一年）的各项借款；应付债券，是指企业为筹集资金而依照法定程序发行的、约定在一定期限还本付息的有价证券；长期应付款，是指企业除长期借款和应付债券以外的其他各种长期应付款项，包括应付融资租入固定资产的租赁费、具有融资性质的延期付购买资产发生的应付款项等。

（二）非流动负债按偿还方式分类

非流动负债按偿还方式可分为定期偿还的非流动负债和分期偿还的非流动负债两类：定期偿还的非流动负债，是指在规定的债务到期日一次偿还的负债；分期偿还的非流动负债，是指在举债期间内，按照合同约定分若干次偿还的负债。

三、非流动负债的确认与计量

（一）非流动负债的确认

非流动负债与流动负债一般都指企业已经存在并且将在未来偿还的经济义务，所以非流动负债与流动负债的确认基本相同，应在实际发生该项经济业务时予以确认。

（二）非流动负债的计量

由于偿还期限较长且金额较大，未来应付的金额与其现值之间的差额较大，因此对于非流动负债从理论上说应该按照其现值入账。《企业会计准则第 22 号——金融工具确认和计量》规定，长期借款、应付债券和长期应付款应当按其公允价值和相关交易费用之和作为初始确认金额，同时采用实际利率法，按摊余成本进行后续计量。

四、长期借款

（一）长期借款的种类

长期借款，是指企业向银行或其他金融机构借入的期限在一年以上（不含一年）的各项借款，一般用于固定资产的购建、改扩建工程等方面。

企业的长期借款可以按不同的标准进行分类。

长期借款按照贷款单位划分，可分为国内长期借款和国外长期借款。国内长期借款可进一步按各专业银行、金融机构等分类，国外长期借款可分为世行长期借款、亚行长期借款等。

长期借款按借款的偿还方式划分，可分为到期一次偿还的长期借款和分期偿还的长期借款。到期一次偿还的长期借款是指在规定的借款到期日一次还清全部借款金额的长期借款；分期偿还的长期借款是指在借款合同规定的期限内，分若干次偿还借款金额，直到到期日全部清偿的长期借款。

（二）长期借款的会计处理

为核算企业长期借款的借入及偿还情况，应设置"长期借款"账户。该账户可按贷款单位和贷款种类，分别"本金""利息调整"等明细账户进行明细核算。

企业对于按期付息、到期偿还本金的长期借款，按期计提的利息可以在单独设置的"应付利息"账户核算。

企业借入长期借款，应按实际收到的金额，借记"银行存款"科目，贷记"长期借款——本金"科目。如借贷双方存在差额，借记或贷记"长期借款——利息调整"科目。

长期借款利息费用应当在资产负债表日按照实际利率法计算确定，实际利率与合同利率差异较小的，也可以采用合同利率计算确定利息费用。长期借款计算确定的利息费用，应当按以下原则计入有关成本、费用：

（1）属于筹建期间的，计入管理费用；属于生产经营期间的，计入财务费用。

（2）如果长期借款用于购建固定资产的，在固定资产达到预定可使用状态前，所发生的应当资本化的利息支出，计入在建工程。

（3）如果长期借款用于企业内部无形资产研发的，在无形资产研发达到预定可使用状态前，所发生的应当资本化的利息支出，计入研发支出。

（4）如果长期借款用于符合资本化条件的存货的生产的，在存货达到可销售状态前，所发生的应当资本化的利息支出，计入生产成本。

长期借款按实际利率计算确定的长期借款的利息费用，借记"管理费用""财务费用""在建工程""研发支出""生产成本"等科目，按合同利率计算确定的应付未付利息，贷记"应付利息"科目，按其差额，贷记"长期借款——利息调整"科目。

企业归还长期借款利息时，借记"应付利息"科目，贷记"银行存款"科目。

企业归还长期借款本金时，借记"长期借款——本金"科目，贷记"银行存款"科目。同时，存在利息调整余额的，借记或贷记"管理费用""财务费用""在建工程""研发支出""生产成本"等科目，贷记或借记"长期借款——利息调整"科目。

"长期借款"账户期末贷方余额，反映企业尚未偿还的长期借款。

【例6-44】 2018年1月1日，甲公司从银行借入3年期、年利率为8.4%（每年年末付息一次，到期一次还本）的长期借款一笔，本金8 000 000元，所借款项已存入银行。假设该笔长期借款的利息不满足借款费用资本化条件。甲公司进行会计处理时，应编制的会计分录如下：

（1）2018年1月1日，甲公司取得借款时：

借：银行存款　　　　　　　　　　　　　　　　8 000 000
　　贷：长期借款——本金　　　　　　　　　　　　　8 000 000

（2）2018年1月31日，甲公司计提长期借款利息时：

借：财务费用　　　　　　　　　　　　　　　　56 000
　　贷：应付利息　　　　　　　　　　　　　　　　　56 000

（3）2018年2月至2018年12月每月末预提利息分录同上。

（4）2018年12月31日，甲公司偿还借款利息时：

借：应付利息　　　　　　　　　　　　　　　　672 000
　　贷：银行存款　　　　　　　　　　　　　　　　　672 000

（5）2019年1月至2019年12月每月末预提利息分录同（2）。

(6) 2019 年 12 月 31 日偿还借款利息分录同（4）。

(7) 2020 年 12 月 31 日，甲公司偿还该笔银行借款本金和当年利息时：

借：长期借款——本金　　　　　　　　　　　　　8 000 000
　　应付利息　　　　　　　　　　　　　　　　　　672 000
　　贷：银行存款　　　　　　　　　　　　　　　　　　8 672 000

五、应付债券

公司债券是指企业为筹集资金而依照法定程序发行的、约定在一定期限还本付息的有价证券。企业发行的期限超过一年以上的公司债券，构成企业的一项长期负债，包括公司债、可转换公司债和永续债等。

（一）公司债券的发行

企业发行的超过一年期以上的债券，构成了企业的长期负债。公司债券的发行方式有三种，即面值发行、溢价发行、折价发行。假设其他条件不变，债券的票面利率高于同期银行存款利率时，可按超过债券面值的价格发行，称为溢价发行。溢价是企业以后各期多付利息而事先得到的补偿。如果债券的票面利率低于同期银行存款利率，可按低于债券面值的价格发行，称为折价发行。折价是企业以后各期少付利息而预先给投资者的补偿。如果债券的票面利率与同期银行存款利率相同，可按票面价格发行，称为面值发行。溢价或折价是发行债券企业在债券存续期内对利息费用的一种调整。

企业应设置"应付债券"账户，并按"面值""利息调整""应计利息"等进行明细核算。

企业无论是按面值发行，还是溢价发行或折价发行，按实际收到的款项，借记"银行存款"等科目，按债券面值，贷记"应付债券——面值"科目，实际收到的款项与面值的差额，借记或贷记"应付债券——利息调整"科目。

【例 6-45】 2018 年 1 月 1 日，甲公司按面值发行 5 年期、票面利率为 5%、总面值为 10 000 000 元的债券。该债券每年付息一次、到期还本和支付最后一年利息，每年利息在下年 1 月 1 日支付。假设发行债券的利息不符合借款费用资本化条件，收到的款项已存入银行。甲公司进行会计处理时，应编制的会计分录如下：

借：银行存款　　　　　　　　　　　　　　　　　10 000 000
　　贷：应付债券——面值　　　　　　　　　　　　　　10 000 000

【例 6-46】 2018 年 1 月 1 日，甲公司以 420 000 元的价格发行 5 年期、票面利率为 12%、总面值为 400 000 元的债券。该债券每年付息一次、到期还本和支付最后一年利息，每年利息在下年 1 月 1 日支付。假定该债券的实际利率为 10.66%，假设发行债券的利息不符合借款费用资本化条件，收到的款项已存入银行。甲公司进行会计处理时，应编制的会计分录如下：

借：银行存款　　　　　　　　　　　　　　　　　420 000

贷：应付债券——面值　　　　　　　　　　　　　　　　　400 000
　　　　　　　　——利息调整　　　　　　　　　　　　　　　　20 000

【例6-47】 2018年1月1日，甲公司以191 520元的价格发行5年期、票面利率为5%、总面值为200 000元的债券。该债券到期一次归还本金和利息。假定该债券的实际利率为5.47%，假设发行债券的利息不符合借款费用资本化条件，收到的款项已存入银行。甲公司进行会计处理时，应编制的会计分录如下：

　　借：银行存款　　　　　　　　　　　　　　　　　　　　　191 520
　　　　应付债券——利息调整　　　　　　　　　　　　　　　　 8 480
　　　　贷：应付债券——面值　　　　　　　　　　　　　　　　200 000

（二）计提利息费用和利息调整的摊销

企业应在资产负债表日按照实际利率法计提债券利息费用，如果存在利息调整的，同时对利息调整在债券存续期间内采用实际利率法进行摊销。实际利率法，是指按照应付债券的实际利率计算其摊余成本及各期利息费用的方法；实际利率，是指将应付债券在债券存续期间的未来现金流量，折现为该债券当前账面价值所使用的利率。有关应付利息和利息费用等的界定方法如下：

（1）应付利息 = 债券面值 × 债券票面利率
（2）利息费用 = 期初债券账面价值 × 债券实际利率
（3）利息调整额 = 应付利息 - 利息费用

资产负债表日，对于分期付息、一次还本的债券，企业应按应付债券的摊余成本和实际利率计算确定的债券利息费用，借记"在建工程""制造费用""财务费用"等科目，按票面利率计算确定的应付未付利息，贷记"应付利息"科目，按其差额，借记或贷记"应付债券——利息调整"科目。

对于一次还本付息的债券，应于资产负债表日按摊余成本和实际利率计算确定的债券利息费用，借记"在建工程""制造费用""财务费用"等科目，按票面利率计算确定的应付未付利息，贷记"应付债券——应计利息"科目，按其差额，借记或贷记"应付债券——利息调整"科目。

【例6-48】 沿用【例6-46】资料，甲公司在资产负债表日对该债券应编制的会计分录如下：

（1）计提利息及利息调整摊销表如表6-2所示（四舍五入，保留整数）。
（2）2018年12月31日，甲公司计提利息及利息调整摊销时：

　　借：财务费用　　　　　　　　　　　　　　　　　　　　　 44 772
　　　　应付债券——利息调整　　　　　　　　　　　　　　　　 3 228
　　　　贷：应付利息　　　　　　　　　　　　　　　　　　　　48 000

（3）2019年1月1日，甲公司支付利息时：

　　借：应付利息　　　　　　　　　　　　　　　　　　　　　 48 000
　　　　贷：银行存款　　　　　　　　　　　　　　　　　　　　48 000

表 6-2　　　　　计提利息及利息调整摊销表（分期付息到期还本）
（实际利率法）

计息日期	应付利息 ① = 面值 × 票面利率（12%）	利息费用 ② = 期初⑤ × 实际利率(10.66%)	利息调整额 ③ = | ① - ② |	利息调整余额 ④ = 期初④ - ③	摊余成本 ⑤ = 期初⑤ - ③
2018. 1. 1				20 000	420 000
2018. 12. 31	48 000	44 772	3 228	16 772	416 772
2019. 12. 31	48 000	44 428	3 572	13 200	413 200
2020. 12. 31	48 000	44 047	3 953	9 247	409 247
2021. 12. 31	48 000	43 626	4 374	4 873	404 873
2022. 12. 31	48 000	43 127*	4 873	0	400 000

*尾数调整。

(4) 2019 年 12 月 31 日，甲公司计提利息及利息调整摊销时：

借：财务费用　　　　　　　　　　　　　　　　　　44 428
　　应付债券——利息调整　　　　　　　　　　　　 3 572
　　贷：应付利息　　　　　　　　　　　　　　　　48 000

(5) 2020 年 1 月 1 日，甲公司支付利息时：

借：应付利息　　　　　　　　　　　　　　　　　　48 000
　　贷：银行存款　　　　　　　　　　　　　　　　48 000

(6) 2020 年 12 月 31 日，甲公司计提利息及利息调整摊销时：

借：财务费用　　　　　　　　　　　　　　　　　　44 047
　　应付债券——利息调整　　　　　　　　　　　　 3 953
　　贷：应付利息　　　　　　　　　　　　　　　　48 000

(7) 2021 年 1 月 1 日，甲公司支付利息时：

借：应付利息　　　　　　　　　　　　　　　　　　48 000
　　贷：银行存款　　　　　　　　　　　　　　　　48 000

(8) 2021 年 12 月 31 日，甲公司计提利息及利息调整摊销时：

借：财务费用　　　　　　　　　　　　　　　　　　43 626
　　应付债券——利息调整　　　　　　　　　　　　 4 374
　　贷：应付利息　　　　　　　　　　　　　　　　48 000

(9) 2022 年 1 月 1 日，甲公司支付利息时：

借：应付利息　　　　　　　　　　　　　　　　　　48 000
　　贷：银行存款　　　　　　　　　　　　　　　　48 000

(10) 2022 年 12 月 31 日，甲公司计提利息及利息调整摊销时：

借：财务费用 43 127
　　应付债券——利息调整 4 873
　　贷：应付利息 48 000

（三）公司债券的偿还

企业发行的债券采用一次还本付息方式的，企业应于债券到期支付债券本息时，借记"应付债券——面值""应付债券——应计利息"科目，贷记"银行存款"科目，按借贷双方之间的差额，借记或贷记"应付债券——利息调整"科目。企业发行的债券采用一次还本、分期付息方式的，在每期支付利息时，借记"应付利息"科目，贷记"银行存款"科目；债券到期偿还本金并支付最后一期利息时，借记"应付债券——面值""在建工程""财务费用"等科目，贷记"银行存款"科目，按借贷双方之间的差额，借记或贷记"应付债券——利息调整"科目。

【例6-49】 假定甲公司发行的债券到期支付本金400 000元和最后一年利息48 000元时，应编制的会计分录如下：

借：应付利息 48 000
　　应付债券——面值 400 000
　　贷：银行存款 448 000

六、长期应付款

长期应付款是指企业除长期借款、应付债券以外的其他各种长期应付款项，包括应付融资租入固定资产的租赁费、以分期付款方式购入固定资产等发生的预付款项等。

企业采用融资租赁方式租入固定资产时，应在租赁开始日，将租赁资产的公允价值与最低租赁付款额的现值两者中较低者，加上初始直接费用，作为租入资产的入账价值，借记"固定资产"等科目；按最低租赁付款额，贷记"长期应付款"科目，发生的初始直接费用，贷记"银行存款"等科目，按其差额，借记"未确认融资费用"科目。

未确认融资费用应在租赁期限内采用实际利率法摊销，确认为当期融资费用。按照摊销额，借记"财务费用"科目，贷记"未确认融资费用"科目。

需要特别注意的是，企业在计算最低租赁付款额的现值时，能够获得出租人租赁内含利率的，应当采用租赁内含利率作为折现率；否则，应采用租赁合同规定的利率作为折现率。

【例6-50】 甲公司2018年1月1日采用融资租赁方式租入大型设备一套（假定无须安装），年租金500万元，租期6年，合同约定的利率为5%。另以银行存款支付运输费等100万元（假定暂不考虑增值税）。租赁开始日，该套设备的公允价值为2 600万元。因甲公司无法取得出租公司的内含利率，甲公司采用合同利率计算该套设备的现值。有关会计处理如下[①]：

（1）最低租赁付款额的现值 = 500 × 5.0757[②] = 2 538（万元）

（2）该设备的公允价值 = 2 600（万元）

会计分录为：

借：固定资产　　　　　　　　　　　　　　26 380 000
　　未确认融资费用　　　　　　　　　　　 4 620 000
　　贷：银行存款　　　　　　　　　　　　　　　　 1 000 000
　　　　长期应付款　　　　　　　　　　　　　　　30 000 000

思考题

1. 流动负债如何界定，其具体内容有哪些？
2. 短期借款的利息应如何核算？
3. 其他应付款与应付账款的核算内容有何区别？
4. 企业"应交税费"科目核算内容包括哪些？
5. 应交增值税是如何计算的？一般纳税人的"进项税额"包括哪些内容？
6. 企业的应付职工薪酬内容有哪些，应分别记入哪些会计科目？
7. 什么是非流动负债？非流动负债包括哪些内容？
8. 什么是长期借款？对发生的长期借款利息应如何核算？
9. 应付债券利息调整金额是怎样产生的？应如何进行摊销？
10. 长期应付款是如何核算的？其未确认融资费用该如何摊销？

[①] 摊销未确认融资费用的会计处理，略。
[②] 查年金现值表得到。此处是假定每年支付的租金为普通年金。特此说明。

第七章

所有者权益

资金的筹集与投入是企业资金运动的起点,也是企业进行生产经营活动的必要条件之一。设立企业必须有法定的资本金,资本金通常是由投资者投入的,投资人可以是国家,也可以是其他法人、个人或外商投资者。资本金的筹集方式也多种多样,企业既可以吸收货币资金投资,也可以吸收实物资产、无形资产等投资。企业对其筹集的资本金,依法享有经营权,在企业经营期内,投资者除依法转让、减资外,不得任意抽回投资。企业通过经营活动获得的盈利,没有分配或没有完全分配所形成的留存收益,也属于所有者权益的组成部分。

第一节 概 述

一、所有者权益的定义及性质

所有者权益是指企业资产扣除负债由所有者享有的剩余权益。会计等式"资产－负债＝所有者权益"清楚地说明了所有者权益实质上是一种剩余权益,是企业全部资产减去全部负债后的差额,体现了企业的产权关系。与负债相比,所有者权益具有如下主要特征:

1. 所有者权益不具有优先性

在通常情况下,债权人要求支付利息和偿还本金的权利在所有者的权利之前,所有者对企业资源的要求权次于债权人。

2. 所有者权益不具有固定性

负债到期日应支付的本金金额一般是固定的,其所支付的利息通常按照一定的利率计算。相比之下,对所有者支付的股利往往随期间收益、留存收益和可供分配现金数额的变化而变化,并且必须经董事会正式宣告后才能发放。

3. 所有者权益所产生的义务不具有法定偿还性

债权人要求权的到期日通常是依法或依约事先确定的,会计主体的负债一旦产生,就形成了法定义务,到期必须依法或依约还本付息;而所有者权益并不代表企业的法定义务，应付股利也仅仅是在企业宣告发放股利之后才能视为企业的负债。

4. 所有者权益不具有时间性

对负债的偿还，一般都有明确的法律规定及偿还期限，其使用期限是有时间约束的。而所有者权益是一种永久性资本，投资者不得在中途任意抽回。

二、所有者权益的构成内容

所有者权益来源于所有者投入的资本、直接计入所有者权益的利得或损失、留存收益等。直接计入所有者权益的利得和损失，是指不应计入当期损益、会导致所有者权益发生增减变动的、与所有者投入资本或者向所有者分配利润无关的利得或损失。

所有者权益包括实收资本（或股本）、其他权益工具、资本公积、其他综合收益、盈余公积和未分配利润等部分。其中，盈余公积和未分配利润统称为留存收益。留存收益与投入资本的区别在于：投入资本是投资者从外部投入公司的，是所有者权益的基本构成；留存收益由公司在经营过程中所获得的利润累积而成。

（一）实收资本

实收资本，是企业在创办时及以后的生产经营过程中，所有者按照公司的章程或合同、协议的约定，实际投入企业的资本金。实收资本（或股本）按其投资主体分为国家投入资本、法人投入资本、个人投入资本和外商投入资本。

（二）其他权益工具

其他权益工具是指企业发行的除普通股以外的归类为权益工具的各种金融工具，如永续债、优先股等。对于归类为权益工具的金融工具，无论其名称中是否包含"债"，其利息支出或股利分配都应当作为发行企业的利润分配，其回购、注销等作为权益的变动处理；对于归类为金融负债的金融工具，无论其名称中是否包含"股"，其利息支出或股利分配原则上按照借款费用进行处理，其回购或赎回产生的利得或损失等计入当期损益。

企业（发行方）发行金融工具，其发生的手续费、佣金等交易费用，如分类为债务工具且以摊余成本计量的，应当计入所发行工具的初始计量金额；如分类为权益工具的，应当从权益（其他权益工具）中扣除。

（三）资本公积

资本公积是指企业收到投资者出资额超出其在注册资本或股本中所占份额的部分，以及其他资本公积。"资本公积"账户分别设置"资本溢价（股本溢价）"和"其他资本公积"进行明细核算。

（四）其他综合收益

其他综合收益是指企业根据其他会计准则规定未在当期损益中确认的各项利得或损失，包括以后会计期间不能重分类进损益的其他综合收益和以后会计期间满足规定条件时将重分类进损益的其他综合收益两类。①

1. 以后会计期间不能重分类进损益的其他综合收益

以后会计期间不能重分类进损益的其他综合收益主要包括如下内容：

（1）重新计量职工薪酬中设定收益计划净负债或净资产变动导致的权益变动。

（2）按照权益法核算因被投资单位重新计量职工薪酬中设定收益计划净负债或净资产变动导致的权益变动，投资企业按照持股比例计算确认的该部分其他综合收益。

（3）初始确认时，企业将非交易性权益工具指定为以公允价值计量且其变动计入其他综合收益的金融资产，该指定后不得撤销。即该类非交易性权益工具终止确认时原计入其他综合收益的公允价值变动不得重分类进损益。

2. 以后期间有满足规定条件时将重分类进损益的其他综合收益

以后期间有满足规定条件时将重分类进损益的其他综合收益主要包括如下内容：

（1）符合金融工具会计准则的规定，同时符合如下两个条件的金融资产：一是企业管理该金融资产的业务模式既以收取合同现金流量为目标，又以出售该金融资产为目标；二是改金融资产的合同条款规定，在特定日期出售现金流量，仅为对本金和以未偿付本金金额为基础利息的支付。当该类金融资产终止确认时，原计入其他综合收益的累计利得或损失应当从其他综合收益中转出，计入当期损益。

（2）按照金融工具会计准则的规定，对金融资产重分类按规定可以将原计入其他综合收益的利得或损失转入当期损益的部分。

（3）采用权益法核算的长期股权投资，按照被投资单位实现的其他综合收益以及持股比例计算应享有或分摊的份额。

（4）存货或自用房地产转为投资性房地产时，公允价值大于其账面价值的差额。在处置该项投资性房地产时，应将原计入其他综合收益的利得转入当期损益。

（5）采用现金流量套期时，现金流量套期工具产生的利得或损失中属于有效套期的部分。

（6）外币报表折算差额。按照外币折算的要求，企业处置境外经营的当期，应将已列入合并财务报表所有者权益的外币折算差额中该境外经营的部分，自其他综合收益项目转入处置当期损益。

（五）留存收益

留存收益是指企业在经营过程中已实现，但由于企业经营发展的需要或由于法定原因等而未分配给所有者的累积利润。它由盈余公积和未分配利润两部分构成。

1. 盈余公积

盈余公积是指企业按照规定从净利润中提取的各种积累资金。一般企业和股份

---

① 参阅中国注册会计师组织编写：《会计》，中国财政经济出版社2018年版，第306页。文字上有所修改，特此说明。

有限公司的盈余公积包括如下内容：

（1）法定盈余公积。法定盈余公积是指企业按照法律规定的比例（公司制企业依照公司法的规定，按照税后利润的10%计提，非公司制企业也可按照此比例计提）从净利润中提取的盈余公积。

（2）任意盈余公积。任意盈余公积是指企业为满足实际经营需要，经股东大会或类似机构批准，按照规定比例从净利润中提取的盈余公积。

企业的盈余公积可用于弥补亏损、转增资本（或股本）、扩大企业生产经营。符合规定条件的企业，也可以用盈余公积分派现金股利。

2. 未分配利润

未分配利润是企业留待以后年度进行分配的结存利润，它包括两层含义：一是留待以后年度处理的利润；二是未指定特定用途的利润。从数量关系上表示为：期初未分配利润 + 本年实现的净利润 − 本年已分配利润 = 期末未分配利润。

三、所有者权益的确认与计量

所有者权益体现的是所有者在企业中的剩余权益，因而所有者权益的确认主要依赖于其他会计要素，尤其是资产与负债的确认。所有者权益的计量也从属于资产和负债的计量。例如，企业在接受投资者投入的资产时，如果该项资产符合资产确认的条件，也相应符合了所有者权益的确认条件，应按投入资产的计量价值对所有者权益进行计量。

第二节 实收资本

一、实收资本的定义及性质

我国有关法律规定，投资者设立企业首先必须投入资本。《企业法人登记管理条例》规定，企业申请开业，必须拥有国家规定的与其生产经营和服务规模相适应的资金。为了反映和监督投资者投入资本的增减变动情况，企业必须按照国家统一的会计制度规定进行实收资本的核算，真实地反映所有者投入企业资本的状况，维护所有者各方在企业中的权益。所有者向企业投入的资本，在一般情况下无须偿还，可以长期周转使用。除股份有限公司以外，其他各类企业应通过"实收资本"账户核算。股份有限公司应通过"股本"账户核算。

二、初建企业时实收资本的会计处理

我国《公司法》规定，股东可以用货币出资，也可以用实物、知识产权、土地使用权等可以用货币估价并可以依法转让的非货币财产作价出资；但是，法律、行

政法规规定不得作为出资的财产除外。对作为出资的非货币财产应当评估作价,核实财产,不得高估或者低估作价。法律、行政法规对评估作价有规定的,从其规定。

（一）接受现金资产投资

1. 股份有限公司以外的企业接受现金资产投资

股份有限公司以外的企业在最初设立时,各投资者按照合同、协议或公司章程投入企业的现金资产,应全部记入"实收资本"账户。企业收到投资者投入的现金,应在实际收到或者存入企业开户银行时,按实际收到的金额,借记"银行存款"科目,贷记"实收资本"科目。

【例7-1】 张三、李四、王五三人共同投资设立了甲有限责任公司,注册资本为6 000 000元,张三、李四、王五三人持股比例分别为30%、30%和40%。按照公司章程规定,张三、李四、王五投入的资本分别为1 800 000元、1 800 000元和2 400 000元。甲公司已按期收到三名投资者一次性缴足的款项。甲公司进行会计处理时,应编制的会计分录如下:

借:银行存款　　　　　　　　　　　　　　　　6 000 000
　　贷:实收资本——张三　　　　　　　　　　　1 800 000
　　　　　　　　——李四　　　　　　　　　　　1 800 000
　　　　　　　　——王五　　　　　　　　　　　2 400 000

实收资本的构成比例即投资者的出资比例或股东的股份比例,是确定投资者在企业所有者权益中所占的份额和参与企业财务经营决策的基础,也是企业进行利润分配或股利分配的依据,同时还是企业清算时确定投资者对净资产的要求权的依据。

2. 股份有限公司接受现金资产投资

股份有限公司是指全部资本由等额股份构成并通过发行股票筹集资本、股东以其认购的股份为限对公司承担责任、公司以其全部财产对公司债务承担责任的企业法人。股份有限公司设立有两种方式,即发起式和募集式。发起式设立的特点是公司的股份全部由发起人认购,不向发起人之外的任何人募集股份；募集式设立的特点是公司股份除发起人认购外,还可以采用向其他法人或自然人发行股票的方式进行募集。公司设立方式不同,筹集资本的风险也不同。发起式设立公司,其所需资本由发起人一次认足,一般不会发生设立公司失败的情况。因此,其筹资风险小。向社会募集股份,其筹资对象广泛。在资本市场不景气或股票的发行价格不恰当的情况下,有发行失败（即股票未被全部认购）的可能。因此,其筹资风险较大。按照有关规定,发起人负担发行失败所产生的损失,包括承担筹建费用、公司筹建过程中的债务和向认股人已缴纳的股款支付银行同期存款利息等责任。

与其他企业相比较,股份有限公司最显著的特点就是将企业的全部资本划分为等额股份,并通过发行股票的方式来筹集资本。股东以其所认购股份对公司承担有限责任。为了直观地反映这一指标,在会计处理上,股份有限公司应设置"股本"

账户。

"股本"账户核算股东投入股份有限公司的股本,企业应将核定的股本总额、股份总数、每股面值在股本账户中作备查记录。为提供企业股份的构成情况,企业可在"股本"账户下按股东单位或姓名设置明细账。企业的股本应在核定的股本总额范围内,通过发行股票取得。但值得注意的是,企业发行股票取得的收入与股本总额往往不一致。公司发行股票取得的收入大于股本总额的,称为溢价发行;小于股本总额的,称为折价发行(我国有关法律规定不允许企业折价发行股票);等于股本总额的,称为面值发行。在采用溢价发行股票的情况下,按照实际收到的款项,借记"银行存款"等科目;将相当于股票面值的部分贷记"股本"账户,其余部分在扣除发行手续费、佣金等发行费用后贷记"资本公积——股本溢价"账户。

【例 7-2】 甲公司发行普通股股票共计 50 000 000 股,每股面值 1 元,每股发行价格 10 元。假设股票发行成功,发行股票的价款 500 000 000 元已全部收到,不考虑发行过程中的税费等因素。根据上述资料,甲公司进行会计处理时,应编制的会计分录如下:

借:银行存款　　　　　　　　　　　　　　　　　500 000 000
　　贷:股本　　　　　　　　　　　　　　　　　　50 000 000
　　　　资本公积——股本溢价　　　　　　　　　450 000 000

(二) 接受非现金资产投资

企业接受非现金资产投资的,应按投资合同或协议约定价值确定非现金资产价值(但投资合同或协议约定价值不公允的除外)和在注册资本中应享有的份额。企业应在办理实物产权转移手续时,借记有关资产类科目,贷记"实收资本"或"股本"科目。如果所有者的实际出资额大于应缴出资额,其差额记入"资本公积——资本(股本)溢价"科目。

1. 接受投入固定资产

企业接受投资者作价投入的房屋、建筑物、机器设备等固定资产,应按投资合同或协议约定价值确定固定资产价值(但投资合同或协议约定价值不公允的除外)和投资者在注册资本中应享有的份额。

【例 7-3】 甲有限责任公司于设立时收到乙公司作为资本投入的不需要安装的机器设备一台,合同约定该机器设备的价值为 10 000 000 元,增值税进项税额为 1 600 000 元。合同约定的该机器设备价值与其公允价值相符。按照出资合同的约定,乙公司认缴的出资额为 10 000 000 元。甲公司进行会计处理时,应编制的会计分录如下:

借:固定资产　　　　　　　　　　　　　　　　　10 000 000
　　应交税费——应交增值税(进项税额)　　　　 1 600 000
　　贷:实收资本——乙公司　　　　　　　　　　　10 000 000
　　　　资本公积——资本溢价　　　　　　　　　　 1 600 000

2. 接受投入材料物资

企业接受投资者作价投入的材料物资,应按投资合同或协议约定价值确定材料物资的价值(但投资合同或协议约定价值不公允的除外)和投资者在注册资本中应享有的份额。

【例7-4】 甲有限责任公司于设立时收到丙公司作为资本投入的原材料一批,该批原材料投资合同约定的价值为1 000 000元,增值税进项税额为160 000元。乙公司已开具了增值税专用发票。假设合同约定原材料的价值与其公允价值相符,不考虑其他因素,甲公司进行会计处理时,应编制的会计分录如下:

借:原材料　　　　　　　　　　　　　　　　　　　1 000 000
　　应交税费——应交增值税(进项税额)　　　　　　160 000
　　贷:实收资本——丙公司　　　　　　　　　　　　1 100 000
　　　　资本公积——资本溢价　　　　　　　　　　　　60 000

三、实收资本增减变动的会计处理

一般情况下,企业的实收资本(或股本)应相对固定不变,但在某些特定情况下,实收资本(或股本)也可能发生增减变化。《中华人民共和国公司登记管理条例》规定,公司增加注册资本的,有限责任公司股东认缴新增资本的出资和股份有限公司的股东认购新股,应当分别依照《公司法》设立有限责任公司缴纳出资和设立股份有限公司缴纳股款的有关规定执行。公司法定公积金转增为注册资本的,验资证明应当载明留存的该项公积金不少于转增前公司注册资本的25%;公司减少注册资本的,应当自公告之日起45日后申请变更登记,并应当提交公司在报纸上登载公司减少注册资本公告的有关证明和公司债务清偿或者债务担保情况的说明,公司减资后的注册资本不得低于法定的最低限额;公司变更实收资本的,应当提交依法设立的验资机构出具的验资证明,并应当按照公司章程载明的出资时间、出资方式缴纳出资,公司应当自足额缴纳出资或者股款之日起30日内申请变更登记。

(一)实收资本增加的会计处理

1. 企业增加资本的一般途径

企业增加资本的途径一般有三条:

一是将资本公积转为实收资本或者股本。会计上应借记"资本公积——资本溢价"或"资本公积——股本溢价"科目,贷记"实收资本"或"股本"科目。

二是将盈余公积转为实收资本或者股本。会计上应借记"盈余公积"科目,贷记"实收资本"或"股本"科目。需要注意的是,资本公积和盈余公积均属于所有者权益,转为实收资本或者股本时,企业如为独资企业的,核算比较简单,直接结转即可;如为股份有限公司或有限责任公司的,应按原投资者所持股份同比例增加各股东的股本。

三是所有者(包括原企业所有者和新投资者)投入。企业接受投资者投入的资本，借记"银行存款""固定资产""无形资产""长期股权投资"等科目，贷记"实收资本"或"股本"等科目。

【例 7-5】 2016 年 10 月 21 日，张三、李四、王五三人共同投资成立甲有限责任公司，原注册资本为 10 000 000 元，张三、李四、王五分别出资 2 000 000 元、3 000 000 元和 5 000 000 元。为扩大经营规模，经批准，2018 年 4 月 1 日甲公司的注册资本增至 15 000 000 元，张三、李四、王五按照原出资比例分别追加投资 1 000 000 元、1 500 000 元和 2 500 000 元。甲公司按期收到张三、李四、王五追加的现金投资。2018 年 4 月 1 日，甲公司对追加投资进行会计处理时，应编制的会计分录如下：

借：银行存款　　　　　　　　　　　　　　　　5 000 000
　　贷：实收资本——张三　　　　　　　　　　　　　1 000 000
　　　　　　　　——李四　　　　　　　　　　　　　1 500 000
　　　　　　　　——王五　　　　　　　　　　　　　2 500 000

【例 7-6】 沿用【例 7-5】资料，因扩大经营规模需要，经批准，2018 年 4 月 12 日甲公司按原出资比例将资本公积（资本溢价）3 500 000 元转增为实收资本。甲公司进行会计处理时，应编制的会计分录如下：

借：资本公积——资本溢价　　　　　　　　　　3 500 000
　　贷：实收资本——张三　　　　　　　　　　　　　700 000
　　　　　　　　——李四　　　　　　　　　　　　　1 050 000
　　　　　　　　——王五　　　　　　　　　　　　　1 750 000

【例 7-7】 沿用【例 7-5】资料，因扩大经营规模需要，经批准，2019 年 4 月 30 日甲公司按原出资比例将法定盈余公积 3 000 000 元转增为实收资本。甲公司进行会计处理时，应编制的会计分录如下：

借：盈余公积——法定盈余公积　　　　　　　　3 000 000
　　贷：实收资本——张三　　　　　　　　　　　　　600 000
　　　　　　　　——李四　　　　　　　　　　　　　900 000
　　　　　　　　——王五　　　　　　　　　　　　　1 500 000

2. 股份有限公司发放股票股利

股份有限公司采用发放股票股利实现增资的，在发放股票股利时，按照股东原来持有的股数分配，如股东所持的股份按比例分配的股利不足 1 股时，应采用恰当的方法处理。例如，股东大会决议按股票面额的 10% 发放股票股利时（假定新股发行价格及面额与原股相同），对于所持股票不足 10 股的股东，将会发生不能领取 1 股的情况。在这种情况下，有两种方法可供选择：一是将不足 1 股的股票股利改为现金股利，用现金支付；二是由股东相互转让，凑为整股。股东大会批准的利润分配方案中分配的股票股利，应在办理增资手续后，借记"利润分配——转作股本的股利"科目，贷记"股本"科目。

【例7-8】 2018年2月12日，甲股份有限公司的股本共计1 000 000 000股，每股面值1元，当日经股东大会决议批准，按股票面值的10%发放股票股利。甲公司进行会计处理时，应编制的会计分录如下：

借：利润分配——转作股本的股利　　　　　100 000 000
　　贷：股本　　　　　　　　　　　　　　　　　　　　100 000 000

（二）实收资本减少的会计处理

企业实收资本（或股本）减少的原因大体有两种：一是资本过剩；二是企业发生重大亏损而需要减少实收资本（或股本）。企业因资本过剩而减资，一般要发还股款。有限责任公司和一般企业发还投资的会计处理比较简单，按法定程序报经批准减少注册资本的，借记"实收资本"科目，贷记"库存现金""银行存款"等科目。

股份有限公司由于采用的是发行股票的方式筹集股本，发还股款时，则要回购发行的股票。发行股票的价格与股票面值可能不同，回购股票的价格也可能与发行价格不同，会计处理较为复杂。股份有限公司因减少注册资本而回购本公司股票的，应按实际支付的金额，借记"库存股"科目，贷记"银行存款"等科目。注销库存股时，应按股票面值和注销股数计算的股票面值总额，借记"股本"科目，按注销库存股的账面余额，贷记"库存股"科目，按其差额，冲减股票发行时原计入资本公积的溢价部分，借记"资本公积——股本溢价"科目，回购价格超过上述冲减"股本"及"资本公积——股本溢价"科目的部分，应依次借记"盈余公积""利润分配——未分配利润"等科目；如回购价格低于回购股份所对应的股本，所注销库存股的账面余额与所冲减股本的差额作为增加股本溢价处理，按回购股份所对应的股本面值，借记"股本"科目，按注销库存股的账面余额，贷记"库存股"科目，按其差额，贷记"资本公积——股本溢价"科目。

【例7-9】 2017年12月31日，甲公司的股本共计500 000 000股，面值为1元，资本公积（股本溢价）150 000 000元，盈余公积200 000 000元。经股东大会决议批准，甲公司以现金回购本公司股票50 000 000股并注销。假定甲公司按每股4元回购股票。不考虑其他因素，甲公司进行会计处理时，应编制的会计分录如下：

（1）回购本公司股票时
借：库存股　　　　　　　　　　　　　　200 000 000
　　贷：银行存款　　　　　　　　　　　　　　　　　200 000 000

（2）注销本公司股票时
借：股本　　　　　　　　　　　　　　　　50 000 000
　　资本公积——股本溢价　　　　　　　　150 000 000
　　贷：库存股　　　　　　　　　　　　　　　　　　200 000 000

【例7-10】 沿用【例7-9】资料，假定甲公司按每股5元回购股票，其他条件不变。甲公司进行会计处理时，应编制的会计分录如下：

（1）回购本公司股票时

借：库存股　　　　　　　　　　　　　　　　　　　　250 000 000
　　贷：银行存款　　　　　　　　　　　　　　　　　　　250 000 000

（2）注销本公司股票时

借：股本　　　　　　　　　　　　　　　　　　　　　　50 000 000
　　资本公积——股本溢价　　　　　　　　　　　　　　150 000 000
　　盈余公积　　　　　　　　　　　　　　　　　　　　 50 000 000
　　贷：库存股　　　　　　　　　　　　　　　　　　　250 000 000

【例 7-11】 沿用【例 7-9】资料，假定甲公司按每股 0.8 元回购股票，其他条件不变。甲公司进行会计处理时，应编制的会计分录如下：

（1）回购本公司股票时

借：库存股　　　　　　　　　　　　　　　　　　　　 40 000 000
　　贷：银行存款　　　　　　　　　　　　　　　　　　　40 000 000

（2）注销本公司股票时

借：股本　　　　　　　　　　　　　　　　　　　　　　50 000 000
　　贷：库存股　　　　　　　　　　　　　　　　　　　 40 000 000
　　　　资本公积——股本溢价　　　　　　　　　　　　 10 000 000

第三节　其他权益工具

一、其他权益工具会计处理的基本原则

前已述及，其他权益工具是指企业发现的除普通股以外，按照金融负债和权益工具区分原则分类为权益工具的其他权益工具。表现形式主要为永续债和优先股。对于归类为权益工具的金融工具，无论其名称是"债"抑或"股"，其利息支出或股利分配均应作为发行企业的利润分配，其回购、注销等作为权益的变动处理；至于归类为金融负债的金融工具，无论其名称是"股"抑或"债"，其利息支出或股利分配原则上按照借款费用进行会计处理，其回购或赎回产生的利得或损失计入当期损益。由此可知，企业在发行其他权益工具时，其初始归类是非常重要的抉择。

二、其他权益工具的主要账务处理

由于企业发行的金融工具较为复杂，既有债务工具、又有权益工具，还有需要拆分的衍生金融工具等。因此，企业应按照发行金融工具的不同类别分别进行如下账务处理：

企业如果发行的是债务工具且以摊余成本计量的，发行时，按照实际收到的金

额，借记"银行存款"等科目；贷记"应付债券——优先股、永续债"等科目。

企业如果发行的是权益工具，则按照实际收到的金额，借记"银行存款"等科目，贷记"其他权益工具——优先股、永续债"等科目。

企业如果发行是复合金融工具，应按实际收到的金额，借记"银行存款"等科目，按金融工具的面值，贷记"应付债券——优先股、永续债（面值）"等科目，按负债成分公允价值与金融工具面值之间的差额，借记或贷记"应付债券——优先股、永续债（利息调整）"科目，按实际收到金额扣除负债成分的公允价值后的金额，贷记"其他权益工具——优先股、永续债"科目。

1. 其他权益工具的赎回

发行方按照合同约定条款赎回分类为权益工具的金融工具，按照赎回的价格，借记"库存股——其他权益工具"科目，贷记"银行存款"等科目；注销所回购的金融工具，按该工具对应的其他权益工具的账面价值，借记"其他权益工具"科目，按该金融工具的赎回价格贷记"库存股——其他权益工具"科目，按其差额，借记或贷记"资本公积——资本溢价（股本溢价）"科目，如果资本公积不够冲减的，依次冲减盈余公积和未分配利润。

2. 其他权益工具转换为普通股

发行方按照合同条款约定将发行的除普通股以外的金融工具转换为普通股时，按照该金融工具对应的其他权益工具的账面价值，借记"其他权益工具"等科目，按照普通股的面值，贷记"实收资本（股本）"科目，按其差额，贷记"资本公积——资本溢价（股本溢价）"科目。如果转换时金融工具的账面价值不足转换为1股普通股而以现金或其他金融资产支付的，还需按照支付现金或其他金融资产的金额，贷记"银行存款"等科目[①]。

第四节 资本公积和其他综合收益

一、概述

前已述及，资本公积是企业收到投资者的超出其在企业注册资本（或股本）中所占份额的投资，以及其他资本公积等。包括资本溢价（或股本溢价）以及其他资本公积。

企业一般应该在"资本公积"账户下设置"资本溢价（或股本溢价）""其他资本公积"等明细账户进行明细核算。

---

① 中国注册会计师组织编写：《会计》，中国财政经济出版社2018年版，第302~303页。

二、资本溢价的会计处理

(一) 资本溢价的会计处理

除股份有限公司以外的其他类型的企业,在企业创立时,投资者认缴的出资额与注册资本一致,一般不会产生资本溢价。但在企业重组或有新的投资者加入时,为了维护原有投资者的权益,新加入投资者的出资额,并不一定全部作为实收资本处理。这是因为,在企业正常经营过程中投入的资金虽然与企业创立时投入的资金在数量上一致,但其获利能力却不一致。企业创立之初,要经过筹建、试生产经营、为产品寻找市场、开辟市场等过程,从投入资金到取得投资回报,中间需要许多时间,并且这种投资具有风险性,在这个过程中资本利润率很低。而企业进入正常生产经营阶段后,在正常情况下,资本利润率要高于企业初创阶段。而这高于初创阶段的资本利润率是初创时必要的垫支资本带来的,企业创办者为此付出了代价。因此,相同数量的投资,由于出资时间不同,其对企业的影响程度不同,由此而带给投资者的权利也不同,往往早期出资带给投资者的权利要大于后期出资带给投资者的权利。所以,新加入的投资者要付出大于原有投资者的出资额,才能取得与投资者相同的投资比例。另外,不仅原投资者的原有投资从质量上发生了变化,而且在数量上也可能发生变化,这是因为企业经营过程中实现的一部分利润留在企业,形成留存收益,而留存收益也属于投资者权益,但并未转为实收资本。新加入的投资者若与原投资者共享这部分留存收益,也要求其付出大于原有投资者的出资额,才能取得与原有投资者相同的投资比例。投资者投入的资本中按其投资比例计算的出资额部分,应记入"实收资本"科目,大于出资额部分应记入"资本公积——资本溢价"科目。

【例 7-12】 2018 年 4 月 12 日,甲有限责任公司由两位投资者投资 1 000 000 元设立,每人各出资 500 000 元。2014 年 4 月 12 日,为扩大经营规模,引入第三位投资者加入公司,甲公司的注册资本增至 1 500 000 元。按照投资协议,新投资者需缴入现金 600 000 元,可拥有甲公司 1/3 股份。甲公司已收到该现金投资。假定不考虑其他因素,甲公司进行会计处理时,应编制的会计分录如下:

借:银行存款 600 000
  贷:实收资本 500 000
    资本公积——资本溢价 100 000

(二) 股本溢价的会计处理

股份有限公司是以发行股票的方式筹集股本的,股票是企业签发的、证明股东按其所持股份享有权利和承担义务的书面证明。由于股东按其所持企业的股份享有权利和承担义务,为了反映和便于计算各股东所持股份占企业全部股本的比例,企业的股本总额应按股票的面值与股份总数的乘积计算。国家规定,实收股本总额应与注册资本相等。因此,为提供企业股本总额及其构成及注册资本等信息,在采用与股票面值相同价格发行股票的情况下,企业发行股票取得的收入,应全部记入"股本"账户;在采用溢价发行股票的情况下,企业发行股票取得的收入,相当于股票面值的部分记入"股本"账户,超出股票面值的溢价收入记入"资本公积——股本溢价"账户。委托证券商代理发行股票而支付的手续费、佣金等,应从溢价发行收入中扣除,企业应按扣除手续费、佣金后的数额记入"资本公积——股本溢价"账户。

【例 7-13】 2018 年 3 月 1 日,甲公司首次公开发行普通股 100 000 000 股,每股面值 1 元,每股发行价格为 10 元。发行股票的手续费、咨询费等费用共计 30 000 000元。甲公司发行股票时委托证券公司代销,故甲公司实际收到的股票发行款项中已扣除了发行费用。不考虑其他因素,甲公司进行会计处理时,应编制的会计分录如下:

借:银行存款　　　　　　　　　　　　　　　970 000 000
　　贷:股本　　　　　　　　　　　　　　　　100 000 000
　　　　资本公积——股本溢价　　　　　　　　870 000 000

三、其他资本公积的会计处理

其他资本公积,是指除资本溢价(或股本溢价)项目以外所形成的资本公积,其中主要包括按照权益法核算的在被投资单位除净损益、其他综合收益以及利润分配以外所有者权益的其他变动中所享有的份额、以权益结算的股份支付等。

(一)采用权益法核算的长期股权投资

长期股权投资采用权益法核算的,在持股比例不变的情况下,被投资单位除净损益以外所有者权益的其他变动,投资企业按持股比例计算应享有的份额。如果是利得,应当增加长期股权投资的账面价值,借记"长期股权投资——其他权益变动"科目,同时增加资本公积(其他资本公积),贷记"资本公积——其他资本公积"科目;如果是损失,应当作相反的会计分录。当处置该项长期股权投资时,应当将原记入资本公积的相关金额转入"投资收益"账户。

【例 7-14】 2017 年 1 月 20 日,甲公司向乙公司投资 30 000 000 元,拥有乙公司 25% 的股份,并对该公司有重大影响,因此甲公司的长期股权投资采用权益法核算。2017 年 12 月 31 日,乙公司除净损益之外的所有者权益(其他资本公积)增加了 10 000 000 元。假设除此以外,乙公司的所有者权益没有变化,甲公司的持股比例没有变化,乙公司资产的账面价值与公允价值一致。不考虑其他因素,甲公司进行会计处理时,应编制的会计分录如下:

借:长期股权投资——其他权益变动　　　　　　2 500 000
　　贷:资本公积——其他资本公积　　　　　　　　2 500 000

(二)以权益结算的股份支付

在股票期权制度下,如果以权益结算的股份支付换取职工或其他方提供服务的,在股票期权行权之前,应按照确定的金额,借记"管理费用"等科目,贷记"资本公积——其他资本公积"科目。在行权日,按照实际行权的权益工具数量(最佳估计数)计算的确定的金额,借记"资本公积——其他资本公积"科目,贷记"实收资本(股本)"科目,其差额记入"资本公积——资本溢价(股本溢价)"科目。

【例7-15】 2016年1月1日,甲公司为其100名管理人员每人授予100份股票期权;第一年年末的可行权条件为企业净利润增长率达到20%;第二年年末的可行权条件为企业净利润两年平均增长15%;第三年年末的可行权条件为企业净利润三年平均增长10%。每份期权在2016年1月1日的公允价值为24元。

2016年12月31日,权益净利润增长了18%,同时有9名管理人员离开,企业预计2017年将以同样速度增长。另外,公司预计2017年12月31日还有8名管理人员可能离开企业。

2017年12月31日,企业净利润仅增长了10%,因此无法达到可行权状态。另外,实际有10名管理人员离开,预计第三年将有12名管理人员离开企业。

2018年12月31日,企业净利润增长了8%,三年平均增长率为12%,因此达到可行权状态。当年有8名管理人员离开。

(1)费用和资本公积计算过程见表7-1。

表7-1　　　　　　　　期权费用计算表　　　　　　　　单位:元

年份	计算	当期费用	累计费用
2016	(100-9-8)×100×24×1/3	66 400	66 400
2017	(100-9-10-12)×100×24×2/3-66 400	44 000	110 400
2018	(100-9-10-8)×100×24-110 400	64 800	175 200

(2)账务处理:

①2016年1月1日:

授予日不作处理。

②2016年12月31日:

借:管理费用　　　　　　　　　　　　　　　　　　　　　66 400
　　贷:资本公积——其他资本公积　　　　　　　　　　　　　66 400

③2017年12月31日:

借:管理费用　　　　　　　　　　　　　　　　　　　　　44 000
　　贷:资本公积——其他资本公积　　　　　　　　　　　　　44 000

④2018年12月31日:

借:管理费用　　　　　　　　　　　　　　　　　　　　　64 800
　　贷:资本公积——其他资本公积　　　　　　　　　　　　　64 800

⑤假设全部74名职员都在2018年12月31日行权,甲公司股份面值为1元:

借：资本公积——其他资本公积	175 200	
贷：股本		7 400
资本公积——股本溢价		167 800

四、其他综合收益的会计处理

前已述及，其他综合收益是指企业根据其他会计准则规定未在当期损益确认的各种利得或损失。发生时，借记"投资性房地产"等科目，贷记"固定资产"等科目，其差额贷记"其他综合收益"等科目。如果其他综合收益在以后期间重分类进当期损益的，在处置有关资产时，借记"其他综合收益"科目，贷记"其他业务成本"等科目①。

【例7-16】 2018年1月1日，甲公司将原作为存货的房地产转换为以公允价值计量的投资性房地产。该房地产原入账价值为4 000万元，已计提存货减值准备200万元。转换日，该房地产的公允价值为6 400万元，2018年12月31日，该房地产的公允价值为6 800万元。2019年6月2日，甲公司将该房地产出售，获得转让价款7 200万元（假定满足收入确认条件，不考虑税金）已存入银行。有关会计处理如下：

（1）将作为存货的房地产转换为投资性房地产：

借：投资性房地产——成本	64 000 000	
存货跌价准备	2 000 000	
贷：开发产品		40 000 000
其他综合收益		26 000 000

（2）2018年12月31日，采用公允价值对投资性房地产予以后续计量：

借：投资性房地产——公允价值变动	4 000 000	
贷：公允价值变动损益		4 000 000

（3）2019年6月2日，出售该投资性房地产：

①确认收入：

借：银行存款	72 000 000	
贷：其他业务收入		72 000 000

②结转成本：

借：其他业务成本	68 000 000	
贷：投资性房地产——成本		64 000 000
——公允价值变动		4 000 000

③结转其他综合收益和公允价值变动：

借：其他综合收益	26 000 000	

---

① 其他的其他综合收益的会计处理，不再赘述。

公允价值变动损益		4 000 000
贷：其他业务成本		30 000 000

第五节　留存收益

一、盈余公积

（一）提取盈余公积的会计处理

盈余公积是指企业按规定从净利润中提取的企业累积资金。公司制企业的盈余公积包括法定盈余公积和任意盈余公积。

1. 提取法定盈余公积的会计处理

按照《公司法》有关规定，公司制企业应当按照税后净利润（减弥补以前年度亏损，下同）的10%提取法定盈余公积。非公司制企业法定盈余公积的提取比例可超过税后净利润的10%。法定盈余公积累计额已达到公司注册资本的50%时，可以不再提取法定盈余公积。

为了反映企业法定盈余公积的形成及使用情况，企业应设置"盈余公积"账户，还应设置"法定盈余公积"明细账户进行明细核算。

企业提取法定盈余公积时，借记"利润分配——提取法定盈余公积"科目，贷记"盈余公积——法定盈余公积"科目。

【例7-17】 2018年12月31日，甲公司实现当年净利润20 000 000元。经股东大会决议批准，甲公司按当年净利润的10%提取法定盈余公积。假定不考虑其他因素，甲公司进行会计处理时，应编制的会计分录如下：

借：利润分配——提取法定盈余公积　　　　2 000 000
　　贷：盈余公积——法定盈余公积　　　　　　　　2 000 000

2. 提取任意盈余公积金的会计处理

公司从税后净利润中提取法定盈余公积后，经股东会或者股东大会决议，还可以从税后净利润中提取任意盈余公积。非公司制企业经类似权力机构批准，也可提取任意盈余公积。

为了反映企业任意盈余公积的形成及使用情况，企业应在"盈余公积"账户下设置"任意盈余公积"明细账户进行明细核算。

企业提取任意盈余公积时，借记"利润分配——提取任意盈余公积"科目，贷记"盈余公积——任意盈余公积"科目。

【例7-18】 2018年12月31日，甲公司实现当年净利润20 000 000元。经股东大会决议批准，甲公司按当年净利润的5%提取任意盈余公积。假定不考虑其他因素，甲公司进行会计处理时，应编制的会计分录如下：

借：利润分配——提取任意盈余公积　　　　　　　　　1 000 000
　　贷：盈余公积——任意盈余公积　　　　　　　　　　　　1 000 000

（二）盈余公积使用的会计处理

1. 盈余公积弥补亏损的会计处理

企业发生亏损时，应由企业自行弥补。弥补亏损的渠道主要有三条：一是用以后年度的税前利润弥补。按照现行制度规定，企业发生亏损时，可以用以后五年内实现的税前利润弥补，即税前利润弥补亏损的期限为五年。二是用以后年度的税后利润弥补。企业发生的亏损经过五年期间未弥补足额的，尚未弥补的亏损应该用交纳所得税后的净利润弥补。三是以盈余公积弥补亏损。企业以提取的盈余公积弥补亏损时，应当由公司董事会提议，并经股东大会批准。企业用盈余公积弥补亏损时，借记"盈余公积"科目，贷记"利润分配——盈余公积补亏"科目。

【例7-19】 2018年12月31日，甲公司当年亏损额为1 000 000元。经股东大会决议批准，甲公司用法定盈余公积弥补当年亏损。假设不考虑其他因素，甲公司进行会计处理时，应编制的会计分录如下：

借：盈余公积——法定盈余公积　　　　　　　　　　1 000 000
　　贷：利润分配——盈余公积补亏　　　　　　　　　　　　1 000 000

2. 盈余公积转增资本的会计处理

企业将盈余公积转增资本时，必须经股东大会决议批准。在将盈余公积转增资本时，要按股东原有持股比例结转。按照《公司法》的规定，盈余公积转增资本时，所留存的盈余公积不得少于转增前公司注册资本的25%。

企业用盈余公积转增资本时，借记"盈余公积"科目，贷记"实收资本"或"股本"科目。经股东大会决议，用盈余公积派送新股，按派送新股计算的金额，借记"盈余公积"科目，按股票面值和派送新股总数计算的股票面值总额，贷记"股本"科目。

【例7-20】 2018年12月31日，因扩大经营规模需要，经股东大会批准，甲股份有限公司将任意盈余公积8 000 000元转增股本。假定不考虑其他因素，甲公司进行会计处理时，应编制的会计分录如下：

借：盈余公积——任意盈余公积　　　　　　　　　　8 000 000
　　贷：股本　　　　　　　　　　　　　　　　　　　　　　8 000 000

需要注意的是，企业的盈余公积，无论是用于弥补亏损，还是用于转增资本，只不过是企业所有者权益在内部结构上的调整。比如企业以盈余公积弥补亏损时，实际是减少盈余公积的留存数额，以此抵补未弥补亏损的数额，并不会引起企业所有者权益总额的变动；企业以盈余公积转增资本时，也只是减少盈余公积结存的数额，同时增加企业实收资本或股本的数额，也并不引起所有者权益总额的变动。

3. 盈余公积发放现金股利的会计处理

企业用盈余公积发放现金股利时，借记"盈余公积"科目，贷记"应付股利"科目。

【例 7-21】 2018 年 12 月 31 日，甲公司的普通股股本为 20 000 000 股，每股面值 1 元，盈余公积 30 000 000 元。2019 年 2 月 10 日，股东大会批准了 2018 年度以盈余公积分派现金股利的利润分配方案，以 2018 年 12 月 31 日为登记日，按每股 0.3 元发放现金股利。甲公司共需要分派 6 000 000 元现金股利。假定不考虑其他因素，甲公司进行会计处理时，应编制的会计分录如下：

借：盈余公积　　　　　　　　　　　　　　　　6 000 000
　　贷：应付股利　　　　　　　　　　　　　　　　　　6 000 000

4. 扩大企业生产经营

盈余公积的用途，并不是指其实际占用形态，提取盈余公积也并不是单独将这部分资金从企业资金周转过程中抽出。企业盈余公积的结存数，实际上只表现为企业所有者权益的组成部分，表明企业生产经营资金的一个来源而已。其形成的资金可能表现为一定的货币资金，也可能表现为一定的实物资产，如存货和固定资产等，随同企业的其他来源所形成的资金进行循环周转，用于企业的生产经营。因此，将盈余公积用于扩大企业生产经营，并无专门的会计处理。

二、未分配利润

未分配利润是企业留待以后年度进行分配的结存利润，也是企业所有者权益的组成部分。相对于所有者权益的其他部分而言，企业对于未分配利润的使用分配有较大的自主权。从数量上来讲，未分配利润是期初未分配利润，加上本期实现的净利润，减去提取的各种盈余公积和分配利润后的余额。

在会计处理上，未分配利润是通过"利润分配"账户进行核算的，"利润分配"账户下应当设置"提取法定盈余公积""提取任意盈余公积""应付现金股利或利润""转作股本的股利""盈余公积补亏""未分配利润"等明细账户进行明细核算。

（一）分配现金股利或利润的会计处理

经股东大会或类似机构决议，分配给股东或投资者的现金股利或利润，借记"利润分配——应付现金股利或利润"科目，贷记"应付股利"科目。经股东大会或类似机构决议，分配给股东的股票股利，应在办理增资手续后，借记"利润分配——转作股本的股利"科目，贷记"股本"科目。

【例 7-22】 2018 年 12 月 31 日，甲公司共实现净利润 20 000 000 元。经股东大会决议批准，甲公司宣告分配现金股利 5 000 000 元。假设不考虑其他因素，甲公司进行会计处理时，应编制的会计分录如下：

借：利润分配——应付现金股利　　　　　　　　5 000 000
　　贷：应付股利　　　　　　　　　　　　　　　　　5 000 000

(二) 期末结转的会计处理

企业期末结转利润时,应将各损益类账户的余额转入"本年利润"账户,结平各损益类账户。结转后"本年利润"的贷方余额为当期实现的净利润,借方余额为当期发生的净亏损。年度终了,应将本年收入和支出相抵后结出的本年实现的净利润或净亏损,转入"利润分配——未分配利润"账户,借记"本年利润"科目,贷记"利润分配——未分配利润"科目;如为净亏损,作相反的会计分录。同时,将"利润分配"账户所属其他明细账户的余额,转入"未分配利润"明细账户。结转后,"未分配利润"明细账户的贷方余额,就是未分配利润的金额;如出现借方余额,则表示未弥补亏损的金额。"利润分配"账户所属的其他明细账户应无余额。

【例 7-23】 2018 年甲公司的年初未分配利润为 0 元,本年实现净利润 4 000 000 元,本年提取法定盈余公积 400 000 元,宣告发放现金股利 1 600 000 元。假定不考虑其他因素,甲公司进行会计处理时,应编制的会计分录如下:

(1) 结转本年利润时

借:本年利润　　　　　　　　　　　　　　　　　　　4 000 000
　　贷:利润分配——未分配利润　　　　　　　　　　　　4 000 000

(2) 提取法定盈余公积、宣告发放现金股利时

借:利润分配——提取法定盈余公积　　　　　　　　　　400 000
　　　　　　——应付现金股利　　　　　　　　　　　　1 600 000
　　贷:盈余公积——法定盈余公积　　　　　　　　　　　400 000
　　　　应付股利　　　　　　　　　　　　　　　　　　1 600 000

同时,

借:利润分配——未分配利润　　　　　　　　　　　　　2 000 000
　　贷:利润分配——提取法定盈余公积　　　　　　　　　400 000
　　　　　　　　——应付现金股利　　　　　　　　　　1 600 000

(三) 弥补亏损的会计处理

企业在生产经营过程中既有可能发生盈利,也有可能出现亏损。企业在当年发生亏损的情况下,与实现利润的情况相同,应当将本年发生的亏损数自"本年利润"账户转入"利润分配——未分配利润"账户,借记"利润分配——未分配利润"科目,贷记"本年利润"科目,结转后"利润分配"账户的借方余额,即为未弥补亏损的数额。然后通过"利润分配"账户核算有关亏损的弥补情况。

由于未弥补亏损形成的时间长短不同等原因,以前年度未弥补亏损有的可以用当年实现的税前利润弥补,有的则须用当年的税后利润弥补。以当年实现的利润弥补以前年度结转的未弥补亏损,不需要进行专门的账务处理。企业应将当年实现的利润自"本年利润"账户转入"利润分配——未分配利润"账户的贷方,其贷方发生额与"利润分配——未分配利润"的借方余额自然抵补。无论是以税前利润还是以税后利润弥补亏损,其会计处理方法均相同。但是,两者在计算交纳所得税时的

处理是不同的。在以税前利润弥补亏损的情况下，其弥补的数额可以抵减当期企业应纳税所得额，而以税后利润弥补的数额，则不能作为纳税所得扣除处理。

思考题

1. 什么是所有者权益？它包括哪些内容？
2. 实收资本（或股本）、资本公积和盈余公积之间有何区别？
3. 其他权益工具、资本公积和其他综合收益有何区别？
4. 实收资本的增加有哪几种途径？各自应如何进行会计处理？
5. 公司按面值与按溢价发行股票，在会计处理上有何不同？
6. 股份有限公司和非股份有限公司的投入资本应如何进行核算？
7. 公司回购股票时应该如何进行会计处理？
8. 企业的留存收益由哪几部分构成？
9. 法定盈余公积的提取依据是什么？在何种情况下不需要再提取？
10. 企业未分配利润是如何形成的？会计上是如何核算的？
11. 企业在用税前利润或税后利润弥补亏损时，应该如何进行会计处理？

第八章

经营成果的形成与分配

企业是以营利为目的的经济实体,其在一定时期的经营成果是通过收入与费用配比之后得出的利润予以评价,并且企业经营成果的好坏会影响企业利润的分配。

第一节 收 入

一、收入的定义与特征

广义的收入分为营业收入和营业外收入两类。营业收入是指企业在某一会计期间的主要生产经营活动中,通过销售商品、提供劳务或从事与企业的日常活动有关的其他行为而获得的收入。营业外收入则是指与企业的生产经营活动没有直接关系的非经常性收入。本节所讲的收入是狭义的概念,主要指营业收入,即收入是指企业在日常活动中形成的、会导致所有者权益增加的、与所有者投入资本无关的经济利益的总流入。根据此定义,收入具有以下四个方面的主要特征。

(一)收入是企业在日常活动中形成的

"日常活动",是指企业为完成其经营目标所从事的经常性活动以及与之相关的活动。这些活动及其所形成的收入,主要有以下两类。

第一,工业企业制造并销售产品、商业企业销售商品、保险公司签发保单、咨询公司提供咨询服务、软件企业为客户开发软件、安装公司提供安装服务、商业银行对外贷款、租赁公司出租资产等,均属于企业为完成其经营目标所从事的经常性活动,由此产生的经济利益的总流入构成收入。

第二,企业转让无形资产使用权、出售原材料、对外投资(收取的利息、股利)等,属于与经常性活动相关的其他活动,由此产生的经济利益的总流入也构成收入。

而企业报废固定资产、无形资产等活动,则不是企业为完成其经营目标所从事的经常性活动,也不属于与经常性活动相关的活动,由此产生的经济利益的总流入不构成收入,应当确认为营业外收入。当然,本节所确认收入的方式应当反映其向客户转让商品或提供服务的模式,收入的金额应当反映企业因转让商品、提供服务而预期有权收取的对价金额。

(二)收入最终导致所有者权益的增加

收入必然会导致资产增加、负债减少或两者兼而有之,最终将导致所有者权益增加。收入的实现过程,一般表现为等价交换的过程。企业在销售商品、提供劳务的同时,一般会得到相应的等价补偿物,表现为资产的增加,如增加银行存款、应收账款等;也可能表现为负债的减少,比如,以商品或劳务抵偿债务;或者两者兼而有之,比如,商品销售的货款中,一部分抵偿债务,另一部分收取现金。根据"资产=负债+所有者权益"这一会计的基本等式可知,资产增加、负债减少均导致所有者权益增加。

(三)收入是与所有者投入资本无关的经济利益的总流入

收入会导致经济利益的流入,从而导致资产增加、负债减少或两者兼而有之。但在实务中,经济利益的流入有时是所有者投入资本的增加所形成的,那么,这种由于所有者投入资本的增加所导致的经济利益的流入则不能确认为收入,而应当直接确认为所有者权益。

(四)收入只包括本企业经济利益的流入

收入只包括本企业经济利益的流入,不包括为第三方或客户代收的款项,如增值税销项税额、代收的利息等。因为企业为第三方或客户代收的款项,一方面增加企业的资产,另一方面增加企业的负债,两者相抵,而不会增加企业的所有者权益,也不属于本企业的经济利益,所以不能作为企业的收入。

二、收入的分类

收入可以按不同标准进行分类,常见的分类标准为收入的性质和经营业务的主次等。

(一)按照收入的性质分类

收入按其性质不同可分为销售商品收入、提供劳务收入、让渡资产使用权收入、建造合同收入等。

销售商品收入是工商企业取得收入的主要形式,其主要特征是销售商品收入的取得,伴随有实物的转移。

劳务收入是指企业为客户提供劳务而实现的收入,劳务收入的形式较多,主要有交通运输、邮电通讯、旅游服务、饮食服务、照相、广告、代理、咨询、培训、产品安装等各项收入。其主要特征是提供劳务不涉及实物的转移,主要是根据企业的技术、设施等为客户提供某些服务。

让渡资产使用权收入是指企业保留资产的所有权而将其使用权出让而实现的收入,主要包括利息收入、无形资产使用费收入、出租固定资产收入、出租包装物收入等。其中,利息收入是金融企业对外贷款形成的利息收入和同业之间发生往来所形成的利息收入。使用费收入是指企业向客户提供无形资产等资产的使用权而取得的收入，此处所指的无形资产主要包括专利权、商标权、版权和计算机软件等。

建造合同收入是指企业承担建造合同所形成的收入。

（二）按照经营业务的主次分类

按照经营业务的主次可将企业的收入分为主营业务收入和其他业务收入两类。

主营业务收入是指企业为完成其经营目标而从事的日常经营活动中主要项目实现的收入，如工商企业销售商品、银行的贷款和结算等业务中实现的收入。其他业务收入是指主营业务以外的其他日常活动中实现的收入，如工业企业销售材料、提供非工业性劳务等业务实现的收入。

不同行业的主营业务收入所包括的内容不尽相同，比如工业企业的主营业务收入主要包括：销售商品、自制半成品实现的收入，销售代制品、代修品实现的收入，提供工业性作业实现的收入等；商品流通企业的主营业务主要包括销售商品实现的收入；旅游服务企业的主营业务收入包括客房收入、餐饮收入等。主营业务收入通常在企业全部收入中所占的比重较大。其他业务收入主要包括出租固定资产、无形资产，出租包装物和商品，以及销售材料等所实现的收入。其他业务收入一般在全部收入中所占的比重较小。但是，如果企业的兼营业务量较大，而且是经常性的业务，也可将此类业务划分为主营业务。

三、收入的确认与计量

（一）收入的确认条件

根据《企业会计准则第14号——收入》（2017）的规定，企业应当在履行了合同中的履约义务，即在客户取得相关商品控制权时确认收入[①]。取得相关商品控制权，是指能够主导该商品的使用并从中获得几乎全部的经济利益。因此，此处的核心关键词至少有四个：一是签约，即与客户签订有合同（包括书面形式、口头形式以及其他可验证形式的协议）；二是有效，即与客户签订的合同或协议是有效的；三是履约，即与客户签订的合同或协议要履行；四是控制权转移，即商品或服务的控制权要发生转移，也只有"控制权"发生转移时，会计上才能确认收入。

当企业与客户之间的合同同时满足下列条件时，企业应当在客户取得相关商品控制权时确认收入：

（1）合同各方已批准该合同并承诺将履行各自义务；

（2）该合同明确了合同各方与所转让商品或提供劳务（以下简称"转让商品"）相关的权利和义务；

---

① 2017版收入准则规定，在境内外同时上市的企业以及在境外上市并采用国际财务报告准则或企业会计准则编制财务报表的企业，自2018年1月1日起施行；其他境内上市企业，自2020年1月1日起施行；执行企业会计准则的非上市企业，自2021年1月1日起施行。同时，允许企业提前执行。建造合同产生的收入，其确认条件按照新的收入准则处理。特此说明。

（3）该合同有明确的与所转让商品相关的支付条款；

（4）该合同具有商业实质，即履行该合同将改变企业未来现金流量的风险、时间分布或金额；

（5）企业因向客户转让商品而有权取得的对价很可能收回。

在合同开始日即满足前款条件的合同，企业在后续期间无须对其进行重新评估，除非有迹象表明相关事实和情况发生重大变化。合同开始日通常是指合同生效日。

（二）收入确认与计量的"五步法"

收入的确认与计量大致分为五个步骤（简称"五步法"）：①

第一步，识别与客户订立的合同；

第二步，识别合同中的单项履约义务；

第三步，确定交易价格；

第四步，将交易价格分摊至各单项履约义务；

第五步，履行各单项履约义务时确认收入。

其中，第一步、第二步和第五步主要与收入确认有关，第三步、第四步主要与收入的计量有关②。

1. 识别与客户订立的合同

收入准则所指的合同，是指双方或多方之间订立有法律约束力的权利义务的协议，包括书面形式、口头形式以及其他可验证的形式（如隐含于商业惯例或企业以往的习惯做法中等）。在识别与客户订立的合同时，关键需要判断如下三个方面：

一是合同约定的权利和义务是否具有法律约束力。

二是合同是否具有商业实质。需要特别说明的是，没有商业实质的非货币性资产交换，无论何时均不应确认收入。

三是评估向客户转让商品（包括提供服务）而有权取得的对价是否很可能收回。

【例 8-1】 甲乙两家公司均为房地产开发企业，2018 年 1 月 1 日签订一项资产交换合同，甲公司将一栋办公楼以年租金 100 万元的对价出租给乙公司办公；同时，乙公司将一栋拟暂时不用的仓库出租给甲公司用于存放建筑材料和设备，年租金 100 万元。合同于同日生效。

简要分析：虽然该合同已经生效，但属于不具有商业实质的非货币性资产交换，因此，甲乙两家公司收到的租金不能确认为收入。

2. 识别合同中的单项履约义务

合同开始日，企业应当对合同进行评估，识别该合同所包含的单项履约义务，

---

① 2017 年收入准则，主要以国际财务报告准则第 15 号（IFRS NO.15）——与客户之间的合同产生的收入（Revenue from Contracts with Customers），也有翻译为基于合同的收入进行确认等。因此，在进行收入确认与计量时，一些与合同有关的概念非常重要。特此说明。

② 中国注册会计师协会组织编写：《会计》，中国财政经济出版社 2018 年版，第 311 页。

并确定各单项义务是在某一时段内履行,还是某一时点履行。在履行了各单项履约义务(即合同中向客户转让可明确区分商品的承诺)时分别确认收入。

【例8-2】 甲公司系主要生产和销售电梯的增值税一般纳税人,2018年1月2日与乙单位签订一项合同,合同约定,在2018年10月1日前将价值800万元(不含增值税销项税额,但包括运输费等)的电梯运达乙单位,并负责安装调试。但由于乙单位的土建工程并未完工,加之场地等原因,其安装调试费用未包括在电梯价款中。假定2018年11月1日起,甲公司负责安装并调试电梯,共发生安装调试费16万元。

简要分析:此项业务实质上是两项合同:一是商品销售合同;二是设备安装合同。因此,如果满足控制权转移的条件,甲公司应分别确认单项履约义务,并确认收入。

3. 确定交易价格

交易价格是指企业向客户转让商品而预期有权收取的对价金额。企业代第三方收取的款项,如增值税销项税额,以及企业预期退还客户的款项,不能确认为交易价格,只能作为负债处理。企业在确定交易价格时,应当假定企业将按照现有合同约定向客户转让商品,且该合同不会被取消、续约或变更。

当然,在实务中,企业与客户合同中约定的对价可能因折扣、折让、返利、退款、奖励积分、激励措施、业绩奖金、索赔等因素的影响而变为可变对价。如果合同中存在可变对价的,企业应当对计入交易价格的可变对价进行估计。

需要特别注意的是,每一个资产负债表日,企业应当重新估计计入交易价格的可变对价金额,包括重新评估将估计的可变对价计入交易价格是否受到限制,以如实反映报告期期末存在的情况以及报告期期间发生变化的情况。

如果企业是收取非现金对价的,通常情况下,企业应当按照非现金对价在合同开始日的公允价值确定交易价格。非现金对价公允价值不能合理估计的,企业应参照其承诺向客户转让商品的单独售价间接确定交易价格。

【例8-3】 2018年1月1日,甲公司与乙机构签订一项股票型基金资产管理服务合同,合同期限3年。甲公司获得的报酬包括两部分:一是每季度按照季度末基金净值的1%收取管理费;二是该基金在三年内的累计回报如果超过10%,则乙机构将获得超额回报的20%作为业绩奖励。2018年12月31日,该基金的净值为5亿元人民币。假定不考虑其他因素的影响[①]。

简要分析:该项合同中,无论是管理费,还是业绩奖励均属于可变对价,其金额大小极易受到股票价格波动的影响。2018年12月31日,甲公司重新估计该合同的交易价格时,影响其管理费收取的不确定性已经消失,故可以确认收入500万元

---

① 参见中国注册会计师组织编写:《会计》,中国财政经济出版社2018年版,第318页。本书作了些适当的文字改动。特此说明。

（50 000×1%）。而对于业绩奖励收入，由于是三年内累计回报如果超过10%，才可能给予获得超额回报的20%作为业绩奖励（收入），但截至2018年12月31日，这种不确定性仍然存在，因此，在2018年年末还不能确认业绩奖励（收入）。

4. 将交易价格分摊至各单项履约义务

当合同中包含两项或多项履约义务时，为了使企业分摊至每一单项履约义务的交易价格能够反映其向客户转让已承诺的商品（或已承诺的相关服务）而预期有权收取的对价金额，企业应当在合同开始日，按照各单项履约义务所承诺的单独售价的相对比例，将交易价格分摊至各单项履约义务。

其中，单独售价是指企业向客户单独销售商品的价格。单独售价无法直接观察的，企业应当综合考虑其能够合理取得的全部相关信息，采用市场调整法、成本加成法、余值法等方法合理估计单独售价[①]。

【例8-4】 2018年3月10日，甲公司向乙公司签订一项销售合同（销售价款中不含增值税销项税额），向乙公司销售A、B两项商品，A商品的单独售价为6 000万元、B商品的单独售价为24 000万元，合同总售价为25 000万元。合同约定，A商品于签约时交付，B商品在一个月后再交付，只有A、B两项商品均交付后，甲公司才有权收取25 000万元的合同对价。假定A、B商品分布构成单项履约义务，其控制权已经转移给客户。假定暂不考虑相关税费。有关会计处理如下：[②]

（1）分摊交易价格：

分摊率＝合同价款/商品单独售价之和

＝25 000/（6 000＋24 000）×100%＝83.33%

（2）单项履约义务应分摊的合同价款＝单项履约义务的单独售价×分摊率

A商品应分摊的合同价款＝6 000×83.33%＝5 000（万元）

B商品应分摊的合同价款＝24 000×83.33%＝20 000（万元）

（3）会计分录：

①交付A商品时：

借：合同资产　　　　　　　　　　　　　　　　　　50 000 000[③]

　　贷：主营业务收入　　　　　　　　　　　　　　　　50 000 000

②交付B商品时：

借：应收账款　　　　　　　　　　　　　　　　　　250 000 000

　　贷：合同资产　　　　　　　　　　　　　　　　　　5 000 000

　　　　主营业务收入　　　　　　　　　　　　　　　200 000 000

5. 履行每一单项履约义务时确认收入

---

① 中国注册会计师组织编写：《会计》，中国财政经济出版社2018年版，第319页。
② 中国注册会计师组织编写：《会计》，中国财政经济出版社2018年版，第320页。
③ 合同资产是指企业已向客户转让商品而有权收取对价的权利，且该权利取决于时间流逝之外的因素。注意与应收账款相区别，特此说明。

企业应当在履行了合同中约定的履约义务，即客户取得相关商品控制权时确认收入。企业应当根据实际情况，首先判断履约义务是否满足在某一时段内履行的条件，如不满足，则该义务属于在某一时点履行的履约义务。对于在某一时段内履行的履约义务，企业应当选取恰当的方法来确定履约进度。

（1）在某一时段内履行的履约义务收入的确认条件与方法。

满足下列条件之一者，属于在某一时段内履行的履约义务，相关收入应在该履约义务履行期间内确认：

第一，客户在履约的同时即取得并消耗企业履约所带来的经济利益。企业在履约过程中是持续地向客户转移该服务的控制权的，该履约义务属于在某一时段内履行的履约义务，企业应在提供该服务的期间内确认收入。

第二，客户能够控制企业履约过程中在建的商品。企业在履约过程中创建的商品包括在产品、在建工程、尚未完成的研发项目、正在进行的服务等。

第三，企业履约过程中所产出的商品具有不可替代的用途，且该企业在整个合同期间内有权就累计至今已完成的履约部分收取款项。

对于在某一时段内履行的履约义务，企业应当在该段时间内按照履约进度确认收入（但履约进度不能合理确定的除外）。其履约进度可采用产出法或投入法等确定，在确定履约进度时，应当扣除控制权还未转移给客户的商品或服务。

其一，产出法。产出法主要根据已转移给客户的商品对于客户的价值确定履约进度，主要包括按照实际测量的完工进度、评估已实现的结果、已达到的里程碑、时间进度、已完工或交付的产品等确定履约进度的方法。

【例8-5】甲公司与客户签订一项合同，为该客户拥有的一条铁路更换100根铁轨，合同价格10万元（不含增值税销项税额）。截至2018年12月31日，甲公司更换了60根铁轨，剩余部分将在2019年3月31日前完成。该合同仅一项履约义务，且该履约义务满足在某一时段内履行的条件。假定不考虑其他情况。①

简要分析：甲公司提供更换铁轨的义务属于在某一时段内履行的义务，甲公司应按照已完成的工作量确定履约进度。截至2018年12月31日，该合同的履约进度为60%（60/100）。因此，甲公司在2018年应确认收入6万元（10×60%）。

其二，投入法。当产出法所需要的信息可能无法直接通过观察获得，或者为获得这些信息需要花费很高成本时，可采用投入法。投入法主要是根据企业履行履约义务的投入情况确定履约进度，主要包括投入材料数量、花费的人工工时或机器工时、发生的成本②和时间进度等投入指标确定履约进度。

【例8-6】2017年12月10日，甲公司与客户签订合同，为客户制造和安装一台锅炉（包括相关的管道工程），合同总金额120万元。甲公司预计的总成本为80

---

① 此例具体可参阅中国注册会计师协会组织编写：《会计》，中国财政经济出版社2018年版，第326页。
② 成本法在过去我国的会计实务中是常用的方法之一。但现在再采用此方法时，需要特别注意该方法要能反映履约的进度，否则要进行适当的调整。

万元,其中锅炉成本为60万元。2017年12月20日,锅炉已运抵乙公司并验收合格,客户已取得该锅炉的控制权,但根据安装进度,2018年3月25日才会安装完成并调试。截至2017年12月31日,甲公司累计发生成本70万元(包括锅炉成本60万元、安装费10万元)。假定该安装服务构成单项履约义务,并属于在某一时段内履行的履约义务,甲公司采用成本法确定履约进度。假定暂不考虑税金等其他因素。

简要分析:从该案例来看,客户先取得了商品的控制权,其安装属于单项履约义务。因此,在采用成本法确定履约进度时,必须对其成本进行调整。

履约进度 = (70 − 60) / (80 − 60) × 100% = 50%

应确认收入 = (合同总金额 − 商品成本) × 履约进度 + 商品成本
= (120 − 60) × 50% + 60 = 90 (万元)

应确认的成本 = (预计总成本 − 商品成本) × 履约进度 + 商品成本
= (80 − 60) × 50% + 60 = 70 (万元)

需要特别说明的是,对于每一项履约义务,企业只能采用一种方法来确定其履约进度,并加以一贯运用。

资产负债表日,企业应当按照合同的交易价格总额乘以履约进度扣除以前会计期间累计已确认的收入后的金额确认为当期收入。

(2) 在某一时点履行的履约义务收入的确认条件与方法。

对于在某一时点履行的履约义务,企业应当在客户取得相关商品控制权时点确认收入。企业在判断客户是否已取得商品控制权时,应考虑如下因素:

第一,企业就该商品享有现时收款权利,即客户就该商品负有现时付款义务。

第二,企业已将该商品的法定所有权转移给客户,即客户已拥有该商品的法定所有权。

第三,企业已将该商品的实物转移给客户,即客户已实际占有该商品。当然,需要特别说明的是,客户已占有商品的实物,并不完全意味着商品的控制权已经转移,如采用支付手续费的方式代销商品等。

第四,企业已将该商品所有权上的主要风险和报酬转移给客户,即客户已取得该商品所有权上的主要风险和报酬。

第五,客户已接受该商品,即客户已经完成验收、检验、试用(假定销售合同中有明确的约定)等工作。

第六,其他表明客户已取得控制权的迹象。即企业应当根据合同约定的条款和交易实质进行分析,综合评定企业何时将商品的控制权转移给客户,从而确定收入的确认时点。

【例8−7】 甲公司系增值税一般纳税人,2018年7月5日,甲公司与乙公司签订一项A商品的销售合同,合同约定的总价款为200万元(不含增值税销项税额,假定增值税税率为16%),采用货到付款方式,先预收10万元的定金。2018年7月

25 日，该商品已交付乙公司并验收合格取得了该商品的控制权，满足合同约定的条件，甲公司如期履约。乙公司以银行存款支付了货款及增值税。该批商品的成本为 150 万元。甲公司有关会计处理如下：

（1）2018 年 7 月 5 日，收到 10 万元定金：

借：银行存款   100 000
    贷：预收账款   100 000

（2）2018 年 7 月 25 日，销售商品、履行合同义务：

借：预收账款   2 320 000
    贷：主营业务收入   2 000 000
        应交税费——应交增值税（销项税额）   320 000

同时，结转成本：

借：主营业务成本   1 500 000
    贷：库存商品   1 500 000

（3）实际收到货款及增值税销项税额：

借：银行存款   2 220 000
    贷：预收账款   2 220 000

（三）特定交易行为收入的确认

1. 附有销售退回条款的销售

附有销售退回条款的销售，企业应当在客户取得相关商品控制权时，按照因向客户转让商品而预期有权收取的对价金额确认收入，按照预期发生销售退回的金额确认为负债（预计负债）；同时，按照预期将退回商品的账面价值，扣除收回该商品预计发生的成本（包括商品的价值减损）后的余额确认为一项资产，按照所转让商品转让时的账面价值，扣除上述资产成本后的净额结转成本。

【例 8-8】 甲公司系增值税一般纳税人，2018 年 7 月 2 日向乙公司销售 B 商品 5 000 件，单价 1 000 元/件，单位成本 600 元/件。开出的增值税专用发票上注明货款 500 万元，增值税税额 80 万元。现商品已发出，款项暂未收到。根据合同要求，如果该批商品符合合同要求和乙公司的顾客需要，该批商品的货款及增值税乙公司须在 10 月 31 日以前支付。根据以往的经验，该批商品的退货率一般在 15% 左右。此合同为单项履约义务，假定该批商品的控制权已经转移。截至 2018 年 12 月 31 日，乙公司只支付了货款及增值税 290 万元，甲公司估计该批商品的退货率为 10%。有关会计处理如下：

（1）2018 年 7 月 2 日，商品发出时：

借：应收账款   5 800 000
    贷：主营业务收入   4 250 000
        预计负债——应付退货款   750 000
        应交税费——应交增值税（销项税额）   800 000

同时，结转成本：

借：主营业务成本 2 550 000
　　应收退货成本 450 000
　贷：库存商品 (5 000×600) 3 000 000

（2）收到货款及增值税时：

借：银行存款 2 900 000
　贷：应收账款 2 900 000

（3）2018年12月31日，甲公司对退货率重新评估及其相应的会计处理：

借：预计负债——应付退货款 250 000
　贷：主营业务收入 250 000

同时：

借：主营业务成本 150 000
　贷：应收退货成本 150 000

2. 附有质量保证条款的销售

附有质量保证条款的销售，企业应当评估该质量保证是否在向客户保证所销售商品符合既定标准之外提供一项单独的服务。企业提供额外服务的，应当作为单独履约义务进行会计处理。

3. 主要责任人和代理人的收入

企业应当根据其向客户转让商品前是否拥有对该商品的控制权来判断其从事交易时的身份是主要责任人还是代理人。在向客户转让商品前能够控制该商品的企业是主要责任人，应当按照已收或应收的对价确认收入；否则，为代理人，应当按照预期有权收取的佣金或手续费的金额确认收入。该金额应当按照已收或应收对价总额扣除应支付给其他方的价款后的净额，或者按照既定的佣金比例金额或比例等确定。

如果企业与客户签订的合同包含多项可明确区分商品，企业需要分别判断其在不同履约义务中的身份是主要责任人还是代理人。比如，证券公司、旅行社、建筑公司分包业务、购物网站（平台）等，在确认其收入时，必须区分其身份是主要责任人或代理人。

4. 附有客户额外购买选择权的销售

对于附有客户额外购买选择权的销售，企业应当评估该选择权是否向客户提供了一项重大权利。如果该项权利具有重大性，应当作为单项履约义务，按照有关准则规定将交易价格分摊至该项履约义务，在客户未来行使选择权取得相关商品控制权时，或者该选择权失效时，确认相关收入。比如，各种奖励积分、销售激励、未来购买商品的折扣券以及合同续约选择权等。

【例8-9】 RL航空公司自2015年1月1日起推行一项奖励积分计划。根据该计划，客户每乘坐该公司的飞机100千米（假定每1千米的机票价格为1元）可获得 1 个积分，每个积分从次月开始在购物（无论是在机上、该航空公司网站还是签约商店购物均可）时可以抵减 1 元人民币。2018 年 12 月 31 日，客户共乘坐该公司的飞机飞行了 500 万千米（500 万元），可获得 50 万个积分，根据以往的经验，客户对积分的兑换率为 90%。有关金额中不包括增值税。从历史经验来看，该奖励积分计划属于向客户提供了一项重大权利，应作为一项单独履约义务。假定截至 2018 年 12 月 31 日，客户兑换了 40 万个积分。该公司对客户积分兑换率的估计仍然维持在 90%。有关会计处理如下：

（1）客户购买商品的单独售价为 500 万元，考虑到兑换率，其估计积分的单独售价为 45 万元（50×1×90%）。

（2）将交易价格分摊至单独履约义务：

分摊到商品（服务）的交易价格 = 500/(500 + 45)×500 = 459（万元）

分摊至积分的交易价格 = 45/(500 + 45)×500 = 41（万元）

（3）RL 航空公司在将商品（服务）控制权转移时，应确认收入 459 万元，同时确认合同负债 41 万元。①

借：银行存款　　　　　　　　　　　　　　　　　　　5 000 000
　　贷：主营业务收入　　　　　　　　　　　　　　　　4 590 000
　　　　合同负债　　　　　　　　　　　　　　　　　　　410 000

（4）积分兑换的会计处理：

40/45×41 = 36（万元）②

借：合同负债　　　　　　　　　　　　　　　　　　　　360 000
　　贷：主营业务收入　　　　　　　　　　　　　　　　　360 000

5. 授予知识产权许可

企业向客户授予的知识产权③，常见的包括软件和技术、影视和音乐等版权、特许经营权以及专利权、商标权和其他版权等。企业向客户授予知识产权许可的，应当评估该项知识产权许可是否构成单项履约义务。如果不构成单项履约义务的，企业应当将该知识产权许可与其他商品一起作为一项履约义务进行会计处理。

对于构成单项履约义务的知识产权许可，还应进一步确定其是在某一时段内履行还是在某一时点履行，分别按照前述的有关规定进行会计处理。

6. 售后回购销售

售后回购是指企业销售商品的同时承诺或有权选择日后再将该商品购回的销售

---

① 此例是假定该公司一年做了一次会计处理，在实务中是不行的，至少得每月进行会计处理，但其基本思路和方法是一样的，特此说明。

② 此处计算结果保留了整数，特此说明。

③ 知识产权，亦称"知识所属权"，指"权利人对其智力劳动所创作的成果享有的财产权利"。知识产权是智力劳动产生的成果所有权，它是依照各国法律赋予符合条件的著作者以及发明者或成果拥有者在一定期限内享有的独占权利。包括两类：一类是著作权（也称为版权、文学产权）；另一类是工业产权（也称为产业产权）。

方式。售后回购包括两种主要方式：一是企业存在与客户的远期安排而负有回购义务或企业享有回购权利的，表明客户在销售商品时未取得相关商品的控制权，企业应作为租赁交易或者融资租赁交易进行相应的会计处理；二是企业负有应客户的要求回购商品义务的，应当在合同开始日评价客户是否具有行使该要求权的重大经济动因。客户具有行使该要求权重大经济动因，企业应将售后回购作为租赁交易或融资租赁交易进行会计处理；否则企业应将其作为附有销售退回条款的销售交易进行会计处理。

7. 销售材料等存货的处理

企业在日常活动中还可能发生对外销售不需用的原材料、随同商品对外销售单独计价的包装物等业务。企业销售原材料、包装物等存货也视同商品销售，其收入确认和计量原则比照商品销售。

企业销售原材料、包装物等存货实现的收入以及结转的相关成本，通过"其他业务收入""其他业务成本"账户核算。

"其他业务收入"账户核算企业除主营业务活动以外的其他经营活动实现的收入，包括销售材料、出租包装物和商品、出租固定资产、出租无形资产等实现的收入。该账户贷方登记企业实现的各项其他业务收入，借方登记期末结转入"本年利润"账户的其他业务收入，结转后该账户应无余额。

"其他业务成本"账户核算企业除主营业务活动以外的其他经营活动所发生的成本，包括销售材料的成本、出租固定资产的折旧额、出租无形资产的摊销额、出租包装物的成本或摊销额。该账户借方登记企业结转或发生的其他业务成本，贷方登记期末结转入"本年利润"账户的其他业务成本，结转后该账户应无余额。

【例 8-10】 甲公司系增值税一般纳税人，销售一批原材料，开出的增值税专用发票上注明的价款为 30 000 元，增值税税额为 4 800 元，款项已收存银行。该批原材料的实际成本为 27 000 元。此项交易为单独履约义务。甲公司进行会计处理时，应编制的会计分录如下：

（1）取得原材料销售收入时：

借：银行存款 34 800
  贷：其他业务收入 30 000
    应交税费——应交增值税（销项税额） 4 800

（2）结转已销原材料的实际成本时：

借：其他业务成本 27 000
  贷：原材料 27 000

第二节 费 用

一、费用的概念和特征

费用是指企业在日常活动中发生的、会导致所有者权益减少的、与向所有者分配利润无关的经济利益的总流出。费用具有以下三个方面的特征。

（一）费用是企业在日常活动中发生的经济利益的总流出

如前所述，日常活动是指企业为完成其经营目标所从事的经常性活动以及与之相关的其他活动。工业企业制造并销售产品、商业企业购买并销售商品、咨询公司提供咨询服务、软件开发企业为客户开发软件、安装公司提供安装服务、租赁公司出租资产等活动中发生的经济利益的总流出构成费用。工业企业对外出售不需用的原材料结转的材料成本等也构成费用。

费用产生于企业日常活动的特征使其与产生于非日常活动的损失相区分。企业从事或发生的某些活动或事项也能导致经济利益流出企业，但不属于企业的日常活动。例如，企业处置固定资产、无形资产等非流动资产①，因违约支付罚款，对外捐赠，因自然灾害等非常原因造成财产毁损等，这些活动或事项形成的经济利益的总流出属于企业的损失而不是费用。

（二）费用会导致所有者权益的减少

费用既可能表现为资产的减少，如减少银行存款、库存商品等，也可能表现为负债的增加，如增加应付职工薪酬、应交税费（消费税等）等。根据"资产－负债＝所有者权益"的会计等式，费用一定会导致企业所有者权益的减少。

企业经营管理中的某些支出并不减少企业的所有者权益，也就不构成费用。例如，企业以银行存款偿还一项负债，只是一项资产和一项负债的等额减少，对所有者权益没有影响，因此，不构成企业的费用。

（三）费用与向所有者分配利润无关

企业向所有者分配利润也会导致经济利益的流出，但该项经济利益的流出本质上属于利润分配，是所有者权益的抵减项目，所以不能确认为费用。

---

① 正常处置固定资产、无形资产等的净损益应计入"资产处置损益"，特此说明。

二、费用的主要内容及其核算

费用主要包括主营业务成本、其他业务成本[①]、税金及附加、销售费用、管理费用和财务费用等。

(一) 主营业务成本

主营业务成本是指企业销售商品、提供劳务等经常性活动所发生的成本。企业一般在确认销售商品、提供劳务等主营业务收入时,或在月末时,将已销售商品、已提供劳务的成本结转入主营业务成本。

(二) 其他业务成本

其他业务成本是指企业除主营业务活动以外的其他经营活动所发生的成本。

(三) 税金及附加

税金及附加是指企业经营活动应负担的相关税费[②],主要包括前已述及的消费税、土地增值税、资源税、城市维护建设税和教育费附加、房产税、车船税、土地使用税、印花税等。

为了完整核算税金及附加,企业应设置"税金及附加"账户,其借方反映当期负担的消费税、资源税、土地增值税、城市维护建设税和教育费附加等;贷方反映期末转入"本年利润"账户的税金及附加,结转后,本账户期末应无余额。

(四) 销售费用

销售费用是指企业在销售商品和材料、提供劳务的过程中发生的各种费用,包括企业在销售商品过程中发生的保险费、包装费、展览费和广告费、商品维修费、预计产品质量保证损失、运输费、装卸费等费用,以及企业发生的为销售本企业商品而专设的销售机构(含销售网点、售后服务网点等)的职工薪酬、业务费、折旧费、固定资产维修费等费用。

为了完整核算销售费用,企业应设置"销售费用"账户,企业发生销售费用时,借记"销售费用"科目,贷记"银行存款"等科目;期末,将销售费用结转至"本年利润"账户,结转后,"销售费用"账户应无余额。该账户应按销售费用的费用项目进行明细核算。

【例 8-11】 甲公司销售一批产品,销售过程中发生运输费 2 000 元、装卸费 1 000 元,均用银行存款支付。甲公司进行会计处理时,应编制的会计分录如下:

  借:销售费用   3 000

---

① 按照现行《企业会计准则第 14 号——收入》(2017) 的规定,企业在履行合同时会发生各种成本,企业在确认收入时应对各种成本进行分析。如果合同履约成本同时满足相关条件的,应将合同履约成本确认为一项资产,而不是此处所介绍的成本。参见中国注册会计师组织编写:《会计》,中国财政经济出版社 2018 年版,第 330 页。

② 因增值税属于价外税,它的产生不直接抵减企业的收入,而是销售时,贷记"应交税费——应交增值税(销项税额)"科目;企业购货时,按照有关增值税税率,借记"应交税费——应交增值税(进项税额)"科目,贷方与借方的差额为应交增值税(此处是简要说明,具体内容请参见本书有关内容)。

　　　　贷：银行存款　　　　　　　　　　　　　　　　　　　　3 000

（五）管理费用

管理费用是指企业为组织和管理生产经营活动所发生的各种管理费用，包括企业在筹建期间内发生的开办费、董事会和行政管理部门在企业的经营管理中发生的或者应由企业统一负担的公司经费（包括行政管理部门职工工资及福利费、物料消耗、低值易耗品摊销、办公费和差旅费等）、工会经费、董事会费（包括董事会成员津贴、会议费和差旅费等）、聘请中介机构费、咨询费（含顾问费）、诉讼费、业务招待费、技术转让费、矿产资源补偿费、研究费用①、排污费以及企业生产车间（部门）和行政管理部门发生的固定资产修理费等。

为了完整核算管理费用，企业应设置"管理费用"账户，发生管理费用时，借记"管理费用"科目，贷记"银行存款"等科目；期末，将管理费用结转至"本年利润"账户后，"管理费用"账户应无余额。该账户应按管理费用的费用项目进行明细核算。

【例8-12】 2018年10月，甲公司行政部门共发生费用448 000元，其中：行政人员薪酬300 000元，行政部专用办公设备折旧费90 000元，用库存现金报销行政人员差旅费42 000元（假定报销人未预借差旅费），其他办公、水电费16 000元（均以银行存款支付）。甲公司进行会计处理时，应编制的会计分录如下：

　　借：管理费用　　　　　　　　　　　　　　　　　　　448 000
　　　　贷：应付职工薪酬　　　　　　　　　　　　　　　　300 000
　　　　　　累计折旧　　　　　　　　　　　　　　　　　　 90 000
　　　　　　库存现金　　　　　　　　　　　　　　　　　　 42 000
　　　　　　银行存款　　　　　　　　　　　　　　　　　　 16 000

（六）财务费用

财务费用是指企业为筹集生产经营所需资金等而发生的筹资费用，包括利息支出（减利息收入）②、汇兑损益以及相关的手续费、企业发生或收到的现金折扣等。

为了完整核算财务费用，企业应设置"财务费用"账户，发生财务费用时，借记"财务费用"科目，贷记"银行存款"等科目；期末，将财务费用结转至"本年利润"账户后，"财务费用"账户应无余额。

【例8-13】 2018年1月1日，甲公司平价发行3年期公司债券用于补充流动资金（假定借款费用全部计入当期财务费用，实际利率与债券账面利率一致），面值为100 000 000元，年利率为6%，每年12月31日付息，到期一次还本。甲公司进行有关利息费用的会计处理时，应编制的会计分录如下：

---

　　① 按照2018版会计报表的格式和要求，企业在管理费用中列支的"研发费用"，在编制利润表时应单独反映。特此说明。
　　② 按照2018版会计报表的格式和要求，企业发生的财务费用，在编制利润表时应将"利息支出"和"利息收入"单独反映。特此说明。

借：财务费用　　　　　　　　　　　　　　6 000 000
　　贷：银行存款　　　　　　　　　　　　　　　6 000 000

第三节　利　　润

一、利润的概念和构成

(一) 利润的概念

利润是指企业在一定会计期间的经营成果。在会计实务中一般都将利润定义为收入和费用之间的差额。但在界定利润的具体组成内容时，则存在着两种不同的观点，一是本期营业观；二是总括利润观。

本期营业观认为，利润只能来自企业当期的经营活动，即利润应是当期营业收入与当期营业支出相抵减的结果。由于经营活动具有可重复性，因此按这种观点确定的利润，能较真实地反映企业管理当局的经营业绩；并且便于在不同会计主体之间以及同一会计主体的不同时期之间进行比较，从而对会计信息使用者的决策更为有用。

总括利润观认为，利润是企业在报告期内除与业主往来外的一切净权益的变动，它应当由期初与期末净资产的对比来确定。因此，利润不仅包括了营业收入与营业支出相抵后的差额，也包括了非营业利润。

(二) 利润的构成

根据我国企业会计准则的规定，利润包括收入减去费用后的净额、直接计入当期利润的利得和损失等。

直接计入当期利润的利得和损失，是指应当计入当期损益、会导致所有者权益发生增减变动的、与所有者投入资本或者向所有者分配利润无关的利得或者损失。

利润相关计算公式如下：

1. 营业利润

营业利润＝营业收入－营业成本－税金及附加－销售费用－管理费用－财务费用－资产减值损失－信用减值损失＋其他收益＋投资收益（－投资损失）＋净敞口套期收益（－净敞口套期损失）＋公允价值变动收益（－公允价值变动损失）＋资产处置收益（－资产处置损失）

其中：

（1）营业收入是指企业经营业务所实现的收入总额，包括主营业务收入和其他业务收入。

（2）营业成本是指企业经营业务所发生的实际成本总额，包括主营业务成本和其他业务成本。

(3) 资产减值损失是指企业计提各项资产减值准备所形成的损失。

(4) 信用减值损失是指企业按照《企业会计准则第 22 号——金融工具确认和计量》（2017 年修订）的要求计提的各项金融工具减值准备所形成的预期信用损失。

(5) 其他收益是指企业在正常经营过程中获得的政府补助等[①]。

(6) 投资收益（或损失）是指企业以各种方式对外投资所取得的收益（或发生的损失）。

(7) 净敞口套期收益是指净敞口套期下被套期项目累计公允价值变动转入当期损益的金额或现金流量套期储备转入当期损益的金额。

(8) 公允价值变动收益（或损失）是指交易性金融资产、投资性房地产（采用公允价值计量模式）、生产性生物资产等公允价值变动形成的应计入当期损益的利得（或损失）。

(9) 资产处置损益是指企业出售划分为持有待售的非流动资产（金融工具、长期股权投资和投资性房地产除外）或处置组（子公司和业务除外）时确认的处置利得或损失，处置未划分为持有待售的固定资产、在建工程、生产性生物资产及无形资产而产生的处置利得或损失，以及企业债务重组时因处置非流动资产产生的利得或损失和非货币性资产交换中换出非流动资产产生的利得或损失等。

2. 利润总额

利润总额 = 营业利润 + 营业外收入 - 营业外支出

其中，营业外收入是指企业发生的与其日常活动无直接关系的各项利得。主要包括非流动资产毁损报废损失、债务重组利得、与企业日常活动无关的政府补助、盘盈利得、捐赠利得（企业接受股东或股东的子公司直接或间接的捐赠，经济实质属于股东对企业的资本性投入的除外）等。

营业外支出是指企业发生的与其日常活动无直接关系的各项损失。企业发生的除营业利润以外的支出，主要包括非流动资产损毁报废损失、债务重组损失、公益性捐赠支出、非常损失、盘亏损失、非流动资产毁损报废损失等。

3. 净利润

净利润 = 利润总额 - 所得税费用

其中，所得税费用是指企业确认的应从当期利润总额中扣除的所得税费用。

二、营业外收入、营业外支出的核算

为了完整核算营业外收入，企业应设置"营业外收入"账户，该账户贷方登记企业确认的各项营业外收入，借方登记期末结转入"本年利润"账户的营业外收入，结转后该账户无余额。该账户应按照营业外收入的项目进行明细核算。

---

① 根据 2017 年修订后的《企业会计准则第 16 号——政府补助》，将企业获得的政府补助根据补助性质区分为其他收益和营业外收入两部分。特此说明。

企业确认营业外收入，借记"固定资产清理""银行存款""待处理财产损溢""应付账款"等科目，贷记"营业外收入"科目。期末，应将"营业外收入"账户余额转入"本年利润"账户，即借记"营业外收入"科目，贷记"本年利润"科目。

【例 8 – 14】 甲公司将固定资产报废清理的净收益 15 000 元转作营业外收入[①]。甲公司进行会计处理时，应编制的会计分录如下：

借：固定资产清理　　　　　　　　　　　　　　　　　15 000
　　贷：营业外收入　　　　　　　　　　　　　　　　　　15 000

为了完整核算营业外支出，企业应设置"营业外支出"账户，该账户借方登记企业发生的各项营业外支出，贷方登记期末结转入"本年利润"账户的营业外支出，结转后该账户应无余额。该账户应按照营业外支出的项目进行明细核算。

企业发生营业外支出时，借记"营业外支出"科目，贷记"固定资产清理""待处理财产损溢""库存现金""银行存款"等科目。期末，应将"营业外支出"账户余额结转入"本年利润"账户，即借记"本年利润"科目，贷记"营业外支出"科目。

【例 8 – 15】 甲公司将已经发生的原材料意外灾害损失 300 000 元转作营业外支出（假定不考虑税金）。甲公司进行会计处理时，应编制的会计分录如下：

借：营业外支出　　　　　　　　　　　　　　　　　300 000
　　贷：待处理财产损溢　　　　　　　　　　　　　　　300 000

三、所得税费用的核算

所得税是根据企业应纳税所得额的一定比例上交的一种税金。我国企业会计准则规定，企业应采用资产负债表债务法核算所得税。资产负债表债务法所得税会计是从资产负债表出发，通过比较资产负债表上列示的资产、负债的账面价值与按照税法规定确定的计税基础，对于两者之间的差异分别应纳税暂时性差异与可抵扣暂时性差异，确认相关的递延所得税负债与递延所得税资产，并在此基础上确定每一会计期间的所得税费用。

（一）资产、负债的计税基础

1. 资产的计税基础

资产的计税基础，是指企业收回资产账面价值过程中，计算应纳税所得额时按照税法规定可以自应税经济利益中抵扣的金额。

通常情况下，资产在取得时其入账价值与计税基础是相同的，即企业为取得某项资产支付的成本在未来期间准予税前扣除。在资产持续持有的过程中，其计税基

---

① 前已述及，对固定资产、无形资产等资产的处置，要区分正常处置和报废。正常处置的收益，计入"资产处置收益"，只有报废才能计入"营业外收入"或"营业外支出"。特此说明。

础是指资产的取得成本减去以前期间按照税法规定已经在税前扣除的金额后的余额。该余额是按照税法规定,该资产在未来期间计税时仍然可以税前扣除的金额。

【例 8-16】 2016 年 12 月 29 日,甲公司以 500 万元购入一项生产用固定资产,估计使用寿命为 10 年,预计净残值为 0。该公司按照直线法计提折旧。假定税法规定的折旧年限、折旧方法及净残值与会计相同。由于市场情况变化,2018 年 12 月 31 日,该固定资产的可收回金额为 380 万元。

2018 年 12 月 31 日,甲公司该固定资产的账面价值为 380 万元;计税基础为 400 万元。

【例 8-17】 甲公司 2018 年有一项交易性金融资产,投资成本为 170 万元。2018 年 12 月 31 日,该项金融资产的公允价值为 175 万元。

2018 年 12 月 31 日,甲公司该交易性金融资产的账面价值为 175 万元;计税基础为 170 万元。

2. 负债的计税基础

负债的计税基础,是指负债的账面价值减去未来期间计算应纳税所得额时按照税法规定可予抵扣的金额。

短期借款、应付票据、应付账款等负债的确认和偿还,通常不会对当期损益和应纳税所得额产生影响,其计税基础即为账面价值。但在某些情况下,负债的确认可能会影响损益,并影响不同期间的应纳税所得额,使其计税基础与账面价值之间产生差额。

【例 8-18】 甲公司 2018 年因销售产品承诺提供 3 年保修服务(单项履约义务),在当期确认了 300 万元预计负债,并以 300 万元的销售费用计入当期损益,假设 2018 年未发生售后服务支出。假定按照税法规定,与产品售后服务相关的费用在实际发生时允许在税前扣除。

2018 年 12 月 31 日,甲公司该预计负债的账面价值为 300 万元;该项负债的计税基础等于账面价值 300 万元减去未来期间计算应纳税所得额时按照税法规定可予抵扣的金额 300 万元,即计税基础为 0。

(一)暂时性差异

暂时性差异,是指资产或负债的账面价值与其计税基础之间的差额。未作为资产和负债确认的项目,按照税法规定可以确定其计税基础的,该计税基础与其账面价值之间的差额也属于暂时性差异。按照暂时性差异对未来期间应税金额的影响,分为应纳税暂时性差异和可抵扣暂时性差异。本教材只介绍一般资产或负债的账面价值与其计税基础之间的差额产生的暂时性差异,对于特殊项目产生的暂时性差异不作介绍。

1. 应纳税暂时性差异

应纳税暂时性差异,是指在确定未来收回资产或清偿负债期间的应纳税所得额时,将导致产生应税金额的暂时性差异,即该差异会增加未来期间的应纳税所得额,因此增加未来期间的应交所得税金额。一般情况下，在产生应纳税暂时性差异的期间，应当确认相关的递延所得税负债。

【例 8-19】 沿用【例 8-17】资料，甲公司该项金融资产的账面价值与计税基础之间的差异 5 万元就属于应纳税暂时性差异。假设甲公司适用的所得税税率为 25%，则该项金融资产上产生的暂时性差异 5 万元将在未来增加应交所得税 1.25 万元，当期确认递延所得税负债 1.25 万元。

2. 可抵扣暂时性差异

可抵扣暂时性差异，是指在确定未来收回资产或清偿负债期间的应纳税所得额时，将导致产生可抵扣金额的暂时性差异。该差异会增加未来期间可在税前扣除的金额，从而减少应纳税所得额和应交所得税。按照我国企业会计准则的规定，在产生可抵扣暂时性差异的期间，企业应当以很可能取得用来抵扣可抵扣暂时性差异的应纳税所得额为限，确认由可抵扣暂时性差异产生的递延所得税资产。

【例 8-20】 沿用【例 8-16】资料，甲公司该项固定资产的账面价值 380 万元与计税基础 400 万元之间产生的暂时性差异 20 万元就属于可抵扣暂时性差异。假设甲公司适用的所得税税率为 25%，并且甲公司在未来能够产生足够的应纳税所得额抵扣该暂时性差异，则该固定资产上产生的暂时性差异 20 万元将在未来减少应交所得税 5 万元，当期确认递延所得税资产 5 万元。

（三）所得税的会计处理

1. 所得税会计处理程序

企业一般应在每一个资产负债表日进行所得税的会计处理。发生特殊交易或事项时，如企业合并，在确认因交易或事项取得的资产或发生的负债时即应确认相关的所得税影响。企业进行所得税会计处理一般应遵循以下程序：

（1）确定资产负债表中除递延所得税资产和递延所得税负债以外的其他资产和负债的账面价值。

（2）确定有关资产和负债的计税基础。

（3）确定当期递延所得税负债和递延所得税资产的变动。比较有关资产、负债的账面价值和计税基础，分析其差异的性质，分别应纳税暂时性差异和可抵扣暂时性差异，按照适用的所得税税率计算确定递延所得税负债和递延所得税资产应有金额，并与其已有的金额比较，确定当期递延所得税负债和递延所得税资产的增减变动。

（4）确定当期应交所得税。按照税法的规定计算确定当期应纳税所得额，再乘以适用的税率计算当期应交所得税。

（5）确定利润表中所得税费用。递延所得税与当期所得税合计构成利润表中的所得税费用。即，企业在计算确定当期所得税以及递延所得税的基础上，应将两者之和确认为利润表中的所得税费用。公式如下：

所得税费用 = 当期所得税 + 递延所得税

递延所得税 = 递延所得税负债的期末余额 - 递延所得税负债的期初余额 - （递延所得税资产的期末余额 - 递延所得税资产的期初余额）

2. 当期所得税

当期所得税是指企业按照税法规定计算确定的针对当期发生的交易和事项，应交给税务部门的所得税金额，即应交所得税。当期所得税按照企业适用的税收法规为基础计算确定。

企业在确定当期所得税时，应在会计利润的基础上，按照税收法规的规定，调整会计处理与税务处理不同的交易和事项，计算出当期的应纳税所得额，再根据企业适用的所得税税率计算当期应交所得税。计算公式如下：

应纳税所得额 = 税前会计利润 + 纳税调整增加额 - 纳税调整减少额

纳税调整增加额主要包括税法规定允许扣除项目中，企业已计入当期费用但超过税法规定扣除标准的金额（如超过税法规定业务招待费支出等），以及企业已计入当期损失但税法规定不允许扣除项目的金额（如税收滞纳金、罚款、罚金等）。

纳税调整减少额主要包括按税法规定允许弥补的亏损和准予免税的项目，如前五年内的未弥补亏损和国债利息收入等。

企业当期所得税的计算公式为：

应交所得税 = 应纳税所得额 × 所得税税率

【例8-21】甲公司2018年度按企业会计准则计算的税前会计利润为59 100 000元，所得税税率为25%。甲公司当年营业外支出中有300 000元为税款滞纳罚金。假定甲公司全年无其他纳税调整因素。甲公司当期所得税的计算如下：

应纳税所得额 = 59 100 000 + 300 000 = 59 400 000（元）

当期应交所得税额 = 59 400 000 × 25% = 14 850 000（元）

3. 递延所得税

递延所得税是指按照所得税准则规定应当在本期确认的递延所得税资产和递延所得税负债在期末应有的金额相对于原已确认金额之间的差额。

【例8-22】甲公司2018年利润表中利润总额为3 000万元，该公司适用的所得税税率为25%，甲公司2018年年初无递延所得税资产和递延所得税负债。2018年发生的有关交易和事项中，会计处理与税收处理存在的差异有：

（1）2018年1月2日开始使用的一项使用寿命无法确定的无形资产，成本为1 500万元。会计上不计提摊销，但需进行减值测试。该项无形资产至2018年末未出现减值迹象。税法规定该项无形资产的摊销年限为10年，假定期满无残值。

（2）向关联企业提供现金捐赠500万元。按照税法规定，企业向关联方的捐赠不允许税前扣除。

（3）当期取得作为交易性金融资产，其投资成本为800万元，2018年12月31日的公允价值为1 200万元。税法规定，交易性金融资产持有期间公允价值变动不计入应纳税所得额。

（4）违反环保法规定支付罚款 250 万元。税法规定，罚款支出不允许税前扣除。

（5）期末对持有的存货（账面价值 2 000 万元，计税基础 2 075 万元）计提了 75 万元的存货跌价准备。税法规定，计提的存货跌价准备不允许税前扣除。

甲公司的会计处理如下：

（1）计算 2018 年度当期应交所得税：

应纳税所得额 = 3 000 − 150 + 500 − 400 + 250 + 75 = 3 275(万元)

应交所得税 = 3 275 × 25% = 818.75(万元)

（2）计算 2018 年度递延所得税：

表 8 − 1 　　　　　　　甲公司 2018 年暂时性差异计算表　　　　　　单位：万元

项目	账面价值	计税基础	差异	
			应纳税暂时性差异	可抵扣暂时性差异
存货	2 000	2 075		75
无形资产	1 500	1 350		150
交易性金融资产	1 200	800	400	
总计			400	225

递延所得税资产 = 225 × 25% = 56.25(万元)

递延所得税负债 = 400 × 25% = 100(万元)

递延所得税 = 100 − 56.25 = 43.75(万元)

（3）计算 2018 年度利润表中应确认的所得税费用：

所得税费用 = 818.75 + 43.75 = 862.50(万元)

（4）甲公司进行会计处理时，应编制的会计分录如下：

借：所得税费用　　　　　　　　　　　　　　　　　　862.50
　　递延所得税资产　　　　　　　　　　　　　　　　562 500
　　贷：应交税费——应交所得税　　　　　　　　　　8 187 500
　　　　递延所得税负债　　　　　　　　　　　　　　1 000 000

四、本年利润的核算

会计期末企业结转本年利润的方法有表结法和账结法两种。

表结法下，各损益类账户每月月末只需结计出本月发生额和月末累计余额，不结转到"本年利润"账户，只有在年末时才将全年累计余额结转入"本年利润"账户。但每月月末要将损益类账户的本月发生额合计数填入利润表的本月数栏，同时将本月末累计余额填入利润表的本年累计数栏，通过利润表计算反映各期的利润（或亏损）。表结法下，年中损益类账户无需结转入"本年利润"账户，从而减少了转账环节和工作量，同时并不影响利润表的编制及有关损益指标的利用。

账结法下，每月月末均需编制转账凭证，将在账上结计出的各损益类账户的余额结转入"本年利润"账户。结转后"本年利润"账户的本月合计数反映当月实现的利润或发生的亏损，"本年利润"账户的本年累计数反映本年累计实现的利润或发生的亏损。账结法在各月均可通过"本年利润"账户提供当月及本年累计的利润（或亏损）额，但增加了转账环节和工作量。

以下主要介绍账结法下本年利润的会计处理。

账结法下，企业应设置"本年利润"账户，该账户贷方反映当期实现的全部收入，借方反映当期发生的全部成本、费用和税金；其贷方余额表示当期实现的净利润，其借方余额反映当期发生的亏损额。在年度终了，企业应将本年收入和支出相抵后结出的本年净利润，由"本年利润"账户结转入"利润分配——未分配利润"账户。

【例8-23】甲公司2018年度有关损益类账户当年的发生额如表8-2所示。

表8-2　　　　　　　　甲公司2018年损益类账户发生额表　　　　　　　　单位：万元

主营业务收入	30 000 万元（贷方）
其他业务收入	400 万元（贷方）
公允价值变动损益	100 万元（贷方）
投资收益	1 600 万元（贷方）
营业外收入	120 万元（贷方）
主营业务成本	14 000 万元（借方）
其他业务成本	320 万元（借方）
税金及附加	200 万元（借方）
销售费用	3 000 万元（借方）
管理费用	2 840 万元（借方）
财务费用	3 200 万元（借方）
资产减值损失	100 万元（借方）
营业外支出	160 万元（借方）
所得税费用	1 320 万元（借方）

甲公司进行会计处理时，应编制的会计分录如下：

（1）将收入类账户本期发生额转入"本年利润"账户时：

借：主营业务收入　　　　　　　　　　　　　300 000 000
　　其他业务收入　　　　　　　　　　　　　　4 000 000
　　投资收益　　　　　　　　　　　　　　　　16 000 000
　　公允价值变动损益　　　　　　　　　　　　1 000 000
　　营业外收入　　　　　　　　　　　　　　　1 200 000
　　贷：本年利润　　　　　　　　　　　　　　　322 200 000

(2) 将支出类账户本期发生额转入"本年利润"账户时:
借:本年利润 251 400 000
　　贷:主营业务成本 140 000 000
　　　　其他业务成本 3 200 000
　　　　税金及附加 2 000 000
　　　　销售费用 30 000 000
　　　　管理费用 28 400 000
　　　　财务费用 32 000 000
　　　　资产减值损失 1 000 000
　　　　营业外支出 1 600 000
　　　　所得税费用 13 200 000

通过上述结转后,"本年利润"账户的贷方金额比借方金额多出7 080万元,表明该公司本年实现的净利润为7 080万元。

五、利润分配的核算

(一) 利润分配的内容及顺序

利润分配是指企业根据国家有关规定和企业章程、投资者协议等,对企业当年可供分配的利润所进行的分配。

可供分配的利润=当年实现的净利润+年初未分配利润(或-年初未弥补亏损)

企业利润分配的顺序依次是:(1) 提取法定盈余公积;(2) 提取任意盈余公积;(3) 向投资者分配股利。

企业应设置"利润分配"账户,核算企业利润分配(或亏损的弥补)和历年分配(或弥补)后的未分配利润(或未弥补亏损)。该账户应分别"提取法定盈余公积""提取任意盈余公积""应付现金股利或利润""盈余公积补亏""未分配利润"等明细账户进行明细核算。年度终了,企业应将全年实现的净利润或发生的净亏损,自"本年利润"账户转入"利润分配——未分配利润"账户,并将"利润分配"账户所属其他明细账户的余额转入"利润分配——未分配利润"明细账户。结转后,"利润分配——未分配利润"账户如为贷方余额,表示累积未分配的利润数额;如为借方余额,则表示累积未弥补的亏损数额。

未分配利润是经过弥补亏损、提取法定盈余公积、提取任意盈余公积和向投资者分配利润等利润分配之后剩余的利润,它是企业留待以后年度进行分配的历年结存的利润。相对于所有者权益的其他部分来说,企业对于未分配利润的使用有较大的自主权。

(二) 利润分配的会计处理

1. 提取法定盈余公积

根据现行有关法规规定,企业应按照净利润的10%计提法定盈余公积,其会计处理为：借记"利润分配——提取法定盈余公积"科目，贷记"盈余公积——法定盈余公积"科目。

2. 提取任意盈余公积

根据现行有关法规规定，企业按照股东大会的决议，可以以净利润为依据计提任意盈余公积。其会计处理为：借记"利润分配——提取任意盈余公积"科目，贷记"盈余公积——任意盈余公积"科目。

3. 向投资者分派股利或利润

企业按照股东大会的决议向投资者分派现金股利或利润时，借记"利润分配——应付现金股利或利润"科目，贷记"应付股利"科目。

企业利润分配完毕后，必须将已分配的利润转入"利润分配——未分配利润"科目，其会计处理为：借记"利润分配——未分配利润"科目，贷记"利润分配——提取法定盈余公积"，"利润分配——提取任意盈余公积"，"利润分配——应付股利（利润）"等科目。

【例8-24】 沿用【例8-22】资料，甲公司2018年实现净利润7 080万元，公司股东大会决议确定，按净利润的10%计提法定盈余公积，按净利润的15%计提任意盈余公积，按净利润的20%分派现金股利。甲公司进行会计处理时，应编制的会计分录如下：

（1）将本年净利润转入"利润分配——未分配利润"时：

借：本年利润　　　　　　　　　　　　　　　　70 800 000
　　贷：利润分配——未分配利润　　　　　　　　　　　70 800 000

（2）按净利润的10%计提法定盈余公积时：

借：利润分配——提取法定盈余公积　　　　　　7 080 000
　　贷：盈余公积——法定盈余公积　　　　　　　　　　7 080 000

（3）按15%提取任意盈余公积时：

借：利润分配——提取任意盈余公积　　　　　　10 620 000
　　贷：盈余公积——任意盈余公积　　　　　　　　　　10 620 000

（4）按净利润的20%向投资者分派现金股利时：

借：利润分配——应付现金股利　　　　　　　　14 160 000
　　贷：应付股利　　　　　　　　　　　　　　　　　　14 160 000

（5）将已分配的利润转入"利润分配——未分配利润"时：

借：利润分配——未分配利润　　　　　　　　　31 860 000
　　贷：利润分配——提取法定盈余公积　　　　　　　　7080 000
　　　　　　　　——提取任意盈余公积　　　　　　　　10 620 000
　　　　　　　　——应付现金股利　　　　　　　　　　14 160 000

思考题

1. 收入具有哪些特点？收入与利得如何相区分？企业各项经济利益流入中，哪些构成收入，哪些不构成收入？企业各项收入中哪些属于主营业务收入，哪些属于其他业务收入？

2. 收入的确认条件是什么？其"五步法"如何理解和掌握？

3. 企业有哪些特殊的销售业务？不同的销售业务其收入该如何确认？

4. 费用具有哪些特点？费用与损失如何相区分？企业各项经济利益流出中，哪些构成费用，哪些不构成费用？税金及附加包括哪些税种和附加？

5. 费用主要包括哪些内容？各项费用应该如何核算？

6. 企业的营业利润和利润总额分别由哪几部分构成，各部分之间是怎样的数量关系？

7. 资产和负债的计税基础与其账面价值为何会产生差异？其差异该如何处理？

8. 如何确认递延所得税资产和递延所得税负债？

9. 所得税费用该如何确定？所得税费用与应交所得税有何区别？

10. 利润分配的顺序及其会计处理有何特点。

第九章

财务报表列报

第一节 概　述

财务会计作为一个经济信息系统，由确认、计量、记录和报告四个基本环节所构成。前述各章按会计要素阐述了会计的确认、计量、记录的基本程序和方法，通过确认与计量，在会计账簿中记录了大量的会计核算资料。但是，这些会计核算资料比较分散、零星，不能综合反映企业的财务状况、经营成果和现金流量等信息，因而还不能直接满足会计信息使用者在管理和决策方面的需要。因此，还需要通过一套完整的结构化的报表及其附注作为会计信息的载体，将综合反映企业财务状况、经营成果和现金流量的信息传递给会计信息使用者，以实现财务会计及其财务报告的目的。

一、财务报表的定义和构成

财务报表是对企业财务状况、经营成果和现金流量的结构性表述。财务报表至少应当包括资产负债表、利润表、现金流量表、所有者权益（或股东权益，下同）变动表等四张报表，财务报表及其附注构成企业的财务报告[①]。四张财务报表的基本格式如表9-1至表9-4所示。

当然，财务报表可以按照不同的标准进行分类：（1）按财务报表编报期间的不同，可以分为中期财务报表和年度财务报表。中期财务报表是以短于一个完整的会计年度的报告期间为基础编制的财务报表，包括月报、季报和半年报等。（2）按财务报表编报主体的不同，可以分为个别财务报表和合并财务报表。个别财务报表是由企业在自身会计核算基础上对账簿记录进行加工而编制的财务报表，它主要用以反映

---

① 对财务报表的构成，国际财务报告准则（IFRS）只要求列报财务状况表（Statement of Financial Position）、综合收益表（Consolidated Income Statement）和现金流量表（Cashflow Statement）。其附注包括四部分：结构（Structure）、会计政策（Disclosure of Accounting Policies）、不确定性的估计（Sources of Estimation Uncertainty）、资本和其他需要披露的事项（Capital &Other Disclosures）等。

表 9-1　　　　　　　　　　　　　　资产负债表　　　　　　　　　　　　会企 01 表

编制单位：　　　　　　　　　　　　　年　月　日　　　　　　　　　　　　单位：元

资产	期末余额	年初余额	负债和所有者权益	期末余额	期初余额
流动资产：			流动负债：		
货币资金			短期借款		
交易性金融资产			交易性金融负债		
衍生金融资产			衍生金融负债		
应收票据及应收账款			应付票据及应付账款		
预付款项			预收款项		
其他应收款			合同负债		
存货			应付职工薪酬		
合同资产			应交税费		
持有待售资产			其他应付款		
一年内到期的非流动资产			持有待售负债		
其他流动资产			一年内到期的非流动负债		
流动资产合计			其他流动负债		
非流动资产：			流动负债合计		
债权投资			非流动负债：		
其他债权投资			长期借款		
长期应收款			应付债券		
长期股权投资			其中：优先股		
其他权益工具投资			永续债		
其他非流动金融资产			长期应付款		
投资性房地产			预计负债		
固定资产			递延收益		
在建工程			递延所得税负债		
生产性生物资产			其他非流动负债		
油气资产			非流动负债合计		
无形资产			负债合计		
开发支出			所有者权益：		
商誉			实收资本（或股本）		
长期待摊费用			其他权益工具		

续表

资　　产	期末余额	年初余额	负债和所有者权益	期末余额	期初余额
递延所得税资产			其中：优先股		
其他非流动资产			永续债		
非流动资产合计			资本公积		
			减：库存股		
			其他综合收益		
			盈余公积		
			未分配利润		
			所有者权益合计		
资产总计			负债和所有者权益总计		

表 9-2　　　　　　　　　　　　　　利润表　　　　　　　　　　　　　　会企 02 表

编制单位：　　　　　　　　　　　　　年度　　　　　　　　　　　　　　单位：元

项　　目	本期金额	上期金额
一、营业收入		
减：营业成本		
税金及附加		
销售费用		
管理费用		
研发费用		
财务费用		
其中：利息费用		
利息收入		
资产减值损失		
信用减值损失		
加：其他收益		
投资收益（损失以"-"号填列）		
其中：对联营企业和合营企业的投资收益		
净敞口套期收益（损失以"-"号填列）		
公允价值变动收益（损失以"-"号填列）		
资产处置收益（损失以"-"号填列）		
二、营业利润（亏损以"-"号填列）		
加：营业外收入		

续表

项　　目	本期金额	上期金额
减：营业外支出		
三、利润总额（损失总额以"-"号填列）		
减：所得税费用		
四、净利润（净亏损以"-"号填列）		
（一）持续经营净利润（净亏损以"-"号填列）		
（二）终止经营净利润（净亏损以"-"号填列）		
五、其他综合收益的税后净额		
（一）不能重分类进损益的其他综合收益		
1. 重新计量设定受益计划变动额		
2. 权益法下不能转损益的其他综合收益		
3. 其他权益工具投资公允价值变动		
4. 企业自身信用风险公允价值变动		
……		
（二）将重分类进损益的其他综合收益		
1. 权益法下可转损益的其他综合收益		
2. 其他债权投资公允价值变动		
3. 金融资产重分类计入其他综合收益的金额		
4. 其他债权投资信用减值准备		
5. 现金流量套期储备		
6. 外币财务报表折算差额		
7. 自用房地产或作为存货的房地产转换为以公允价值模式计量的投资性房地产在转换日公允价值大于账面价值的部分		
……		
六、综合收益总额		
七、每股收益		
（一）基本每股收益		
（二）稀释每股收益		

表 9-3　　　　　　　　　　　　　现金流量表　　　　　　　　　　　　会企 03 表

编制单位：　　　　　　　　　　　　　年度　　　　　　　　　　　　　　单位：元

项　　目	本期金额	上期金额
一、经营活动产生的现金流量：		
销售商品、提供劳务收到的现金		
收到的税费返还		

续表

项 目	本期金额	上期金额
收到其他与经营活动有关的现金		
经营活动现金流入小计		
购买商品、接受劳务支付的现金		
支付给职工以及为职工支付的现金		
支付的各项税费		
支付其他与经营活动有关的现金		
经营活动现金流出小计		
经营活动产生的现金流量净额		
二、投资活动产生的现金流量:		
收回投资收到的现金		
取得投资收益收到的现金		
处置固定资产、无形资产和其他长期资产收回的现金净额		
处置子公司及其他营业单位收到的现金净额		
收到其他与投资活动有关的现金		
投资活动现金流入小计		
购建固定资产、无形资产和其他长期资产支付的现金		
投资支付的现金		
取得子公司及其他营业单位支付的现金净额		
支付其他与投资活动有关的现金		
投资活动现金流出小计		
投资活动产生的现金流量净额		
三、筹资活动产生的现金流量:		
吸收投资收到的现金		
取得借款收到的现金		
收到其他与筹资活动有关的现金		
筹资活动现金流入小计		
偿还债务支付的现金		
分配股利、利润或偿付利息支付的现金		
支付其他与筹资活动有关的现金		
筹资活动现金流出小计		
筹资活动产生的现金流量净额		
四、汇率变动对现金的影响		

续表

项　　目	本期金额	上期金额
五、现金及现金等价物净增加额		
补充资料		
1. 将净利润调节为经营活动的现金流量：		
净利润		
加：资产减值准备		
固定资产折旧、油气资产折耗、生产性生物资产折旧		
无形资产摊销		
长期待摊费用摊销		
处置固定资产、无形资产和其他长期资产的损失（收益以"－"号填列）		
固定资产报废损失（收益以"－"号填列）		
公允价值变动损失（收益以"－"号填列）		
财务费用（收益以"－"号填列）		
投资损失（收益以"－"号填列）		
递延所得税资产减少（增加以"－"号填列）		
递延所得税负债增加（减少以"－"号填列）		
存货的减少（增加以"－"号填列）		
经营性应收项目的减少（增加以"－"号填列）		
经营性应付项目的增加（减少以"－"号填列）		
其他		
经营活动产生的现金流量净额		
2. 不涉及现金收支的投资和筹资活动：		
债务转为资本		
一年内到期的可转换公司债券		
融资租入固定资产		
3. 现金及现金等价物净增加情况：		
现金的期末余额		
减：现金的期初余额		
加：现金等价物的期末余额		
减：现金等价物的期初余额		
现金及现金等价物净增加额		

所有者权益（或股东权益）变动表

表 9-4
编制单位：
年度
会企 04 表
单位：元

项目	本年金额									上年金额								
	实收资本（或股本）	其他权益工具			资本公积	减：库存股	其他综合收益	盈余公积	未分配利润	所有者权益合计	实收资本（或股本）	其他权益工具			资本公积	减：库存股	其他综合收益	盈余公积	未分配利润	所有者权益合计
		优先股	永续债	其他								优先股	永续债	其他						
一、上年年末余额																				
加：会计政策变更																				
前期差错更正																				
二、本年年初余额																				
三、本年增减变动金额（减少以"-"号填列）																				
（一）综合收益总额																				
（二）所有者投入和减少资本																				
1. 所有者投入资本（或普通股）																				
2. 其他权益工具持有者投入资本																				
3. 股份支付计入所有者权益的金额																				
4. 其他																				

续表

项目	本年金额									上年金额								
	实收资本（或股本）	其他权益工具			资本公积	减：库存股	其他综合收益	盈余公积	未分配利润	所有者权益合计	实收资本（或股本）	其他权益工具			资本公积	减：库存股	其他综合收益	盈余公积	未分配利润	所有者权益合计
		优先股	永续债	其他								优先股	永续债	其他						
（三）利润分配																				
1.提取盈余公积																				
2.对所有者（或股东）的分配																				
3.其他																				
（四）所有者权益内部结转																				
1.资本公积转增资本（或股本）																				
2.盈余公积转增资本（或股本）																				
3.盈余公积弥补亏损																				
4.设定受益计划变动额结转留存收益																				
5.其他综合收益结转留存收益																				
6.其他																				
四、本年年末余额																				

企业自身的财务状况、经营成果和现金流量情况。合并财务报表是以母公司和子公司组成的企业集团为会计主体,根据母公司和所属子公司的财务报表,由母公司编制的综合反映企业集团财务状况、经营成果及现金流量的财务报表。

二、财务报表列报的基本要求

(一)依据各项会计准则确认和计量的结果编制财务报表

企业应当根据实际发生的交易和事项,按照各项具体会计准则的规定进行确认和计量,并在此基础上编制财务报表。企业应当在附注中对这一情况作出声明,只有遵循了企业会计准则的所有规定时,财务报表才应当被称为"遵循了企业会计准则"。

企业不应以在附注中披露代替对交易和事项的确认和计量。也就是说,企业如果采用不恰当的会计政策,不得通过在附注中披露等其他形式予以更正。

(二)列报基础

在编制财务报表的过程中,企业董事会应当对企业持续经营的能力进行评价,需要考虑的因素包括市场经营风险、企业目前或长期的盈利能力、偿债能力、财务弹性以及企业管理层改变经营政策的意向等。评价后对企业持续经营的能力产生严重怀疑的,应当在附注中披露导致对持续经营能力产生重大怀疑的重要的不确定因素。

非持续经营是企业在极端情况下呈现的一种状态。企业存在以下情况之一的,通常表明企业处于非持续经营状态:(1)企业已在当期进行清算或停止营业;(2)企业已经正式决定在下一个会计期间进行清算或停止营业;(3)企业已确定在当期或下一个会计期间没有其他可供选择的方案而将被迫进行清算或停止营业。企业处于非持续经营状态时,应当采用其他基础编制财务报表,比如,企业处于破产状态时,其资产应当采用可变现净值计量、负债应当按照其预计的结算金额计量等。在非持续经营情况下,企业应当在附注中声明财务报表未以持续经营为基础列报,披露未以持续经营为基础的原因以及财务报表的编制基础。

(三)重要性和项目列报

关于项目在财务报表中是单独列报还是合并列报,应当依据重要性原则来判断。重要性是判断项目是否单独列报的重要标准。企业在进行重要性判断时,应当根据所处环境,从项目的性质和金额大小两方面予以判断:一方面,应当考虑该项目的性质是否属于企业日常活动、是否对企业的财务状况和经营成果具有较大影响等因素;另一方面,判断项目金额大小的重要性,应当通过单项金额占资产总额、负债总额、所有者权益总额、营业收入总额、净利润等直接相关项目金额的比重加以确定。具体而言:

第一,性质或功能不同的项目,一般应当在财务报表中单独列报。比如存货和固定资产在性质上和功能上都有本质差别,必须分别在资产负债表上单独列报。但是，不具有重要性的项目可以合并列报。

第二，性质或功能类似的项目，一般可以合并列报，但是对其具有重要性的类别应该单独列报。比如原材料、在产品等项目在性质上类似，均通过生产过程形成企业的产品存货，因此，可以合并列报，合并之后的类别统称为"存货"在资产负债表上列报。

第三，项目单独列报的原则不仅适用于报表，还适用于附注。某些项目的重要性程度不足以在资产负债表、利润表、现金流量表或所有者权益变动表中单独列报，但是可能对附注而言却具有重要性，在这种情况下应当在附注中单独披露。

第四，无论是财务报表列报准则规定的单独列报项目，还是其他具体会计准则规定单独列报的项目，企业都应当予以单独列报。

（四）列报的一致性

可比性是会计信息质量的一项重要质量要求，目的是使同一企业不同期间和同一期间不同企业的财务报表相互可比。为此，财务报表项目的列报应当在各个会计期间保持一致，不得随意变更。这一要求不仅只针对财务报表中的项目名称，还包括财务报表项目的分类、排列顺序等方面。

在以下规定的特殊情况下，财务报表项目的列报是可以改变的：（1）会计准则要求改变；（2）企业经营业务的性质发生重大变化后，变更财务报表项目的列报能够提供更可靠、更相关的会计信息。

（五）财务报表项目金额间的相互抵销

财务报表项目应当以总额列报，资产和负债、收入和费用不能相互抵销，即不得以净额列报，但企业会计准则另有规定的除外。比如，企业欠客户的应付款不得与其他客户欠本企业的应收款相抵销，如果相互抵销就掩盖了交易的实质。

下列两种情况不属于抵销，可以以净额列示：（1）资产项目按扣除减值准备后的净额列示，不属于抵销。对资产计提减值准备，表明资产的价值确实已经发生减损，按扣除减值准备后的净额列示，才反映了资产当时的真实价值。（2）非日常活动的发生具有偶然性，并非企业主要的业务，从重要性来讲，非日常活动产生的损益以收入扣减费用后的净额列示，更有利于报表使用者的理解，也不属于抵销。

（六）比较信息的列报

企业在列报当期财务报表时，至少应当提供所有列报项目上一可比会计期间的比较数据，以及与理解当期财务报表相关的说明，目的是向报表使用者提供对比数据，提高信息在会计期间的可比性，以反映企业财务状况、经营成果和现金流量的发展趋势，提高报表使用者的判断与决策能力。

在财务报表项目的列报确需发生变更的情况下，企业应当对上期比较数据按当期的列报要求进行调整，并在附注中披露调整的原因和性质，以及调整的各项目金额。但是，在某些情况下，对上期比较数据进行调整不切实可行的，则应当在附注中披露不能调整的原因。

（七）财务报表表首的列报要求

财务报表一般分为表首、正表两部分，其中，在表首部分企业应当概括地说明下列基本信息：（1）编报企业的名称，如企业名称在所属当期发生了变更的，还应明确标明；（2）对资产负债表而言，须披露资产负债表日，而对利润表、现金流量表、所有者权益变动表而言，须披露报表涵盖的会计期间；（3）货币名称和单位，按照我国企业会计准则的规定，企业应当以人民币作为记账本位币列报，并标明金额单位，如人民币元、人民币万元等；（4）财务报表是合并财务报表的，应当予以标明。

（八）报告期间

企业至少应当编制年度财务报表。根据《中华人民共和国会计法》的规定，会计年度自公历1月1日起至12月31日止。因此，在编制年度财务报表时，可能存在年度财务报表涵盖的期间短于一年的情况。比如企业在年度中间（如4月1日）开始设立等，在这种情况下，企业应当披露年度财务报表的实际涵盖期间及其短于一年的原因，并说明由此引起财务报表项目与比较数据不具可比性这一事实。

三、编制财务报表的准备工作

编制财务报表是在总结日常会计核算的基础上所进行的一种总结核算，从会计凭证到账簿记录、再到财务报表，是一个会计核算资料逐步系统化和逐步深化的过程，也是会计核算数据转换为会计信息的过程。财务报表中各项指标主要来源于账簿记录，为了保证财务报表数字的真实可靠和会计信息的质量，就必须保证账簿记录真实、准确、完整。因此，在编制财务报表前，应当完成下列四个方面的工作：

（一）清产核债

企业在编制财务报表前，应当全面清查资产、核实债务。其清查核实的内容主要有：（1）各项结算款项（包括应收款项、应付款项、应交税费、银行借款等）是否存在，与债权、债务单位的往来金额是否一致；（2）各项存货的实存数量与账面数量是否一致，是否有报废损失和积压物资；（3）各项对外投资是否存在，投资收益是否按照企业会计准则的规定进行确认和计量；（4）各项固定资产的实存数量与账面数量是否一致；（5）在建工程的实际发生额与账面记录是否一致等。

企业清查、核实资产和债务后，应当将清查、核实的结果及其处理办法向企业的董事会或者相应机构报告，并根据企业会计准则的规定进行相应的会计处理。

（二）按期结账

企业应在将本期各项交易、事项全部登记入账的基础上，按规定的结账日进行结账，结出有关账户的期末余额和本期发生额，不得提前或者延迟。年度结账日为公历年度每年的12月31日；半年度、季度、月度结账日分别为公历年每半年、每季、每月的最后一天。

（三）核对账证

对于各种账簿记录要进行全面核对，包括：（1）核对各会计账簿记录与会计凭证的内容、金额等是否一致,记账方向是否相符;(2)核对各会计账簿之间的余额,包括核对所有总账账户的借方余额之和与贷方余额之和是否相等、有关总账账户的余额与其所属明细账户的余额之和是否相等、各种日记账的余额与有关总账账户余额是否相等。通过上述核对,对于发现的问题,应按企业会计准则的规定进行相应的处理,使得账证相符和账账相符。

(四)检查核算方法

检查相关的会计核算是否按照企业会计准则的规定进行;检查是否存在因会计政策、会计估计变更或差错等原因需要调整前期或者本期相关项目等。通过上述检查,对于发现的问题,应按企业会计准则的规定进行相应的处理,以保证会计核算方法和会计账簿记录符合企业会计准则的规定。

第二节 资产负债表

一、资产负债表的性质和作用

资产负债表,也称财务状况表[①],是反映企业在某一特定日期财务状况的报表。所谓财务状况,是指企业在某一特定日期资产、负债和所有者权益的构成及其相互关系。资产负债表是根据"资产=负债+所有者权益"这一基本的会计恒等式,按照一定的分类标准和次序,把企业特定日期的资产、负债和所有者权益三项要素的所属项目予以适当排列编制而成。资产及其构成表明投入企业经济资源的运用,负债与所有者权益及其构成表明投入企业经济资源的来源,它们反映的均是某一时点的经济资源存量。因此,资产负债表是为提供企业在某一特定日期的资产、负债、所有者权益及其相互关系,借以反映企业财务状况的一种资源存量的报表,它表明企业在某一特定日期所拥有或控制的经济资源、所承担的现有债务和所有者对净资产的要求权。从反映企业经营资金运动的角度看,它是一种反映企业经营资金运动静态表现的报表,所以也称为静态财务报表。

资产负债表是企业重要的财务报表之一,在财务报表体系中具有举足轻重的地位,它所提供的会计信息,对各种不同的使用者都具有十分重要的作用,这些作用主要表现在以下三个方面。

(一)了解企业所拥有或控制的经济资源及其分布、企业资金的来源及其构成

[①] 根据国际会计准则(IAS)第1号的要求,未来,企业将以财务状况表代替资产负债表。财务状况表从结构到内容与现行的资产负债表有很大的不同,建议读者参阅:葛家澍:"试评IASB/FASB联合概念框架的某些改进——截至2008年10月16日的进展",《会计研究》,2009年第4期;傅宏宇:"财务报表要素还是财务会计要素——FASB—IASB新财务报表列报方案下的思考",《兰州商学院学报》,2011年第3期,以及汤湘希:《高级财务会计》(第二版),经济科学出版社2013年版等有关著述。

财务状况是指资产、负债和所有者权益的构成及其相互关系;资本结构是指在企业的权益总额中负债和所有者权益的相对比例。资产负债表列示了企业在某一特定日期的资产、负债和所有者权益,通过上述三项会计要素的构成及其相互关系的分析,就可以分析和评价企业的财务状况是否良好,资本结构是否合理。

(二)了解企业资产和负债的数量关系及其流动性

通过资产负债表可以分析和评价企业的偿债能力和财务弹性。偿债能力可分为短期偿债能力和长期偿债能力。短期偿债能力是指企业以能及时变现的资产清偿短期债务的能力,短期偿债能力主要取决于资产和负债的流动性,资产的流动性则反映资产转换为现金的能力,负债的流动性则反映债务迫近到期日的程度;长期偿债能力是指企业的全部资产清偿全部负债的能力,长期偿债能力主要取决于企业的资本结构和资产负债的比例关系。财务弹性是指企业在面临突发现金需要时,能够在资金调度上采取有效行动作出迅速反应的能力。由于资产负债表中资产按其流动性排列,负债按其到期日长短排列,这种排列方式清楚地反映了不同类别资产的变现能力和不同负债的偿还顺序,这样就为报表使用者分析和评价企业的短期偿债能力、长期偿债能力和财务弹性提供了重要的依据。

(三)了解企业不同时点的财务状况,预测企业未来财务状况的发展趋势

通过将企业当期资产负债表与前期资产负债表进行比较,可以了解企业不同时点资产、负债和所有者权益的变化情况,从中分析变化的规律,并预测企业未来财务状况的发展趋势。

二、资产负债表的结构与内容

资产负债表反映企业在某一特定日期所拥有或控制的经济资源、所承担的现有债务和所有者对净资产的要求权。在资产负债表上,企业拥有或控制的经济资源表现为资产,资产包括流动资产和非流动资产;企业所承担的现有债务表现为负债,负债包括流动负债和非流动负债;企业所有者对净资产的要求权表现为所有者权益,所有者权益包括实收资本(或股本)、资本公积、盈余公积和未分配利润。

资产负债表根据资产、负债和所有者权益之间的相互关系,按一定的分类标准和一定的顺序,把企业某一特定日期的资产、负债和所有者权益各项目进行适当排列,并对日常会计核算中形成的大量数据进行分类整理后编制而成。

在我国,资产负债表采用账户式的报表结构,报表分为左右两方,左方列示资产各项目,反映全部资产的分布及存在形态;右方列示负债和所有者权益各项目,反映全部负债和所有者权益的内容及构成情况。资产和负债应当分别流动资产和非流动资产、流动负债和非流动负债列示。资产满足下列条件之一的,应当归类为流动资产:(1)预计在一个正常营业周期中变现、出售或耗用;(2)主要为交易目的而持有;(3)预计在资产负债表日起一年内(含一年,下同)变现;(4)在资产负债表日起一年内,交换其他资产或清偿负债的能力不受限制的现金或现金等价物。流动

资产各项目按其流动性由大到小顺序排列,流动性大的排列在前,流动性小的排列在后。流动资产以外的资产应当归类为非流动资产,并应按其性质分类列示。负债满足下列条件之一的,应当归类为流动负债:(1)预计在一个正常营业周期中清偿;(2)主要为交易目的而持有;(3)在资产负债表日起一年内到期应予以清偿;(4)企业无权自主地将清偿推迟至资产负债表日后一年以上。流动负债各项目按其到期日的远近顺序排列,到期日近的排列在前,到期日远的排列在后。流动负债以外的负债应当归类为非流动负债,并应按其性质分类列示。所有者权益各项目按其永久性顺序排列,永久性大的排列在前,永久性小的排列在后。资产负债表左右双方平衡相等,即资产总计等于负债和所有者权益总计。资产负债表的基本格式见表9-3[①]。

三、资产负债表的编制方法

资产负债表的编制是一个以日常会计核算记录的数据为基础进行再确认的过程,即对日常会计核算记录的数据进行归类、整理和汇总,加工成报表项目的过程。资产负债表主体部分的各项目都列有"年初余额"和"期末余额"两个栏目。资产负债表设置"年初余额"栏的目的,主要是用于各项目期末数与年初数进行比较,以分析企业财务状况的变动情况及其发展趋势。从这一点看,我国的资产负债表实际上是一种比较资产负债表。现分别说明各栏目的填列方法。

(一)各项目"年初余额"的填列方法

表中"年初余额"栏内各项目数字,应根据上年末资产负债表"期末余额"栏内所列数字填列。如果本年度资产负债表规定的各个项目的名称和内容同上年度不一致,应对上年年末资产负债表各项目的名称和数字按照本年度的规定进行调整,按调整后的数字填入本表"年初余额"栏内。

(二)各项目"期末余额"的填列方法

本表"期末余额"是指某一会计期末的数字,即月末、季末、半年末或年末的数字。

由于资产负债表是总括反映企业某一特定日期全部资产、负债和所有者权益余额的报表,而各个会计科目的期末余额则是分类反映企业某一特定日期的资产、负债和所有者权益余额的,亦即资产负债表各项目的"期末余额"与各会计科目的"期末余额"在反映内容上存在着共性。因此,资产负债表各项目"期末余额"应根据各有关会计科目的期末余额填列。然而,资产负债表各项目反映的内容与各个会计科目反映的内容又不完全相同,有的项目反映的内容更概括、更集中,所以,资产负债表各项目"期末余额"的数据,可以通过以下五种方式进行填列。

[①] 我国将财务报表格式和附注分别按照一般企业、商业银行、保险公司、证券公司等企业类型予以规定,本章涉及的均是一般企业的财务报表和附注。

第一，根据总账科目余额填列。"交易性金融资产""合同资产""递延所得税资产""短期借款""交易性金融负债""合同负债""应付职工薪酬""应交税费""预计负债""递延所得税负债""实收资本（或股本）""资本公积""库存股""盈余公积"等。

有些项目则应根据几个总账科目的期末余额计算填列："货币资金"项目，应根据"库存现金""银行存款""其他货币资金"三个总账科目的期末余额的合计数填列；"其他非流动资产""其他流动负债"项目，应根据有关科目的期末余额分析填列。

第二，根据明细科目余额分析计算填列。例如，"开发支出"项目，应根据"研发支出"科目中所属的"资本化支出"明细科目期末余额填列；"应付账款"项目，应根据"应付账款"和"预付账款"两个科目所属的相关明细科目的期末贷方余额合计数填列；"预收款项"项目，应根据"预收账款"和"应收账款"两个科目所属的相关明细科目的期末贷方余额合计数填列；"一年内到期的非流动资产""一年内到期的非流动负债"项目，应根据有关非流动资产或负债项目的明细科目余额分析填列；"长期借款""应付债券"项目，应分别根据"长期借款""应付债券"科目的明细科目余额分析填列；"未分配利润"项目，应根据"利润分配"科目中所属的"未分配利润"明细科目期末余额填列。

第三，根据总账科目和明细科目的余额分析计算填列。"长期借款"等项目，应根据"长期借款"总账科目余额扣除"长期借款"科目所属的明细科目中将在资产负债表日起一年内到期且企业不能自主地将清偿义务展期的长期借款后的金额计算填列；"其他非流动负债"项目，应根据有关科目的期末余额减去将于一年内（含一年）到期偿还数额后的金额填列。

第四，根据有关科目余额减去其备抵科目余额后的净额填列。"长期股权投资""商誉"等项目，应根据相关科目的期末余额填列，已计提减值准备的，还应扣减相应的减值准备；"固定资产""无形资产""投资性房地产""生产性生物资产""油气资产"项目，应根据相关科目的期末余额扣减相关的累计折旧（或摊销、折耗）填列，已计提减值准备的，还应扣减相应的减值准备，采用公允价值计量的上述资产，应根据相关科目的期末余额填列；"长期应收款"项目，应根据"长期应收款"科目的期末余额，减去相应的"未实现融资收益"科目和"坏账准备"科目所属相关明细科目期末余额后的金额填列；"长期应付款"项目，应根据"长期应付款"科目的期末余额，减去相应的"未确认融资费用"科目期末余额后的金额填列。

第五，综合运用上述填列方法分析填列。"应收账款""应收票据""其他应收款"等项目，应根据相关科目的期末余额，减去"坏账准备"科目中有关坏账准备期末余额后的金额填列；"应收账款"项目，应根据"应收账款"和"预收账款"科目所属各明细科目的期末借方余额合计数，减去"坏账准备"科目中有关应收账款计提的坏账准备期末余额后的金额填列；"预付款项"项目，应根据"预付账款"和"应付账款"科目所属各明细科目的期末借方余额合计数，减去"坏账准备"科目中有关预付账款计提的坏账准备期末余额后的金额填列；"存货"项目，应根据"在途物资""材料采购""原材料""发出商品""库存商品""周转材料""委托加工物资""委托代销商品""受托代销商品""生产成本"等科目的期末余额合计，减去"受托代销商品款""存货跌价准备"科目以及"合同履约成本（按其流动性）"期末余额后的金额填列，材料采用计划成本核算，以及库存商品采用计划成本或售价核算的企业，还应按加或减材料成本差异、商品进销差价后的金额填列。"其他应收款"项目应根据"其他应收款""应收股利""应收利息"等科目的余额综合分析填列。

（三）有关项目填列的特殊要求

根据财会〔2018〕15号文件的规定，有关报表项目的填列方法有如下特别的规定：

（1）"应收票据及应收账款"项目，反映资产负债表日以摊余成本计量的、企业因销售商品、提供服务等经营活动应收取的款项，以及收到的商业汇票，包括银行承兑汇票和商业承兑汇票。该项目应根据"应收票据"和"应收账款"科目的期末余额，减去"坏账准备"科目中相关坏账准备期末余额后的金额填列。

（2）"其他应收款"项目，应根据"应收利息""应收股利""其他应收款"科目的期末余额合计数，减去"坏账准备"科目中相关坏账准备期末余额后的金额填列。

（3）"持有待售资产"项目，反映资产负债表日划分为持有待售类别的非流动资产及划分为持有待售类别的处置组中的流动资产和非流动资产的期末账面价值。该项目应根据"持有待售资产"科目的期末余额，减去"持有待售资产减值准备"科目的期末余额后的金额填列。

（4）"固定资产"项目，反映资产负债表日企业固定资产的期末账面价值和企业尚未清理完毕的固定资产清理净损益。该项目应根据"固定资产"科目的期末余额，减去"累计折旧"和"固定资产减值准备"科目的期末余额后的金额，以及"固定资产清理"科目的期末余额填列。

（5）"在建工程"项目，反映资产负债表日企业尚未达到预定可使用状态的在建工程的期末账面价值和企业为在建工程准备的各种物资的期末账面价值。该项目应根据"在建工程"科目的期末余额，减去"在建工程减值准备"科目的期末余额后的金额，以及"工程物资"科目的期末余额，减去"工程物资减值准备"科目的期末余额后的金额填列。

（6）"应付票据及应付账款"项目，反映资产负债表日企业因购买材料、商品和接受服务等经营活动应支付的款项，以及开出、承兑的商业汇票，包括银行承兑汇票和商业承兑汇票。该项目应根据"应付票据"科目的期末余额，以及"应付账款"和"预付账款"科目所属的相关明细科目的期末贷方余额合计数填列。

(7)"其他应付款"项目,应根据"应付利息""应付股利""其他应付款"科目的期末余额合计数填列。

(8)"持有待售负债"项目,反映资产负债表日处置组中与划分为持有待售类别的资产直接相关的负债的期末账面价值。该项目应根据"持有待售负债"科目的期末余额填列。

(9)"长期应付款"项目,反映资产负债表日企业除长期借款和应付债券以外的其他各种长期应付款项的期末账面价值。该项目应根据"长期应付款"科目的期末余额,减去相关的"未确认融资费用"科目的期末余额后的金额,以及"专项应付款"科目的期末余额填列。

【例9-1】 甲公司编制2018年12月31日资产负债表的有关资料如下(年初余额略):

(1)2018年12月31日有关总账科目余额如表9-5所示。

表 9-5　　　　　　　　　　　总账科目余额表　　　　　　　　　　单位:元

科目名称	年末余额		科目名称	年末余额	
	借方	贷方		借方	贷方
库存现金	6 000		固定资产	11 600 000	
银行存款	1 500 000		累计折旧		2 320 000
其他货币资金	700 000		工程物资	160 000	
交易性金融资产	128 000		在建工程	720 000	
应收票据	170 000		无形资产	600 000	
应收账款	1 400 000		累计摊销		100 000
坏账准备		7 000	长期待摊费用	150 000	
预付账款	200 000		递延所得税资产	51 750	
其他应收款	10 000		短期借款		400 000
材料采购	900 000		应付票据		240 000
原材料	1 000 000		应付账款		700 000
周转材料	500 000		预收账款		120 000
库存商品	560 000		应付职工薪酬		36 000
发出商品	40 000		应交税费		204 000
委托代销商品	100 000		应付股利		86 000
材料成本差异		30 000	应付利息		3 600
生产成本	80 000		长期借款		2 800 000
存货跌价准备		150 000	应付债券		1 000 000
应收股利	60 000		长期应付款		1 200 000
应收利息	16 000		递延所得税负债		9 000
债权投资	320 000		股本		10 000 000

续表

科目名称	年末余额 借方	年末余额 贷方	科目名称	年末余额 借方	年末余额 贷方
债权投资减值准备		20 000	资本公积		402 400
长期股权投资	680 000		盈余公积		1 020 000
长期股权投资减值准备		180 000	利润分配		623 750

（2）该公司 2018 年 12 月 31 日有关总账科目所属明细科目的余额如表 9 – 6 所示。

表 9 – 6　　　　　　　　　有关明细科目余额表　　　　　　　　　单位：元

总账科目	明细科目	年末余额 借方	年末余额 贷方
应收账款	应收乙公司账款	1 750 000	
	应收丙公司账款		350 000
应付账款	应付丁公司账款		800 000
	应付戊公司账款	100 000	
预付账款	预付己公司账款	240 000	
	预付庚公司账款		40 000
预收账款	预收辛公司账款		80 000
	预收壬公司账款		40 000

（3）其他资料：

"坏账准备"科目贷方余额 7 000 元，均为应收账款计提的坏账准备金余额；"债权投资"科目年末借方余额 320 000 元中有一年内到期的债券投资 100 000 元；"长期借款"科目年末贷方余额 2 800 000 元中有一年内到期的借款 800 000 元；"应付债券"科目年末贷方余额 1 000 000 元中有一年内到期的应付债券 400 000 元。

根据上述资料，编制甲公司 2018 年 12 月 31 日的资产负债表如表 9 – 7 所示。

表 9 – 7　　　　　　　　　资产负债表　　　　　　　　　（会企01表）

编制单位：甲公司　　　　　　2018 年 12 月 31 日　　　　　　单位：元

资产	期末余额	年初余额（略）	负债和所有者权益	期末余额	年初余额（略）
流动资产：			流动负债：		
货币资金	2 206 000		短期借款	400 000	
交易性金融资产	128 000		交易性金融负债	0	
衍生金融资产	0		衍生金融负债	0	

续表

资产	期末余额	年初余额（略）	负债和所有者权益	期末余额	年初余额（略）
应收票据及应收账款	1 913 000		应付票据及应付账款	1 080 000	
预付款项	340 000		预收款项	470 000	
其他应收款	86 000		合同负债	0	
存货	3 000 000		应付职工薪酬	36 000	
合同资产	0		应交税费	204 000	
持有待售资产	0		其他应付款	89 600	
一年内到期的非流动资产	100 000		持有待售负债	0	
其他流动资产	0		一年内到期的非流动负债	1 200 000	
流动资产合计	7 773 000		其他流动负债	0	
非流动资产：			流动负债合计	3 479 600	
债权投资	200 000		非流动负债：		
其他债权投资	0		长期借款	2 000 000	
长期应收款	0		应付债券	600 000	
长期股权投资	500 000		长期应付款	1 200 000	
其他权益工具投资	0		预计负债	0	
其他非流动金融资产	0		递延所得税负债	9 000	
投资性房地产	0		其他非流动负债	0	
固定资产	9 280 000				
在建工程	880 000		非流动负债合计	3 809 000	
生产性生物资产	0		负债合计	7 288 600	
油气资产	0		所有者权益：		
无形资产	500 000		股本	10 000 000	
			其他权益工具	0	
开发支出	0		资本公积	402 400	
商誉	0		减：库存股	0	
长期待摊费用	150 000		其他综合收益	0	
递延所得税资产	51 750		盈余公积	1 020 000	
其他非流动资产	0		未分配利润	623 750	
非流动资产合计	11 561 750		所有者权益合计	12 046 150	
资产总计	19 334 750		负债和所有者权益总计	19 334 750	

第三节 利 润 表

一、利润表的性质和作用

利润表是反映企业在一定会计期间的经营成果的财务报表[①]。利润表是根据"收入－费用＝利润"这一会计等式，按照各项收入、费用以及构成利润的各个项目分类分项编制而成的。收入是企业在日常活动中形成的、会导致所有者权益增加但与所有者投入资本无关的经济利益的总流入，费用是企业在日常活动中发生的、会导致所有者权益减少但向所有者分配利润无关的经济利益的总流出。企业在一定期间经济利益的总流入与总流出的差额，就是企业在一定会计期间实现的利润（或发生的亏损），它们反映的是企业一定期间经济利益的流入、流出及其最终结果的财务指标。从反映企业经营资金运动的角度看，它是一种反映企业经营资金运动动态表现的报表，所以也称为动态财务报表。

在市场经济条件下，利润的多少，既是企业投资者与其他利害关系人关注的焦点，更是企业生存与发展的关键。利润表所提供的会计信息，对财务报表的使用者来说，具有以下五个方面的重要作用。

（一）为企业经营成果的分配提供重要依据

现代企业是不同利益集团的结合体，不同的利益集团之所以向企业提供经济资源或参与企业的活动，目的就在于分享企业的经营成果。利润表直接反映了企业经营成果的形成及经营成果各组成部分的具体数额，在一定的经济政策、法律法规和企业分配制度下，利润额的多少决定了各相关利益集团的分享额，如国家的税收收入、股东的股利、经营者的年薪、员工和管理人员的奖金等，企业在进行利润分配时，无论是提取盈余公积，还是制定股利分配政策，都必须以利润表提供的数据作为重要依据。

（二）据以评价和考核企业的经营业绩

按照企业所有权与经营权分离的要求，所有者将有关经济资源交付给管理者进行管理，管理者则应履行受托经济责任，运用受托管理的经济资源获取尽可能多的经济利益。利润表中的各项数据，体现了企业在生产经营、投资、融资等活动中的管理效率及实现的经济利益，是对企业经营业绩的综合反映。通过比较前后期利润

[①] 根据国际会计准则（IAS）第1号的要求，未来，企业的利润表将被综合收益表代替。综合收益表从结构到内容与现行的利润表有很大的不同，建议读者参阅：葛家澍："试评 IASB／FASB 联合概念框架的某些改进——截至2008年10月16日的进展"，《会计研究》，2009年第4期；傅宏宇："财务报表要素还是财务会计要素——FASB—IASB 新财务报表列报方案下的思考"，《兰州商学院学报》，2011年第3期，以及汤湘希：《高级财务会计》（第二版），经济科学出版社2013年版等有关著述。

表上各种收入、费用和利润的增减变动情况,比较各项收入、费用和利润的当期实际与当期预算的符合程度,并分析发生差异的原因,可以据以评价和考核各职能部门和管理人员的业绩。

(三) 据以分析和评价企业的经营成果和获利能力

企业的经营成果是指企业在其拥有或控制的经济资源上取得的报酬,它直接体现为企业一定会计期间的利润总额;而获利能力则是指企业运用一定经济资源获取经营成果的能力,它一般通过相对指标进行反映,如资产利润率、净资产利润率、成本利润率、每股收益等。通过当期利润表数据可以反映企业当期的经营成果,结合资产负债表数据可以反映企业当期的获利能力;通过比较和分析同一企业不同时期利润表中的数据,以及比较和分析同一时期不同企业的利润表数据,可以评价企业某一时期经营成果的好坏和获利能力的高低,并可预测未来发展的趋势。

(四) 据以分析和预测企业未来的现金流量

财务报表的使用者为了进行有关的经济决策,都十分关注企业未来现金流量的来源、金额、时间及其不确定性,而企业过去和现在的利润水平和获利能力,与未来的现金流量存在一定的关系。财务报表使用者根据企业提供的利润表,通过比较和分析同一企业不同时期、不同企业同一时期的利润数额和获利能力,了解企业利润增长(或减少)的规模和趋势,预测企业未来现金流量及其不确定性程度,进而作出合理的经济决策。

(五) 帮助企业管理当局进行经营决策

利润表反映企业在一定会计期间各项收入、费用的发生情况,以及收入与费用配比的结果。企业管理当局通过分析利润表各项目的关系,可以了解企业各项收入、费用与利润之间的消长关系及变动趋势,发现企业在生产经营活动的各个环节中存在的问题,并针对问题分析原因,采取改善措施,以作出正确的经营决策。

二、利润表的结构和内容

(一) 利润表的结构

为了将利润表的信息恰当地反映出来,便于财务报表使用者理解和使用,需要把列入利润表的各个项目按照一定的顺序进行排列,以形成相对稳定的结构。现行利润表采用多步式结构。

多步式利润表是指通过对当期的收入(含直接计入当期损益的利得)、费用(含直接计入当期损益的损失)项目按照性质加以归类,按净利润形成的主要环节列示一些中间性利润指标,分步计算当期净利润。

多步式利润表的优点主要是能提供比较详细的中间利润指标,便于对企业生产经营情况进行分析,有利于不同企业之间进行比较,以正确评价企业的经营业绩和获利能力;有利于预测企业未来的经营趋势和盈利能力。

由于多步式利润表比单步式利润表能提供更为有用的信息,其结构更为科学,因此，各个国家或地区中使用较为普遍的是多步式利润表。

（二）利润表的内容

我国企业利润表主要反映以下几个方面的内容：（1）营业收入，由主营业务收入和其他业务收入组成。（2）营业利润，营业收入减去营业成本（主营业务成本、其他业务成本）、税金及附加、销售费用、管理费用、财务费用、资产减值损失、信用减值损失，加上公允价值变动收益、投资收益、公允价值变动损益、资产处置收益、其他收益等，即为营业利润。（3）利润总额，营业利润加上营业外收入，减去营业外支出，即为利润总额。（4）净利润，利润总额减去所得税费用，即为净利润。（5）每股收益，普通股或潜在普通股已公开交易的企业，以及正处于公开发行普通股或潜在普通股过程中的企业，还应当在利润表中列示每股收益信息，包括基本每股收益和稀释每股收益两项指标。（6）其他综合收益，反映企业根据企业会计准则规定未在损益中确认的各项利得和损失扣除所得税影响后的净额。（7）综合收益总额，反映企业净利润与其他综合收益总额的合计金额。

此外，为了使财务报表的使用者通过比较不同期间利润的实现情况，判断企业经营成果的未来发展趋势，企业需要提供比较利润表，利润表还就各项目再分为"本期金额"和"上期金额"两栏分别填列。利润表的具体格式如表9-5所示。

三、利润表的编制方法

（一）各栏目"上期金额"填列方法

利润表中各栏目的"上期金额"反映企业上年同期利润表各项目的实际发生数，应根据上年该期利润表"本期金额"栏内所列数字填列。如果上年该期利润表规定的各个项目的名称和内容同本期不一致，应对上年该期利润表各项目的名称和数字按本期的规定进行调整，填入利润表的"上期金额"栏内。

（二）各栏目"本期金额"填列方法

利润表中的"本期金额"栏反映各项目的本期实际发生数，应根据损益类科目的本期发生额分析计算填列[①]。

1. "营业收入"项目，反映企业经营业务所取得的收入的净额。本项目应根据"主营业务收入"科目和"其他业务收入"科目的发生额分析填列。

2. "营业成本"项目，反映企业经营活动发生的实际成本。本项目应根据"主营业务成本"科目和"其他业务成本"科目的发生额分析填列。

3. "税金及附加"项目，反映企业经营活动发生的消费税、城市维护建设税、资源税、土地增值税和教育费附加等相关的税费。本项目应根据"税金及附加"科目的发生额分析填列。

---

① 此处只介绍一般性的交易或事项产生的收入、成本、费用等项目的填列方法。对于一些不常见的交易或事项产生的损益项目，暂不作介绍，比如净敞口套期收益等。

4. "销售费用"项目,反映企业在销售商品和材料、提供劳务的过程中发生的各项费用。本项目应根据"销售费用"科目的发生额分析填列。

5. "管理费用"项目,反映企业为组织和管理企业生产经营所发生的管理费用。本项目应根据"管理费用"科目的发生额分析填列。

6. "研发费用"项目,反映企业进行研究与开发过程中发生的费用化支出。本项目应根据"管理费用"科目下的"研发费用"明细科目的发生额分析填列。

7. "财务费用"项目,反映企业为筹集生产经营所需资金等而发生的筹资费用。本项目应根据"财务费用"科目的发生额分析填列。但分别利息支出和利息收入单独反映。

其中:"利息费用"项目,反映企业为筹集生产经营所需资金等而发生的应予费用化的利息支出,应根据"财务费用"科目的相关明细科目的发生额分析填列。"利息收入"项目,反映企业确认的利息收入,应根据"财务费用"科目的相关明细科目的发生额分析填列。

8. "其他收益"项目,反映计入其他收益的政府补助等。本项目应根据"其他收益"科目的发生额分析填列。

9. "资产处置收益"项目,反映企业出售划分为持有待售的非流动资产(金融工具、长期股权投资和投资性房地产除外)或处置组(子公司和业务除外)时确认的处置利得或损失,以及处置未划分为持有待售的固定资产、在建工程、生产性生物资产及无形资产而产生的处置利得或损失。

10. "资产减值损失"项目,反映企业计提各项资产减值准备所形成的损失。本项目应根据"资产减值损失"科目的发生额分析填列。

11. "信用减值损失",反映企业按照《企业会计准则第 22 号——金融工具确认和计量》(2017 年修订)的要求计提的各项金融工具减值准备所形成的预期信用损失。本项目应根据"信用减值损失"科目的发生额分析填列。

12. "公允价值变动收益"项目,反映企业交易性金融资产、交易性金融负债,以及采用公允价值模式计量的投资性房地产、衍生工具、套期保值业务等公允价值变动形成的应计入当期损益的净利得。本项目应根据"公允价值变动损益"科目的发生额分析计算填列;如为净损失,以"-"号填列。

13. "投资收益"项目,反映企业以各种方式对外投资所取得的净收益。本项目应根据"投资收益"科目的发生额分析计算填列;如为投资净损失,以"-"号填列。其中的"对联营企业和合营企业的投资收益"项目,反映企业对联营企业和合营企业投资所确认的投资净收益,应根据"投资收益"明细科目的发生额分析填列;如为投资净损失,以"-"号填列。

14. "营业利润"项目,反映企业实现的营业利润总额。本项目应根据营业收入减去营业成本、营业税金及附加、销售费用、管理费用、财务费用、资产减值损失,加上公允价值变动收益和投资收益后的余额填列;若余额为负数,则为亏损总额，应以"-"号填列。

15. "营业外收入"项目，反映企业发生的与其经营活动无直接关系的各项直接计入当期损益的利得。本项目应根据"营业外收入"科目的发生额分析填列。

16. "营业外支出"项目，反映企业发生的与其经营活动无直接关系的各项直接计入当期损益的损失。本项目应根据"营业外支出"科目的发生额分析填列。其中的"非流动资产处置损失"项目，反映企业处置非流动资产所发生的损失总额，应根据"营业外支出——处置非流动资产损失"科目的发生额分析填列。

17. "利润总额"项目，反映企业实现的利润总额。本项目应根据营业利润加上营业外收入，再减去营业外支出后的余额填列；若余额为负数，则为亏损总额，应以"-"号填列。

18. "所得税费用"项目，反映企业按规定从本期利润总额中扣除的所得税费用。本项目应根据"所得税费用"科目的发生额分析填列。

19. "净利润"项目，反映企业实现的净利润。本项目应根据利润总额减去所得税费用后的余额填列；若余额为负数，则为净亏损，应以"-"号填列。

20. "每股收益"项目，反映普通股或潜在普通股已公开交易的企业，以及正处于公开发行普通股或潜在普通股过程中的企业的基本每股收益和稀释每股收益。如果企业不存在稀释性潜在普通股，那么在利润表中只需列示基本每股收益；否则，企业应同时列示基本每股收益和稀释每股收益。

（1）基本每股收益应根据归属于普通股股东的当期净利润除以发行在外普通股的加权平均数计算填列。其中，发行在外普通股加权平均数＝期初发行在外普通股股数＋当期新发行普通股股数×已发行时间÷报告期时间－当期回购普通股股数×已回购时间÷报告期时间，已发行时间、报告期时间和已回购时间一般按照天数计算；在不影响计算结果合理性的前提下，也可以采用简化的计算方法，如按月数计算。

（2）存在稀释性潜在普通股的企业，应当分别调整归属于普通股股东的当期净利润和发行在外普通股的加权平均数，并据以计算并列报稀释每股收益。其中，归属于普通股股东的当期净利润，应根据当期已确认为费用的稀释性潜在普通股的利息、稀释性潜在普通股转换时将产生的收益或费用，以及上述调整对所得税的影响等，对企业净利润进行调整后确定；当期发行在外普通股的加权平均数，应当为计算基本每股收益时普通股的加权平均数与假定稀释性潜在普通股转换为已发行普通股而增加的普通股股数的加权平均数之和。计算时须注意，以前期间发行的稀释性潜在普通股，应当假设在当期期初转换；当期发行的稀释性潜在普通股，应当假设在发行日转换。

21. "其他综合收益"项目，反映企业根据企业会计准则规定未在损益中确认的各项利得和损失扣除所得税影响后的净额等。"综合收益总额"项目，反映企净利润与其他综合收益的合计金额。①

22. "综合收益总额"项目反映企业全部的综合收益,即净利润加上其他综合收益。

【例9-2】 甲公司编制2018年度利润表的有关资料如下:

(1) 该公司有关损益类科目的本年发生额如表9-8所示。

表9-8　　　　　　　　损益类科目本年发生额表　　　　　　　　单位:元

科目名称	借方发生额	贷方发生额
主营业务收入	240 000	115 240 000
主营业务成本	52 000 000	160 000
税金及附加	15 000 000	
其他业务收入		15 000 000
其他业务成本	5 600 000	
销售费用	14 900 000	
管理费用	9 200 000	
财务费用	2 000 000	
公允价值变动损益		900 000
资产减值损失	300 000	
投资收益	400 000	20 600 000
营业外收入		3 300 000②
营业外支出	1 950 000	
所得税费用	19 813 200	

(2) 该公司2018年损益类科目的有关明细资料及其他有关资料如下:"投资收益"科目中对联营企业的投资收益为4 000 000元;"营业外支出——报废非流动资产损失"科目的本年发生额为340 000元;该企业只发行普通股,年初发行在外的普通股股数为16 000万股,2018年5月1日增发普通股6 000万股,股份已发行时间按月数计算。

(3) 该公司2018年其他权益投资计入所有者权益的金额为150 000元(已扣除所得税的影响)。

根据上述资料,编制该公司2018年度的利润表如表9-9所示。

---

① 其他一般企业不常用的报表项目不再赘述。
② 不包括正常的资产处置收益。具体内容请见本书有关内容。

表 9-9　　　　　　　　　　　　　　　利润表　　　　　　　　　　　（会企 02 表）

编制单位：甲公司　　　　　　　　　　2018 年度　　　　　　　　　　　　单位：元

项目	本期金额	上期金额（略）
一、营业收入	130 000 000	
减：营业成本	57 440 000	
税金及附加	15 000 000	
销售费用	14 900 000	
管理费用	9 200 000	
研发费用	0	
财务费用	2 000 000	
其中：利息费用	2 100 000	
利息收入	100 000	
资产减值损失	300 000	
信用减值损失	0	
加：投资收益（损失以"-"号填列）	20 200 000	
其中：对联营企业和合营企业的投资收益	4 000 000	
公允价值变动收益（损失以"-"号填列）	900 000	
净敞口套期收益（损失以"-"号填列）	0	
资产处置收益（损失以"-"号填列）	0	
其他收益	0	
二、营业利润（亏损以"-"号填列）	52 260 000	
加：营业外收入	3 300 000	
减：营业外支出	1 950 000	
其中：非流动资产处置损失	340 000	
三、利润总额（损失总额以"-"号填列）	53 610 000	
减：所得税费用	19 813 200	
四、净利润（净亏损以"-"号填列）	33 796 800	
（一）持续经营净利润（净亏损以"-"号填列）	33 796 800	
（二）终止经营净利润（净亏损以"-"号填列）		
五、其他综合收益的税后净额	150 000	
（一）不能重分类进损益的其他综合收益		
1. 重新计量设定受益计划变动额		
2. 权益法下不能转损益的其他综合收益		
3. 其他权益工具投资公允价值变动		

续表

项目	本期金额	上期金额（略）
4. 企业自身信用风险公允价值变动		
……		
（二）将重分类进损益的其他综合收益		
1. 权益法下可转损益的其他综合收益		
2. 其他债权投资公允价值变动		
3. 金融资产重分类计入其他综合收益的金额		
4. 其他债权投资信用减值准备		
5. 现金流量套期储备		
6. 外币财务报表折算差额		
7. 自用房地产或作为存货的房地产转换为以公允价值模式计量的投资性房地产在转换日公允价值大于账面价值的部分		
……		
六、综合收益总额	33 946 800	
七、每股收益		
（一）基本每股收益	0.17	
（二）稀释每股收益	—	

第四节 现金流量表

一、现金流量表的性质和作用

现金流量表是反映企业在一定会计期间现金和现金等价物流入和流出的报表。现金流量表以现金和现金等价物（以下简称"现金"）的流入和流出，反映企业在一定会计期间内的经营活动、投资活动和筹资活动等对现金流量产生的影响，并通过现金流量的变动情况，来揭示企业财务状况变动的原因及结果。由于现金流量表反映的是企业一定会计期间现金流入和流出情况，而现金的流入和流出又是企业经营资金运动的一个组成部分，反映的是企业经营资金运动的一种动态表现，因此，现金流量表是一种动态财务报表。

现金流量表所提供的企业在一定会计期间现金流入和流出的信息，对财务报表使用者来说，具有下列四个方面的重要作用。

(一) 分析和评价企业整体财务状况及其变动的原因

企业所从事的经营、投资和筹资活动都影响着企业的财务状况,而这种影响又会通过现金流量的变化而表现出来。一般说来,现金流量表中各部分现金流量结构合理,现金流入和流出无重大异常波动,表明企业的财务状况基本良好。此外,现金流量表不仅反映了企业现金流入和流出情况,还披露了一些重要的不涉及现金收支的投资和筹资活动,这些活动虽然不影响企业的现金净流量,但对企业整体财务状况可能会产生重大影响。因此,将现金流量表提供的现金流量及其他信息与资产负债表提供的财务状况信息联系起来,可以了解和评价企业当前整体财务状况,并揭示导致财务状况变动的原因。

(二) 分析和预测企业未来产生现金流量的能力

投资人、债权人进行投资和信贷的主要目的是增加未来的现金流入,因此,他们需要财务报表提供相关的信息,以便作出正确的投资和信贷决策。通过现金流量表提供的企业过去的现金流量信息,可以揭示企业过去现金流入和流出情况及其形成的原因,分析企业经营、投资、筹资活动与现金流量之间的关系,评价企业过去生成现金流量的能力,从而预测企业未来现金流量的来源、数量、时间和不确定性,即预测企业未来产生现金流量的能力。

(三) 了解和评价企业的支付能力和偿债能力

判断一个企业是否具有支付能力和偿债能力,最关键的就是看其是否能产生现金净流入。企业只有能产生现金净流入,有足够的现金才有能力偿还债务、支付现金股利、发放工资、购买材料等。通过现金流量表提供的现金流量信息,可以对企业现有的支付能力和偿债能力,以及企业对外部资金的需求情况作出可靠的判断。

(四) 分析和揭示企业经营净利润与经营活动产生现金净流量之间差异的原因

对一个企业的全部经营期间而言,其经营活动形成的全部净利润应当等于企业的现金净流入。但是,对于一个持续经营的企业来说,为了定期计算损益,会计上必须将企业持续不断的经营活动划分为若干个会计期间,分期编制财务报表。在一定会计期间内,按权责发生制确认损益的时间与现金收付的时间可能不一致,从而导致一定会计期间的当期净利润与当期现金净流量之间出现差异。通过现金流量表可以分析差异产生的原因,揭示出现差异的规律性,以便于财务报表使用者更合理地预测未来的现金流量,判断净利润的质量与可靠程度。

二、现金流量表的编制基础

在我国,现金流量表是以现金为计量基础编制的,这里的现金不是通常所指的库存现金,而包括现金和现金等价物。现金流量表中的现金是指企业的库存现金、可以随时用于支付的存款以及现金等价物。

(一) 库存现金

库存现金是指企业持有的可随时用于支付的现金,它与会计核算中的"库存现金"科目所包括的内容一致。

（二）银行存款

银行存款是指企业存在银行或非银行金融机构的随时可以用于支付的存款，它与会计核算中的"银行存款"科目所包括的内容基本一致。如果企业存在银行或非银行金融机构的款项中有不能随时用于支付的存款，如不能随时支取的定期存款，则这部分存款不能作为现金流量表中的现金，但提前通知银行或非银行金融机构便可支取的定期存款，则应包括在现金流量表中的现金范围内。

（三）其他货币资金

其他货币资金是指企业存在银行或非银行金融机构有特定用途的可以随时用于支付的款项，它与会计核算中"其他货币资金"科目包括的内容基本一致，包括外埠存款、银行汇票存款、银行本票存款、信用卡存款、信用证保证金存款和存出投资款等。

（四）现金等价物

现金等价物是指企业持有的期限短、流动性强、易于转换为已知金额的现金，且价值变动风险很小的短期投资。根据上述定义，在实务中，现金等价物通常是指企业购买的在3个月或更短时间内即可到期或可转换为现金的短期债券投资。一般来说，由于股票投资价值变动风险较大，无论其能否随时变现，均不作为现金等价物。应当指出，不同企业因经营活动的特点不同，对现金等价物范围的确定也不同。如经营活动主要是从事短期、流动性强的投资的证券公司，应将所有投资项目都视为投资，而不作为现金等价物；而非从事证券投资业务的企业，则可能将其购买的3个月内到期或可转换为现金的短期债券投资作为现金等价物。所以，企业应当根据经营特点的具体情况，确定现金等价物的范围，并在财务报表附注中披露确定现金等价物的会计政策，并保持这种划分标准前后各期的一致。

三、现金流量及其分类

（一）现金流量的概念

现金流量是指一定会计期间企业现金流入和流出的数量。反映现金流量的指标有现金流入量、现金流出量和现金净流量。现金流入量是指一定会计期间企业现金流入的数量；现金流出量是指一定会计期间现金流出的数量；现金净流量是指一定会计期间现金流入量减去现金流出量后的差额。现金流量是衡量企业经营状况是否良好、偿还债务和支付能力是否具备、产生未来现金流量能力是否较强的重要指标。

（二）影响现金流量的因素

影响企业现金流量的经济活动有经营活动、投资活动和筹资活动，如购买或销售商品、提供或接受劳务、购建或出售固定资产、对外投资或收回投资、借入资金或偿还债务等。企业的经济活动多种多样，如果我们将会计要素项目分为现金项目和非现金项目，按此分类可将企业的经济业务分为以下三大类。

1. 现金项目之间增减变动的经济业务

现金项目是指企业流动资产中的现金及现金等价物。从银行提取现金、将现金存入银行、以现金购买2个月到期债券、将持有的将1个月内到期的债券变现等，均属于现金各项目之间增减变动的经济业务，这类经济业务只会引起现金项目内部一个项目增加另一个项目减少的变动，但不会影响现金流量净额的增减变动。

2. 非现金项目之间增减变动的经济业务

非现金项目包括以固定资产清偿债务、以库存商品对外投资、借入长期借款偿还短期借款、可转换公司债券转为股本、收到投资者投入的固定资产等，均属于非现金项目之间增减变动的经济业务，这类经济业务不涉及现金的收支，因此，既不会影响现金流入量和流出量的增减变动，也不会影响企业现金流量净额的增减变动。

3. 现金项目与非现金项目之间增减变动的经济业务

销售商品收取现金、用现金购买材料、从银行借入短期借款、偿还银行借款本息、支付现金股利、发行股票收到现金等，均属于现金项目与非现金项目之间增减变动的经济业务，这类经济业务都涉及现金的收支，因此会影响现金流入量、现金流出量及现金流量净额的增减变动。

（三）现金流量的分类

为了有助于财务报表使用者了解各种不同的经济活动对企业现金流量的影响程度，分析和揭示各种经济活动之间的相互关系，确认和计量现金流量的金额，需要按照一定标准对现金流量进行分类。根据我国《企业会计准则第31号——现金流量表》的规定，将企业的经济业务按其性质划分为经营活动、投资活动和筹资活动三大类；再按照每一类经济活动对现金流量的影响，将现金流量划分为经营活动产生的现金流量、投资活动产生的现金流量和筹资活动产生的现金流量三类。

1. 经营活动产生的现金流量

经营活动是指企业投资活动和筹资活动以外的所有交易和事项。对于工商企业而言，经营活动主要包括销售商品、提供劳务、购买商品、接受劳务、支付税费等。经营活动产生的现金流入，主要包括销售商品、提供劳务、税费返还等所收取的现金；经营活动产生的现金流出，主要包括购买商品、接受劳务、支付工资、支付税款等所支付的现金。通过经营活动产生的现金流量，可以说明企业的经营活动对现金流入和流出的影响程度，判断企业在不动用外来筹集资金的情况下，经营活动产生的现金流量是否足以维持生产经营、偿还债务、支付股利和对外投资等。各类企业由于行业特点不同，对经营活动的认定存在一定差异[①]。

2. 投资活动产生的现金流量

投资活动是指企业长期资产的购建和不包括在现金等价物范围的投资及其处置

[①] 本教材只介绍一般工商企业经营活动产生的现金流量，对于商业银行、保险公司、证券公司等金融行业的经营活动产生的现金流量不做介绍。

活动。长期资产是指固定资产、在建工程、无形资产和其他资产等持有期限在一年或一个营业周期以上的资产。投资活动包括取得和收回投资、购建和处置固定资产、购买或转让无形资产等。投资活动产生的现金流入，主要包括收回投资、分得现金股利、处置长期资产等所收取的现金；投资活动产生的现金流出，主要包括取得投资和购建长期资产所支付的现金。应当指出，投资活动产生的现金流量中不包括作为现金等价物的短期债券投资，作为现金等价物的短期债券投资属于现金项目内部各项目之间的转移，不会影响现金流量净额的变动。通过投资活动产生的现金流量，可以分析企业通过投资活动产生现金流量的能力，判断投资活动对企业现金流量净额的影响程度。不同企业由于行业特点不同，对投资活动的认定也存在差异。

3. 筹资活动产生的现金流量

筹资活动是指导致企业资本及债务规模和构成发生变化的活动。这里所说的资本，既包括实收资本（股本），也包括资本溢价（股本溢价）；这里所说的债务，指对外举债，包括向银行借款、发行债券以及偿还债务等。通常情况下，应付账款、应付票据等属于经营活动，不属于筹资活动。筹资活动产生的现金流入，主要包括吸收权益性投资、发行债券、取得银行借款等所收到的现金；筹资活动产生的现金流出，主要包括偿还债务、发生筹资费用、分派现金股利、支付利息、减少注册资本等所支付的现金。通过筹资活动产生的现金流量，可以分析企业通过筹资活动获取现金的能力，判断筹资活动对企业现金流量净额的影响程度。

对于企业日常活动之外特殊的、不经常发生的项目，如自然灾害损失、保险赔款、捐赠等，应当归并到相关类别中，并单独反映。比如，对于自然灾害损失和保险赔款，如果能够确指属于流动资产损失，应当列入经营活动产生的现金流量；属于固定资产损失，应当列入投资活动产生的现金流量。如果不能确指，则可以列入经营活动产生的现金流量。捐赠收入和支出，可以列入经营活动。如果特殊项目的现金流量金额不大，可以列入现金流量类别下的"其他"项目，不单列项目。

四、现金流量表的内容和结构

现金流量表列报的目的，是为财务报表使用者提供企业在一定会计期间有关现金流入和流出的信息。为了能充分、恰当地列报企业有关现金流量方面的信息，目前我国企业的现金流量表包括正表和补充资料两部分。

（一）正表

正表是现金流量表的主体，企业一定会计期间现金流量的信息主要是由正表提供的。正表采用报告式的结构，按照现金流量的性质，依次分类反映经营活动产生的现金流量、投资活动产生的现金流量和筹资活动产生的现金流量，最后汇总反映企业现金及现金等价物净增加额。在各类经济活动产生的现金流量下，还分别按项目反映其现金流入、现金流出和现金流量净额。但下列各项可以按照净额列报：（1）代客户收取或支付的现金；（2）周转快、金额大、期限短项目的现金流入和现金流出；(3) 金融企业的有关项目，包括短期贷款发放与收回的贷款本金、活期存款的吸收与支付、同业存款和存放同业款项的存取、向其他金融企业拆借资金，以及证券的买入与卖出等。在有外币现金流量及境外子公司的现金流量折算为人民币的企业，正表中还应单设"汇率变动对现金及现金等价物的影响"项目，以反映所采用的现金流量发生日的汇率或即期汇率的近似汇率折算的人民币金额与"现金及现金等价物净增加额"中外币现金净增加额按资产负债表日的即期汇率折算的人民币金额之间的差额。

（二）补充资料

除正表反映的信息外，企业还应当在现金流量表附注中提供有关的补充资料。补充资料一般包括三项内容：(1) 将净利润调节为经营活动现金流量的信息；(2) 不涉及现金收支的重大投资和筹资活动的信息；(3) 现金及现金等价物净变动的信息。

一般企业现金流量表的基本格式如表 9-13 所示。

五、现金流量表的编制方法

（一）"经营活动产生的现金流量"各项目的内容和填列方法

1. "销售商品、提供劳务收到的现金"项目

该项目反映企业销售商品、提供劳务实际收到的现金，包括销售收入和应向购买者收取的增值税销项税额，具体包括本期销售商品、提供劳务收到的现金，以及前期销售商品、提供劳务本期收到的现金和本期预收的款项，减去本期销售本期退回的商品和前期销售本期退回的商品支付的现金。企业销售材料和代购代销业务收到的现金，也在该项目中反映。该项目可以根据"库存现金""银行存款""应收账款""应收票据""预收账款""主营业务收入""其他业务收入"等科目的记录分析填列。

2. "收到的税费返还"项目

该项目反映企业收到返还的各种税费，如收到返还的增值税、消费税、所得税和教育费附加等。该项目可根据"库存现金""银行存款""税金及附加""应交税费"等科目的记录分析填列。

3. "收到其他与经营活动有关的现金"项目

该项目反映企业除上述各项目外，收到的其他与经营活动有关的现金，如罚款收入、经营租赁固定资产收到的现金、投资性房地产收到的租金收入、流动资产损失中由个人赔偿的现金收入、除税费返还外的其他政府补助收入等。其他与经营活动有关的现金，如果价值较大的，应单列项目反映。该项目可以根据"库存现金""银行存款""管理费用""销售费用"等科目的记录分析填列。

4. "购买商品、接受劳务支付的现金"项目

该项目反映企业购买材料、商品、接受劳务实际支付的现金，包括支付的货款

以及与货款一并支付的增值税进项税额,具体包括:本期购买材料、商品、接受劳务支付的现金,以及本期支付前期购买材料、商品、接受劳务的未付款项和本期预付账款,减去本期发生的购货退回收到的现金。为购置存货而发生的借款利息资本化部分,应在"分配股利、利润或偿付利息支付的现金"项目中反映。该项目可以根据"库存现金""银行存款""应付账款""应付票据""预付账款""主营业务成本""其他业务成本"等科目的记录分析填列。

5. "支付给职工以及为职工支付的现金"项目

该项目反映企业实际支付给职工的现金以及为职工支付的现金,包括企业为获得职工提供的服务,本期实际给予各种形式的报酬以及其他相关支出,如支付给职工的工资、奖金、各种津贴和补贴等,以及为职工支付的其他费用,不包括支付给在建工程人员的工资和支付给离退休人员的工资。支付的在建工程人员的工资,在"购建固定资产、无形资产和其他长期资产支付的现金"项目中反映;支付给离退休人员的工资在"支付其他与经营活动有关的现金"项目中反映。

企业为职工支付的医疗、养老、失业、工伤、生育等社会保险基金、补充养老保险、住房公积金,企业为职工交纳的商业保险金,现金结算的股份支付,以及企业支付给职工或为职工支付的其他福利费用等,应根据职工的工作性质和服务对象,分别在"支付给职工以及为职工支付的现金"和"购建固定资产、无形资产和其他长期资产所支付的现金"项目中反映。该项目可以根据"库存现金""银行存款""应付职工薪酬"等科目的记录分析填列。

6. "支付的各项税费"项目

该项目反映企业按规定支付的各项税费,包括本期发生并支付的税费,以及本期支付以前各期发生的税费和本期预交的税费,如支付的增值税、所得税、资源税、土地增值税、房产税、车船税、土地使用税、印花税、教育费附加、矿产资源补偿费等,不包括本期退回的增值税、所得税等,本期退回的增值税、所得税等,在"收到的税费返还"项目反映。该项目可以根据"库存现金""银行存款""应交税费"等科目的记录分析填列。

7. "支付其他与经营活动有关的现金"项目

该项目反映企业除上述各项目外,支付的其他与经营活动有关的现金,如罚款支出、支付的差旅费、业务招待费、保险费、经营租赁支付的现金等。其他与经营活动有关的现金,如果金额较大的,应单列项目反映。该项目可以根据"库存现金""银行存款""其他应付款"等科目的记录分析填列。

(二)"投资活动产生的现金流量"各项目的内容和填列方法

1. "收回投资收到的现金"项目

该项目反映企业出售、转让或到期收回除现金等价物以外的交易性金融资产、债权投资、其他债权投资、长期股权投资等而收到的现金,不包括债权性投资收回的利息、收回的非现金资产,以及处置子公司及其他营业单位收到的现金净额。债权性投资收回的本金，在该项目反映，债权性投资收回的利息，不在该项目中反映，而在"取得投资收益收到的现金"项目中反映，处置子公司及其他营业单位收到的现金净额单设项目反映。该项目可以根据"交易性金融资产""债权投资""其他债权投资""长期股权投资""库存现金""银行存款"等科目的记录分析填列。

2. "取得投资收益收到的现金"项目

该项目反映企业因股权性投资而分得的现金股利，因债权性投资而取得的利息收入。股票股利由于不产生现金流量，不在该项目中反映。包括在现金等价物范围的债权性投资，其利息收入在该项目反映。该项目可以根据"库存现金""银行存款""投资收益""应收股利""应收利息"等科目的记录分析填列。

3. "处置固定资产、无形资产和其他长期资产收回的现金净额"项目

该项目反映企业出售固定资产、无形资产和其他长期资产所取得的现金，减去为处置这些资产而支付的有关税费后的净额。处置固定资产、无形资产和其他长期资产所收到的现金，与处置活动支付的现金，两者在时间上比较接近，以净额反映更能准确反映处置活动对现金流量的影响。由于自然灾害等原因所造成的固定资产等长期资产报废、毁损而收到的保险赔偿收入，在该项目中反映。如处置固定资产、无形资产和其他长期资产所收回的现金净额为负数，应作为投资活动产生的现金流量，在"支付其他与投资活动有关的现金"项目反映。该项目可以根据"固定资产清理""资产处置收益""营业外收入""库存现金""银行存款"等科目的记录分析填列。

4. "处置子公司及其他营业单位收到的现金净额"项目

该项目反映企业处置子公司及其他营业单位所取得的现金减去子公司或其他营业单位持有的现金和现金等价物以及相关处置费用后的净额。该项目可以根据"库存现金""银行存款"等账户记录以及子公司或其他营业单位处置日资产负债表的有关资料分析计算填列。

企业处置子公司及其他营业单位是整体交易，子公司和其他营业单位可能持有现金和现金等价物。这样整体处置子公司或其他营业单位的现金流量，就应以处置价款中收到的现金部分，减去子公司或其他营业单位持有的现金和现金等价物以及相关处置费用后的净额反映。

处置子公司及其他营业单位收到的现金净额如为负数，应将该金额填至"支付其他与投资活动有关的现金"项目中。

5. "收到其他与投资活动有关的现金"项目

该项目反映企业除了上述各项目外，收到的其他与投资活动有关的现金。如收到的购买股票时支付的已宣告而尚未领取的现金股利，收到的在购买债券时支付的已到期但尚未领取的债券利息等。其他与投资活动有关的现金，如果金额较大的，应单列项目反映。该项目可根据"应收股利""应收利息""银行存款"等科目的记录分析填列。

6. "购建固定资产、无形资产和其他长期资产支付的现金"项目

该项目反映企业购买、建造固定资产、取得无形资产和其他长期资产支付的现金，包括购买机器设备所支付的现金、建造工程支付的现金、支付在建工程人员的工资等现金支出，不包括为购建固定资产、无形资产和其他长期资产而发生的借款利息资本化部分，以及融资租入固定资产所支付的租赁费。为构建固定资产、无形资产和其他长期资产而发生的借款利息资本化部分，在"分配股利、利润或偿付利息支付的现金"项目中反映；融资租入固定资产所支付的租赁费，在"支付其他与筹资活动有关的现金"项目中反映。该项目可以根据"固定资产""在建工程""无形资产""库存现金""银行存款"等科目的记录分析填列。

7. "投资支付的现金"项目

该项目反映企业进行权益性投资和债权性投资所支付的现金，包括企业取得的除现金等价物以外的交易性金融资产、债权投资、其他债权投资、长期股权投资等而支付的现金，以及支付的佣金、手续费等交易费用。

企业购买股票和债券时，实际支付的价款中包含的已宣告但尚未领取的现金股利或已到付息期但尚未领取的债券利息，应在"支付其他与投资活动有关的现金"项目中反映；收回购买股票和债券时支付的价款中包含的已宣告但尚未领取的现金股利或已到付息期但尚未领取的债券利息，应在"收到其他与投资活动有关的现金"项目中反映。

该项目可以根据"交易性金融资产""债权投资""其他债权投资""长期股权投资""库存现金""银行存款"等科目的记录分析填列。

8. "取得子公司及其他营业单位支付的现金净额"项目

该项目反映企业取得子公司及其他营业单位购买出价中以现金支付的部分，减去子公司或其他营业单位持有的现金和现金等价物后的净额。该项目可以根据有关科目的记录分析填列。

整体购买一个单位，其结算方式是多种多样的，如购买方全部以现金支付或一部分以现金支付而另一部分以实物清偿。同时，企业购买子公司及其他营业单位是整体交易，子公司和其他营业单位除有固定资产和存货外，还可能持有现金和现金等价物。这样，整体购买子公司或其他营业单位的现金流量，就应以购买出价中以现金支付的部分减去子公司或其他营业单位持有的现金和现金等价物后的净额反映，如为负数应在"收到其他与投资活动有关的现金"项目中反映。

9. "支付其他与投资活动有关的现金"项目

该项目反映企业除上述各项以外所支付的其他与投资活动有关的现金，如企业购买股票时实际支付的价款中包含的已宣告而尚未领取的现金股利，购买债券时支付的价款中包含的已到期但尚未领取的债券利息等。如某项其他现金流出金额较大，应单列项目反映。

（三）"筹资活动产生的现金流量"各项目的内容和填列方法

1. "吸收投资收到的现金"项目

该项目反映企业以发行股票等方式筹集资金实际收到的款项净额(发行收入减去支付的佣金等发行费用后的净额)。以发行股票等方式筹集资金而由企业直接支付的审计、咨询等费用,在"支付其他与筹资活动有关的现金"项目中反映。该项目可以根据"实收资本(或股本)""资本公积""库存现金""银行存款"等科目的记录分析填列。

2. "取得借款收到的现金"项目

该项目反映企业举借各种短期、长期借款收到的现金以及发行债券实际收到的款项净额(发行收入减去支付的佣金等发行费用后的净额)。该项目可以根据"短期借款""长期借款""应付债券""库存现金""银行存款"等科目的记录分析填列。

3. "收到其他与筹资活动有关的现金"项目

该项目反映企业除上述各项目外,收到的其他与筹资活动有关的现金。其他与筹资活动有关的现金,如果价值较大的,应单列项目反映。该项目可以根据有关科目的记录分析填列。

4. "偿还债务支付的现金"项目

该项目反映企业以现金偿还债务的本金,包括偿还商业银行等金融机构的借款本金、偿付企业到期的债券本金等。企业偿还的借款利息、债券利息,在"分配股利、利润或偿付利息支付的现金"项目中反映。该项目可以根据"短期借款""长期借款""应付债券""库存现金""银行存款"等科目的记录分析填列。

5. "分配股利、利润或偿付利息支付的现金"项目

该项目反映企业实际支付的现金股利、支付给其他投资单位的利润以及用现金支付的借款利息、债券利息。该项目可以根据"应付股利""应付利息""利润分配""财务费用""在建工程""制造费用""研发支出""库存现金""银行存款"等科目的记录分析填列。

6. "支付其他与筹资活动有关的现金"项目

该项目反映企业除上述各项目外,支付的其他与筹资活动有关的现金,如以发行股票、债券等方式筹集资金而由企业直接支付的审计、咨询等费用,融资租赁各期支付的现金,以分期付款方式构建固定资产、无形资产等各期支付的现金。其他与筹资活动有关的现金,如果金额较大的,应单列项目反映。该项目可以根据有关科目的记录分析填列。

(四)"汇率变动对现金及现金等价物的影响"项目的内容和填列方法

该项目反映企业外币现金流量及境外子公司的现金流量折算为人民币时,所采用的现金流量发生日的汇率或即期汇率的近似汇率折算的人民币金额与"现金及现金等价物净增加额"中的外币现金净增加额按资产负债表日的即期汇率折算的人民币金额之间的差额。

在编制现金流量表时，可对当期发生的外币业务逐笔计算汇率变动对现金流量的影响，也可不必逐笔计算汇率变动对现金流量的影响，而采用简化的计算方法，即通过报表补充资料中的"现金及现金等价物净增加额"数额与正表中"经营活动产生的现金流量净额""投资活动产生的现金流量净额""筹资活动产生的现金流量净额"三项之和比较，其差额即为"汇率变动对现金及现金等价物的影响"项目的金额。

（五）"现金及现金等价物净增加额"项目的内容和填列方法

该项目反映企业当期所有现金流入与所有现金流出相抵后的现金流量净额，本项目应根据"经营活动产生的现金流量净额""投资活动产生的现金流量净额""筹资活动产生的现金流量净额""汇率变动对现金及现金等价物的影响"四项之和填列。

（六）补充资料各项目的内容和填列方法

现金流量表补充资料包括将净利润调节为经营活动现金流量、不涉及现金收支的重大投资和筹资活动、现金及现金等价物净变动情况等项目。

1. 将净利润调节为经营活动现金流量

企业应当采用间接法在现金流量表附注中披露将净利润调节为经营活动现金流量的信息。间接法是以当期净利润为出发点，经过调整有关项目的增减变动金额，计算出当期经营活动现金流量净额。利润表中反映的当期净利润是按权责发生制原则确认计量的，而当期经营活动现金流量净额是按现金收付实现制确认计量的。另外，当期净利润既包括经营净损益，又包括不属于经营活动的现金流量的损益。因此，采用间接法将净利润调节为经营活动现金流量净额时，需要增减调整四大类项目：

一是实际没有支付现金的费用，比如固定资产折旧、无形资产摊销、资产减值损失等。

二是实际没有收到现金的收益，比如权益法下尚未收到的投资收益、公允价值变动损益等。

三是不属于经营活动的损益，比如处置固定资产、无形资产的收益等。

四是经营性应收应付项目的增减变动，比如应收账款、应付账款、其他应收款、其他应付款的增减变动等。

上述这些调整项目的具体内容和调整方法如下．

（1）"资产减值准备"项目。资产减值准备是指当期实际计提扣除转回的各项资产减值准备，包括坏账准备、存货跌价准备、持有至到期投资减值准备、长期股权投资减值准备、固定资产减值准备、在建工程减值准备、无形资产减值准备、商誉减值准备等。企业当期计提和按规定转回的各项资产减值准备，包括在利润表中，属于利润的减除项目，但没有发生现金流出。所以，在将净利润调节为经营活动现金流量时，需要加回。该项目可以根据"资产减值损失"科目的记录分析填列。

（2）"固定资产折旧、油气资产折耗、生产性生物资产折旧"项目。企业计提的固定资产折旧，有的包括在管理费用中，有的包括在制造费用中。计入管理费用中的部分，作为期间费用在计算净利润时从中扣除，但没有发生现金流出，在将净利润调节为经营活动现金流量时，需要予以加回。计入制造费用中已经变现的部分，在计算净利润时通过营业成本予以扣除，但没有发生现金流出；计入制造费用中没有变现的部分，既不涉及现金收支，也不影响企业当期净利润。由于在调节存货时，已经从中扣除，在此处将净利润调节为经营活动现金流量时，需要予以加回。同理，企业计提的油气资产折耗、生产性生物资产折旧，也需要予以加回。该项目可以根据"累计折旧""累计折耗""生产性生物资产累计折旧"等科目的贷方发生额分析填列。

（3）"无形资产摊销"和"长期待摊费用摊销"项目。企业对使用寿命有限的无形资产计提摊销时，计入管理费用、其他业务成本或制造费用。长期待摊费用摊销时，有的计入管理费用，有的计入销售费用，有的计入制造费用。计入管理费用等期间费用和计入制造费用中已变现的部分，在计算净利润时已从中扣除，但没有发生现金流出；计入制造费用中的没有变现的部分，在调节存货时已经从中扣除，但不涉及现金收支，所以，在此处将净利润调节为经营活动现金流量时，需要予以加回。这两个项目可以根据"累计摊销""长期待摊费用"科目的贷方发生额分析填列。

（4）"处置固定资产、无形资产和其他长期资产的损失（减收益）"项目。企业处置固定资产、无形资产和其他长期资产发生的损益，属于投资活动产生的损益，不属于经营活动产生的损益，所以，在将净利润调节为经营活动现金流量时，需要予以剔除。如为净损失，在将净利润调节为经营活动现金流量时，应当加回；如为净收益，在将净利润调节为经营活动现金流量时，应当扣除。该项目可以根据"资产处置收益"等科目所属的有关明细科目的记录分析填列；如为净收益，以"－"号填列。

（5）"固定资产报废损失（减收益）"项目。企业发生的固定资产报废损益，属于投资活动产生的损益，不属于经营活动产生的损益，所以，在将净利润调节为经营活动现金流量时，需要予以剔除。如为净损失，在将净利润调节为经营活动现金流量时，应当加回；如为净收益，在将净利润调节为经营活动现金流量时，应当扣除。该项目可以根据"营业外支出""营业外收入"等科目所属的有关明细科目的记录分析填列；如为净收益，以"－"号填列。

（6）"公允价值变动损失（减收益）"项目。公允价值变动损益反映企业交易性金融资产、投资性房地产等公允价值变动形成的应计入当期损益的利得或损失。企业发生的公允价值变动损益，通常与企业的投资活动或筹资活动有关，而且并不影响企业当期的现金流量。为此，应当将其从净利润中剔除。如为持有损失，在将净利润调节为经营活动现金流量时，应当加回；如为持有利得，在将净利润调节为经营活动现金流量时,应当扣除。该项目可以根据"公允价值变动损益"科目的发生额分析填列;如为持有利得,以"-"号填列。

(7)"财务费用(减收益)"项目。企业发生的财务费用中不属于经营活动的部分,应当在将净利润调节为经营活动现金流量时将其加回。该项目可以根据"财务费用"科目的本期借方发生额分析填列;如为收益,以"-"号填列。

(8)"投资损失(减收益)"项目。企业发生的投资损益,属于投资活动产生的损益,不属于经营活动产生的损益,所以,在将净利润调节为经营活动现金流量时,需要予以剔除。如为净损失,在将净利润调节为经营活动现金流量时,应当加回;如为净收益,在将净利润调节为经营活动现金流量时,应当扣除。该项目可以根据利润表"投资收益"项目的数字填列;如为投资收益,以"-"号填列。

(9)"递延所得税资产减少(减增加)"项目。递延所得税资产减少使计入所得税费用的金额大于当期应交的所得税金额,其差额没有发生现金流出,但在计算净利润时已经扣除,在将净利润调节为经营活动现金流量时,应当加回;递延所得税资产增加使计入所得税费用的金额小于当期应交的所得税金额,两者之间的差额没有发生现金流入,但在计算净利润时已经包括在内,在将净利润调节为经营活动现金流量时,应当扣除。该项目可以根据"递延所得税资产"科目的本期发生额分析填列;如为递延所得税资产的增加,以"-"号填列。

(10)"递延所得税负债增加(减减少)"项目。递延所得税负债增加使计入所得税费用的金额大于当期应交的所得税金额,其差额没有发生现金流出,但在计算净利润时已经扣除,在将净利润调节为经营活动现金流量时,应当加回;递延所得税负债减少使计入所得税费用的金额小于当期应交的所得税金额,两者之间的差额没有发生现金流入,但在计算净利润时已经包括在内,在将净利润调节为经营活动现金流量时,应当扣除。该项目可以根据"递延所得税负债"科目的本期发生额分析填列;如为递延所得税负债的减少,以"-"号填列。

(11)"存货的减少(减增加)"项目。期末存货比期初存货减少,说明本期生产经营过程耗用的存货有一部分是期初的存货,耗用这部分存货并没有发生现金流出,但在计算净利润时已经扣除,所以,在将净利润调节为经营活动现金流量时,应当加回;期末存货比期初存货增加,说明当期购入的存货除耗用外,还剩余了一部分,这部分存货也发生了现金流出,但在计算净利润时没有包括在内,所以,在将净利润调节为经营活动现金流量时,需要扣除。当然,存货的增减变化过程还涉及应付项目,这一因素在"经营性应付项目的增加(减减少)"项目中调整。该项目可以根据资产负债表"存货"项目的期初数、期末数之间的差额填列;期末数大于期初数的差额,以"-"号填列。如果存货的增减变化过程属于投资活动,如在建工程领用存货,应当将这一因素剔除。

(12)"经营性应收项目的减少(减增加)"项目。经营性应收项目包括应收账款、应收票据、预付账款、其他应收款和长期应收款中,与经营活动有关的部分,以及应收的增值税销项税额等。经营性应收项目的期末余额小于期初余额，说明本期收回的现金大于利润表中所确认的销售收入，所以，在将净利润调节为经营活动现金流量时，需要加回；经营性应收项目的期末余额大于期初余额，说明本期销售收入中有一部分没有收回现金，但是，在计算净利润时这部分销售收入已包括在内，所以，在将净利润调节为经营活动现金流量时，需要扣除。该项目可以根据有关科目的期初、期末余额分析填列；如为增加，以"－"号填列。

（13）"经营性应付项目的增加（减少）"项目。经营性应付项目包括应付账款、应付票据、预收账款、应付职工薪酬、应交税费、应付利息、其他应付款和长期应付款中与经营活动有关的部分，以及应付的增值税进项税额等。经营性应付项目的期末余额大于期初余额，说明本期购入的存货中有一部分没有支付现金，但是，在计算净利润时却通过销售成本包括在内，在将净利润调节为经营活动现金流量时，需要加回；经营性应付项目的期末余额小于期初余额，说明本期支付的现金大于利润表中所确认的销售成本，在将净利润调节为经营活动现金流量时，需要扣除。该项目可以根据有关科目的期初、期末余额分析填列；如为减少，以"－"号填列。

2. 不涉及现金收支的重大投资和筹资活动的披露

不涉及现金收支的重大投资和筹资活动，反映企业一定期间内影响资产、负债或所有者权益但不形成该期现金收支的所有投资和筹资活动的信息。这些投资和筹资活动虽然不涉及当期现金收支，但对以后各期的现金流量有重大影响。如企业融资租入设备，将形成的负债记入"长期应付款"账户，当期并不支付设备款及租金，但以后各期必须为此支付现金，从而在一定期间内形成了一项固定的现金支出。

因此，我国现金流量表准则规定，企业应当在附注中披露不涉及当期现金收支但影响企业财务状况或在未来可能影响企业现金流量的重大投资和筹资活动，主要包括：（1）"债务转为资本"项目，反映企业本期转为资本的债务金额；（2）"一年内到期的可转换公司债券"项目，反映企业一年内到期的可转换公司债券的本息；（3）"融资租入固定资产"项目，反映企业本期融资租入的固定资产。

3. 现金及现金等价物净变动情况

该项目反映企业一定期间现金及现金等价物的期末余额减去期初余额后的净增加额（或净减少额），是对现金流量表正表中"现金及现金等价物"项目的补充说明。该项目的金额应与正表中最后一项"现金及现金等价物净增加额"项目的金额核对相符。

六、现金流量表的编制程序

企业在具体编制现金流量表时，应根据企业经济业务量的大小及复杂程度，采用不同的编制程序。现金流量表的编制方法，按其编制程序的不同，可以分为分析填列法、工作底稿法和T型账户法三种方法。

（一）分析填列法

分析填列法是直接根据资产负债表、利润表和有关会计科目明细账的记录，分析计算出现金流量表各项目的金额，并据以编制现金流量表的一种方法。这种方法的编制程序如图9-1所示。

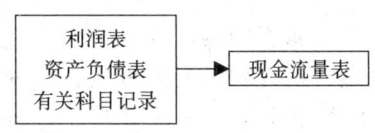

图9-1 分析填列法图

（二）工作底稿法

采用工作底稿法编制现金流量表，是以工作底稿为手段，以利润表和资产负债表数据为基础，对每一项目进行分析并编制调整分录，从而编制现金流量表。这种方法的编制程序如图9-2所示。

图9-2 工作底稿法图

采用工作底稿法编制现金流量表的具体步骤是：

第一步，将资产负债表的期初数和期末数过入工作底稿的期初数栏和期末数栏。

第二步，对当期业务进行分析并编制调整分录。编制调整分录时，要以利润表项目为基础，从"营业收入"开始，结合资产负债表项目逐一进行分析。在调整分录中，有关现金和现金等价物的事项，并不直接借记或贷记现金，而是分别记入"经营活动产生的现金流量""投资活动产生的现金流量""筹资活动产生的现金流量"有关项目，借记表示现金流入，贷记表示现金流出。

第三步，将调整分录过入工作底稿中的相应部分。

第四步，核对调整分录，借方、贷方合计数均已经相等，资产负债表项目期初数加减调整分录中的借贷金额以后，也等于期末数。

第五步，根据工作底稿中的现金流量表项目部分编制正式的现金流量表。

根据我国一般企业现金流量表的内容和结构，现金流量表工作底稿的一般格式见表9-12。

（三）T型账户法

采用T型账户法编制现金流量表，是以T形账户为手段，以利润表和资产负债表为基础，对每一项目进行分析并编制调整分录，从而编制现金流量表。这种方法的编制程序如图9-3所示。

图 9-3 T 型账户法图

采用 T 型账户法编制现金流量表的具体步骤是:

第一步,为所有的非现金项目(包括资产负债表项目和利润表项目)分别开设 T 型账户,并将各自的期末期初变动数过入各该账户。如果项目的期末数大于期初数,则将差额过入和项目余额相同的方向;反之,过入相反的方向。

第二步,开设一个大的"现金及现金等价物" T 型账户,每边分为经营活动、投资活动和筹资活动三个部分,左边记现金流入,右边记现金流出。与其他账户一样,过入期末期初变动数。

第三步,以利润表项目为基础,结合资产负债表分析每一个非现金项目的增减变动,并据此编制调整分录。

第四步,将调整分录过入各 T 型账户,并进行核对,该账户借贷相抵后的余额与原先过入的期末期初变动数应当一致。

第五步,根据"现金及现金等价物" T 型账户编制正式的现金流量表。

现举例说明采用工作底稿法编制现金流量表的方法。

【例 9-3】 乙公司编制 2018 年度现金流量表的有关资料如下:

1. 该公司 2018 年 12 月 31 日资产负债表如表 9-10 所示①。

表 9-10 资产负债表 会企 01 表
编制单位:乙公司 2018 年 12 月 31 日 单位:元

资产	期末余额	年初余额	负债及所有者权益	期末余额	年初余额
流动资产:			流动负债:		
货币资金	1 680 960	904 000	短期借款	80 000	40 000
交易性金融资产	288 000	288 000	交易性金融负债	0	0
应收票据	40 000	0	应付票据	40 000	0
应收账款	536 000	720 000	应付账款	680 000	624 000
预付账款	0	0	预收账款	0	0
应收利息②	0	0	应付职工薪酬	0	0
应收股利	0	0	应交税费	112 000	264 000
其他应收款	0	0	应付利息	0	0

① 为了编制现金流量表的需要,对资产负债表有关报表项目仍然按照 2018 年前的报表项目列式,比如,将应收账款与应收票据分开列式,特此说明。

② 现行制度规定,在编制资产负债表时,应收股利、应收利息应并入其他应收款项目,应付股利、应付利息应并入其他应付款项目。此处是为了编制现金流量表的需要,暂时按照原报表格式和项目。特此说明。

续表

资　　产	期末余额	年初余额	负债及所有者权益	期末余额	年初余额
存货	888 000	720 000	应付股利	0	0
一年内到期的非流动资产	0	0	其他应付款	24 000	48 000
其他流动资产	0	0	一年内到期的非流动负债	0	0
流动资产合计	3 432 960	2 632 000	其他流动负债	0	0
非流动资产：			流动负债合计	936 000	976 000
可供出售金融资产	0	0	非流动负债：		
债权投资	300 000	348 000	长期借款	304 000	64 000
长期应收款	0	0	应付债券	1 392 000	1 848 000
长期股权投资	684 000	676 000	长期应付款	0	0
投资性房地产	0	0	专项应付款①	0	0
固定资产	1 744 000	1 920 000	预计负债	0	0
在建工程	0	0	递延所得税负债	90 000	0
工程物资	0	0	其他非流动负债	0	0
固定资产清理	0	0	非流动负债合计	1 786 000	1 912 000
生产性生物资产	0	0	负债合计	2 722 000	2 888 000
油气资产	0	0	所有者权益：		
无形资产	456 000	840 000	股本	2 400 000	1 920 000
开发支出	0	0	资本公积	720 000	480 000
商誉	0	0	减：库存股	0	0
长期待摊费用	48 000	96 000	盈余公积	104 000	24 000
递延所得税资产	18 000	0	未分配利润	736 960	1 200 000
其他非流动资产			所有者权益合计	3 960 960	3 624 000
非流动资产合计	3 250 000	3 880 000			
资产总计	6 682 960	6 512 000	负债和所有者权益总计	6 682 960	6 512 000

2. 该公司 2018 年度利润表如表 9-11 所示。

---

① 在编制资产负债表时应并入长期应付款项目。

表 9-11　　　　　　　　　　　　　利润表　　　　　　　　　　　　会企 02 表

编制单位：乙公司　　　　　　　　　2018 年度　　　　　　　　　　单位：元

项　目	本期金额	上期金额（略）
一、营业收入	2 304 000	
减：营业成本	1 008 000	
税金及附加	144 000	
销售费用	216 000	
管理费用	336 000	
财务费用	96 000	
资产减值损失	72 000	
加：投资收益（损失以"-"号填列）	-48 000	
其中：对联营企业和合营企业的投资收益	0	
公允价值变动收益（损失以"-"号填列）		
资产处置收益	192 000	
二、营业利润（亏损以"-"号填列）	576 000	
加：营业外收入	0	
减：营业外支出	288 000	
其中：非流动资产报废损失	288 000	
三、利润总额（损失总额以"-"号填列）	288 000	
减：所得税费用	95 040	
四、净利润（净亏损以"-"号填列）	192 960	
五、每股收益		
（一）基本每股收益	（略）	
（二）稀释每股收益	（略）	
六、其他综合收益	（略）	
七、综合收益总额	（略）	

3. 其他资料：

（1）本年偿还到期的应付债券本金 480 000 元、支付应付债券利息 48 000 元。

（2）本年摊销应付债券折价 24 000 元。

（3）本年支付银行借款利息 24 000 元。

（4）本年计提固定资产折旧 192 000 元（假定全部计入管理费用），无形资产摊销 24 000 元，长期待摊费用摊销 48 000 元（假定全部计入管理费用），计提坏账准备 72 000 元。

（5）本年收到被投资单位分来的现金股利 72 000 元，并冲减长期股权投资的账面价值（该公司长期股权投资采用权益法核算）。

（6）本年摊销债权投资溢价 48 000 元。

(7) 本年用固定资产换取某公司的股票,固定资产的原价为120 000元,累计折旧40 000元,其公允价值为 80 000元。

(8) 本年报废机器设备一台,其原价为1 656 000元,累计折旧48 000元。残值收入1 320 000元已存入银行(假定不考虑有关税金)。

(9) 本年出售一项无形资产,其账面余额360 000元(未计提摊销和减值准备),实际收到价款552 000元。

(10) 本年发行普通股336 000股交换厂房一座,普通股每股面值1元,每股市价1.5元。进行交换时,企业同时支付现金1 200 000元。厂房的入账价值为1 704 000 (1.5×336 000+1 200 000) 元。

(11) 本年发放股票股利144 000股,每股面值1元,发放时每股市价1.5元。

(12) 本年用银行存款支付其他应付款24 000元,该款项为上年度应付的保险费。

(13) 本年度用现金支付管理费用72 000元。

(14) 本年度营业成本中的工资费用为240 000元。

(15) 本年销售商品的销项税额为400 000元,购买商品的进项税额为224 000元,实际交纳的增值税为160 000元。

(16) 本年交纳城市维护建设税312 000元,其中:本年发生的城市维护建设税144 000元,上年度应交未交的城市维护建设税168 000元。

(17) 本年发生的销售费用全部用现金支付。

(18) 本年发生所得税费用95 040元,确认递延所得税资产18 000元,确认递延所得税负债90 000元,应交所得税23 040元。当年应交所得税已全部交纳。

(19) 本年从税后利润中提取盈余公积80 000元,分派现金股利360 000元,现金股利已全部支付。

(20) 本年从银行借入短期借款40 000元,长期借款240 000元。

(21) "应收账款"科目的年初余额为768 000元,年末余额为656 000元。

根据上述资料,按照工作底稿法编制现金流量表的程序及方法如下:

第一步,将资产负债表的年初数和期末数过入工作底稿的年初数栏和期末数栏。

第二步,对当期业务进行分析并编制调整分录。

(1) 分析调整营业收入

借:经营活动现金流量——销售商品、提供劳务收到的现金 2 776 000
　　应收票据 40 000
　贷:营业收入 2 304 000
　　应收账款 112 000
　　应交税费 400 000

利润表中的营业收入是按权责发生制确认的,以此为基础计算按收付实现制反映的销售商品、提供劳务收到的现金时,应调整应收账款和应收票据的增减变动。

本例应收票据增加 40 000 元，应从营业收入中减去；应收账款减少 112 000 元，应加回到营业收入中；销售商品收到的现金应包括从购货方收取的增值税销项税额 400 000 元，也加回到营业收入中。通过上述调整，计算出"销售商品、提供劳务收到的现金"为 2 776 000 元。

（2）分析调整营业成本

借：营业成本　　　　　　　　　　　　　　　　　　　1 008 000
　　应交税费　　　　　　　　　　　　　　　　　　　　224 000
　　存货　　　　　　　　　　　　　　　　　　　　　　168 000
　　贷：应付票据　　　　　　　　　　　　　　　　　　　　40 000
　　　　应付账款　　　　　　　　　　　　　　　　　　　　56 000
　　　　经营活动现金流量——购买商品、接受劳务支付的现金 1 064 000
　　　　　　　　　　　　——支付给职工以及为职工支付的现金 240 000

利润表中的营业成本是按权责发生制确认的，以此为基础计算按收付实现制反映的购买商品、接受劳务支付的现金时，应调整存货、应付账款和应付票据的增减变动。本例存货增加 168 000 元，表明本期增加存货发生了现金支出，应加回到营业成本中；应付票据增加 40 000 元、应付账款增加 56 000 元，表明本期购入的存货中这一部分没有支付现金，应从营业成本中减去；购买商品支付的增值税进项税额 224 000 元，应加回到营业成本中。通过上述调整，计算出"购买商品、接受劳务支付的现金"为 1 064 000 元，"支付给职工以及为职工支付的现金"为 240 000 元（该项金额为营业成本中工资费用）。

（3）调整税金及附加

借：税金及附加　　　　　　　　　　　　　　　　　　　144 000
　　应交税费　　　　　　　　　　　　　　　　　　　　168 000
　　贷：经营活动现金流量——支付的各项税费　　　　　　312 000

本年支付的上年度应交未交的城市维护建设税 168 000 元，应在调整时加回到税金及附加项目中，以调整计算出本年支付的除增值税、所得税以外的其他税费为 312 000 元。

（4）确认销售费用支付的现金

借：销售费用　　　　　　　　　　　　　　　　　　　　216 000
　　贷：经营活动现金流量——支付其他与经营活动有关的现金　216 000

本例中利润表所列销售费用与按收付实现制确认的数额相同。

（5）调整管理费用和资产减值损失

借：管理费用　　　　　　　　　　　　　　　　　　　　336 000
　　资产减值损失　　　　　　　　　　　　　　　　　　　72 000
　　其他应付款　　　　　　　　　　　　　　　　　　　　24 000
　　贷：固定资产——累计折旧　　　　　　　　　　　　　192 000

无形资产——累计摊销　　　　　　　　　　　　　　　　　24 000
　　长期待摊费用　　　　　　　　　　　　　　　　　　　　　48 000
　　应收账款——坏账准备　　　　　　　　　　　　　　　　　72 000
　　经营活动现金流量——支付其他与经营活动有关的现金　　　96 000

本年计入管理费用的固定资产折旧费192 000元、无形资产摊销24 000元、长期待摊费用摊销48 000元、计入资产减值损失的坏账准备72 000元均没有支付现金，在调整时应从管理费用和资产减值损失中减去；本年支付的上年应付未付的保险费24 000元，也属于本年支付的其他与经营活动有关的现金，所以应加回到管理费用中。通过上述调整，计算出"支付其他与经营活动有关的现金"96 000元。

（6）调整财务费用

借：财务费用　　　　　　　　　　　　　　　　　　　　　　96 000
　　贷：应付债券　　　　　　　　　　　　　　　　　　　　24 000
　　　　筹资活动现金流量——分配股利、利润或偿付利息支付的现金
　　　　　　　　　　　　　　　　　　　　　　　　　　　　72 000

本例中本年摊销应付债券折价24 000元，增加了财务费用，但并没有支付现金，所以调整时应从财务费用中减去；本年偿付利息所支付的现金72 000元包括支付银行借款利息24 000元、债券利息48 000元。

（7）调整资产处置收益

借：投资活动现金流量——处置固定资产、无形资产和其他长期资产收回的现金净额　　　　　　　　　　　　　　　　　　　　　552 000
　　贷：无形资产　　　　　　　　　　　　　　　　　　　　360 000
　　　　资产处置收益　　　　　　　　　　　　　　　　　　192 000

本例中出售无形资产收到的现金净额为552 000元，扣除无形资产账面余额360 000元，确认的资产处置收益为192 000元。

（8）调整投资收益

借：投资收益　　　　　　　　　　　　　　　　　　　　　　48 000
　　投资活动现金流量——取得投资收益收到的现金　　　　　72 000
　　贷：债权投资　　　　　　　　　　　　　　　　　　　　48 000
　　　　长期股权投资　　　　　　　　　　　　　　　　　　72 000

本例中债权投资溢价摊销48 000元，冲减了投资收益，但并没有现金流出；采用权益法核算的长期股权投资，收到分来的现金股利72 000元，增加了现金收入，同时冲减了长期股权投资账面价值。

（9）调整营业外支出

借：营业外支出　　　　　　　　　　　　　　　　　　　　　288 000
　　固定资产——累计折旧　　　　　　　　　　　　　　　　48 000
　　投资活动现金流量——处置固定资产、无形资产和其他长期资产收回的现

金净额　　　　　　　　　　　　　　　　　　　　1 320 000
　　　贷：固定资产——原值　　　　　　　　　　　　　　　　1 656 000

本例中出售固定资产所收到的现金净额为 1 320 000 元，清理净损失为 288 000 元列入了利润表中的资产处置收益（负数）。

（10）调整所得税费用

　　借：所得税费用　　　　　　　　　　　　　　　　　　95 040
　　　　递延所得税资产　　　　　　　　　　　　　　　　18 000
　　　贷：递延所得税负债　　　　　　　　　　　　　　　　90 000
　　　　　经营活动现金流量——支付的各项税费　　　　　　23 040

本例中发生的递延所得税资产 18 000 元和递延所得税负债 90 000 元，本年并没有支付现金，在调整时从所得税费用中减去，实际支付的所得税款为 23 040 元。

（11）结转净利润

　　借：净利润　　　　　　　　　　　　　　　　　　　　192 960
　　　贷：未分配利润　　　　　　　　　　　　　　　　　192 960

（12）分析调整长期股权投资

　　借：长期股权投资　　　　　　　　　　　　　　　　　80 000
　　　　固定资产——累计折旧　　　　　　　　　　　　　40 000
　　　贷：固定资产——原值　　　　　　　　　　　　　　120 000

本年长期股权投资增加 80 000 元，是以固定资产对外投资所取得的，没有现金的流出。

（13）分析调整固定资产

　　借：固定资产——原值　　　　　　　　　　　　　　　1 704 000
　　　贷：股本　　　　　　　　　　　　　　　　　　　　336 000
　　　　　资本公积　　　　　　　　　　　　　　　　　　168 000
　　　　　投资活动现金流量——购建固定资产、无形资产和其他长期资产支付
　　　　　的现金　　　　　　　　　　　　　　　　　　　1 200 000

本年用普通股换取固定资产业务，既属于投资活动，又属于筹资活动。但在该业务中企业支付现金 1 200 000 元是为了取得固定资产而发生的，所以应列入购建固定资产所支付的现金。

（14）分析调整应交税费

　　借：应交税费　　　　　　　　　　　　　　　　　　　160 000
　　　贷：经营活动现金流量——支付的各项税费　　　　　160 000

本例是指调整实际交纳的增值税款，而实际交纳的所得税，以及其他税金已在前述有关调整分录中调整。

（15）分析调整短期借款和长期借款

　　借：筹资活动现金流量——取得借款收到的现金　　　　280 000

			贷：短期借款		40 000
			长期借款		240 000

本例表明企业举借短期借款和长期借款收到的现金。

(16) 分析调整应付债券

借：应付债券		480 000
	贷：筹资活动现金流量——偿还债务支付的现金	480 000

本例表明企业偿还到期债券所支付的现金。

(17) 分析调整未分配利润

①借：未分配利润		216 000
	贷：股本	144 000
	资本公积	72 000

该笔调整分录表明发放股票股利而减少了未分配利润216 000元。

②借：未分配利润		80 000
	贷：盈余公积	80 000

该笔调整分录表明提取盈余公积而减少了未分配利润80 000元。

③借：未分配利润		360 000
	贷：筹资活动现金流量——分配股利、利润或偿付利息支付的现金	
		360 000

该笔调整分录表明发放现金股利支付的现金360 000元。

(18) 调整现金净变化额

借：货币资金		776 960
	贷：现金及现金等价物净增加额	776 960

第三步，将调整分录过入工作底稿的相应部分。

表9-12　　　　　　　　　　现金流量表工作底稿表　　　　　　　　　　单位：元

项目	年初余额	调整分录 借方	调整分录 贷方	期末余额/本期金额
一、资产负债表项目				
货币资金	904 000	(18) 776 960		1 680 960
交易性金融资产	288 000			288 000
应收票据	0	(1) 40 000		40 000
应收账款	720 000		(1) 112 000 (5) 72 000	536 000
预付账款	0			0
应收利息	0			0
应收股利	0			0

续表

项　目	年初余额	调整分录 借方	调整分录 贷方	期末余额/本期金额
其他应收款	0			0
存货	720 000	(2) 168 000		888 000
一年内到期的非流动资产	0			0
其他流动资产	0			0
债权投资	348 000		(8) 48 000	300 000
长期应收款	0			0
长期股权投资	676 000	(12) 80 000	(8) 72 000	684 000
投资性房地产	0			0
固定资产	1 920 000	(13) 1 704 000 (9) 48 000 (12) 40 000	(9) 1 656 000 (12) 120 000 (5) 192 000	1 744 000
在建工程	0			0
工程物资	0			0
固定资产清理	0			0
生产性生物资产	0			0
油气资产	0			0
无形资产	840 000		(5) 24 000 (7) 360 000	456 000
开发支出	0			0
商誉	0			0
长期待摊费用	96 000		(5) 48 000	48 000
递延所得税资产	0	(10) 18 000		18 000
其他非流动资产	0			0
资产总计	6 512 000			6 682 960
短期借款	40 000		(15) 40 000	80 000
交易性金融负债	0			0
应付票据	0		(2) 40 000	40 000
应付账款	624 000		(2) 56 000	680 000
预收账款	0			0
应付职工薪酬	0			0
应交税费	264 000	(2) 224 000 (3) 168 000 (14) 160 000	(1) 400 000	112 000

续表

项 目	年初余额	调整分录 借方	调整分录 贷方	期末余额/本期金额
应付利息	0			0
应付股利	0			0
其他应付款	48 000	(5) 24 000		24 000
一年内到期的非流动负债	0			0
其他流动负债	0			0
长期借款	64 000		(15) 240 000	304 000
应付债券	1 848 000	(16) 480 000	(6) 24 000	1 392 000
长期应付款	0			0
专项应付款	0			0
预计负债	0			0
递延所得税负债	0		(10) 90 000	90 000
其他非流动负债	0			0
股本	1 920 000		(13) 336 000 (17) 144 000	2 400 000
资本公积	480 000		(13) 168 000 (17) 72 000	720 000
盈余公积	24 000		(17) 80 000	104 000
未分配利润	1 200 000	(17) 216 000 80 000 360 000	(11) 192 960	736 960
负债和所有者权益合计	6 512 000			6 682 960
二、利润表项目				本期数
营业收入			(1) 2 304 000	2 304 000
营业成本		(2) 1 008 000		1 008 000
税金及附加		(3) 144 000		144 000
销售费用		(4) 216 000		216 000
管理费用		(5) 336 000		336 000
财务费用		(6) 96 000		96 000
资产减值损失		(5) 72 000		72 000
公允价值变动收益				0
投资收益		(8) 48 000		-48 000
资产处置收益			(7) 192 000	192 000
营业外支出		(9) 288 000		288 000

续表

项 目	年初余额	调整分录 借方	调整分录 贷方	期末余额/本期金额
所得税费用		(10) 95 040		95 040
净利润		(11) 192 960		192 960
三、现金流量表项目				
(一) 经营活动产生的现金流量				
销售商品、提供劳务收到的现金		(1) 2 776 000		2 776 000
收到的税费返还				0
收到其他与经营活动有关的现金				0
现金流入小计				2 776 000
购买商品、接受劳务支付的现金			(2) 1 064 000	1 064 000
支付给职工以及为职工支付的现金			(2) 240 000	240 000
支付的各项税费			(3) 312 000 (10) 23 040 (14) 160 000	495 040
支付其他与经营活动有关的现金			(4) 216 000 (5) 96 000	312 000
现金流出小计				2 111 040
经营活动产生的现金流量净额				664 960
(二) 投资活动产生的现金流量				
收回投资收到的现金				0
取得投资收益收到的现金		(8) 72 000		72 000
处置固定资产、无形资产和其他长期投资收到的现金净额		(7) 552 000 (9) 1 320 000		1 872 000
处置子公司及其他营业单位收到的现金净额				0
收到其他与投资活动有关的现金				0
现金流入小计				1 944 000
购建固定资产、无形资产和其他长期资产支付的现金			(13) 1 200 000	1 200 000
投资支付的现金				0
取得子公司及其他营业单位支付的现金净额				0
支付其他与投资活动有关的现金				0
现金流出小计				1 200 000

续表

项目	年初余额	调整分录 借方	调整分录 贷方	期末余额/本期金额
投资活动产生的现金流量净额				744 000
（三）筹资活动产生的现金流量				
吸收投资收到的现金				0
取得借款收到的现金		(15) 280 000		280 000
收到其他与筹资活动有关的现金				0
现金流入小计				280 000
偿还债务支付的现金			(16) 480 000	480 000
分配股利、利润或偿还利息支付的现金			(6) 72 000 (17) 360 000	432 000
支付其他与筹资活动有关的现金				0
现金流出小计				912 000
筹资活动产生的现金流量净额				-632 000
（四）现金及现金等价物净增加额			(18) 776 960	776 960
调整分录借贷合计		12 082 960	12 082 960	

第四步，核对调整分录。调整分录的借方合计与贷方合计相等；资产负债表项目的年初数加减调整分录中的借贷金额以后，也等于期末数。

第五步，根据工作底稿（表9-12）中现金流量表项目的数据编制正式的现金流量表，见表9-13。

补充资料中，"处置固定资产、无形资产和其他长期资产的损失"项目96 000元，系出售固定资产损失288 000元减去出售无形资产收益192 000元的差额；"经营性应收项目的减少（减增加）"项目72 000元，系应收票据、应收账款（未减去坏账准备前的余额）期末余额减去年初余额的差额；"经营性应付项目的增加（减减少）"项目-80 000元，系应付票据、应付账款、其他应付款、应交税费项目期末余额减去期初余额的差额。

表9-13　　　　　　　　　　现金流量表　　　　　　　　　　会企03表
编制单位：乙公司　　　　　　　2018年度　　　　　　　　　　单位：元

项目	本期金额	上期金额（略）
一、经营活动产生的现金流量：		
销售商品、提供劳务收到的现金	2 776 000	
收到的税费返还	0	
收到其他与经营活动有关的现金	0	

续表

项 目	本期金额	上期金额（略）
经营活动现金流入小计	2 776 000	
购买商品、接受劳务支付的现金	1 064 000	
支付给职工以及为职工支付的现金	240 000	
支付的各项税费	495 040	
支付其他与经营活动有关的现金	312 000	
经营活动现金流出小计	2 111 040	
经营活动产生的现金流量净额	664 960	
二、投资活动产生的现金流量：		
收回投资收到的现金		
取得投资收益收到的现金	72 000	
处置固定资产、无形资产和其他长期资产收回的现金净额	1 872 000	
处置子公司及其他营业单位收到的现金净额		
收到其他与投资活动有关的现金		
投资活动现金流入小计	1 944 000	
购建固定资产、无形资产和其他长期资产支付的现金	1 200 000	
投资支付的现金		
取得子公司及其他营业单位支付的现金净额		
支付其他与投资活动有关的现金		
投资活动现金流出小计	1 200 000	
投资活动产生的现金流量净额	744 000	
三、筹资活动产生的现金流量：		
吸收投资收到的现金		
取得借款收到的现金	280 000	
收到其他与筹资活动有关的现金		
筹资活动现金流入小计	280 000	
偿还债务支付的现金	480 000	
分配股利、利润或偿付利息支付的现金	432 000	
支付其他与筹资活动有关的现金		
筹资活动现金流出小计	912 000	
筹资活动产生的现金流量净额	-632 000	
四、汇率变动对现金的影响		
五、现金及现金等价物净增加额	776 960	

续表

项　　目	本期金额	上期金额（略）
补充资料		
1. 将净利润调节为经营活动的现金流量：		
净利润	192 960	
加：资产减值准备	72 000	
固定资产折旧、油气资产折耗、生产性生物资产折旧	192 000	
无形资产摊销	24 000	
长期待摊费用摊销	48 000	
处置固定资产、无形资产和其他长期资产的损失（收益以"-"号填列）	192 000	
固定资产报废损失（收益以"-"号填列）	288 000	
公允价值变动损失（收益以"-"号填列）		
财务费用（收益以"-"号填列）	96 000	
投资损失（收益以"-"号填列）	48 000	
递延所得税资产减少（增加以"-"号填列）	-18 000	
递延所得税负债增加（减少以"-"号填列）	90 000	
存货的减少（增加以"-"号填列）	-168 000	
经营性应收项目的减少（增加以"-"号填列）	72 000	
经营性应付项目的增加（减少以"-"号填列）	-80 000	
其他	0	
经营活动产生的现金流量净额	664 960	
2. 不涉及现金收支的投资和筹资活动：		
债务转为资本	0	
一年内到期的可转换公司债券	0	
融资租入固定资产	0	
3. 现金及现金等价物净增加情况：		
现金的期末余额	1 680 960	
减：现金的期初余额	904 000	
加：现金等价物的期末余额	0	
减：现金等价物的期初余额	0	
现金及现金等价物净增加额	776 960	

第五节　所有者权益变动表

一、所有者权益变动表的内容和结构

（一）所有者权益变动表的内容

所有者权益变动表是指反映构成所有者权益各组成部分当期增减变动情况的财务报表。通过该财务报表提供的信息，可以了解企业所有者权益总额及其结构的变动情况，有助于分析企业所有者权益增减变动的原因，预测企业所有者权益未来的变动趋势。

所有者权益变动表应当全面反映一定时期所有者权益变动的情况，这不仅包括所有者权益总量的增减变动，还应当包括所有者权益增减变动的重要结构性信息，让报表使用者正确理解所有者权益增减变动的根源。

在所有者权益变动表中，<u>企业至少应当单独列示反映下列信息的项目：（1）净利润；（2）其他综合收益；（3）会计政策变更和差错更正的累积影响金额；（4）所有者投入资本和向所有者分配利润等；（5）提取的盈余公积；（6）实收资本（或股本）、资本公积、盈余公积、未分配利润的期初和期末余额及其调节情况。</u>

（二）所有者权益变动表的结构

为了清楚地表明所有者权益的各个组成部分当期增减变动情况，所有者权益变动表应当以矩阵的形式列示：一方面，列示导致所有者权益变动的交易或事项，改变了以往仅仅按照所有者权益的各组成部分反映所有者权益变动情况，而是从所有者权益变动的来源对一定时期所有者权益变动情况进行全面反映；另一方面，按照所有者权益各组成部分〔包括实收资本（或股本）、资本公积、盈余公积、未分配利润和库存股〕及其总额的影响列示交易或事项对所有者权益的影响。此外，企业还需要提供比较所有者权益变动表，所有者权益变动表还就各项目再分"本年金额"和"上年金额"两栏分别填列。所有者权益变动表的具体格式如表9－10所示。

二、所有者权益变动表的填列方法

（一）"上年金额"栏的填列方法

所有者权益变动表的"上年金额"栏内各项数字，应根据上年度所有者权益变动表"本年金额"栏内所列数字填列。如果上年度所有者权益变动表规定的各个项目的名称和内容同本年度不一致，应对上年度所有者权益变动表各项目的名称和数字按本年度的规定进行调整，填入所有者权益变动表"上年金额"栏内。

(二)"本年金额"栏的填列方法

所有者权益变动表"本年金额"栏内各项数字一般应根据"实收资本(或股本)""资本公积""盈余公积""利润分配""库存股""以前年度损益调整"科目的发生额分析填列。

【例9-4】沿用【例9-3】资料。

表9-14　　　　　　　　　　　所有者权益变动表　　　　　　　　　　　会企04表

编制单位:乙公司　　　　　　　　　　　2018年度　　　　　　　　　　　　单位:元

项目	本年金额						上年金额(略)					
	实收资本(或股本)	资本公积	减:库存股	盈余公积	未分配利润	所有者权益合计	实收资本(或股本)	资本公积	减:库存股	盈余公积	未分配利润	所有者权益合计
一、上年年末余额	1 920 000	480 000	0	24 000	1 200 000	3 624 000						
加:会计政策变更												
前期差错更正												
二、本年年初余额	1 920 000	480 000	0	24 000	1 200 000	3 624 000						
三、本年增减变动金额(减少以"-"号填列)												
(一)净利润					192 960	192 960						
(二)其他综合收益												
上述(一)和(二)小计					192 960	192 960						
(三)所有者投入和减少资本												
1.所有者投入资本	336 000	168 000				504 000						
2.股份支付计入所有者权益的金额												
3.其他												
(四)利润分配												
1.提取盈余公积				80 000	-80 000	0						
2.对所有者(或股东)的分配	144 000	72 000			-576 000	-360 000						
3.其他												
(五)所有者权益内部结转												
1.资本公积转增资本(或股本)												
2.盈余公积转增资本(或股本)												
3.盈余公积弥补亏损												
4.其他												
四、本年年末余额	2 400 000	720 000	0	104 000	736 960	3 960 960						

第六节 财务报表附注

企业的财务报表由于受固定格式和规定内容的限制,一般只能对外提供总括的定量财务信息,从而影响财务报告使用者对财务报表内容的理解。因此,企业除了编制和对外提供财务报表之外,还应编制和对外提供财务报表附注。

财务报表附注应该披露所有在财务报表内未反映的与企业财务状况、经营成果和现金流量有关的、有助于报表使用者理解财务报表的信息,我国《企业会计准则第 30 号——财务报表列报》(2006)规定了企业财务报表附注应当包括的主要内容。

一、附注的含义

附注是对资产负债表、利润表、现金流量表和所有者权益变动表等报表中列示项目的文字描述或明细资料,以及对未能在这些报表中列示项目的说明等。附注是财务报表的重要组成部分。附注是为便于财务报表使用者理解财务报表的内容而对财务报表的编制基础、编制依据、编制原则和方法及主要项目等所作的解释,它是对财务报表的补充。从理论上说,附注应该披露所有在财务报表内未反映的与企业财务状况、经营成果和现金流量有关的、有助于报表使用者理解财务报表的信息。

二、附注的主要内容

根据《企业会计准则第 30 号——财务报表列报》的要求,附注应当按照如下顺序披露有关内容。

(一)企业的基本情况

附注中应披露的企业的基本情况包括:(1)企业注册地、组织形式和总部地址;(2)企业的业务性质和主要经营活动;(3)母公司以及集团最终母公司的名称;(4)财务报表的批准报出者和财务报表批准报出日。

(二)财务报表的编制基础

在附注中,企业应当说明财务报表的编制是否以持续经营为基础。一般而言,如果没有相应的证据表明企业处于非持续经营状态,企业应当以持续经营为基础对实际发生的交易或事项进行确认和计量,并在此基础上编制财务报表。但是,如果企业的管理层经评估对企业的持续经营能力产生重大怀疑的,应当在附注中披露对持续经营能力产生重大怀疑的重要的不确定因素。如果评估后认为持续经营不再合理,企业应当采用其他基础编制财务报表,同时还应在附注中声明财务报表未以持续经营为基础编制,披露未以持续经营为基础的原因以及财务报表的编制基础。

（三）遵循企业会计准则的声明

企业应当明确说明编制的财务报表符合企业会计准则的要求，真实、公允地反映了企业的财务状况、经营成果和现金流量等有关信息，以此明确企业编制财务报表所依据的制度基础。

如果企业编制的财务报表只是部分地遵循了企业会计准则，附注中不得作出这种表述。

（四）重要会计政策和会计估计

企业应当披露采用的重要会计政策和会计估计，不重要的会计政策和会计估计可以不披露。在披露重要会计政策和会计估计时，应当披露重要会计政策的确定依据和财务报表项目的计量基础，以及会计估计中所采用的关键假设和不确定因素。

（五）会计政策和会计估计变更以及差错更正的说明

企业应当按照《企业会计准则第28号——会计政策、会计估计变更和差错更正》及其应用指南的规定，披露会计政策和会计估计变更以及差错更正的有关情况。

（六）报表重要项目的说明

企业应当以文字和数字描述相结合、尽可能以列表的形式披露重要报表项目的构成或当期增减变动情况，并且报表重要项目的明细金额合计，应当与报表项目金额相衔接。在披露顺序上，一般应当按照资产负债表、利润表、现金流量表、所有者权益变动表的顺序及其报表项目列示的顺序。

思考题

1. 什么是财务报表？财务报表由哪些内容构成？
2. 企业编制和提供财务报表应符合哪些基本要求？
3. 企业编制财务报表应做好哪些准备工作？
4. 2018年版财务报表的格式和项目有何新变化？其报表项目的填列有何具体要求？
5. 什么是资产负债表？资产负债表有哪些主要作用？
6. 资产负债表主要反映哪些内容？其编制依据是什么？该如何编制？
7. 什么是利润表？利润表有哪些主要作用？
8. 利润表主要反映哪些内容？其编制依据是什么？该如何编制？
9. 什么是现金流量表？现金流量有哪些主要作用？
10. 什么是现金流量？现金流量分为哪几大类？现金流量表的编制基础是什么？如何编制现金流量表？
11. 为什么需要编制财务报表附注？财务报表附注应披露哪些内容？

第十章

财务报表分析

财务报表分析是指利用财务报表及其他有关资料,运用一定的分析方法对企业分析期的财务状况和经营成果进行动态比较和评价,为企业管理当局、投资者、债权人和政府机构等分析主体的决策行为提供依据。科学地开展财务报表分析,有利于企业科学的决策和经营管理水平的提高,有利于投资者作出正确的投资决策和债权人制定正确的信用政策,也有利于国家有关职能部门强化宏观调控和税收征管工作。

第一节 概 述

一、财务报表分析的目的

财务报表分析的目的是将财务报表数据转换成有用的信息,帮助报表使用人改善决策。

最早的财务报表分析,主要是为银行服务的信用分析。由于借贷资本在公司资本中的比重不断增加,银行需要对贷款人进行信用调查和分析,逐步形成了偿债能力分析等有关内容。

资本市场出现以后,财务报表分析由为贷款银行服务扩展到为各种投资人服务,社会筹资范围扩大,非银行债权人和股权投资人增加。公众进入资本市场,投资人要求的信息更为广泛,逐步形成了盈利能力分析、筹资结构分析和利润分配分析等新的内容,发展出比较完善的外部分析体系。

公司组织发展起来以后,经理人员为获得股东的好评和债权人的信任,需要改善公司的盈利能力和偿债能力,逐步形成了内部分析的有关内容,并使财务报表分析由外部分析扩大到内部分析。内部分析不仅可以使用公开报表的数据,而且可以利用内部的数据(预算、成本数据等)。内部分析的目的是找出管理行为和报表数据的关系,通过管理来改善未来的财务报表。

由于财务报表使用的概念越来越专业化,提供的信息越来越多,报表分析的技术日趋复杂。许多报表使用人感到从财务报表中提取有用的信息日益困难,于是开始求助于专业人士,并促使财务分析师发展成为专门职业。专业财务分析师的出现,对于报表分析技术的发展具有重要的推动作用。传统的财务报表分析逐步扩展成为包括经营战略分析、会计分析、财务分析和前景分析等四个部分组成的更完善的体系。经营战略分析的目的是确定主要的利润动因和经营风险以及定性评估公司的盈利能力,包括行业分析和公司竞争战略分析等内容;会计分析的目的是评价公司会计反映基本经济现实的程度,包括评估公司会计的灵活性和恰当性,以及会计数据的修正等内容;财务分析的目的是运用财务数据评价公司当前和过去的业绩并评估其可持续性,包括比率分析和现金流量分析等内容;前景分析的目标是侧重于预测公司的未来,包括财务报表预测和公司估价等内容。

二、财务报表分析的步骤

财务报表分析的内容非常广泛。不同的人,出于不同的目的,使用不同的财务分析方法。财务分析不是一种有固定程序的工作,不存在唯一的通用分析程序,而是一个研究和探索过程。分析的具体步骤和程序是根据分析目的由分析人员个别设计的。

财务报表分析的一般步骤如下:(1)明确分析的目的;(2)收集有关的信息;(3)根据分析目的把整体的各个部分分割开来,予以适当组织,使之符合需要;(4)深入研究各部分的特殊本质;(5)进一步研究各个部分的联系;(6)解释结果,提供对决策有帮助的信息。

三、财务报表分析的方法

财务报表分析的方法,有比较分析法和因素分析法两种。

(一)比较分析法

比较是认识事物的最基本方法,没有比较,分析就无法开始。比较分析法,是对两个或几个相关的可比数据进行对比,揭示差异和矛盾的一种分析方法。

比较分析按比较对象(和谁比)分为:

(1)趋势分析,即与本公司不同时期(2~10年)指标相比。

(2)横向比较,即与行业内同类公司相比。

(3)预算差异分析,与计划预算比,即实际执行结果与计划指标比较。

比较分析按比较内容(比什么)分为:

(1)比较会计要素的总量。总量是指报表项目的总金额,例如总资产、净资产、净利润等。总量比较主要用于时间序列分析,如研究利润的逐年变化趋势,看其增长潜力。有时也用于同业对比,看公司的相对规模和竞争地位。

(2)比较结构百分比。把损益表、资产负债表、现金流量表转换成结构百分比报表。例如以收入为100%,看损益表各项目的比重。结构百分比报表用于发现有显著问题的项目，揭示进一步分析的方向。

（3）比较财务比率。财务比率是各会计要素之间的数量关系，反映它们的内在联系。财务比率是相对数，排除了规模的影响，具有较好的可比性，是最重要的比较内容。财务比率的计算相对简单，而对它加以说明和解释却相当复杂和困难。

（二）因素分析法

因素分析法，是依据财务指标与其驱动因素之间的关系，从数量上确定各因素对指标影响程度的一种方法。

公司是一个有机整体，每个财务指标的高低都受其他因素的驱动。从数量上测定各因素的影响程度，可以帮助人们抓住主要矛盾，或更有说服力地评价经营状况。

财务报表分析是个研究过程，分析得越具体、越深入，则水平越高。财务分析的核心问题是不断追溯产生差异的原因。因素分析法提供了定量解释差异成因的工具。

四、财务报表分析的局限性

（一）财务报表本身的局限性

财务报表是公司会计系统的产物。每个公司的会计系统，因受到会计环境和公司会计战略的影响，使得财务报表会扭曲公司的实际情况。

会计的环境因素包括会计规范和会计的管理、税务与会计的关系、外部审计、会计争端处理的法律系统、资本市场结构、公司治理结构等。这些因素是决定公司会计系统质量的外部因素。会计环境的缺陷会导致会计系统的缺陷，使之不能反映公司的实际状况。会计环境的重要变化会导致会计系统的变化，影响财务数据的可比性。例如，会计规范要求以历史成本报告资产，使财务数据不代表其现行成本或变现价值；会计规范要求假设币值不变，使财务数据不按通货膨胀率或物价水平调整；会计规范要求遵循谨慎性原则，使会计预计损失而不预计收益，有可能少计收益和资产；会计规范要求按年度分期报告，只报告短期信息，不提供反映长期潜力的信息等。

会计战略是公司根据环境和经营目标作出的主观选择。各公司会有不同的会计战略。公司会计战略包括会计政策的选择、会计估计的选择、补充披露的选择以及报告具体格式的选择。不同的会计战略会导致不同公司财务报告的差异，并影响其可比性。例如，对同一会计事项的账务处理，会计准则允许使用几种不同的规则和程序，公司可以自行选择，包括存货计价方法、折旧方法、对外投资收益的确认方法等。虽然财务报表附注对会计政策的选择有一定的表述，但报表使用人未必能完成可比性的调整工作。

由于以上两方面的原因使得财务报表存在以下三方面的局限性：（1）财务报告没有披露公司的全部信息，管理层拥有更多的信息，得到披露的只是其中的一部分；（2）已经披露的财务信息存在会计估计误差，不一定是真实情况的准确计量；（3）管理层的各项会计政策选择，使财务报表会扭曲公司的实际情况。

(二) 财务报表的可靠性问题

只有根据符合规范的、可靠的财务报表，才能得出正确的分析结论。所谓"符合规范"，是指除了以上三点局限性以外，没有更进一步的虚假陈述。外部分析人员很难认定是否存在虚假陈述，财务报表的可靠性问题主要依靠注册会计师解决。但是，注册会计师不能保证财务报告没有任何错报和漏报，而且并非所有注册会计师都是尽职尽责的。因此，分析人员必须自己关注财务报表的可靠性，对于可能存在的问题保持足够的警惕。

外部的分析人员虽然不能认定是否存在虚假陈述，但是可以发现一些"危险信号"。对于存有危险信号的报表，分析人员要进行更细致的考察或获取有关的其他信息，对报表的可靠性作出判断。

常见的危险信号包括：

(1) 财务报告的形式不规范。不规范的报告其可靠性也应受到怀疑。要注意财务报告是否有遗漏，遗漏违背充分披露原则很可能是不想讲真话引起的；要注意是否及时提供财务报告，不能及时提供报告暗示公司当局与注册会计师存在分歧。

(2) 要注意分析数据的反常现象。如无合理的反常原因，则要考虑数据的真实性和一贯性是否有问题。例如：原因不明的会计调整，可能是利用会计政策的灵活性"修饰"报表；与销售相比应收账款异常增加，可能存在提前确认收入问题；报告收益与经营现金流量的缺口增加，报告收益与应税收益之间的缺口增加，可能存在盈余管理；大额的资产冲销和第四季度的大额调整，可能是中期报告有问题，年底时受到外部审计师的压力被迫在年底调整。

(3) 要注意大额的关联方交易。这些交易的价格缺乏客观性，会计估计有较大主观性，可能存在转移利润的动机。

(4) 要注意大额资本利得。在经营业绩不佳时，公司可能通过出售长期资产、债务重组等交易实现资本利得。

(5) 要注意异常的审计报告。无正当理由更换注册会计师，或审计报告附有保留意见，暗示公司的财务报告可能粉饰过度。

(三) 比较基础问题

在比较分析时必然要选择比较的参照标准，包括本公司历史数据、同业数据和计划预算数据。

横向比较时需要使用同业标准。同业的平均数只有一般性的指导作用，不一定有代表性，不是合理性的标志。选一组有代表性的公司求其平均数，作为同业标准，可能比整个行业的平均数更有意义。近年来，更重视以竞争对手的数据作为分析基础。不少公司实行多种经营，没有明确的行业归属，同业比较更加困难。

趋势分析以本公司历史数据作比较基础。历史数据代表过去，并不代表合理性。经营环境是变化的，今年比上年利润提高了，不一定说明已经达到应该达到的水平，甚至不一定说明管理有了改进。会计规范的改变会使财务数据失去直接可比性,要恢复其可比性成本很大,甚至缺乏必要的信息。

实际与计划的差异分析,以计划预算作比较基础。实际和预算出现差异,可能是执行中有问题,也可能是预算不合理,两者的区分并非易事。

总之,对比较基础本身要准确理解,并且要在限定意义上使用分析结论,避免简单化和绝对化。

第二节 基本财务比率分析

一、基本财务比率概述

财务报表中有大量的数据,可以组成许多有意义的财务比率。这些比率涉及企业经营管理的各个方面。这些财务比率大体上可以分为四类:短期偿债能力比率、长期偿债能力比率、营运能力比率和盈利能力比率。

为了便于说明财务比率的计算和分析方法,本章将使用甲股份有限公司(以下简称"甲公司")的财务报表数据作为举例。为计算简便,这些数据是假设的。

甲公司2017年12月31日的资产负债表如表10-1所示[①]。

表10-1　　　　　　　　　　　资产负债表

编制单位:甲公司　　　　　　　2017年12月31日　　　　　　　　　　　　　单位:万元

资　产	年末余额	年初余额	负债及股东权益	年末余额	年初余额
流动资产:			流动负债:		
货币资金	44	25	短期借款	60	45
交易性金融资产	6	12	交易性金融负债	28	10
应收票据	14	11	应付票据	5	4
应收账款	398	199	应付账款	100	109
预付账款	22	4	预收账款	10	4
其他应收款	12	22	应付职工薪酬	2	1
存货	119	326	应交税费	5	4
一年内到期的非流动资产	77	11	应付利息	12	16
其他流动资产	8	0	应付股利	0	0
流动资产合计	700	610	其他应付款	25	22
			其他流动负债	53	5
			流动负债合计	300	220

---

① 虽然2018年后财务报表的格式和项目有所变化,但就财务报表分析而言,不会影响其分析结论。故仍然采用2018年以前的财务报表作为分析对象。特此说明。

续表

资产	年末余额	年初余额	负债及股东权益	年末余额	年初余额
			非流动负债：		
非流动资产：			长期借款	450	245
其他权益投资	0	45	应付债券	240	260
债权投资	0	0	长期应付款	50	60
长期股权投资	30	0	其他非流动负债	0	15
固定资产	1 238	955	非流动负债合计	740	580
在建工程	18	35	负债合计	1 040	800
固定资产清理	0	12	股东权益：		
无形资产	6	8	股本	100	100
长期待摊费用	5	15	资本公积	10	10
递延所得税资产	0	0	盈余公积	60	40
其他非流动资产	3	0	未分配利润	790	730
非流动资产合计	1 300	1 070	股东权益合计	960	880
资产总计	2 000	1 680	负债及股东权益总计	2 000	1 680

甲公司2017年度的利润表如表10-2所示。

表 10-2 利润表

编制单位：甲公司　　　　　　　　2017年度　　　　　　　　单位：万元

项目	本年金额	上年金额
一、营业收入	3 000	2 850
减：营业成本	2 644	2 503
税金及附加	28	28
销售费用	22	20
管理费用	46	40
财务费用	110	96
资产减值损失	0	0
加：投资收益（损失以"-"号填列）	6	0
公允价值变动收益（损失以"-"号填列）	0	0
二、营业利润	156	163
加：营业外收入	45	72
减：营业外支出	1	0
三、利润总额	200	235
减：所得税费用	64	75
四、净利润	136	160

甲公司2017年度的现金流量表如表10-3所示。

表 10-3　　　　　　　　　　　现金流量表

编制单位：甲公司　　　　　　　2017 年度　　　　　　　　　　　单位：万元

项　目	金　额
一、经营活动产生的现金流量：	
销售商品、提供劳务收到的现金	2 810
收到的税费返还	0
收到其他与经营活动有关的现金	10
经营活动现金流入小计	2 820
购买商品、接受劳务支付的现金	2 363
支付给职工以及为职工支付的现金	29
支付的各项税费	91
支付其他与经营活动有关的现金支出	14
经营活动现金流出小计	2 497
经营活动产生的现金流量净额	323
二、投资活动产生的现金流量	
收回投资收到的现金	4
取得投资收益收到的现金	6
处置固定资产、无形资产和其他长期资产收回的现金净额	12
处置子公司及其他营业单位收到的现金净额	0
收到其他与投资活动有关的现金	0
投资活动现金流入小计	22
购置固定资产、无形资产和其他长期资产支付的现金	369
投资支付的现金	30
取得子公司及其他营业单位支付的现金净额	0
支付其他与投资活动有关的现金	0
投资活动现金流出小计	399
投资活动产生的现金流量净额	-377
三、筹资活动产生的现金流量	
吸收投资收到的现金	0
取得借款收到的现金	270
收到其他与筹资活动相关的现金	0
筹资活动现金流入小计	270
偿还债务支付的现金	20
分配股利、利润或偿付利息支付的现金	152
支付其他与筹资活动有关的现金	25
筹资活动现金流出小计	197

续表

项　　目	金　额
筹资活动产生的现金流量净额	73
四、汇率变动对现金及现金等价物的影响	0
五、现金及现金等价物净增加额	19
加：期初现金及现金等价物余额	25
六、期末现金及现金等价物余额	44
补充资料	
1. 将净利润调节为经营活动现金流量：	
净利润	136
加：资产减值准备	0
固定资产折旧、油气资产折耗、生产性生物资产折旧	100
无形资产摊销	2
长期待摊费用摊销	10
处置固定资产、无形资产和其他长期资产的损失（收益以"-"号填列）	-15
固定资产报废损失（收益以"-"号填列）	0
公允价值变动损失（收益以"-"号填列）	0
财务费用（收益以"-"号填列）	110
投资损失（收益以"-"号填列）	-6
递延所得税资产减少（增加以"-"号填列）	0
递延所得税负债增加（减少以"-"号填列）	0
存货的减少（增加以"-"号填列）	207
经营性应收项目的减少（增加以"-"号填列）	-210
经营性应付项目的增加（减少以"-"号填列）	-11
经营活动产生的现金流量净额	323
2. 不涉及现金收支的投资和筹资活动：	
债务转为资本	0
一年内到期的可转换公司债券	0
融资租入固定资产	0
3. 现金及现金等价物净增加情况：	
现金的期末余额	44
减：现金的期初余额	25
加：现金等价物的期末余额	0
减：现金等价物的期初余额	0
现金及现金等价物净增加额	19
其他	0

甲公司 2017 年度的股东权益变动表如表 10 - 4 所示。

表 10-4　　　　　　　　　　股东权益变动表

编制单位：甲公司　　　　　　　　2017 年度　　　　　　　　　　单位：万元

项　目	本年金额						上年金额
	股本	资本公积	减：库存股	盈余公积	未分配利润	股东权益合计	（略）
一、上年年末余额	100	10		40	730	880	
加：会计政策变更							
前期差错更正							
二、本年年初余额	100	10		40	730	880	
三、本年增减变动金额							
（一）净利润					136	136	
（二）其他综合收益							
上述（一）和（二）小计					136	136	
（三）所有者投入和减少资本							
1. 所有者投入资本							
2. 股份支付计入股东权益的金额							
3. 其他							
（四）利润分配							
1. 提取盈余公积				20	-20	0	
2. 对股东的分配					-56	-56	
3. 其他							
（五）股东权益的内部结转							
1. 资本公积转增股本							
2. 盈余公积转增股本							
3. 盈余公积弥补亏损							
4. 其他							
四、本年年末余额	100	10	0	60	790	960	

二、短期偿债能力比率

由于债务按到期时间分为短期债务和长期债务，所以偿债能力分析也分为短期偿债能力和长期偿债能力分析两部分。

偿债能力的衡量方法有两种：一种是比较债务与可供偿债资产的存量，资产存量超过债务存量较多，则认为偿债能力强；另一种是比较偿债所需现金和经营活动产生的现金流量，如果产生的现金超过偿债所需现金较多，则认为偿债能力强。

（一）短期债务与可偿债资产的存量比较

企业短期债务的存量，是资产负债表中列示的各项流动负债年末余额。可以用来偿还这些债务的资产,是资产负债表中列示的流动资产年末余额。流动负债需要在一年内用现金偿还,流动资产将在一年内变成现金,因此两者的比较可以反映短期偿债能力。

流动资产与流动负债的存量比较有两种方法:一种是差额比较,两者相减的差额称为营运资本;另一种是比率比较,两者相除的比率称为短期债务存量比率。

1. 营运资本

营运资本 = 流动资产 – 流动负债

根据甲公司的财务报表数据:

本年营运资本 = 700 – 300 = 400(万元)

上年营运资本 = 610 – 220 = 390(万元)

计算营运资本使用的"流动资产"和"流动负债",通常可以直接取自资产负债表。实际上资产负债表的基本结构,是按债权人的要求设计的。正是为了便于计算营运资本和分析流动性,资产负债表项目才区分流动项目和非流动项目,并且按流动性强弱排序。

如果流动资产与流动负债相等,并不足以保证偿债,因为债务的到期与流动资产的现金生成不可能同步同量。企业必须保持流动资产大于流动负债,确保有一定数额的营运资本作为缓冲,以防止流动负债"穿透"流动资产。甲公司现存300万元流动负债的具体到期时间不易判断,现存700万元的流动资产生成现金的数额和时间也不好预测。营运资本400万元是流动负债"穿透"流动资产的"缓冲垫"。因此,营运资本越多,流动负债的偿还越有保障,短期偿债能力越强。

营运资本 = 流动资产 – 流动负债
    = (总资产 – 非流动资产) – (总资产 – 股东权益 – 非流动负债)
    = (股东权益 + 非流动负债) – 非流动资产
    = 长期资本 – 长期资产

根据甲公司的财务报表数据:

本年营运资本 = (960 + 740) – 1 300 = 1 700 – 1 300 = 400(万元)

上年营运资本 = (880 + 580) – 1 070 = 1 460 – 1 070 = 390(万元)

当流动资产大于流动负债时,营运资本为正数,表明长期资本的数额大于长期资产,超出部分被用于流动资产。营运资本的数额越大,财务状况越稳定。简而言之,全部流动资产都由营运资本提供资金来源,则企业没有任何短期偿债压力。

当流动资产小于流动负债时,营运资本为负数,表明长期资本小于长期资产,有部分长期资产由流动负债提供资金来源。由于流动负债在1年内需要偿还,而长期资产在1年内不能变现,偿债所需现金不足,必须设法另外筹资,这意味着财务状况不稳定。

营运资本的比较分析，主要是与本企业上年数据的比较，通常称之为变动分析。甲公司本年和上年营运资本的比较数据，如表 10-5 所示。

表 10-5　　　　　　　　　　甲公司营运资本比较表　　　　　　　　　单位：万元

项目	本年		上年		增长		
	金额	结构（%）	金额	结构（%）	金额	增长（%）	结构（%）
流动资产	700	100	610	100	90	15	100
流动负债	300	43	220	36	80	36	89
营运资本	400	57	390	64	10	2.6	11
长期资产	1 300		1 070		230		
长期资本	1 700		1 460		240		

从表 10-5 的数据可以看出：

（1）上年流动资产 610 万元，流动负债 220 万元，营运资本为 390 万元。从相对数来看，营运资本的配置比率为 64%（营运资本÷流动资产），流动负债提供流动资产所需资金的 36%，即 1 元流动资产需要偿还 0.36 元的债务。

（2）本年流动资产 700 万元，流动负债 300 万元，营运资本 400 万元。从相对数来看，营运资本的配置比率为 57%，1 元流动资产需要偿还 0.43 元的债务，偿债能力比上年降低了。

（3）本年与上年相比，流动资产增加 90 万元（增长 15%），流动负债增加 80 万元（增长 36%），营运资本增加 10 万元（增长 2.6%）。营运资本的绝对数增加，似乎"缓冲垫"增厚了；但由于流动负债的增加超过流动资产的增加，使得债务的"穿透力"增加了，即偿债能力降低了。新增流动资产 90 万元没有保持上年配置 64% 营运资本的比例，只配置了 11%，其余的 89% 都靠增加流动负债解决。可见，由于营运资本政策改变使本年的短期偿债能力降低了。

营运资本是绝对数，不便于不同企业之间比较。例如，甲公司的营运资本为 200 万元（流动资产 300 万元，流动负债 100 万元），乙公司的营运资本与甲公司相同，也是 200 万元（流动资产 1 200 万元，流动负债 1 000 万元），但是，它们的偿债能力显然不同。因此，在实务中很少直接使用营运资本作为偿债能力的指标。营运资本的合理性主要通过流动性存量比率来评价。

2. 短期债务的存量比率

短期债务的存量比率包括流动比率、速动比率和现金比率。

（1）流动比率。流动比率是全部流动资产与流动负债的比值。其计算公式如下：

流动比率 = 流动资产 ÷ 流动负债

根据甲公司的财务报表数据：

本年流动比率 = 700 ÷ 300 = 2.33

上年流动比率 = 610÷220 = 2.77

流动比率假设全部流动资产都可以用于偿还短期债务，表明每 1 元流动负债有多少流动资产作为偿债的保障。甲公司的流动比率降低了 0.44（2.77 - 2.33），即为每 1 元流动负债提供的流动资产保障减少了 0.44 元。

流动比率和营运资本配置比率所反映的偿债能力是相同的，它们可以互相换算：
流动比率 = 1÷（1 - 营运资本÷流动资产）
根据甲公司的财务报表数据：
本年流动比率 = 1÷（1 - 57%）= 2.33
上年流动比率 = 1÷（1 - 64%）= 2.78

流动比率是相对数，排除了企业规模不同的影响，更适合同业比较以及本企业不同历史时期的比较。流动比率的计算简单，得到广泛应用。

不存在统一的、标准的流动比率数值。不同行业的流动比率，通常有明显差别。营业周期越短的行业，合理的流动比率越低。过去很长时期，人们认为生产型企业合理的最低流动比率是 2。这是因为流动资产中变现能力最差的存货金额约占流动资产总额的一半，剩下的流动性较好的流动资产至少要等于流动负债，才能保证企业最低的短期偿债能力。这种认识一直未能从理论上证明。最近几十年，企业的经营方式和金融环境发生很大变化，流动比率有降低的趋势，许多成功企业的流动比率都低于 2。

如果流动比率比上年发生较大变动，或与行业平均值出现重大偏离，就应对构成流动比率的流动资产和流动负债各项目逐一进行分析，寻找形成差异的原因。为了考察流动资产的变现能力，有时还需要分析其周转率。

流动比率有某些局限性，在使用时应注意：流动比率假设全部流动资产都可以变为现金并用于偿债，全部流动负债都需要还清。实际上，有些流动资产的账面金额与变现金额有较大差异，如产成品等；经营性流动资产是企业持续经营所必需的，不能全部用于偿债；经营性应付项目可以滚动存续，无需动用现金全部结清。因此，流动比率是对短期偿债能力的粗略估计。

（2）速动比率。构成流动资产的各个项目的流动性有很大差别。其中的货币资金、交易性金融资产和各种应收、预付账款等，可以在较短时间内变现，称之为速动资产。另外的流动资产，如存货、一年内到期的非流动资产及其他流动资产等，称为非速动资产。

非速动资产的变现时间和数量具有较大的不确定性：①存货的变现速度比应收款项要慢得多；部分存货可能已损失报废还没做处理，或者已抵押给某债权人，不能用于偿债；存货估价有多种方法，可能与变现金额相差悬殊。②一年内到期的非流动资产和其他流动资产的数额有偶然性，不代表正常的变现能力。因此，将可偿债资产定义为速动资产，计算出来的短期债务存量比率更令人可信。

速动资产与流动负债的比值，称为速动比率，其计算公式为：

速动比率 = 速动资产 ÷ 流动负债

根据甲公司的财务报表数据：

本年速动比率 = $(44+6+14+398+22+12) \div 300 = 1.65$

上年速动比率 = $(25+12+11+199+4+22) \div 220 = 1.24$

速动比率假设速动资产是可以用于偿债的资产，表明每 1 元流动负债有多少速动资产作为偿还保障。甲公司的速动比率比上年提高了 0.41，说明为每 1 元流动负债提供的速动资产保障增加了 0.41 元。

如同流动比率一样，不同行业的速动比率有很大差别。例如：采用大量现金销售的商店，几乎没有应收账款，速动比率大大低于 1 是很正常的；相反，一些应收账款较多的企业，速动比率可能要大于 1。

影响速动比率可信性的重要因素是应收账款的变现能力。账面上的应收账款不一定都能变成现金，实际坏账可能比计提的准备要多；季节性的变化，可能使报表上的应收账款数额不能反映平均水平。这些情况，外部分析人员不易了解，而内部人员却有可能作出估计。

（3）现金比率。速动资产中，流动性最强、可直接用于偿债的资产称为现金资产。现金资产包括货币资金、交易性金融资产等。它们与其他速动资产有区别，其本身就是可以直接偿债的资产，而其他速动资产需要等待不确定的时间，才能转换为不确定数额的现金。

现金资产与流动负债的比值称为现金比率，其计算公式如下：

现金比率 = （货币资金 + 交易性金融资产） ÷ 流动负债

根据甲公司的财务报表数据：

本年现金比率 = $(44+6) \div 300 = 0.167$

上年现金比率 = $(25+12) \div 220 = 0.168$

现金比率假设现金资产是可偿债资产，表明 1 元流动负债有多少现金资产作为偿还保障。甲公司的现金比率比上年减少 0.001，说明企业为每 1 元流动负债提供的现金资产保障减少了 0.001 元。

（二）短期债务与现金流量的比较

短期债务的数额是偿债需要的现金流量，经营活动产生的现金流量是可以偿债的现金流量，两者相除称为现金流量比率。其计算公式为：

现金流量比率 = 经营现金流量 ÷ 流动负债

根据甲公司的财务报表数据：

现金流量比率 = $323 \div 300 = 1.08$

公式中的"经营现金流量"，通常使用现金流量表中的"经营活动产生的现金流量净额"。它代表了企业产生现金的能力，已经扣除了经营活动自身所需的现金流出，是可以用来偿债的现金流量。

公式中的"流动负债"，通常使用资产负债表中的"流动负债"的年初与年末的平均数。为了简便,也可以使用期末数①。

现金流量比率表明每1元流动负债的经营现金流量保障程度。该比率越高,偿债越有保障。

(三) 影响短期偿债能力的其他因素

上述短期偿债能力比率,都是根据财务报表中资料计算的。还有一些表外因素也会影响企业的短期偿债能力,甚至影响相当大。财务报表的使用人应尽可能了解这方面的信息,有利于作出正确的判断。

1. 增强短期偿债能力的因素

增强短期偿债能力的表外因素主要有:

(1) 可动用的银行贷款指标:银行已同意、企业未办理贷款手续的银行贷款限额,可以随时增加企业的现金,提高支付能力。这一数据不反映在财务报表中,但会在董事会决议中披露。

(2) 准备很快变现的非流动资产:企业可能有一些长期资产可以随时出售变现,而不出现在"一年内到期的非流动资产"项目中。例如,储备的土地、未开采的采矿权、目前出租的房产等,在企业发生周转困难时,将其出售并不影响企业的持续经营。

(3) 偿债能力的声誉:如果企业的信用很好,在短期偿债方面出现暂时困难比较容易筹集到短缺的现金。

2. 降低短期偿债能力的因素

降低短期偿债能力的表外因素有:

(1) 与担保有关的或有负债:如果它的数额较大并且可能发生,就应在评价偿债能力时给予关注;

(2) 经营租赁合同中承诺的付款:很可能是需要偿付的义务;

(3) 建造合同、长期资产购置合同中的分阶段付款:也是一种承诺,应视同需要偿还的债务。

三、长期偿债能力比率

衡量长期偿债能力的财务比率,也分为存量比率和流量比率两类。

(一) 总债务存量比率

从长期来看,所有的债务都要偿还。因此,反映长期偿债能力的存量比率是总债务、总资产和股东权益之间的比例关系。常用比率包括:资产负债率、产权比率、

---

① 有些财务比率的分子和分母,一个是资产负债表的存量数据,另一个是利润表或现金流量表的流量数据。其中,资产负债表的数据的使用有三种选择:一是直接使用期末数,好处是简单,缺点是一个时点数据缺乏代表性;二是使用年末和年初的平均数,两个时点数据平均后代表性增强,但也增加了工作量;三是使用各月的平均数,好处是代表性明显增强,缺点是工作量更大并且外部分析人员不一定能得到各月的数据。为了简便,本章后面遇到类似情况,举例时将使用资产负债表的期末数,它不如平均数更合理。

权益乘数和长期资本负债率。

1. 资产负债率

资产负债率是负债总额占资产总额的百分比，其计算公式如下：

资产负债率 =（负债÷资产）×100%

根据甲公司的财务报表数据：

本年资产负债率 =（1 040÷2 000）×100% = 52%

上年资产负债率 =（800÷1 680）×100% = 48%

资产负债率反映总资产中有多大比例是通过负债取得的。它可以衡量企业在清算时保护债权人利益的程度。资产负债率越低，企业偿债越有保证，贷款越安全。资产负债率还代表企业的举债能力。一个企业的资产负债率越低，举债越容易。如果资产负债率高到一定程度，没有人愿意提供贷款了，则表明企业的举债能力已经用尽。

通常，资产在破产拍卖时的售价不到账面价值的50%，因此如果资产负债率高于50%，则债权人的利益就缺乏保障。各类资产变现能力有显著区别，房地产变现的价值损失小，专用设备则难以变现。不同企业的资产负债率不同，与其持有的资产类别有关。

2. 产权比率和权益乘数

产权比率和权益乘数是资产负债率的另外两种表现形式，它和资产负债率的性质一样，其计算公式如下：

产权比率 = 负债总额÷股东权益

权益乘数 = 总资产÷股东权益[①]

产权比率表明1元股东权益借入的债务数额，权益乘数表明1元股东权益拥有的总资产。它们是两种常用的财务杠杆计量，可以反映特定情况下资产利润率和权益利润率之间的倍数关系。财务杠杆表明债务的多少，与偿债能力有关，并且可以表明权益净利率的风险，也与盈利能力有关。

3. 长期资本负债率

长期资本负债率是指非流动负债占长期资本的百分比，其计算公式如下：

长期资本负债率 =［非流动负债÷（非流动负债+股东权益）］×100%

根据甲公司的财务报表数据：

本年长期资本负债率 =［740÷(740+960)］×100% = 44%

上年长期资本负债率 =［580÷(580+880)］×100% = 40%

长期资本负债率反映企业长期资本的结构。由于流动负债的数据经常变化，资本结构管理大多使用长期资本结构。

[①] 权益乘数亦称杠杆系数，表明1元股东权益拥有的总资产。它是衡量一家企业（公司）财务风险的重要财务指标。

(二) 总债务流量比率

1. 利息保障倍数

利息保障倍数是指息税前利润为利息费用的倍数。其计算公式如下：

利息保障倍数 = 息税前利润 ÷ 利息费用

= (净利润 + 利息费用 + 所得税费用) ÷ 利息费用

根据甲公司的财务报表数据：

本年利息保障倍数 = (136 + 110 + 64) ÷ 110 = 2.82

上年利息保障倍数 = (160 + 96 + 75) ÷ 96 = 3.45

通常，可以用财务费用的数额作为利息费用，也可以根据报表附注资料确定更准确的利息费用数额。

长期债务不需要每年还本，却需要每年付息。利息保障倍数表明 1 元债务利息有多少倍的息税前收益作保障，它可以反映债务政策的风险大小。如果企业一直保持按时付息的信誉，则长期负债可以延续，举借新债也比较容易。利息保障倍数越大，利息支付越有保障。如果利息支付尚且缺乏保障，归还本金就很难指望。因此，利息保障倍数可以反映长期偿债能力。

如果利息保障倍数小于 1，表明自身产生的经营收益不能支持现有的债务规模。利息保障倍数等于 1 也是很危险的，因为息税前利润受经营风险的影响，是不稳定的，而利息的支付却是固定数额。利息保障倍数越大，公司拥有的偿还利息的缓冲资金越多。

2. 现金流量利息保障倍数

现金流量基础的利息保障倍数，是指经营现金流量为利息费用的倍数。其计算公式如下：

现金流量利息保障倍数 = 经营现金流量 ÷ 利息费用

根据甲公司的财务报表数据：

本年现金流量利息保障倍数 = 323 ÷ 110 = 2.94

现金基础的利息保障倍数表明，1 元的利息费用有多少倍的经营现金流量作保障。它比利润基础的利息保障倍数更可靠，因为实际用以支付利息的是现金，而不是利润。

3. 经营现金流量与债务比

经营现金流量与债务比，是指经营活动所产生的现金净流量与债务总额的比率。其计算公式为：

经营现金流量与债务比 = (经营现金流量 ÷ 债务总额) × 100%

根据甲公司的财务报表数据：

本年经营现金流量与期末债务比 = (323 ÷ 1 040) × 100% = 31%

公式中的"债务总额"，一般情况下使用年末和年初的加权平均数，为了简便，也可以使用期末数。

该比率表明企业用经营现金流量偿付全部债务的能力。比率越高，承担债务总额的能力越强。

（三）影响长期偿债能力的其他因素

上述衡量长期偿债能力的财务比率是根据财务报表数据计算的，还有一些表外因素影响企业的长期偿债能力，必须引起足够的重视。

1. 长期租赁

当企业急需某种设备或厂房而又缺乏足够的资金时，可以通过租赁的方式解决。财产租赁的形式包括融资租赁和经营租赁。融资租赁形成的负债大多会反映于资产负债表，而经营租赁则没有反映于资产负债表。当企业的经营租赁量比较大、期限比较长或具有经常性时，就形成了一种长期性筹资，这种长期性筹资，到期时必须支付租金，会对企业的偿债能力产生影响。因此，如果企业经常发生经营租赁业务，应考虑租赁费用对偿债能力的影响。

2. 债务担保

担保项目的时间长短不一，有的涉及企业的长期负债，有的涉及企业的流动负债。在分析企业长期偿债能力时，应根据有关资料判断担保责任带来的潜在长期负债问题。

3. 未决诉讼

未决诉讼一旦判决败诉，便会影响企业的偿债能力，因此在评价企业长期偿债能力时要考虑其潜在影响。

四、营运能力比率

营运能力比率是衡量公司资产管理效率的财务比率。常用的有：应收账款周转率、存货周转率、流动资产周转率、非流动资产周转率、总资产周转率和营运资本周转率等。

（一）应收账款周转率

应收账款周转率是应收账款与销售收入的比率。它有三种表示形式：应收账款周转次数、应收账款周转天数和应收账款与收入比。其计算公式如下：

应收账款周转次数 = 销售收入 ÷ 应收账款[①]

应收账款周转天数 = 365 ÷ （销售收入 ÷ 应收账款）

应收账款与收入比 = 应收账款 ÷ 销售收入 × 100%

根据甲公司的财务报表数据：

本年应收账款周转次数 = 3 000 ÷ 398 = 7.5（次/年）

本年应收账款周转天数 = 365 ÷ （3 000 ÷ 398） = 48.4（天/次）

[①] 实务中，常将应收账款和应收票据一同来计算应收账款周转率。另外，销售收入指标可以采用利润表中的"营业收入"来代替。

本年应收账款与收入比 = 398 ÷ 3 000 × 100% = 13.3%

应收账款周转次数，表明应收账款 1 年中周转的次数，或者说明 1 元应收账款投资支持的销售收入。应收账款周转天数，也称为应收账款的收现期，表明从销售开始到回收现金平均需要的天数。应收账款与收入比，可以表明 1 元销售收入需要的应收账款投资。

（二）存货周转率

存货周转率是销售收入与存货的比值。也有三种计量方式，其计算公式如下：

存货周转次数 = 销售收入 ÷ 存货①

存货周转天数 = 365 ÷（销售收入 ÷ 存货）

存货与收入比 = 存货 ÷ 销售收入 × 100%

根据甲公司的财务报表数据：

本年存货周转次数 = 3 000 ÷ 119 = 25.2（次/年）

本年存货周转天数 = 365 ÷（3 000 ÷ 119）= 14.5（天/次）

本年存货与收入比 = 119 ÷ 3 000 × 100% = 4%

（三）流动资产周转率

流动资产周转率是销售收入与流动资产的比值，也有三种计量方式，其计算公式为：

流动资产周转次数 = 销售收入 ÷ 流动资产

流动资产周转天数 = 365 ÷（销售收入 ÷ 流动资产）

　　　　　　　　 = 365 ÷ 流动资产周转次数

流动资产与收入比 = 流动资产 ÷ 销售收入 × 100%

根据甲公司的财务报表数据：

本年流动资产周转次数 = 3 000 ÷ 700 = 4.3（次/年）

本年流动资产周转天数 = 365 ÷（3 000 ÷ 700）= 85.2（天/次）

本年流动资产与收入比 = 700 ÷ 3 000 × 100% = 23.3%

流动资产周转次数，表明流动资产 1 年中周转的次数，或者说是 1 元流动资产所支持的销售收入。流动资产周转天数表明流动资产周转一次所需要的时间，也就是期末流动资产转换成现金平均所需要的时间。流动资产与收入比，表明 1 元收入所需要的流动资产投资。

通常，流动资产中应收账款和存货占绝大部分，因此它们的周转状况对流动资产周转具有决定性影响。

（四）非流动资产周转率

非流动资产周转率是销售收入与非流动资产的比值，也有三种计量方式，其计算公式为：

---

① 通常，存货周转次数也用销售成本来计量。

非流动资产周转次数 = 销售收入 ÷ 非流动资产
非流动资产周转天数 = 365 ÷（销售收入 ÷ 非流动资产）
　　　　　　　　　= 365 ÷ 非流动资产周转次数
非流动资产与收入比 = 非流动资产 ÷ 销售收入 × 100%

根据甲公司的财务报表数据：

本年非流动资产周转次数 = 3 000 ÷ 1 300 = 2.3（次/年）

本年非流动资产周转天数 = 365 ÷（3 000 ÷ 1 300）= 158.2（天/次）

本年非流动资产与收入比 = 1 300 ÷ 3 000 × 100% = 43.3%

非流动资产周转率反映非流动资产的管理效率。分析时主要是针对投资预算和项目管理，分析投资与其竞争战略是否一致，收购和剥离政策是否合理等。

（五）总资产周转率

总资产周转率是销售收入与总资产之间的比率。它有三种表示方式：总资产周转次数、总资产周转天数、总资产与收入比。

总资产周转次数表示总资产在一年中周转的次数。其计算公式为：

总资产周转次数 = 销售收入 ÷ 总资产

例如：甲公司本年总资产周转次数 = 3 000 ÷ 2 000 = 1.5（次/年）

在销售利润率不变的条件下，周转的次数越多，形成的利润越多，所以它可以反映盈利能力。它也可以理解为1元资产投资所产生的销售额。产生的销售额越多，说明资产的使用和管理效率越高。习惯上，总资产周转次数又称为总资产周转率。

以时间长度表示的总资产周转率，称为总资产周转天数。其计算公式为：

总资产周转天数 = 365 ÷（销售收入 ÷ 总资产）= 365 ÷ 总资产周转次数

总资产周转天数表示总资产周转一次所需要的时间。时间越短，总资产的使用效率越高，盈利性越好。

总资产周转次数的倒数，称为"总资产与收入比"。

总资产与收入比 = 总资产 ÷ 销售收入 = 1 ÷ 总资产周转次数

总资产与收入比表示1元收入需要的总资产投资。收入相同时，需要的投资越少，说明总资产的盈利性越好或者说总资产的使用效率越高。

五、盈利能力比率

（一）销售净利率

1. 销售净利率及其计算

销售净利率是指净利润与销售收入的比率，通常用百分数表示，其计算公式为：

销售净利率 =（净利润 ÷ 销售收入）× 100%

根据甲公司的财务报表数据：

本年销售净利率 =（136 ÷ 3 000）× 100% = 4.53%

上年销售净利率 =（160 ÷ 2 850）× 100% = 5.61%

变动 = 4.53% − 5.61% = − 1.08%

"销售收入"是利润表的第一行数字,"净利润"是利润表的最后一行数字,两者相除可以概括企业的全部经营成果。它表明1元销售收入与其成本费用之间可以"挤"出来的净利润。该比率越大则企业的盈利能力越强。

销售净利率又被称为"销售利润率"或简称"利润率"。通常,在"利润"前面没有加任何定语,就是指"净利润";某个利润率,如果前面没有指明计算比率使用的分母,则是指以销售收入为分母。

2. 利润表各项目分析

确定分析的重点项目之后,需要深入到各项目的内部进一步分析。此时,需要依靠财务报表附注提供的资料,以及其他可以收集到的资料。

毛利率的变动原因可以分部门、分产品、分顾客群、分销售区域或分推销员进行分析,视分析的目的以及可以取得的资料而定。

甲公司的报表附注显示的分产品的毛利资料,如表10-6所示。

表10-6　　　　　　　　甲公司分产品毛利资料表　　　　　　　　单位:万元

产品类别	营业收入		营业成本		营业毛利		毛利率(%)	
	本期数	上期数	本期数	上期数	本期数	上期数	本期数	上期数
音响类产品	1 589	1 881	1 882	1 964	−293	−83	−18.44	−4.41
软件类产品	508	475	312	295	196	180	38.58	37.89
数码类产品	903	494	450	244	453	250	50.17	50.61
合计	3 000	2 850	2 644	2 503	356	347	11.87	12.18

通过表10-6和其他背景资料可知:音响类产品是该公司的传统产品,目前仍占销售收入的大部分,其毛利率是负值,已失去继续产销的经济价值;软件类产品毛利率基本持平,销售额略有增长,其毛利约占公司的一半;数码类产品销售迅速增长,毛利率很高,其毛利占公司的大部分。应结合市场竞争和公司资源的情况,分析是否可以扩大数码产品和软件产品的产销规模,以及音响产品能否更新换代。如果均无可能,音响类产品的亏损可能继续增加,而数码产品的高毛利可能引来竞争者,预期盈利能力还可能下降。

通常,销售费用和管理费用的公开披露信息十分有限,外部分析人员很难将其深入下去。财务费用、公允价值变动损益、资产减值损失、投资收益和营业外收支的明细资料,在报表附注中均有较详细的披露,为进一步分析提供了信息。

(二) 总资产净利率

总资产净利率是指净利润与总资产的比率,它反映公司从1元受托资产(不管资金来源)中得到的净利润。其计算公式为:

总资产净利率 = (净利润 ÷ 总资产) × 100%

根据甲公司的财务报表数据:

本年总资产净利率 = (136÷2 000) × 100% = 6.8%
上年总资产净利率 = (160÷1 680) × 100% = 9.52%
变动 = 6.8% - 9.52% = -2.72%

总资产净利率是企业盈利能力的关键。虽然股东的报酬由总资产净利率和财务杠杆共同决定，但提高财务杠杆会同时增加企业风险，往往并不增加企业价值。此外，财务杠杆的提高有诸多限制，企业经常处于财务杠杆不可能再提高的临界状态。因此，驱动权益净利率的基本动力是总资产净利率。

公式中的"总资产"的计量有三种选择：（1）使用年末总资产，其缺点是年内变化大时不具有代表性；（2）使用年末与年初平均数，季节性企业的期末数较低，代表性也不理想；（3）使用12个月末的平均数，外部分析人的数据来源有问题，也比较麻烦。凡是财务比率的分子和分母，一个是期间流量数据，另一个是期末存量数据，在确定存量数据时都会遇到类似问题。本书举例时使用期末数据只是为了简便，它不如平均数合理。

（三）权益净利率

权益净利率是净利润与股东权益的比率，它反映1元股东资本赚取的净收益，可以衡量企业的总体盈利能力。

权益净利率 = (净利润÷股东权益) × 100%

根据甲公司财务报表的数据：

本年权益净利率 = (136÷960) × 100% = 14.17%
上年权益净利率 = (160÷880) × 100% = 18.18%

权益净利率的分母是股东的投入，分子是股东的所得。对于股权投资人来说，该指标具有非常好的综合性，概括了企业的全部经营业绩和财务业绩。甲公司本年股东的回报率减少了，总体上看不如上一年。

第三节 财务分析体系

一、传统的财务分析体系

传统的财务分析体系，由美国杜邦公司在20世纪20年代首创，经过多次改进，逐渐把各种财务比率结合成一个体系。

（一）传统财务分析体系的核心比率

权益净利率是分析体系的核心比率，它有很好的可比性，可以用于不同企业之间的比较。由于资本具有逐利性，总是流向投资报酬率高的行业和企业，使得各企业的权益净利率趋于接近。如果一个企业的权益净利率经常高于其他企业，就会引来竞争者，迫使该企业的权益净利率回到平均水平。如果一个企业的权益净利率经常低于其他企业,就得不到资金,会被市场驱逐,使得幸存企业的股东权益净利率提升到平均水平。

权益净利率不仅有很好的可比性,而且有很强的综合性。为了提高股东权益净利率,管理者有三个可以使用的杠杆:

$$权益净利率 = \frac{净利润}{销售收入} \times \frac{销售收入}{总资产} \times \frac{总资产}{股东权益}$$

权益净利率 = 销售净利率 × 总资产周转次数 × 权益乘数(杠杆系数)

无论提高其中的哪一个比率,权益净利率都会提升。其中,"销售净利率"是利润表的概括;"权益乘数"是资产负债表的概括,表明资产、负债和股东权益的比例关系,可以反映最基本的财务状况;"总资产周转次数"把利润表和资产负债表联系起来,使权益净利率可以综合整个企业的经营活动和财务活动的业绩。

(二)传统财务分析体系的基本框架

传统财务分析体系的基本框架如图 10-1 所示。该体系是一个多层次的财务比率分解体系。各项财务比率,在每个层次上与本企业历史或同业的财务比率比较,比较之后向下一级分解。逐级向下分解,逐步覆盖企业经营活动的每一个环节,可以实现系统、全面评价企业经营成果和财务状况的目的。

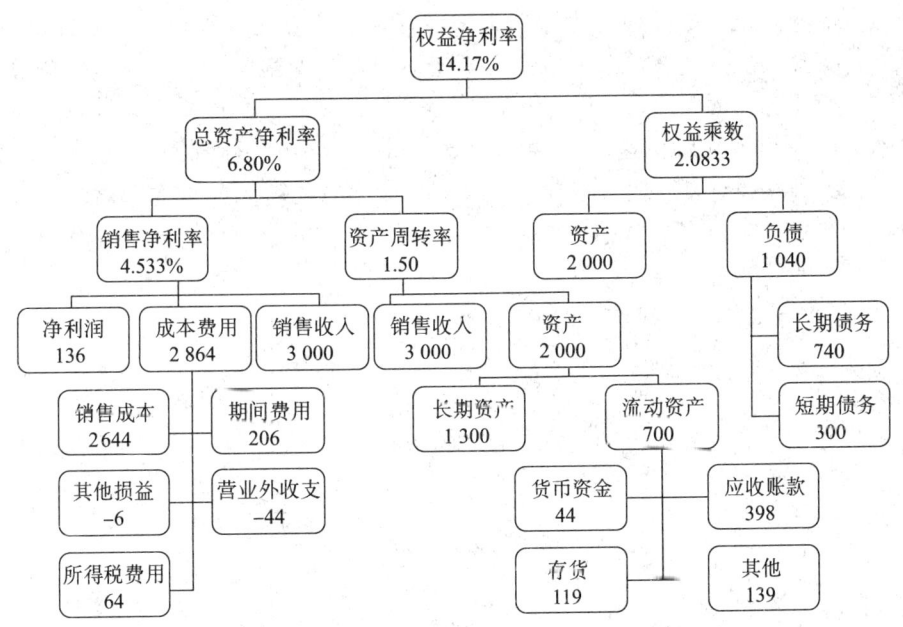

图 10-1 传统财务分析体系的基本框架图

第一层次的分解,是把权益净利率分解为销售净利率、总资产周转次数和权益乘数。这三个比率在各企业之间可能存在显著差异,通过对差异的比较,可以观察本企业与其他企业的经营战略和财务政策有什么不同。

分解出来的销售净利率和总资产周转次数,可以反映企业的经营战略。一些企业销售净利率较高,而总资产周转次数较低;另一些企业则与之相反,总资产周转次数较高,而销售净利率较低。两者经常呈反方向变化。这种现象不是偶然的。为了提高销售净利率,就要增加产品的附加值,往往需要增加投资,引起周转率的下降。与此相反,为了加快周转,就要降低价格,引起销售净利率下降。通常,销售净利率较高的制造业,其周转率都较低;周转率很高的零售业,销售净利率很低。采取"高盈利、低周转"还是"低盈利、高周转"的方针,是企业根据外部环境和自身资源作出的战略选择。正因为如此,仅从销售净利率的高低并不能看出业绩好坏,把它与资产周转率联系起来可以考察企业经营战略。真正重要的是两者共同作用而得到的总资产净利率。总资产净利率可以反映管理者运用受托资产赚取盈利的业绩,是最重要的盈利能力。

分解出来的财务杠杆可以反映企业的财务政策。在总资产净利率不变的情况下,提高财务杠杆可以提高权益净利率,但同时也会增加财务风险。如何配置财务杠杆是企业最重要的财务政策。一般说来,总资产净利率较高的企业,财务杠杆较低,反之亦然。这种现象也不是偶然的。可以设想,为了提高权益净利率,企业倾向于尽可能提高财务杠杆,但是,贷款提供者不一定会同意这种做法。贷款提供者不分享超过利息的收益,更倾向于为预期未来经营现金流量比较稳定的企业提供贷款。为了稳定现金流量,企业的一种选择是降低价格以减少竞争,另一种选择是增加营运资本以防止现金流中断,这都会导致总资产净利率下降。这就是说,为了提高流动性,只能降低盈利性。因此,我们实际看到的是,经营风险低的企业可以得到较多的贷款,其财务杠杆较高;经营风险高的企业,只能得到较少的贷款,其财务杠杆较低。总资产净利率与财务杠杆呈现负相关,共同决定了企业的权益净利率。企业必须使其经营战略和财务政策相匹配。

(三)财务比率的比较和分解

该分析体系要求,在每一个层次上进行财务比率的比较和分解。通过与上年比较可以识别变动的趋势,通过同业比较可以识别存在的差距。分解的目的是识别引起变动(或产生差距)的原因,并衡量其重要性,为后续分析指明方向。

下面以甲公司权益净利率的比较和分解为例,说明其一般方法。

权益净利率的比较对象,可以是其他企业的同期数据,也可以是本企业的历史数据,这里仅以本企业的本年与上年的比较为例。

本年权益净利率 14.17% = 4.533% × 1.50 × 2.0833
上年权益净利率 18.18% = 5.614% × 1.6964 × 1.9091
权益净利率变动 = −4.01%

与上年相比,股东的报酬率降低了,公司整体业绩不如上年。影响权益净利率变动的不利因素是销售净利率和总资产周转次数下降,有利因素是财务杠杆提高。

利用连环替代法可以定量分析它们对权益净利率变动的影响程度。

(1) 销售净利率变动的影响：

按本年销售净利率计算的上年权益净利率 = 4.533% × 1.6964 × 1.9091 = 14.68%

销售净利率变动的影响 = 14.68% - 18.18% = -3.5%

(2) 总资产周转次数变动的影响：

按本年销售净利率、总资产周转次数计算的上年权益净利率 = 4.533% × 1.5 × 1.9091 = 12.98%

总资产周转次数变动的影响 = 12.98% - 14.68% = -1.70%

(3) 财务杠杆变动的影响：

财务杠杆变动的影响 = 14.17% - 12.98% = 1.19%

通过分析可知，最重要的不利因素是销售净利率降低，使权益净利率减少 3.5%；其次是总资产周转次数降低，使权益净利率减少 1.70%。有利的因素是权益乘数提高，使权益净利率增加 1.19%。不利因素超过有利因素，所以权益净利率减少 4.01%。由此应重点关注销售净利率降低的原因。

在分解之后进入下一层次的分析，分别考察销售利润率、总资产周转次数和财务杠杆的变动原因。本章第二节对此做过说明，不再赘述。

(四) 传统财务分析体系的局限性

传统财务分析体系虽然被广泛使用，但是也存在某些局限性。

1. 计算总资产净利率的"总资产"与"净利润"不匹配

首先被质疑的是总资产净利率的计算公式。总资产是全部资产提供者享有的权力，而净利润是专门属于股东的，两者不匹配。由于总资产净利率的"投入与产出"不匹配，该指标不能反映实际的回报率。为了改善该比率的配比，要重新调整其分子和分母。

为公司提供资产的人包括股东、有息负债的债权人和无息负债的债权人，后者不要求分享收益，要求分享收益的是股东、有息负债的债权人。因此，需要计量股东和有息负债债权人投入的资本。并且计量这些资本产生的收益，两者相除才是合乎逻辑的总资产净利率，才能准确反映企业的基础盈利能力。

2. 没有区分经营活动损益和金融活动损益

传统财务分析体系没有区分经营活动和金融活动。对于多数企业来说金融活动是净筹资，它们在金融市场上主要是筹资，而不是投资。筹资活动没有产生净利润，而是支出净费用。这种筹资费用是否属于经营活动的费用，即使在会计规范的制定中也存在争议，各国的会计规范对此的处理也不尽相同。从财务管理的基本理念看，企业的金融资产是投资活动的剩余，是尚未投入实际经营活动的资产，应将其从经营资产中剔除。与此相适应，金融费用也应从经营收益中剔除，才能使经营资产和经营收益匹配。因此，正确计量基础盈利能力的前提是区分经营资产和金融资产，区分经营收益与金融收益（费用）。

3. 没有区分有息负债与无息负债

既然要把金融（筹资）活动分离出来单独考察，就会涉及单独计量筹资活动的成本。负债的成本（利息支出）仅仅是金融负债的成本，经营负债是无息负债。因此，必须区分金融负债与经营负债，利息与金融负债相除，才是实际的平均利息率。此外，区分金融负债与经营负债后，金融负债与股东权益相除，可以得到更符合实际的财务杠杆。经营负债没有固定成本，本来就没有杠杆作用，将其计入财务杠杆，会歪曲杠杆的实际作用。

针对上述问题，人们对传统的财务分析体系做了一系列的改进，逐步形成了一个新的管理用财务报表和财务分析体系。

二、管理用财务分析体系

（一）管理用财务分析体系的主要概念

1. 资产负债表的有关概念

基本等式：资产 = 经营资产 + 金融资产
　　　　　　= （经营性流动资产 + 经营性长期资产） + （短期金融资产 + 长期金融资产）

负债 = 经营负债 + 金融负债
　　 = （经营性流动负债 + 经营性长期负债） + （短期金融负债 + 长期金融负债）

净经营资产 = 经营资产 − 经营负债
　　　　　 = （经营性流动资产 + 经营性长期资产） − （经营性流动负债 + 经营性长期负债）
　　　　　 = （经营性流动资产 − 经营性流动负债） + （经营性长期资产 − 经营性长期负债）
　　　　　 = 经营营运资本 + 净经营性长期资产

净金融负债 = 金融负债 − 金融资产 = 净负债

净经营资产 = 净负债 + 股东权益 = 净投资资本

与传统分析体系相比，主要的区别是：

（1）区分经营资产和金融资产。经营资产是指用于生产经营活动的资产。与总资产相比，它不包括没有被用于生产经营活动的金融资产。严格说来，保持一定数额的现金是生产经营活动所必需的，但是外部分析人员无法区分哪些金融资产是必需的，哪些是投资的剩余，为了简化都将其列入金融资产，视为未投入运营的资产。应收项目大部分是无息的，将其列入经营资产。区分经营资产和金融资产的主要标志是有无利息，如果能够取得利息则列为金融资产。例如，短期应收票据如果以市场利率计息就属于金融资产；否则应归入经营资产，它们只是促进销售的手段。只有短期权益性投资是个例外，它是暂时利用多余现金的一种手段，所以如果是金融资产，应以市价计价。至于长期权益性投资，则属于经营资产。

(2) 区分经营负债和金融负债。经营负债是指在生产经营中形成的短期和长期无息负债。这些负债不要求利息回报,是伴随经营活动出现的,是非金融活动的结果。金融负债是公司筹资活动形成的有息负债。划分经营负债与金融负债的一般标准是有无利息要求。应付项目的大部分是无息的,故将其列入经营负债;如果是有息的,则属于金融活动,应列为金融负债。

金融负债减去金融资产,是公司的"净金融负债",简称"净负债"。这里有一个重要的概念,就是金融资产是"负"的金融负债。它可以立即偿债并使金融负债减少。公司真正背负的偿债压力是借入后已经用掉的钱即净负债。净负债是债权人实际上已投入生产经营的债务资本。

2. 利润表的有关概念

基本等式:净利润 = 经营损益 + 金融损益
  = 税后经营利润 – 税后利息费用
  = 税前经营利润 × (1 – 所得税税率) – 利息费用 × (1 – 所得税税率)

管理用财务分析体系对收益分类的主要特点是:

(1) 区分经营损益和金融损益。金融活动的损益是净利息费用,即利息收支的净额。金融活动收益和成本,不应列入经营活动损益,两者应加以区分。利息支出包括借款和其他有息负债的利息。从理论上说,利息支出应包括会计上已经资本化的利息,但是实务上很难这样去处理,因为分析时找不到有关的数据。资本化利息不但计入了资产成本,而且通过折旧的形式列入费用,进行调整极其困难。利息收入包括银行存款利息收入和债权投资利息收入。如果没有债权投资利息收入,则可以用"财务费用"作为税前"利息费用"的估计值。金融活动损益以外的损益,全部视为经营活动损益。经营活动损益与金融活动损益的划分,应与资产负债表对经营资产与金融资产的划分保持对应。

(2) 经营活动损益内部,可以进一步区分主要经营利润、其他营业利润和营业外收支。主要经营利润是指企业日常活动产生的利润,它等于销售收入减去销售成本及有关的期间费用,是最具持续性和预测性的收益;其他营业利润,包括资产减值、公允价值变动损益和投资收益,它们的持续性不易判定,但肯定低于主要经营利润;营业外收支不具持续性,没有预测价值。以上区分,有利于评价企业的盈利能力。

(3) 法定利润表的所得税是统一扣除的。为了便于分析,需要将其分摊给经营利润和利息费用。分摊的简便方法是根据实际的所得税税率比例分摊。严格的办法是分别根据适用的税率计算应负担的所得税。后面的举例采用简单办法处理。

(二) 管理用资产负债表和利润表

根据上述概念,重新编制的甲公司管理用资产负债表和利润表见表 10 – 7 和表 10 – 8。

表 10-7　　　　　　　　　　　管理用资产负债表

编制单位：甲公司　　　　　　　2017 年 12 月 31 日　　　　　　　　　　　　单位：万元

净经营资产	年末余额	年初余额	净负债及股东权益	年末余额	年初余额
经营性流动资产：			金融负债：		
货币资金	44	25	短期借款	60	45
应收票据	14	11	交易性金融负债	28	10
应收账款	398	199	应付利息	12	16
预付账款	22	4	长期借款	450	245
应收股利	0	0	应付债券	240	260
其他应收款	12	22	金融负债合计	790	576
存货	119	326	金融资产：		
一年内到期的非流动资产	77	11	交易性金融资产	6	12
其他流动资产	8	0	其他权益投资	0	45
经营性流动资产合计	694	598	债权投资	0	0
经营性流动负债：			金融资产合计	6	57
应付票据	5	4	净负债	784	519
应付账款	100	109			
预收账款	10	4			
应付职工薪酬	2	1			
应交税费	5	4			
应付股利	0	0			
其他应付款	25	22			
其他流动负债	53	5			
经营性流动负债合计	200	149			
经营营运资本	494	449			
经营性长期资产：					
长期应收款	0	0			
长期股权投资	30	0			
固定资产	1 238	955			
在建工程	18	35			
固定资产清理	0	12			
无形资产	6	8			
长期待摊费用	5	15			
递延所得税资产	0	0			
其他非流动资产	3	0			
经营性长期资产合计	1 300	1 025			
经营性长期负债：			股东权益：		
长期应付款	50	60	股本	100	100

续表

净经营资产	年末余额	年初余额	净负债及股东权益	年末余额	年初余额
专项应付款	0	0	资本公积	10	10
递延所得税负债	0	0	减：库存股	0	0
其他非流动负债	0	15	盈余公积	60	40
经营性长期负债合计	50	75	未分配利润	790	730
净经营性长期资产	1 250	950	股东权益合计	960	880
净经营资产总计	1 744	1 399	净负债及股东权益	1 744	1 399

表 10-8　　　　　　　　　　　　管理用利润表

编制单位：甲公司　　　　　　2017 年度　　　　　　单位：万元

项　目	本年金额	上年金额
经营损益：		
一、营业收入	3 000	2 850
减：营业成本	2 644	2 503
二、毛利	356	347
减：税金及附加	28	28
销售费用	22	20
管理费用	46	40
资产减值损失	0	0
三、税前营业利润	260	259
加：营业外收入	45	72
减：营业外支出	1	0
四、税前经营利润	304.00	331.00
减：经营利润所得税	97.28	105.62
五、税后经营净利润	206.72	225.38
金融损益：		
六、利息费用	104	96
减：利息费用抵税	33.28	30.63
七、税后利息费用	70.72	65.37
八、净利润	136	160
附注：平均所得税税率	32.00%	31.91%

（三）管理用财务分析体系的核心公式

该体系的核心公式如下：

$$权益净利率 = \frac{税后经营利润}{股东权益} - \frac{税后利息}{股东权益}$$

$$= \frac{税后经营利润}{净经营资产} \times \frac{净经营资产}{股东权益} - \frac{税后利息}{净负债} \times \frac{净负债}{股东权益}$$

$$= \frac{\text{税后经营利润}}{\text{净经营资产}} \times \left(1 + \frac{\text{净负债}}{\text{股东权益}}\right) - \frac{\text{税后利息}}{\text{净负债}} \times \frac{\text{净负债}}{\text{股东权益}}$$

= 净经营资产净利率 + (净经营资产利润率 - 税后利息率) × 净财务杠杆

根据该公式，权益净利率的高低取决于三个驱动因素：净经营资产净利率（可进一步分解为税后经营净利率和净经营资产周转次数）、税后利息率和净财务杠杆。根据管理用财务报表计算的有关财务比率如表 10-9 所示。管理用财务分析体系的基本框架见图 10-2。

表 10-9　　　　　　　　　主要财务比率及其变动表

主要财务比率	本年	上年	变动
1. 税后经营净利率（税后经营净利润/销售收入）	6.891%	7.908%	-1.017%
2. 净经营资产周转次数（销售收入/净经营资产）	1.7202	2.0372	-0.3170
3. =（1×2）净经营资产净利率（税后经营净利润/净经营资产）	11.853%	16.110%	-4.257%
4. 税后利息率（税后利息费用/净负债）	9.020%	12.595%	-3.575%
5. =（3-4）经营差异率（净经营资产净利率-税后利息率）	2.833%	3.515%	-0.682%
6. 净财务杠杆（净负债/股东权益）	0.8167	0.5898	0.2269
7. =（5×6）杠杆贡献率（经营差异率×净财务杠杆）	2.314%	2.073%	0.241%
8. =（3+7）权益净利率（净经营资产净利率+杠杆贡献率）	14.167%	18.182%	-4.015%

（四）杠杆贡献率的分析

权益净利率被分解为净经营资产净利率和杠杆贡献率两部分，为分析财务杠杆提供了方便。影响杠杆贡献率的因素是税后利息率、净经营资产净利率和净财务杠杆：

杠杆贡献率 = (净经营资产净利率 - 税后利息率) × 净财务杠杆

1. 税后利息率的分析

税后利息率的分析，需要使用报表附注的明细资料。本年的税后利息率 9.020%，比上年减少 3.575%。从报表附注中可以看到，其原因是市场贷款利率普遍降低了。企业利用这个机会，提前归还了一些过去取得的利息较高的借款，使平均利息率下降。不过，进一步降低的可能性已经不大，高息债务的转换已经基本完成。

2. 经营差异率的分析

经营差异率是净经营资产净利率和税后利息率的差额，它表示每借入 1 元债务资本投资于经营资产产生的收益，偿还利息后剩余的部分。该剩余归股东享有。利息越低，经营利润越高，剩余的部分越多。

经营差异率是衡量借款是否合理的重要依据之一。如果经营差异率为正值，借款可以增加股东收益；如果它为负值，借款会减少股东收益。从增加股东收益来看，

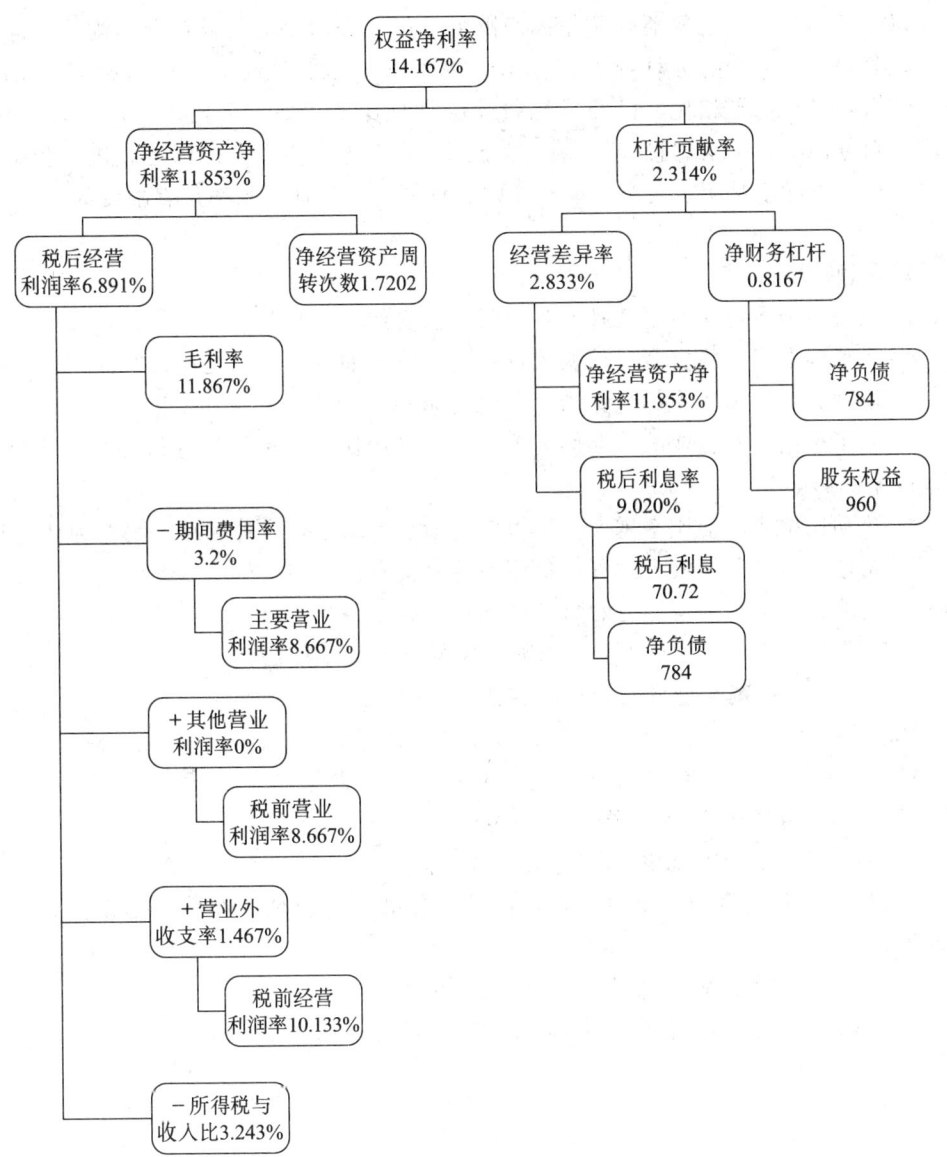

图 10-2 管理用财务分析体系的基本框架图

净经营资产净利率是企业可以承担的借款利息上限。

本年的经营差异率是 2.833%，比上年减少 0.682%。原因是净经营资产净利率降低了 4.257%，税后利息率降低了 3.575%，前者大于后者。由于税后利息率高低主要由资本市场决定，提高经营差异率的根本途径是提高净经营资产净利率。

3. 杠杆贡献率的分析

杠杆贡献率是经营差异率和净财务杠杆的乘积。如果经营差异率不能提高，是否可以进一步提高净财务杠杆呢？

以"净负债／股东权益"衡量的净财务杠杆，表示每1元权益资本配置的净债务。该公司本年的净财务杠杆为0.8167，说明每1元权益资本配置0.8167元的债务。与行业平均水平相比，已经是比较高的杠杆比率。如果公司进一步增加借款，会增加财务风险，推动利息率上升，使经营差异率进一步缩小。因此，进一步提高净财务杠杆可能不是明智之举，依靠净财务杠杆提高杠杆贡献率是有限度的。

思考题：
1. 财务分析的方法有哪几种？各分析方法有何不足？
2. 企业经营者、投资者、债权人进行财务分析的目的分别是什么？
3. 反映企业偿债能力的财务指标主要有哪些？
4. 为了全面评价企业的短期偿债能力，除利用比率指标进行分析外，还应考虑哪些因素的影响？
5. 流动比率或速动比率越大，则短期偿债能力越强。这种观点对吗？为什么？
6. 企业管理者和债权人对资产负债率的分析有何区别？
7. 反映企业资产营运能力的财务指标主要有哪些？
8. 存货周转率与各生产经营环节资金周转率的关系如何？
9. 如何才能提高企业的总资产周转次数？
10. 反映企业资产获利能力的财务指标主要有哪些？
11. 反映企业获利能力的核心财务指标是什么？为什么？
12. 传统财务分析体系的局限性有哪些？
13. 财务分析体系的改进体现在哪些方面？
14. 试区分经营资产和金融资产、经营负债和金融负债、经营活动损益和金融活动损益。
15. 管理用财务分析体系的核心公式是什么？
16. 试分析权益净利率的驱动因素以及影响杠杆贡献率的因素。

主要参考文献

(1) 财政部：《企业会计准则（2006）》，经济科学出版社 2006 年版。

(2) 财政部：《企业会计准则（2018）》，经济科学出版社 2017 年版。

(3) 财政部：《企业会计准则应用指南（2018）》，立信会计出版社 2018 年版。

(4) 财政部：《企业会计准则第 42 号——持有待售的非流动资产、处置组和终止经营》（财会〔2017〕13 号），2017 年 4 月 28 日。

(5) 财政部：《关于修订印发 2018 年度一般企业财务报表格式的通知》（财会〔2018〕15 号），2018 年 6 月 15 日。

(6) 蔡海静："企业整合报告：国际经验与中国借鉴"，《财务与会计》，2011 年第 12 期。

(7) 蔡吉祥：《无形资产学》（修订本），人民出版社 2007 年版。

(8) 丁远、埃韦尔·施拖洛韦、米歇尔 J. 勒巴：《财务报告与分析：一种国际化视角》，机械工业出版社 2013 年版。

(9) 葛家澍："会计确认、计量与收入确认"，《会计论坛》，2002 年第 1 期。

(10) 郭道扬：《会计史教程》（第 1 卷），中国财政经济出版社 1999 年版。

(11) 郭道扬：《会计史研究——历史·现实·未来》（第 3 卷），中国财政经济出版社 2008 年版。

(12) 蒋义宏：《会计信息失真的现状、成因与对策研究》，中国财政经济出版社 2002 年版。

(13) 李光忠：《会计学概论》，中国财政经济出版社 2001 年版。

(14) 李国运："论资本市场与会计的演化关系"，《会计研究》，2007 年第 5 期。

(15) 李林杰、李宝广、王殿玉：《新企业会计准则与纳税处理》，经济科学出版社 2007 年版。

(16) 李孝林等：《会计基本理论比较》，立信会计出版社 2004 年版。

(17) 刘慧凤、盖地："公司会计治理与公司治理：同构、嵌入还是交叉"，《会计研究》，2006 年第 6 期。

(18) 刘凯："论'受托责任观'和'决策有用观'的变迁——1930 年以后经济环境变化对会计目标演进的影响"，《经济视角（下）》，2011 年第 2 期。

（19）刘顺仁：《财报就像一本故事书（修订版）》，山西人民出版社 2007 年版。

（20）刘燕：《会计法》，北京大学出版社 2001 年版。

（21）刘祚昌等：《世界通史》（近代卷，上），人民出版社 1997 年版。

（22）陆正飞：《财务报告与分析》（第二版），北京大学出版社 2014 年版。

（23）罗伯特 F. 迈格斯等：《会计学——企业决策的基础》（第 11 版），机械工业出版社 2000 年版。

（24）罗斯·L. 瓦茨、杰罗尔德·L. 齐默尔曼著，陈少华、黄世忠等译：《实证会计理论》，东北财经大学出版社 2006 年版。

（25）吕均刚："关于会计确认、计量、记录、报告与列报、披露的含义辨析"，《商业经济》，2008 年第 13 期。

（26）马克思、恩格斯：《马克思恩格斯全集》（第 23 卷），人民出版社 1974 年版。

（27）迈克尔·查特菲尔德著，文硕等译，《会计思想史》，中国商业出版社 1990 年版。

（28）彭慕兰：《大分流：欧洲、中国及现代世界经济的发展》，普林斯顿大学出版社 2000 年版。

（29）孙铮：《基础会计》，上海财经大学出版社 2007 年版。

（30）索科洛夫著，刘尚希译：《会计发展史》，中国商业出版社 1990 年版。

（31）汤湘希：《会计学》（第一版、第二版），中国财政经济出版社 2009 年、2013 年版。

（32）汤云为、钱逢胜：《会计理论》，上海财经大学出版社 1997 年版。

（33）唐国平：《会计学基础》，高等教育出版社 2007 年版。

（34）唐国平：《会计学原理》（第三版），中国财政经济出版社 2016 年版。

（35）王建刚、胡文龙："公司治理与会计信息的互动影响分析"，《经济管理》，2006 年第 20 期。

（36）王跃堂、李侠："财务报表列报改革及启示"，《审计与经济研究》，2012 年第 1 期。

（37）威廉·鲍莫尔著，彭敬等译：《资本主义的增长奇迹》，中信出版社 2004 年版。

（38）夏成才：《中级财务会计》（第四版），中国财政经济出版社 2015 年版。

（39）许家林：《会计理论》，中国财政经济出版社 2008 年版。

（40）许家林：《会计学原理》，科学出版社 2000 年版。

（41）杨时展：《1949～1992 年中国会计制度的演进》，中国财政经济出版社 1998 年版。

（42）占卫华：《资本市场中的会计研究》，中国金融出版社 2007 年版。

（43）赵德武：《会计计量理论研究》，西南财经大学出版社 1997 年版。

（44）赵凌云："经济史视野中的会计演进"，《会计论坛》，2004年第1期。

（45）赵彦锋、汤湘希、王昌锐：《公允价值会计研究》，经济科学出版社，2010年版。

（46）中国注册会计师协会组织编写：《会计》（2018年注册会计师全国统一考试辅导教材），中国财政经济出版社2018年版。